编辑说明

一、《中国核能年鉴》是由中国核能行业协会组织编纂的综合性资料年刊，于2009年创刊。创办此刊旨在如实记载我国核能行业各个领域改革发展的历程和情况，力求全面、系统、详实、准确、权威。《中国核能年鉴》的出版发行，可以为政府有关部门和各级领导科学决策提供支持，为广大会员单位提供丰富的行业信息资源，也为国内外各界人士了解、认识我国核能行业开启一扇窗口。

二、《中国核能年鉴》2016年卷采用分类编辑法，主体内容分为栏目、分目、条目3个层次，少数条目下设子目。全书除了“编辑说明”“《中国核能年鉴》编委会、编辑部组成人员名单”之外，共设特载、核能行业概况、核能骨干企业、行业协会与学会、企业风采、大事记、附录等7个栏目。

三、本卷为《中国核能年鉴》2016年卷。文中记述的是2015年1月到12月发生的我国核能行业的主要事件。年鉴资料均取自政府有关部门、中国核能行业协会、协会会员单位、相关机构等公开发布或专门提供的材料。

四、由于编辑水平有限，缺点错误在所难免，敬请广大读者批评指正。《中国核能年鉴》编辑部将坚持中国核能行业协会的宗旨，不断提高年鉴质量，更好地为政府服务，为企业服务，为我国核能事业的发展服务。

《中国核能年鉴》2016年卷 编辑部

目录

特载

核能行业概况

核能骨干企业

行业协会与学会

企业风采

大事记

附 录

特　载

党和国家领导人

对发展我国核能事业的关怀及重要指示

习近平、李克强对核工业创建60周年作出重要指示、批示

2015年1月15日，我国核工业创建60周年。中共中央总书记、国家主席、中央军委主席习近平，中共中央政治局常委、国务院总理李克强对此分别作出重要指示、批示。习近平指出，60年来，几代核工业人艰苦创业、开拓创新，推动我国核工业从无到有、从小到大，取得了世人瞩目的成就，为国家安全和经济建设作出了突出贡献。核工业是高科技战略产业，是国家安全重要基石。要坚持安全发展、创新发展，坚持和平利用核能，全面提升核工业的核心竞争力，续写我国核工业新的辉煌篇章。李克强指出，希望弘扬传统，聚焦前沿，全面提升核工业竞争优势，推动核电装备"走出去"，确保核安全万无一失，为把我国建成核工业强国而继续奋斗。

习近平见证签署中阿两国合作建设阿根廷压水堆核电站协议

2015 年 2 月 4 日，在国家主席习近平和阿根廷总统克里斯蒂娜的共同见证下，国家能源局局长努尔•白克力与阿根廷联邦计划、公共投资与服务部部长胡里奥•德维多签署了《中华人民共和国政府和阿根廷共和国政府关于在阿根廷合作建设压水堆核电站的协议》。

习近平见证中巴企业签署核电合作框架协议

2015 年 4 月 20—21 日，国家主席习近平访问巴基斯坦。双方同意在国际原子能机构保障监督下，并在符合各自双多边义务的前提下，继续保持在民用核能领域双边合作。其间，在国家主席习近平和巴基斯坦总理谢里夫的见证下，中核集团与巴基斯坦原委会签署《中国核工业集团公司与巴基斯坦原子能委员会关于在巴基斯坦未来核电（ACP1000/华龙一号）合作的框架协议》。

习近平见证中比企业签署核燃料合作备忘录

2015 年 6 月 23 日，在国家主席习近平与比利时国王菲利普的见证下，中核集团与比利时核研究中心签署了《中国核工业集团公司与比利时核研究中心关于混合氧化物燃料合作的谅解备忘录》。

习近平见证中英企业签署英国核电项目投资协议

2015 年 10 月 21 日，在国家主席习近平与英国首相戴维•卡梅伦的见证下，中国广核集团与法国电力集团在伦敦签署关于建设和运营英国欣克利角 C 核电站的《英国核电项目投资协议》。（图 1）

图 1

习近平出席中法两国核能合作相关协议签字仪式

2015 年 11 月 2 日，在国家主席习近平和法国总统奥朗德的见证下，国防科工局局长、国家原子能机构主任许达哲与法国原子能与可替代能源委员会主席沃瓦尔德在京签署了《中国国家原子能机构与法国原子能与可替代能源委员会关于成立核燃料循环后端双边高级别委员会的备忘录》；中核集团与法国阿海珐集团签署了《中核集团与阿海珐集团关于资本和产业联盟的谅解备忘录》、与法国电力集团签署了《中核集团与法电集团关于中法国家联合声明的实施计划》。

习近平见证 CAP1400 项目管理合作签约

2015 年 12 月 2 日（南非当地时间），在国家主席习近平与南非总统祖马共同见证下，国家核电技术有限公司与南非核能集团在南非签署《CAP1400 项目管理合作协议》。12 月 4 日（南非当地时间），习近平主席在祖马总统的陪同下，参观了在由中国商务部与南非贸易和工业部共同主办的中非装备制造业展上的中国核电企业展台。（图 2）

图 2

李克强见证中阿核能合作协议签署

2015 年 4 月 29 日，在国务院总理李克强和阿尔及利亚总理萨拉勒共同见证下，中核集团与阿尔及利亚原子能署在人民大会堂签署了《中国核工业集团公司与阿尔及利亚原子能署核能全面战略合作协议》。

李克强见证中巴企业签署备忘录

2015 年 5 月 19 日，在国务院总理李克强和巴西总统迪尔玛•罗赛夫的见证下，中核集团与巴西国家电力公司及巴西核电公司共同签署了《关于在巴西进行全面核能合作的谅解备忘录》。

李克强考察中国核电工程公司

2015 年 6 月 15 日，国务院总理李克强到中国核电工程公司考察，寄语中国核电：你们在铸“国之重器”，提出了“核电开发安全大于天”“中国核电走出去‘五个指头要攥成拳’”，同时表示，“‘华龙一号’为我撑腰，我去国际舞台为你们扬名。”在与中国一重等核电装备制造企业及机组建设现场视频连线中，李克强总理了解了核电产品的制造情况。（图 3）

图 3

法律法规

中共中央 国务院 关于进一步深化电力体制改革的若干意见

中发 [2015]9 号

2015 年 3 月 15 日

为贯彻落实党的十八大和十八届三中、四中全会精神及中央财经领导小组第六次会议，国家能源委员会第一次会议精神，进一步深化电力体制改革，解决制约电力行业科学发展的突出矛盾和深层次问题，促进电力行业又好又快发展，推动结构转型和产业升级，现提出以下意见。

一、电力体制改革的重要性和紧迫性

自 2002 年电力体制改革实施以来，在党中央、国务院领导下，电力行业破除了独家办电的体制束缚，从根本上改变了指令性计划体制和政企不分、厂网不分等问题，初步形成了电力市场主体多元化竞争格局。

一是促进了电力行业快速发展。2014 年全国发电装机容量达到 13.6 亿千瓦，发电量达到 5.5 万亿千瓦时，电网 220 千伏及以上线路回路长度达到 57.2 万千米，220 千伏及以上变电容量达到 30.3 亿千伏安，电网规模和发电能力位列世界第一。二是提高了电力普遍服务水平。通过农网改造和农电管理体制改革等工作，农村电力供应能力和管理水平明显提升，农村供电可靠性显著增强，基本实现城乡用电同网同价，无电人口用电问题基本得到了解决。三是初步形成了多元化市场体系。在发电方面，组建了多层面、多种所有制、多区域的发电企业；在电网方面，除国家电网和南方电网，组建了内蒙古电网等地方电网企业；在辅业方面，组建了中国电建、中国能建两家设计施工一体化的企业。四是电价形成机制逐步完善。在发电环节实现了发电上网标杆价，在输配环节逐步核定了大部分省的输配电价，在销售环节相继出台差别电价和惩罚性电价、居民阶梯电价等政策。五是积极探索了电力市场化交易和监管。相继开展了竞价上网、大用户与发电企业直接交易、发电权交易、跨省区电能交易等方面的试点和探索，电力市场化交易取得重要进展，电力监管积累了重要经验。

同时，电力行业发展还面临一些亟需通过改革解决的问题，主要有：

一是交易机制缺失，资源利用效率不高。售电侧有效竞争机制尚未建立，发电企业和用户之间市场交易有限，市场配置资源的决定性作用难以发挥。节能高效环保机组不能充分利用，弃水、弃风、弃光现象时有发生，个别地区窝电和缺电并存。二是价格关系没有理顺，市场化定价机制

尚未完全形成。现行电价管理仍以政府定价为主，电价调整往往滞后成本变化，难以及时并合理反映用电成本、市场供求状况、资源稀缺程度和环境保护支出。三是政府职能转变不到位，各类规划协调机制不完善。各类专项发展规划之间、电力规划的实际执行与规划偏差过大。四是发展机制不健全，新能源和可再生能源开发利用面临困难。光伏发电等新能源产业设备制造产能和建设、运营、消费需求不匹配，没有形成研发、生产、利用相互促进的良性循环，可再生能源和可再生能源发电无歧视、无障碍上网问题未得到有效解决。五是立法修法工作相对滞后，制约电力市场化和健康发展。现有的一些电力法律法规已经不能适应发展的现实需要，有的配套改革政策迟迟不能出台，亟待修订有关法律、法规、政策、标准，为电力行业发展提供依据。

深化电力体制改革是一项紧迫的任务，事关我国能源安全和经济社会发展全局。党的十八届三中全会提出，国有资本继续控股经营的垄断行业，实行以政企分开、政资分开、特许经营、政府监管为主要内容的改革。《中央全面深化改革领导小组2014年工作要点》《国务院转批发展改革委关于2014年深化经济体制改革重点任务意见的通知》对深化电力体制改革提出了新使命、新要求。社会各界对加快电力体制改革的呼声也越来越高，推进改革的社会诉求和共识都在增加，具备了宽松的外部环境和扎实的工作基础。

二、深化电力体制改革的总体思路和基本原则

（一）总体思路

深化电力体制改革的指导思想和总体目标是：坚持社会主义市场经济改革方向，从我国国情出发，坚持清洁、高效、安全、可持续发展，全面实施国家能源战略，加快构建有效竞争的市场结构和市场体系，形成主要由市场决定能源价格的机制，转变政府对能源的监管方式，建立健全能源法制体系，为建立现代能源体系、保障国家能源安全营造良好的制度环境，充分考虑各方面诉求和电力工业发展规律，兼顾改到位和保稳定。通过改革，建立健全电力行业“有法可依、政企分开、主体规范、交易公平、价格合理、监管有效”的市场体制，努力降低电力成本、理顺价格形成机制，逐步打破垄断、有序放开竞争性业务，实现供应多元化，调整产业结构，提升技术水平、控制能源消费总量，提高能源利用效率、提高安全可靠性，促进公平竞争、促进节能环保。

深化电力体制改革的重点和路径是：在进一步完善政企分开、厂网分开、主辅分开的基础上，按照管住中间、放开两头的体制架构，有序放开输配以外的竞争性环节电价，有序向社会资本开放配售电业务，有序放开公益性和调节性以外的发用电计划；推进交易机构相对独立，规范运行；继续深化对区域电网建设和适合我国国情的输配体制研究；进一步强化政府监管，进一步强化电力统筹规划，进一步强化电力安全高效运行和可靠供应。

（二）基本原则

坚持安全可靠。体制机制设计要遵循电力商品的实时性、无形性、供求波动性和同质化等技术经济规律，保障电能的生产、输送和使用动态平衡，保障电力系统安全稳定运行和电力可靠供应，提高电力安全可靠水平。

坚持市场化改革。区分竞争性和垄断性环节，在发电侧和售电侧开展有效竞争，培育独立的市场主体，着力构建主体多元、竞争有序的电力交易格局，形成适应市场要求的电价机制，激发企业内在活力，使市场在资源配置中起决定性作用。

坚持保障民生。结合我国国情和电力行业发展现状，充分考虑企业和社会承受能力，保障基本公共服务的供给。妥善处理交叉补贴问题，完善阶梯价格机制，确保居民、农业、重要公用事业和公益性服务等用电价格相对平稳，切实保障民生。

坚持节能减排。从实施国家安全战略全局出发，积极开展电力需求侧管理和能效管理，完善有序用电和节约用电制度，促进经济结构调整、节能减排和产业升级。强化能源领域科技创新，推动电力行业发展方式转变和能源结构优化，提高发展质量和效率，提高可再生能源发电和分布式能源系统发电在电力供应中的比例。

坚持科学监管。更好发挥政府作用，政府管理重点放在加强发展战略、规划、政策、标准等的制定实施，加强市场监管。完善电力监管机构、措施和手段，改进政府监管方法，提高对技术、安全、交易、运行等的科学监管水平。

三、近期推进电力体制改革的重点任务

（一）有序推进电价改革，理顺电价形成机制

1. 单独核定输配电价。政府定价的范围主要限定在重要公用事业、公益性服务和网络自然垄断环节。政府主要核定输配电价，并向社会公布，接受社会监督。输配电价逐步过渡到按“准许成本加合理收益”原则，分电压等级核定。用户或售电主体按照其接入的电网电压等级所对应的输配电价支付费用。

2. 分步实现公益性以外的发售电价格由市场形成。放开竞争性环节电力价格，把输配电价与发售电价在形成机制上分开。合理确定生物质发电补贴标准。参与电力市场交易的发电企业上网电价由用户或售电主体与发电企业通过协商、市场竞价等方式自主确定。参与电力市场交易的用户购电价格由市场交易价格、输配电价（含线损）、政府性基金三部分组成。其他没有参与直接交易和竞价交易的上网电量，以及居民、农业、重要公用事业和公益性服务用电，继续执行政府定价。

3. 妥善处理电价交叉补贴。结合电价改革进程，配套改革不同种类电价之间的交叉补贴。过渡期间，由电网企业申报现有各类用户电价间交叉补贴数额，通过输配电价回收。

（二）推进电力交易体制改革，完善市场化交易机制

4. 规范市场主体准入标准。按照接入

电压等级，能耗水平、排放水平、产业政策以及区域差别化政策等确定并公布可参与直接交易的发电企业、售电主体和用户准入标准。按电压等级分期分批放开用户参与直接交易，参与直接交易企业的单位能耗、环保排放均应达到国家标准，不符合国家产业政策以及产品和工艺属于淘汰类的企业不得参与直接交易。进一步完善和创新制度，支持环保高效特别是超低排放机组通过直接交易和科学调度多发电。准入标准确定后，升级政府按年公布当地符合标准的发电企业和售电主体目录，对用户目录实施动态监管，进入目录的发电企业、售电主体和用户可自愿到交易机构注册成为市场主体。

5. 引导市场主体开展多方直接交易。有序探索对符合标准的发电企业、售电主体和用户赋予自主选择权，确定交易对象、电量和价格，按照国家规定的输配电价向电网企业支付相应的过网费，直接洽谈合同，实现多方直接交易，短期和即时交易通过调度和交易机构实现，为工商业企业等各类用户提供更加经济、优质的电力保障。

6. 鼓励建立长期稳定的交易机制。构建体现市场主体意愿、长期稳定的双边市场模式，任何部门和单位不得干预市场主体的合法交易行为。直接交易双方通过自主协商决定交易事项，依法依规签订电网企业参与的三方合同。鼓励用户与发电企业之间签订长期稳定的合同，建立并完善实现合同调整及偏差电量处理的交易平衡机制。

7. 建立辅助服务分担共享新机制。适应电网调峰、调频、调压和用户可中断负荷等辅助服务新要求，完善并网发电企业辅助服务考核新机制和补偿机制。根据电网可靠性和服务质量，按照谁受益、谁承担的原则，建立用户参与的服务分担共享机制。用户可以结合自身负荷特性，自愿选择与发电企业或电网企业签订保供电协议、可中断负荷协议等合同，约定各自的服务权利与义务，承担必要的辅助服务费用，或按照贡献获得相应的经济补偿。

8. 完善跨省跨区电力交易机制。按照国家能源战略和经济、节能、环保、安全的原则，采取中长期交易为主、临时交易为补充的交易模式，推进跨省跨区电力市场化交易，促进电力资源在更大范围优化配置。鼓励具备条件的区域在政府指导下建立规范的跨省跨区电力市场交易机制，促使电力富余地区更好地向缺电地区输送电力，充分发挥市场配置资源、调剂余缺的作用。积极开展跨省跨区辅助服务交易。待时机成熟时，探索开展电力期货和电力场外衍生品交易，为发电企业、售电主体和用户提供远期价格基准和风险管理手段。

（三）建立相对独立的电力交易机构，形成公平规范的市场交易平台

9. 遵循市场经济规律和电力技术特性定位电网企业功能。改变电网企业集电力输送、电力统购统销、调度交易为一体的状况，电网企业主要从事电网投资运行、电力传输配送，负责电网系统安全，保障电网公平无歧视开放，按国家规定履行电力普遍服务义务。继续完善主辅分离。

10. 改革和规范电网企业运营模式。电网企业不再以上网电价和销售电价价差

作为收入来源，按照政府核定的输配电价收取过网费。确保电网企业稳定的收入来源和收益水平。规范电网企业投资和资产管理行为。

11. 组建和规范运行电力交易机构。将原来由电网企业承担的交易业务与其他业务分开，实现交易机构相对独立运行。电力交易机构按照政府批准的章程和规则为电力市场交易提供服务。相关政府部门依据职责对电力交易机构实施有效监管。

12. 完善电力交易机构的市场功能。电力交易机构主要负责市场交易平台的建设、运营和管理，负责市场交易组织，提供结算依据和服务，汇总用户与发电企业自主签订的双边合同，负责市场主体的注册和相应管理，披露和发布市场信息等。

（四）推进发用电计划改革，更多发挥市场机制的作用

13. 有序缩减发用电计划。根据市场发育程度，直接交易的电量和容量不再纳入发用电计划。鼓励新增工业用户和新核准的发电机组积极参与电力市场交易，其电量尽快实现以市场交易为主。

14. 完善政府公益性调节性服务功能。政府保留必要的公益性调节性发用电计划，以确保居民、农业、重要公用事业和公益性服务等用电，确保维护电网调峰调频和安全运行，确保可再生能源发电依照规划保障性收购。积极开展电力需求侧管理和能效管理，通过运用现代信息技术、培育电能服务、实施需求响应等，促进供需平衡和节能减排。加强老少边穷地区电力供应保障，确保无电人口用电全覆盖。

15. 进一步提升以需求侧管理为主的供需平衡保障水平。政府有关部门要按照市场化的方向，从需求侧和供应侧两方面入手，搞好电力电量整体平衡。提高电力供应的安全可靠水平。常态化、精细化开展有序用电工作，有效保障供需紧张下居民等重点用电需求不受影响。加强电力应急能力建设，提升应急响应水平，确保紧急状态下社会秩序稳定。

（五）稳步推进售电侧改革，有序向社会资本放开售电业务

16. 鼓励社会资本投资配电业务。按照有利于促进配电网建设发展和提高配电运营效率的要求，探索社会资本投资配电业务的有效途径。逐步向符合条件的市场主体放开增量配电投资业务，鼓励以混合所有制方式发展配电业务。

17. 建立市场主体准入和退出机制。根据开放售电侧市场的要求和各地实际情况，科学界定符合技术、安全、环保、节能和社会责任要求的售电主体条件。明确售电主体的市场准入、退出规则，加强监管，切实保障各相关方的合法权益。电网企业应无歧视地向售电主体及其用户提供报装、计量、抄表、维修等各类供电服务，按约定履行保底供应商义务，确保无议价能力用户也有电可用。

18. 多途径培育市场主体。允许符合条件的高新产业园区或经济技术开发区，组建售电主体直接购电；鼓励社会资本投资成立售电主体，允许其从发电企业购买电量向用户销售；允许拥有分布式电源的用户或微网系统参与电力交易；鼓励供水、供气、供热等公共服务行业和节能服务公司从事售电业务；允许符合条件的发电企业投资和组建售电主体进入售电市场，从事售电业务。

19. 赋予市场主体相应的权责。售电主体可以采取多种方式通过电力市场购电，包括向发电企业购电、通过集中竞价购电、向其他售电商购电等。售电主体、用户、其他相关方依法签订合同，明确相应的权利义务，约定交易、服务、收费、结算等事项。鼓励售电主体创新服务，向用户提供包括合同能源管理、综合节能和用能咨询等增值服务。各种电力生产方式都要严格按照国家有关规定承担电力基金、政策性交叉补贴、普遍服务、社会责任等义务。

（六）开放电网公平接入，建立分布式电源发展新机制

20. 积极发展分布式电源。分布式电源主要采用“自发自用、余量上网、电网调节”的运营模式，在确保安全的前提下，积极发展融合先进储能技术、信息技术的微电网和智能电网技术，提高系统消纳能力和能源利用效率。

21. 完善并网运行服务。加快修订和完善接入电网的技术标准、工程规范和相关管理办法，支持新能源、可再生能源、节能降耗和资源综合利用机组上网，积极推进新能源和可再生能源发电与其他电源、电网的有效衔接，依照规划认真落实可再生能源发电保障性收购制度，解决好无歧视、无障碍上网问题。加快制定完善新能源和可再生能源研发、制造、组装、并网、维护、改造等环节的国家技术标准。

22. 加强和规范自备电厂监督管理。规范自备电厂准入标准，自备电厂的建设和运行应符合国家能源产业政策和电力规划布局要求，严格执行国家节能和环保排放标准，公平承担社会责任，履行相应的调峰义务。拥有自备电厂的企业应按规定承担与自备电厂产业政策相符合的政府性基金、政策性交叉补贴和系统备用费。完善和规范余热、余压、余气、瓦斯抽排等资源综合利用类自备电厂支持政策。规范现有自备电厂成为合格市场主体，允许在公平承担发电企业社会责任的条件下参与电力市场交易。

23. 全面放开用户侧分布式电源市场。积极开展分布式电源项目的各类试点和示范。放开用户侧分布式电源建设，支持企业、机构、社区和家庭根据各自条件，因地制宜投资建设太阳能、风能、生物质能发电以及燃气“热电冷”联产等各类分布式电源，准许接入各电压等级的配电网络和终端用电系统。鼓励专业化能源服务公司与用户合作或以“合同能源管理”模式建设分布式电源。

（七）加强电力统筹规划和科学监管，提高电力安全可靠水平

24. 切实加强电力行业特别是电网的统筹规划。政府有关部门要认真履行电力规划职责，优化电源与电网布局，加强电力规划与电源等规划之间、全国电力规划与地方性电力规划之间的有效衔接。提升规划的覆盖面、权威性和科学性，增强规划的透明度和公众参与度，各种电源建设和电网布局要严格规划有序组织实施。电

力规划应充分考虑资源环境承载力，依法开展规划的环境影响评价。规划经法定程序审核后，要向社会公开。建立规划实施检查、监督、评估、考核工作机制，保障电力规划的有效执行。

25. 切实加强电力行业及相关领域科学监督。完善电力监管组织体系，创新监管措施和手段，有效开展电力交易、调度、供电服务和安全监管，加强电网公平接入、电网投资行为、成本及投资运行效率监管，切实保障新能源并网接入，促进节能减排，保障居民供电和电网安全可靠运行。加强和完善行业协会自律、协调、监督、服务的功能，充分发挥其在政府、用户和企业之间的桥梁纽带作用。

26. 减少和规范电力行业的行政审批。进一步转变政府职能、简政放权，取消、下放电力项目审批权限，有效落实规划，明确审核条件和标准，规范简化审批程序，完善市场规划，保障电力发展战略、政策和标准有效落实。

27. 建立健全市场主体信用体系。加强市场主体诚信建设，规范市场秩序。有关部门要建立企业法人及其负责人、从业人员信用纪录，将其纳入统一的信用信息平台，使各类企业的信用状况透明、可追溯、可核查。加大监管力度，对企业和个人的违法失信行为予以公开，违法失信行为严重且影响电力安全的，要实行严格的行业禁入措施。

28. 抓紧修订电力法律法规。根据改革总体要求和进程，抓紧完成电力法的修订及相关行政法规的研究起草工作，充分发挥立法对改革的引导、推动、规范、保障作用。加强电力依法行政。加大可再生能源法的实施力度。加快能源监管法规制定工作，适应依法监管、有效监管的要求，及时制定和修订其他相关法律、法规、规章。

四、加强电力体制改革工作的组织实施

电力体制改革工作关系经济发展、群众生活和社会稳定，要加强组织领导，按照整体设计、重点突破、分步实施、有序推进、试点先行的要求，调动各方面的积极性，确保改革规范有序、稳妥推进。

（一）加强组织协调。完善电力体制改革工作小组机制，制定切实可行的专项改革工作方案及相关配套措施，进一步明确职责分工，明确中央、地方、企业的责任，确保电力体制改革工作顺利推进。

（二）积极营造氛围。加强与新闻媒体的沟通协调，加大对电力体制改革的宣传报道，在全社会形成推进电力体制改革的浓厚氛围，加强改革工作的沟通协调，充分调动各方积极性，凝聚共识、形成工作合力。

（三）稳妥有序推进。电力体制改革是一项系统性工程，要在各方共识的基础上有序、有效、稳妥推进。逐步扩大输配电价改革试点范围。对售电侧改革、组建相对独立运行的电力交易机构等重大改革事项，可以先进行试点，在总结试点经验和修改完善相关法律法规的基础上再全面推开。

国家能源局关于取消新建机组进入商业运营审批有关事项的通知

国能监管 [2015]18 号

各派出机构，国家电网公司，南方电网公司，华能、大唐、华电、国电、中电投集团公司，神华集团公司、中核集团公司、中广核集团公司、三峡集团公司，内蒙古电力集团公司，有关电力企业：

按照《国务院关于取消和调整一批行政审批项目等事项的决定》（国发[2014]50 号），我局新建机组进入商业运营审批工作取消。为全面落实国务院通知精神，确保新建机组进入及退出商业运营工作有序开展，现将有关事项通知如下：

一、国家能源局及各派出机构原来承担的新建机组进入商业运营审批工作取消，各发电企业不需提出新建机组进入商业运营申请，国家能源局及各派出机构不再出具新建机组进入商业运营的批复函。

二、根据国务院通知，并网安全性评价不再作为新机商转的基本条件。新建机组完成整套设备启动试运行时间点起，停止执行调试电价，执行国家规定电价。新建机组进入商业运营其他工作按照原国家电监会《发电机组进入及退出商业运营管理办法》（电监市场[2011]32 号）规定执行。

三、在完成整套设备启动试运行时间点后 90 天内，新建机组具备商业运营条件的，自动进入商业运营；届时未具备商业运营条件的，可申请由国家能源局及各派出机构进行专项核查。经核查认定属发电企业自身原因的，必须在具备商业运营条件时点起进入商业运营，同时按调试电价追溯结算已按国家规定电价结算的电量。不属发电企业自身原因的，从完成整套设备启动试运行时间点起进入商业运营。

四、电力企业要加强协调，密切配合，确保新建机组进入商业运营工作衔接有序。电力调度机构要增强服务意识，为新建机组调试创造良好条件。电网企业负责按月向国家能源局相应派出机构报送新建机组进入商业运营情况。

五、国家能源局各派出机构应加强对新建机组并网调试和进入（退出）商业运营工作的监管。

新建机组并网调试及进入商业运营工作中如有异议，请及时向我局市场监管司及各派出机构反映。

国家能源局

2015 年 1 月 15 日

中华人民共和国国家发展和改革委员会令

第21号

《电力安全生产监督管理办法》已经国家发展和改革委员会主任办公会审议通过，现予公布，自2015年3月1日起施行。

主任：徐绍史

2015年2月17日

电力安全生产监督管理办法

第一章 总则

第一条 为了有效实施电力安全生产监督管理，预防和减少电力事故，保障电力系统安全稳定运行和电力可靠供应，依据《中华人民共和国安全生产法》、《中华人民共和国突发事件应对法》、《电力监管条例》、《生产安全事故报告和调查处理条例》、《电力安全事故应急处置和调查处理条例》等法律法规，制定本办法。

第二条 本办法适用于中华人民共和国境内以发电、输电、供电、电力建设为主营业务并取得相关业务许可或按规定豁免电力业务许可的电力企业。

第三条 国家能源局及其派出机构依照本办法，对电力企业的电力运行安全（不包括核安全）、电力建设施工安全、电力工程质量安全、电力应急、水电站大坝运行安全和电力可靠性工作等方面实施监督管理。

第四条 电力安全生产工作应当坚持“安全第一、预防为主、综合治理”的方针，建立电力企业具体负责、政府监管、行业自律和社会监督的工作机制。

第五条 电力企业是电力安全生产的责任主体，应当遵照国家有关安全生产的法律法规、制度和标准，建立健全电力安全生产责任制，加强电力安全生产管理，完善电力安全生产条件，确保电力安全生产。

第六条 任何单位和个人对违反本办法和国家有关电力安全生产监督管理规定的行为，有权向国家能源局及其派出机构投诉和举报，国家能源局及其派出机构应当依法处理。

第二章 电力企业的安全生产责任

第七条 电力企业的主要负责人对本单位的安全生产工作全面负责。电力企业从业人员应当依法履行安全生产方面的义务。

第八条 电力企业应当履行下列电力安全生产管理基本职责：

（一）依照国家安全生产法律法规、制度和标准，制定并落实本单位电力安全生产管理制度和规程；

（二）建立健全电力安全生产保证体系和监督体系，落实安全生产责任；

（三）按照国家有关法律法规设置安全生产管理机构、配备专职安全管理人员；

（四）按照规定提取和使用电力安全生产费用，专门用于改善安全生产条件；

（五）按照有关规定建立健全电力安全生产隐患排查治理制度和风险预控体系，开展隐患排查及风险辨识、评估和监控工作，并对安全隐患和风险进行治理、管控；

（六）开展电力安全生产标准化建设；

（七）开展电力安全生产培训宣传教育工作，负责以班组长、新工人、农民工为重点的从业人员安全培训；

（八）开展电力可靠性管理工作，建立健全电力可靠性管理工作体系，准确、及时、完整报送电力可靠性信息；

（九）建立电力应急管理体系，健全协调联动机制，制定各级各类应急预案并开展应急演练，建设应急救援队伍，完善应急物资储备制度；

（十）按照规定报告电力事故和电力安全事件信息并及时开展应急处置，对电力安全事件进行调查处理。

第九条　发电企业应当按照规定对水电站大坝进行安全注册，开展大坝安全定期检查和信息化建设工作；对燃煤发电厂贮灰场进行安全备案，开展安全巡查和定期安全评估工作。

第十条　电力建设单位应当对电力建设工程施工安全和工程质量安全负全面管理责任，履行工程组织、协调和监督职责，并按照规定将电力工程项目的安全生产管理情况向当地派出机构备案，向相关电力工程质监机构进行工程项目质量监督注册申请。

第十一条　供电企业应当配合地方政府对电力用户安全用电提供技术指导。

第三章　电力系统安全

第十二条　电力企业应当共同维护电力系统安全稳定运行。在电网互联、发电机组并网过程中应严格履行安全责任，并在双方的联（并）网调度协议中具体明确，不得擅自联（并）网和解网。

第十三条　各级电力调度机构是涉及电力系统安全的电力安全事故（事件）处置的指挥机构，发生电力安全事故（事件）或遇有危及电力系统安全的情况时，电力调度机构有权采取必要的应急处置措施，相关电力企业应当严格执行调度指令。

第十四条　电力调度机构应当加强电力系统安全稳定运行管理，科学合理安排系统运行方式，开展电力系统安全分析评估，统筹协调电网安全和并网运行机组安全。

第十五条　电力企业应当加强发电设备设施和输变配电设备设施安全管理和技术管理，强化电力监控系统（或设备）专业管理，完善电力系统调频、调峰、调压、调相、事故备用等性能，满足电力系统安全稳定运行的需要。

第十六条　发电机组、风电场以及光伏电站等并入电网运行，应当满足相关技术标准，符合电网运行的有关安全要求。

第十七条　电力企业应当根据国家有关规定和标准，制订、完善和落实预防电网大面积停电的安全技术措施、反事故措施和应急预案，建立完善与国家能源局及其派出机构、地方人民政府及电力用户等的应急协调联动机制。

第四章　电力安全生产的监督管理

第十八条　国家能源局依法负责全国电力安全生产监督管理工作。国家能源局派出机构（简称派出机构）按照属地化管理的原则，负责辖区内电力安全生产监督管理工作。

涉及跨区域的电力安全生产监督管理工作，由国家能源局负责或者协调确定具体负责的区域派出机构；同一区域内涉及跨省的电力安全生产监督管理工作，由当地区域派出机构负责或者协调确定具体负责的省级派出机构。

50兆瓦以下小水电站的安全生产监督管理工作，按照相关规定执行。50兆瓦以下小水电站的涉网安全由派出机构负责监督管理。

第十九条　国家能源局及其派出机构应当采取多种形式，加强有关安全生产的法律法规、制度和标准的宣传，向电力企业传达国家有关安全生产工作各项要求，提高从业人员的安全生产意识。

第二十条　国家能源局及其派出机构应当建立健全电力行业安全生产工作协调机制，及时协调、解决安全生产监督管理中存在的重大问题。

第二十一条　国家能源局及其派出机构应当依法对电力企业执行有关安全生产法规、标准和规范情况进行监督检查。

国家能源局组织开展全国范围的电力安全生产大检查，制定检查工作方案，并对重点地区、重要电力企业、关键环节开展重点督查。派出机构组织开展辖区内的电力安全生产大检查，对部分电力企业进行抽查。

第二十二条　国家能源局及其派出机构对现场检查中发现的安全生产违法、违规行为，应当责令电力企业当场予以纠正或者限期整改。对现场检查中发现的重大安全隐患，应当责令其立即整改；安全隐患危及人身安全时，应当责令其立即从危险区域内撤离人员。

第二十三条　国家能源局及其派出机构应当监督指导电力企业隐患排查治理工作，按照有关规定对重大安全隐患挂牌督办。

第二十四条　国家能源局及其派出机构应当统计分析电力安全生产信息，并定期向社会公布。根据工作需要，可以要求电力企业报送与电力安全生产相关的文件、资料、图纸、音频或视频记录和有关数据。

国家能源局及其派出机构发现电力企业在报送资料中存在弄虚作假及其他违规行为的，应当及时纠正和处理。

第二十五条　国家能源局及其派出机构应当依法组织或参与电力事故调查处理。

国家能源局组织或参与重大和特别重大电力事故调查处理；督办有重大社会影响的电力安全事件。派出机构组织或参与较大和一般电力事故调查处理，对电力系统安全稳定运行或对社会造成较大影响的电力安全事件组织专项督查。

第二十六条　国家能源局及其派出机构应当依法组织开展电力应急管理工作。

国家能源局负责制定电力应急体系发展规划和国家大面积停电事件专项应急预案，开展重大电力突发安全事件应急处置和分析评估工作。派出机构应当按照规定权限和程序，组织、协调、指导电力突发安全事件应急处置工作。

第二十七条　国家能源局及其派出机构应当组织开展电力安全培训和宣传教育工作。

第二十八条　国家能源局及其派出机构配合地方政府有关部门、相关行业管理部门，对重要电力用户安全用电、供电电源配置、自备应急电源配置和使用实施监督管理。

第二十九条　国家能源局及其派出机构应当建立安全生产举报制度，公开举报电话、信箱和电子邮件地址，受理有关电力安全生产的举报；受理的举报事项经核实后，对违法行为严重的电力企业，应当向社会公告。

第五章　罚则

第三十条　电力企业造成电力事故的，依照《生产安全事故报告和调查处理条例》和《电力安全事故应急处置和调查处理条例》，承担相应的法律责任。

第三十一条　国家能源局及其派出机构从事电力安全生产监督管理工作的人员滥用职权、玩忽职守或者徇私舞弊的，依法给予行政处分；构成犯罪的，由司法机关依法追究刑事责任。

第三十二条　国家能源局及其派出机构通过现场检查发现电力企业有违反本办法规定的行为时，可以对电力企业主要负责人或安全生产分管负责人进行约谈，情节严重的，依据《安全生产法》第九十条，可以要求其停工整顿，对发电企业要求其暂停并网运行。

第三十三条　电力企业有违反本办法规定的行为时，国家能源局及其派出机构可以对其违规情况向行业进行通报，对影响电力用户安全可靠供电行为的处理情况，向社会公布。

第三十四条　电力企业发生电力安全事件后，存在下列情况之一的，国家能源局及其派出机构可以责令限期改正，逾期不改正的应当将其列入安全生产不良信用记录和安全生产诚信“黑名单”，并处以1万元以下的罚款：

（一）迟报、漏报、谎报、瞒报电力安全事件信息的；

（二）不及时组织应急处置的；

（三）未按规定对电力安全事件进行调查处理的。

第三十五条　电力企业未履行本办法第八条规定的，由国家能源局及其派出机构责令限期整改，逾期不整改的，对电力企业主要负责人予以警告；情节严重的，由国家能源局及其派出机构对电力企业主要负责人处以1万元以下的罚款。

第三十六条　电力企业有下列情形之一的，由国家能源局及其派出机构责令限期改正；逾期不改正的，由国家能源局及其派出机构依据《电力监管条例》第三十四条，对其处以5万元以上、50万元以下的罚款，并将其列入安全生产不良信用记录和安全生产诚信“黑名单”：

（一）拒绝或阻挠国家能源局及其派出机构从事监督管理工作的人员依法履行电力安全生产监督管理职责的；

（二）向国家能源局及其派出机构提供虚假或隐瞒重要事实的文件、资料的。

第六章　附则

第三十七条　本办法下列用语的含义：

（一）电力系统，是指由发电、输电、变电、配电以及电力调度等环节组成的电能生产、传输和分配的系统。

（二）电力事故，是指电力生产、建设过程中发生的电力安全事故、电力人身伤亡事故、发电设备或输变电设备设施损坏造成直接经济损失的事故。

（三）电力安全事件，是指未构成电力安全事故，但影响电力（热力）正常供应，或对电力系统安全稳定运行构成威胁，可能引发电力安全事故或造成较大社会影响的事件。

（四）重大安全隐患，是指可能造成一般以上人身伤亡事故、电力安全事故、直接经济损失 100 万元以上的电力设备事故和其他对社会造成较大影响的隐患。

第三十八条　本办法自二〇一五年三月一日起施行。原国家电力监管委员会《电力安全生产监管办法》同时废止。

国家核安全局关于规范核技术利用领域辐射安全关键岗位从业人员管理的通知

国核安发 [2015]40 号

各相关核技术利用单位，环境保护部各地区核与辐射安全监督站：

为了贯彻落实党的十八届四中全会精神，提升核技术利用领域从业人员的守法意识、安全意识和诚信意识，按照国务院在经济发展方面降低准入门槛、激发市场活力、推动简政放权和加强事中事后监管的总体要求，我局将进一步规范核技术利用领域的关键岗位从业人员管理，推动核技术利用领域的辐射安全管理进一步科学化、规范化，促进行业安全、健康、有序发展。现将有关要求通知如下：

一、明确核技术利用单位辐射安全关键岗位及最少在岗人数要求

（一）生产放射性同位素（放射性药物除外）的单位，辐射安全关键岗位四个，分别为辐射防护负责人、辐射防护专职人员、质量保证专职人员和辐射环境监测与评价专职人员，每岗最少在岗人数1名；

（二）使用半衰期大于60天的放射性同位素且场所等级达到甲级的单位，辐射安全关键岗位两个，分别为辐射防护负责人、辐射环境监测与评价专职人员，每岗最少在岗人数1名；

（三）生产、使用放射性药物且场所等级达到甲级的单位，非医疗使用Ⅰ类源单位，销售（含建造）、使用Ⅰ类射线装置单位，辐射安全关键岗位一个，为辐射防护负责人，最少在岗人数1名。

同一单位从事以上多种类型工作时，岗位设置和最少在岗人数以其中要求高的为准。

二、全面推进关键岗位注册核安全工程师配备工作

自本通知发布之日起，新申领辐射安全许可证（以下简称许可证）单位的辐射安全关键岗位在取证前必须按本通知要求由注册核安全工程师（以下简称注核）担任；已取得辐射安全许可证单位（以下简称持证单位）的辐射安全关键岗位必须在2016年6月30日前由注核担任。

各持证单位应限期于2016年6月30日前完成注核配备工作，如到期仍不能满足要求，将按规定暂扣或吊销许可证。2015年12月31日前许可证到期而注核在岗人数不足的单位，将在换发延续许可证时明确“2016年6月30日前应满足注核在岗人数要求，逾期仍不符合要求的该许可证失效”；自2016年1月1日起，不符合注核在岗人数要求的单位，其许可证不予延续。

已满足最少在岗人数要求的持证单位在其关键岗位注核离职离岗前，应提前安排其他具有注核资格的人员接替其工作，并及时注册。如因人员离职离岗导致注核人数不足，应当立即进行限期不超过1年的整改，经整改仍不符合要求的，将按规

定暂扣或吊销许可证。

许可证被暂扣、失效或未予延续的单位，不得继续从事辐射工作。

三、严格落实辐射安全关键岗位职责

各相关核技术利用单位应全面培植核安全文化素养，提高守法意识，高度重视辐射安全关键岗位人员的管理工作，加强注核的培养，并制定本单位辐射安全关键岗位的具体职责，于 2015 年 3 月 31 日前将岗位职责书面报环境保护部地区核与辐射安全监督站（以下简称地区监督站）备案。地区监督站将根据各单位报送的材料对关键岗位职责落实情况进行监督检查。

各单位应采取有效措施，确保关键岗位注核切实履行职责，避免“有岗无责”、“在岗不履责”等现象，杜绝人员“挂靠”等弄虚作假行为。注核离职、离岗或关键岗位职责发生变化的，应当在变动后 1 个月内书面告知地区监督站。

四、切实加强辐射安全关键岗位人员的监督管理

各地区监督站在日常监督检查中要加强对辐射安全关键岗位注核的核查，对关键岗位人员资质和数量不合要求，以及岗位职责不制定、不明确、不报告、不落实的单位，要提出相应整改要求。

对关键岗位人员资质管理中存在弄虚作假、人员“挂靠”等不守法规、不讲诚信行为的单位，一经查实，将按规定对涉事单位和责任人予以严厉查处，并进行通报。

五、《关于发布〈注册核安全工程师执业资格关键岗位名录〉（第一批）的通知》（国核安发 [2010]25 号）中对核技术利用单位的要求与本文件不一致的，以本文件为准。

国家核安全局

2015 年 2 月 26 日

国家能源局公告

2015 年 第 3 号

依据《国家能源局关于印发〈能源领域行业标准化管理办法（试行）〉及实施细则的通知》（国能局科技 [2009]52 号）有关规定，经审查，国家能源局批准《压水堆核电厂用碳钢和低合金钢 第 31 部分：安全壳用 15Mn 锻件》等 203 项行业标准，其中能源标准（NB）106 项和电力标准（DL）97 项，现予以发布。

附件：行业标准目录

国家能源局

2015 年 4 月 2 日

附件

行业标准目录（节选，与核能行业相关标准）

序号	标准编号	标准名称	代替标准	采标号	批准日期	实施日期
1	NB/T 20005.31-2015	压水堆核电厂用碳钢和低合金钢第31部分：安全壳用15Mn锻件			2015-04-02	2015-09-01
2	NB/T 20005.32-2015	压水堆核电厂用碳钢和低合金钢第32部分：安全壳用15MnHR钢板			2015-04-02	2015-09-01
3	NB/T 20005.33-2015	压水堆核电厂用碳钢和低合金钢第33部分：安全壳用15Mn钢管			2015-04-02	2015-09-01
4	NB/T 20005.34-2015	压水堆核电厂用碳钢和低合金钢第34部分：安全壳用碳钢栓钉			2015-04-02	2015-09-01
5	NB/T 20006.31-2015	压水堆核电厂用合金钢第31部分：安全壳用10MnNi-MoHR钢板			2015-04-02	2015-09-01
6	NB/T 20007.31-2015	压水堆核电厂用不锈钢第31部分：安全壳用022Cr19Ni10不锈钢锻件			2015-04-02	2015-09-01
7	NB/T 20007.32-2015	压水堆核电厂用不锈钢第32部分：安全壳用022Cr19Ni10不锈钢无缝钢管			2015-04-02	2015-09-01
8	NB/T 20007.33-2015	压水堆核电厂用不锈钢第33部分：反应堆冷却剂管道用015Cr17Ni12Mo2N不锈钢锻管			2015-04-02	2015-09-01

续表

序号	标准编号	标准名称	代替标准	采标号	批准日期	实施日期
9	NB/T 20007.34-2015	压水堆核电厂用不锈钢第34部分：模块用03Cr22Mn5Ni-2MoCuN双相不锈钢板			2015-04-02	2015-09-01
10	NB/T 20007.35-2015	压水堆核电厂用不锈钢第35部分：安全壳机械贯穿件用06Cr18Ni11Ti不锈钢板			2015-04-02	2015-09-01
11	NB/T 20007.36-2015	压水堆核电厂用不锈钢第36部分：控制棒驱动机构承压部件用奥氏体不锈钢锻棒			2015-04-02	2015-09-01
12	NB/T 20007.37-2015	压水堆核电厂用不锈钢第37部分：控制棒驱动机构非承压部件用奥氏体不锈钢棒			2015-04-02	2015-09-01
13	NB/T 20007.38-2015	压水堆核电厂用不锈钢第38部分：控制棒驱动机构锁紧螺钉用奥氏体不锈钢棒			2015-04-02	2015-09-01
14	NB/T 20007.39-2015	压水堆核电厂用不锈钢第39部分：控制棒驱动机构驱动杆用马氏体不锈钢棒			2015-04-02	2015-09-01
15	NB/T 20008.21-2015	压水堆核电厂用其他材料第21部分：控制棒驱动机构用GH4169合金棒			2015-04-02	2015-09-01
16	NB/T 20008.22-2015	压水堆核电厂用其他材料第22部分：控制棒驱动机构用GH4145合金棒			2015-04-02	2015-09-01
17	NB/T 20039.16-2015	核空气和气体处理规范通风、空调与空气净化第16部分：净化部件用排架	EJ/T 1182-2005		2015-04-02	2015-09-01
18	NB/T 20327.1-2015	压水堆核电厂特种门第1部分：设计			2015-04-02	2015-09-01
19	NB/T 20327.2-2015	压水堆核电厂特种门第2部分：施工			2015-04-02	2015-09-01
20	NB/T 20328.1-2015	核电厂核岛机械设备无损检测另一规范第1部分:通用要求			2015-04-02	2015-09-01
21	NB/T 20328.2-2015	核电厂核岛机械设备无损检测另一规范第2部分:超声检测			2015-04-02	2015-09-01

续表

序号	标准编号	标准名称	代替标准	采标号	批准日期	实施日期
22	NB/T 20328.3-2015	核电厂核岛机械设备无损检测另一规范第3部分:射线检测			2015-04-02	2015-09-01
23	NB/T 20328.4-2015	核电厂核岛机械设备无损检测另一规范第4部分:渗透检测			2015-04-02	2015-09-01
24	NB/T 20328.5-2015	核电厂核岛机械设备无损检测另一规范第5部分:磁粉检测			2015-04-02	2015-09-01
25	NB/T 20328.6-2015	核电厂核岛机械设备无损检测另一规范第6部分：涡流检测			2015-04-02	2015-09-01
26	NB/T 20329-2015	非能动压水堆核电厂系统/设备代码			2015-04-02	2015-09-01
27	NB/T 20330-2015	非能动压水堆核电厂文件代码			2015-04-02	2015-09-01
28	NB/T 20331-2015	核电厂设计厂址参数技术规定			2015-04-02	2015-09-01
29	NB/T 20332-2015	压水堆核电厂预应力混凝土安全壳建造规范	EJ/T 998-1996		2015-04-02	2015-09-01
30	NB/T 20333-2015	压水堆核电厂一回路安全降压和排气系统设计准则			2015-04-02	2015-09-01
31	NB/T 20334-2015	压水堆核电厂反应堆及一回路噪声分析一般要求	EJ/T 737-1992		2015-04-02	2015-09-01
32	NB/T 20335-2015	核电厂软件配置管理			2015-04-02	2015-09-01
33	NB/T 20336-2015	核电厂软件项目生命周期过程			2015-04-02	2015-09-01
34	NB/T 20337-2015	核电厂安全级金属封闭式开关柜抗震鉴定			2015-04-02	2015-09-01

续表

序号	标准编号	标准名称	代替标准	采标号	批准日期	实施日期
35	NB/T 20338-2015	核电厂安全重要电阻温度计响应时间原位测量		IEC 61224:1993	2015-04-02	2015-09-01
36	NB/T 20339-2015	核电厂自密实混凝土应用技术规程			2015-04-02	2015-09-01
37	NB/T 20340-2015	核电厂核岛被动防火保护结构安装及验收技术规程			2015-04-02	2015-09-01
38	NB/T 20341-2015	压水堆核电厂核岛厂房用孔洞封堵材料和嵌缝材料技术要求			2015-04-02	2015-09-01
39	NB/T 20342-2015	核电厂安全重要仪表和控制系统执行A类功能系统中的数据通信	EJ/T 1223-2007	IEC 61500:2009	2015-04-02	2015-09-01
40	NB/T 20343-2015	压水堆核电厂反应堆压力容器及反应堆冷却剂系统管道和设备保温层设计制造规范	EJ/T 720-2008		2015-04-02	2015-09-01
41	NB/T 20344-2015	核电厂安全级电子设备鉴定规程			2015-04-02	2015-09-01

环境保护部令

部令 第33号

《建设项目环境影响评价分类管理名录》已于2015年3月19日由环境保护部部务会议修订通过，现予公布，自2015年6月1日起施行。原《建设项目环境影响评价分类管理名录》（环境保护部令第2号）同时废止。

部长：陈吉宁

2015年4月9日

建设项目环境影响评价分类管理名录

第一条 为了实施建设项目环境影响评价分类管理，根据《环境影响评价法》第十六条的规定，制定本名录。

第二条 国家根据建设项目对环境的影响程度，对建设项目的环境影响评价实行分类管理。

建设单位应当按照本名录的规定，分别组织编制环境影响报告书、环境影响报告表或者填报环境影响登记表。

第三条 本名录所称环境敏感区，是指依法设立的各级各类自然、文化保护地，以及对建设项目的某类污染因子或者生态影响因子特别敏感的区域，主要包括：

（一）自然保护区、风景名胜区、世界文化和自然遗产地、饮用水水源保护区；

（二）基本农田保护区、基本草原、森林公园、地质公园、重要湿地、天然林、珍稀濒危野生动植物天然集中分布区、重要水生生物的自然产卵场、索饵场、越冬场和洄游通道、天然渔场、资源性缺水地区、水土流失重点防治区、沙化土地封禁保护区、封闭及半封闭海域、富营养化水域；

（三）以居住、医疗卫生、文化教育、科研、行政办公等为主要功能的区域，文物保护单位，具有特殊历史、文化、科学、民族意义的保护地。

第四条 建设项目所处环境的敏感性质和敏感程度，是确定建设项目环境影响评价类别的重要依据。涉及环境敏感区的建设项目，应当严格按照本名录确定其环境影响评价类别，不得擅自提高或者降低环境影响评价类别。环境影响评价文件应当就该项目对环境敏感区的影响作重点分析。

第五条 跨行业、复合型建设项目，其环境影响评价类别按其中单项等级最高的确定。

第六条 本名录未作规定的建设项目，其环境影响评价类别由省级环境保护行政主管部门根据建设项目的污染因子、生态影响因子特征及其所处环境的敏感性质和敏感程度提出建议，报国务院环境保护行政主管部门认定。

第七条 本名录由国务院环境保护行政主管部门负责解释，并适时修订公布。

第八条 本名录自2015年6月1日起施行。《建设项目环境影响评价分类管理名录》（环境保护部令第2号）同时废止。

名录（节选，与核能行业相关）

环评类别 / 项目类别	报告书	报告表	登记表	本栏目环境敏感区含义
W核与辐射				
192. 核动力厂（核电厂、核热电厂、核供汽供热厂等）；反应堆（研究堆、实验堆、临界装置等）；铀矿开采、冶炼；核燃料生产、加工、贮存、后处理；放射性废物贮存、处理或处置；上述项目的退役	新建、扩建	改建（不增加源项）；其他（不含不带放射性的实验室及实验装置）	不带放射性的实验室或试验装置	
193. 铀矿地质勘探、退役治理	/	全部	/	
194. 伴生放射性矿物资源的采选	年采1万吨及以上；涉及环境敏感区的	其他	/	（一）中的全部； （二）中的基本草原、水土流失重点防治区、沙化土地封禁保护区； （三）中的全部
195. 伴生放射性矿物资源的冶炼加工	1000吨/年及以上；涉及环境敏感区的	其他	/	（一）中的全部； （三）中的全部
196. 伴生放射性矿物资源的废渣处理、贮存和处置	涉及环境敏感区的	其他	/	（一）中的全部； （三）中的全部

续表

项目类别 \ 环评类别	报告书	报告表	登记表	本栏目环境敏感区含义
197. 伴生放射性矿物资源的废渣再利用	1000吨及以上；涉及环境敏感区的	其他	/	（一）中的全部；（三）中的全部
198. 核技术利用建设项目（在已许可场所增加不超出已许可活动种类和不高于已许可范围等级的核素或射线装置除外）	生产放射性同位素的（制备PET用放射性药物的除外）；使用I类放射源的（医疗使用的除外）；销售（含建造）、使用I类射线装置的；甲级非密封放射性物质工作场所	制备PET用放射性药物的；销售Ⅰ类、Ⅱ类、Ⅲ类放射源的；销售非密封放射性物质；医疗使用Ⅰ类放射源的；使用Ⅱ类、Ⅲ类放射源的；生产、销售、使用Ⅱ类射线装置的；乙、丙级非密封放射性物质工作场所；在野外进行放射性同位素示踪试验的	销售、使用Ⅳ类、Ⅴ类放射源的；生产、销售、使用Ⅲ类射线装置的	
199. 核技术利用项目退役	生产放射性同位素的（制备PET用放射性药物的除外）；甲级非密封放射性物质工作场所	制备PET用放射性药物的；乙级非密封放射性物质工作场所；水井式γ辐照装置；除水井式γ辐照装置外其他使用Ⅰ类、Ⅱ类、Ⅲ类放射源场所存在污染的；使用Ⅰ类、Ⅱ类射线装置存在污染的	丙级非密封放射性物质工作场所；除水井式γ辐照装置外其他使用Ⅰ类、Ⅱ类、Ⅲ类放射源场所不存在污染的	

国家能源局公告

2015 年 第 4 号

依据《国家能源局关于印发〈能源领域行业标准化管理办法（试行）〉及实施细则的通知》（国能局科技 [2009]52 号）有关规定，经审查，国家能源局批准《压水堆核电厂用不锈钢 第 40 部分：堆内构件用奥氏体不锈钢锻件》等 133 项行业标准，其中能源标准（NB）58 项和电力标准（DL）75 项，现予以发布。

附件：行业标准目录

国家能源局

2015 年 7 月 1 日

附件

行业标准目录(节选，与核能行业相关标准)

序号	标准编号	标准名称	代替标准	采标号	批准日期	实施日期
1	NB/T 20007.40-2015	压水堆核电厂用不锈钢 第 40 部分：堆内构件用奥氏体不锈钢锻件			2015-07-01	2015-12-01
2	NB/T 20007.41-2015	压水堆核电厂用不锈钢 第 41 部分：堆内构件用奥氏体不锈钢无缝钢管			2015-07-01	2015-12-01
3	NB/T 20007.42-2015	压水堆核电厂用不锈钢第 42 部分：堆内构件用沉淀硬化不锈钢棒			2015-07-01	2015-12-01
4	NB/T 20008.23-2015	压水堆核电厂用其他材料 第23部分：控制棒驱动机构用镍基合金丝			2015-07-01	2015-12-01
5	NB/T 20008.24-2015	压水堆核电厂用其他材料 第 24 部分：堆内构件用 GH4145 合金棒			2015-07-01	2015-12-01
6	NB/T 20008.25-2015	压水堆核电厂用其他材料 第 25 部分：堆内构件用 GH4169 合金丝			2015-07-01	2015-12-01

续表

序号	标准编号	标准名称	代替标准	采标号	批准日期	实施日期
7	NB/T 20009.22-2015	压水堆核电厂用焊接材料 第 22 部分：安全级设备用低合金钢手工电弧焊焊条			2015-07-01	2015-12-01
8	NB/T 20009.24-2015	压水堆核电厂用焊接材料 第 24 部分：安全级设备用镍基合金手工电弧焊焊条			2015-07-01	2015-12-01
9	NB/T 20009.28-2015	压水堆核电厂用焊接材料 第 28 部分：安全级设备用镍基合金焊丝			2015-07-01	2015-12-01
10	NB/T 20009.33-2015	压水堆核电厂用焊接材料 第 33 部分：安全级设备埋弧焊用不锈钢焊丝和焊剂			2015-07-01	2015-12-01
11	NB/T 20197.4-2015	核电厂仪表和控制设备可靠性及老化检测 第 4 部分：电路板			2015-07-01	2015-12-01
12	NB/T 20345-2015	压水堆核电厂燃料破损啜吸装置安装与试验技术规程			2015-07-01	2015-12-01
13	NB/T 20346-2015	压水堆核电厂反应堆厂房环形吊车轨道梁制作与安装技术规程			2015-07-01	2015-12-01
14	NB/T 20347-2015	核电厂可行性研究阶段厂址安全分析技术规范			2015-07-01	2015-12-01
15	NB/T 20348-2015	压水堆核电厂安全壳永久性仪表系统的安装和试验技术规程			2015-07-01	2015-12-01
16	NB/T 20349-2015	核电厂清水混凝土施工技术规程			2015-07-01	2015-12-01
17	NB/T 20350-2015	非能动核电厂设计和建造阶段质量保证分级和管理要求			2015-07-01	2015-12-01

续表

序号	标准编号	标准名称	代替标准	采标号	批准日期	实施日期
18	NB/T 20351-2015	核电厂安全级保护继电器及辅助器件的鉴定	EJ/T 970-1995		2015-07-01	2015-12-01
19	NB/T 20352-2015	核电厂安全级电缆热缩附件安装技术规程			2015-07-01	2015-12-01
20	NB/T 20353-2015	压水堆核电厂松动部件与振动监测系统安装技术规程			2015-07-01	2015-12-01
21	NB/T 20354.1-2015	压水堆核电厂汽轮机转子设计制造规范 第1部分：整锻转子			2015-07-01	2015-12-01
22	NB/T 20354.2-2015	压水堆核电厂汽轮机转子设计制造规范 第2部分：套装转子			2015-07-01	2015-12-01
23	NB/T 20354.3-2015	压水堆核电厂汽轮机转子设计制造规范 第3部分：焊接转子			2015-07-01	2015-12-01
24	NB/T 20355-2015	核电厂建设工程核岛建筑安装工程费用定额			2015-07-01	2015-10-01
25	NB/T 20356-2015	核电厂建设工程常规岛建筑安装工程费用定额			2015-07-01	2015-10-01
26	NB/T 20357-2015	核电厂建设工程机械台班费用定额			2015-07-01	2015-10-01
27	NB/T 20358.1-2015	核电厂建设工程预算定额 第1部分：核岛建筑工程			2015-07-01	2015-10-01
28	NB/T 20358.2-2015	核电厂建设工程预算定额 第2部分：核岛装饰工程			2015-07-01	2015-10-01
29	NB/T 20358.3-2015	核电厂建设工程预算定额 第3部分：核工艺设备安装工程			2015-07-01	2015-10-01

续表

序号	标准编号	标准名称	代替标准	采标号	批准日期	实施日期
30	NB/T 20358.4-2015	核电厂建设工程预算定额 第4部分：核岛工艺管道安装工程			2015-07-01	2015-10-01
31	NB/T 20358.5-2015	核电厂建设工程预算定额 第5部分：核岛通风空调安装工程			2015-07-01	2015-10-01
32	NB/T 20358.6-2015	核电厂建设工程预算定额 第6部分：核岛电气设备安装工程			2015-07-01	2015-10-01
33	NB/T 20358.7-2015	核电厂建设工程预算定额 第7部分：核岛自动化控制仪表安装工程			2015-07-01	2015-10-01
34	NB/T 20358.8-2015	核电厂建设工程预算定额 第8部分：核岛通信设备安装工程			2015-07-01	2015-10-01
35	NB/T 20358.9-2015	核电厂建设工程预算定额 第9部分：核岛防腐、保温工程			2015-07-01	2015-10-01
36	NB/T 20358.10-2015	核电厂建设工程预算定额 第10部分：核岛钢结构工程			2015-07-01	2015-10-01
37	NB/T 20358.11-2015	核电厂建设工程预算定额 第11部分：常规岛建筑工程			2015-07-01	2015-10-01
38	NB/T 20358.12-2015	核电厂建设工程预算定额 第12部分：常规岛热力设备安装工程			2015-07-01	2015-10-01
39	NB/T 20358.13-2015	核电厂建设工程预算定额 第13部分：常规岛电气设备安装工程			2015-07-01	2015-10-01

续表

序号	标准编号	标准名称	代替标准	采标号	批准日期	实施日期
40	NB/T 20359-2015	核电厂技术状态管理			2015-07-01	2015-12-01
41	NB/T 20360-2015	核电厂安全重要土建结构抗龙卷风设计规定	EJ/T 420-1989		2015-07-01	2015-12-01
42	NB/T 20361.1-2015	核电厂核岛机械设备在役试验 第1部分：通用要求			2015-07-01	2015-12-01
43	NB/T 20361.2-2015	核电厂核岛机械设备在役试验 第2部分：泵			2015-07-01	2015-12-01
44	NB/T 20361.3-2015	核电厂核岛机械设备在役试验 第3部分：阀门			2015-07-01	2015-12-01
45	NB/T 20361.4-2015	核电厂核岛机械设备在役试验 第4部分：阻尼器			2015-07-01	2015-12-01
46	NB/T 20362-2015	压水堆核电厂安全二级离心泵设计制造通用技术要求			2015-07-01	2015-12-01
47	NB/T 20363-2015	压水堆核电厂安全三级离心泵设计制造通用技术要求			2015-07-01	2015-12-01
48	NB/T 20364-2015	核电厂用柔性石墨板技术条件			2015-07-01	2015-12-01
49	NB/T 20365-2015	核电厂用石墨密封垫片技术条件			2015-07-01	2015-12-01
50	NB/T 20366-2015	核电厂核级石墨密封垫片试验方法			2015-07-01	2015-12-01
51	NB/T 20367-2015	核电厂核级石墨密封垫片鉴定规程			2015-07-01	2015-12-01
52	NB/T 25045-2015	核电厂消防设施性能评价与监督导则			2015-07-01	2015-12-01
53	NB/T 25046-2015	核电厂水工设计规范			2015-07-01	2015-12-01

国家核事故应急协调委员会关于印发核应急演习管理规定的通知

国核应委[2015]7号

国家核应急协调委成员单位，有关省（自治区、直辖市）核应急管理机构，有关涉核集团公司，核设施营运单位：

为进一步加强和规范核应急演习管理，提高演习的针对性和实效性，现将修订后的《核应急演习管理规定》印发给你们，请遵照执行。

国家核事故应急协调委员会

2015年7月2日

核应急演习管理规定

第一章 总则

第一条 为规范各类核应急演习，加强演习管理，推动核应急准备工作落实，促进核应急响应能力提高，依据《中华人民共和国突发事件应对法》《中华人民共和国放射性污染防治法》《核电厂核事故应急管理条例》和《国家核应急预案》，制定本规定。

第二条 本规定适用于国家、核设施所在省（自治区、直辖市）、核设施营运单位及其所属集团公司（院）等各级核应急组织（含核应急专业力量）组织的各种类型核应急演习。

军队参加国家和省（自治区、直辖市）组织的核应急演习，按照军队有关规定执行。

国家有关部门对核应急演习另有具体规定的，还应从其规定。

第三条 国家核事故应急协调委员会（以下简称国家核应急协调委）、省（自治区、直辖市）核应急委员会（以下简称省核应急委）、核设施营运单位是演习的责任主体，履行在各类核应急演习中所承担的相应职责。集团公司（院）对所属核设施营运单位的演习承担指导协调的职责。

第四条 演习遵循着眼实战、周密计划、精心组织、讲求实效、力求节俭、环保高效的原则。

第五条 除本规定中要求必须组织开展的实战演习外，鼓励积极开展桌面演习，尤其是基于信息系统的远程桌面演习。

第六条 国家和省的演习经费由同级财政预算保障，核设施营运单位演习经费由本单位自行解决。

第二章 演习的目的、分类和频次

第七条 演习目的是检验和提高应急预案的有效性、应急准备的充分性、应急机制的完善性、应急组织和人员的协同性，增强综合响应能力。

任何类型的核应急演习要明确预期达到的目标，保证演习效果能够进行判断和衡量。

第八条 演习根据组织形式、性质、内容和实施方式可划分如下类型：

按照组织形式，可分为国家核应急演习、省（自治区、直辖市）核应急演习、核设施营运单位核应急演习。

按照演习内容，可分为单项演习和综合演习（含联合演习）。

按照演习性质，可分为检验性演习、示范性演习和研究性演习。

按照实施方式，可分为桌面演习和实战演习。

第九条　各类核应急演习原则上按以下频次组织开展。

（一）国家核应急演习：实战演习至少3~5年组织一次；单项演习至少2~3年组织一次，其中：通信演习每年不得少于1次。

（二）核电厂所在省核应急演习：实战演习至少2~4年组织一次；单项演习至少每1~2年组织一次，其中：通信演习每年不得少于一次。

核电厂首次装（投）料前，省核应急委应组织实战演习，核设施营运单位参加。如同一核电厂址内有不同堆型机组首次装（投）料，省核应急委应组织实战演习。

若同一省份拥有多个核电厂址（基地），省核应急委要保证每个核电厂址（基地）5年内至少组织一次实战演习或桌面演习。

（三）核电厂营运单位演习：实战演习每2年组织一次，其中：拥有3台以上运行机组的，演习频度应适当增加；单项演习每年至少组织一次，通信演习频度应适当增加。

（四）拥有除核电厂外可能存在场外应急的其他核设施或涉及核活动的省核应急委、核设施营运单位及其所属集团公司（院）的核应急演习频次，根据本行政区域和本单位的实际，可参照本条（二）和（三）的有关规定执行。

第三章　演习的规划和计划管理

第十条　各级核应急组织根据国家核应急工作五年规划和本行政区域（本单位）实际，将核应急演习规划内容纳入本行政区域（本单位）的核应急工作规划。

演习规划内容包括：上一个五年演习规划的执行情况，主要成绩、做法、经验和存在问题，下一个五年演习规划的重点目标任务、时间安排和保障措施等。

第十一条　演习五年规划应统筹考虑、合理安排核应急演习的类型和频次，保证在规划期内，核应急组织的组成部门（单位或队、组）的接口关系、核应急预案规定的响应行动和应急措施等通过演习得到检验和评价。指挥协调、应急通信、接口关系、应急决策和应急防护行动等应作为演习重点。

第十二条　国家核事故应急办公室（以下简称国家核应急办）结合国家核应急工作的实际，根据各级核应急组织上报的年度演习计划，于每年3月初制定并下发国家核应急演习年度计划。演习计划中所涉及到的省核应急委和核设施营运单位应制定具体的演习实施方案。国家核应急演习涉及的省核应急委和核设施营运单位、演习时间和规模由国家核应急协调委统筹安排。

省核事故应急办公室(以下简称省核应急办)和核设施营运单位根据本行政区域和本单位的核应急工作规划和下一年度工作实际，将演习计划内容纳入本行政区域和本单位的年度工作计划，按照要求上报国家核应急协调委。

演习年度计划内容包括：演习的名称、类别、目的、时间、地点、范围、经费预算等。

第四章　演习准备

第十三条　演习组织单位要成立演习领导小组，负责演习活动全过程的组织领导，审批决定演习的重大事项。

第十四条　演习领导小组原则上下设协调组、文档组、导调组、评估组和保障组等，具体负责演习的组织、协调、实施、评估、保障等工作，做到职责清晰、任务明确、分工有序。各组主要职责如下：

(一)协调组：负责演习策划、组织协调、新闻宣传和国际联络等工作。

(二)文档组：负责进行情景设计、编制演习方案、制定演习计划、编写演习总结和演习资料管理等工作。

(三)导调组：负责演习实施过程中，按照批准的演习方案向参演人员传送各类控制消息，引导演习进程按照计划进行。

(四)评估组：负责设计演习评估准则，对演习的准备、组织、实施等进行全过程、全方位评估，编制演习评估报告，提出改进的意见和建议。

(五)保障组：负责演习的经费、物资、装备的保障，以及演习中的交通、生活、安全保卫等工作。

小组的设置和职责可以根据演习类型和规模调整。

第十五条　演习的准备工作包括计划制定、方案编制和审批、人员培训和演习保障等。

第十六条　演习组织单位结合核应急预案及其执行程序，组织编制演习方案。

演习方案内容包括：演习名称、目的、类型、时间、地点、规模、事故情景与演习情景、组织和分工、演习实施、演习导调、演习评估、物资保障、演习安全、演习经费等。

第十七条　事故情景是编制演习方案的基础，应坚持底线思维，围绕演习目的，依据核设施预计可能发生的事故谱中某一事故及其发展序列进行科学合理设计。

国家和省核应急综合演习的事故情景设计应重点模拟核设施预计可能发生的严重事故谱中某一事故及其发展序列，并适当考虑多机组事故、重特大自然灾害或两种情况叠加，以及恐怖袭击等极端外部条件的影响。

第十八条　演习组织单位在组织可能影响公众的演习前，要事先做好公众宣传、以及与有关政府部门和新闻媒体的信息沟通，制定演习过程中可能出现意外事件的应急预案及应对措施。

第五章　演习方案的审批和备案

第十九条　国家核应急综合演习方案

由国家核应急办组织编制，国家核应急协调委负责审核，报国务院同意后组织实施。

国家核应急协调委成员单位组织的单项演习方案按照本部门的规定履行审批程序后，报国家核应急协调委备案，纳入国家核应急演习计划。

第二十条　省核应急委负责组织的核电厂首次装（投）料前、涉及影响公众和跨区域信息通报与支援、有军队参与等综合演习方案，报国家核应急协调委审批。

桌面演习方案和其他的省核应急综合演习方案，经省核应急委审批后，报国家核应急协调委备案。省核应急委成员单位或专业组组织的单项演习方案经省有关部门审批后，报省核应急委备案，纳入省核应急演习计划。

第二十一条　核设施营运单位组织的核应急综合演习方案经国家核安全监管部门审批后，报国家核应急协调委和省核应急委备案。

第六章　演习实施

第二十二条　演习按照批准的演习方案组织实施。演习前，原则上对参演人员保密。必要时，可进行预演。预演可以采取桌面演习方式。

第二十三条　实战演习按照发生真实事故时的应急响应程序，采取相应的处置行动。处置行动要及时、真实、有效。

第二十四条　演习过程中，导调小组按照批准的演习方案向演习人员发送信息和指令，演习人员根据所接收的信息和指令开展响应行动。

第二十五条　导调人员要保证演习安全有序进行，不得以任何形式干预演习；但演习可能或已经发生偏离时，应进行干预或引导。

为达到预期的演习目标，必要时，导调人员可以在演习过程中适度调整或改变演习情景。

第二十六条　评估人员、观察人员、后勤保障人员等非参演人员不得以任何方式干预或影响演习。

第二十七条　情景设计人员和演习方案编制人员，不得作为参演人员，但可作为导调人员或评估人员。

第二十八条　国家核应急办根据演习组织单位的请求和演习的实际需要，协调有关部门提供必要的援助。

第七章　演习的评估、总结与改进

第二十九条　各类核应急演习要进行评估。

演习评估分为外部评估和内部评估。外部评估由演习方案审批部门组织，内部评估由演习组织单位组织。

外部评估在演习结束后进行初步评估，演习后1个月内完成评估报告；内部评估结合演习总结进行。

第三十条　演习评估的组织单位应针对演习制定科学量化的评估准则。

评估内容包括：演习准备和实施情况，指挥协调、响应行动、设施运行、保障能力等。

第三十一条　评估人员须掌握事故情景和演习方案，熟悉被评估内容，按照评估准则进行评估。

第三十二条　演习组织单位在演习结束后应组织参演单位和人员进行总结，形成总结报告。

演习总结报告内容包括：演习基本情况、主要特点、经验和体会、问题和建议等。该报告作为核应急预案修订的重要依据之一。

第三十三条　演习组织单位在演习结束后，应对演习方案、演习评估报告、演习总结报告等资料进行归档。

第三十四条　省核应急委和核设施营运单位组织的综合演习总结及相关资料，在演习结束后1个月内报国家核应急协调委备案。国家核应急综合演习总结报告由国家核应急协调委报国务院。

第三十五条　演习组织单位和参演单位根据演习评估报告和总结报告中提出的问题和建议，及时制定整改措施和实施计划，并在规定期限内完成。国家核应急办组织有关部门定期对落实情况进行监督检查。

第八章　附则

第三十六条　积极组织和参与演习并圆满完成任务的、对核应急管理工作及核应急预案提出有效改进措施的、积极探索核应急演习新方法的，或作出其他突出贡献的单位和人员，由其主管部门或者所在单位给予表彰。

第三十七条　拒绝承担演习任务的、演习中玩忽职守造成严重后果的、干扰或影响演习工作的有关单位和人员，由其主管部门或者所在单位给予处罚。

第三十八条　本规定中术语的含义是：

（一）实战演习，指参演人员利用应急处置涉及的设备和物资，针对事先设置的突发事件情景及其后续的发展情景，通过实际决策、行动和操作，完成真实应急响应的过程，以检验和提高相关人员的组织指挥、队伍调动、应急处置和后勤保障等应急能力。实战演习通常要在特定场所完成。

（二）桌面演习，指参演人员利用地图、电子沙盘、流程图、视频会议、信息系统等辅助手段，针对事先假定的事故情景，讨论和推演应急决策及现场处置的过程，必要时，可组织部分应急力量开展现场响应和应急处置的行动，以促进相关人员掌握应急预案中所规定的职责和程序，提高指挥决策和协同配合能力。基于信息化手段，可以开展远程桌面演习。

（三）综合演习（含联合演习），指涉及核应急预案中多项或全部应急响应活动的演习。注重对多个环节和功能进行检验，特别是对不同核应急组织之间应急协调机制和联合应对能力的检验。

（四）单项演习，指仅涉及核应急预案中特定应急响应活动或应急处置程序中一系列应急响应功能的演习。注重针对一个或少数几个核应急组织的特定环节和功能进行检验。单项演习包括（不限于）：

通知 / 通信、指挥协调、接口关系、应急决策、应急防护、气象信息、辐射监测、辐射防护、剂量评价、公众信息、安保 / 清点、医疗救治、交通控制、消防 / 消防支援、放射性物质探测等。

（五）检验性演习，指为检验核应急预案的可行性、应急准备的充分性、应急机制的协调性及相关人员的应急处置能力而组织的演习。

（六）研究性演习，指为研究和解决核应急响应的重点、难点问题，试验新方案、新技术、新装备而组织的演习。

（七）示范性演习，指为向观摩人员展示应急能力或提供示范教学，严格按照核应急预案规定开展的表演性演习。

（八）事故情景，指对核应急演习所模拟的事件或事故的描述，包括其事件（事故）序列、状态特征、随时间的演变进程等。

（九）演习方案，指为组织和实施核应急演习，实现预期目标，以事故情景为基础，对事故情景的事件（事故）序列和时间进程进行适当剪裁和压缩或扩展，详细说明事件（事故）的特征与进程，并标明相应的响应行动。

第三十九条　本规定由国家核应急办负责解释。

第四十条　本规定自印发之日起施行。2003 年 2 月 28 日原国防科学技术工业委员会发布的《核电厂核事故应急演习管理规定》同时废止。

环境保护部令

部令　第35号

《环境保护公众参与办法》已于2015年7月2日由环境保护部部务会议通过，现予公布，自2015年9月1日起施行。

部长：陈吉宁

2015年7月13日

环境保护公众参与办法

第一条　为保障公民、法人和其他组织获取环境信息、参与和监督环境保护的权利，畅通参与渠道，促进环境保护公众参与依法有序发展，根据《环境保护法》及有关法律法规，制定本办法。

第二条　本办法适用于公民、法人和其他组织参与制定政策法规、实施行政许可或者行政处罚、监督违法行为、开展宣传教育等环境保护公共事务的活动。

第三条　环境保护公众参与应当遵循依法、有序、自愿、便利的原则。

第四条　环境保护主管部门可以通过征求意见、问卷调查，组织召开座谈会、专家论证会、听证会等方式征求公民、法人和其他组织对环境保护相关事项或者活动的意见和建议。

公民、法人和其他组织可以通过电话、信函、传真、网络等方式向环境保护主管部门提出意见和建议。

第五条　环境保护主管部门向公民、法人和其他组织征求意见时，应当公布以下信息：

（一）相关事项或者活动的背景资料；

（二）征求意见的起止时间；

（三）公众提交意见和建议的方式；

（四）联系部门和联系方式。

公民、法人和其他组织应当在征求意见的时限内提交书面意见和建议。

第六条　环境保护主管部门拟组织问卷调查征求意见的，应当对相关事项的基本情况进行说明。调查问卷所设问题应当简单明确、通俗易懂。调查的人数及其范围应当综合考虑相关事项或者活动的环境影响范围和程度、社会关注程度、组织公众参与所需要的人力和物力资源等因素。

第七条　环境保护主管部门拟组织召开座谈会、专家论证会征求意见的，应当提前将会议的时间、地点、议题、议程等事项通知参会人员，必要时可以通过政府网站、主要媒体等途径予以公告。

参加专家论证会的参会人员应当以相关专业领域专家、环保社会组织中的专业人士为主，同时应当邀请可能受相关事项或者活动直接影响的公民、法人和其他组织的代表参加。

第八条　法律、法规规定应当听证的事项，环境保护主管部门应当向社会公告，并举行听证。

环境保护主管部门组织听证应当遵循公开、公平、公正和便民的原则，充分听取公民、法人和其他组织的意见，并保证其陈述意见、质证和申辩的权利。

除涉及国家秘密、商业秘密或者个人隐私外，听证应当公开举行。

第九条　环境保护主管部门应当对公民、法人和其他组织提出的意见和建议进行归类整理、分析研究，在作出环境决策时予以充分考虑，并以适当的方式反馈公民、法人和其他组织。

第十条　环境保护主管部门支持和鼓励公民、法人和其他组织对环境保护公共事务进行舆论监督和社会监督。

第十一条　公民、法人和其他组织发现任何单位和个人有污染环境和破坏生态行为的，可以通过信函、传真、电子邮件、“12369”环保举报热线、政府网站等途径，向环境保护主管部门举报。

第十二条　公民、法人和其他组织发现地方各级人民政府、县级以上环境保护主管部门不依法履行职责的，有权向其上级机关或者监察机关举报。

第十三条　接受举报的环境保护主管部门应当依照有关法律、法规规定调查核实举报的事项，并将调查情况和处理结果告知举报人。

第十四条　接受举报的环境保护主管部门应当对举报人的相关信息予以保密，保护举报人的合法权益。

第十五条　对保护和改善环境有显著成绩的单位和个人，依法给予奖励。

国家鼓励县级以上环境保护主管部门推动有关部门设立环境保护有奖举报专项资金。

第十六条　环境保护主管部门可以通过提供法律咨询、提交书面意见、协助调查取证等方式，支持符合法定条件的环保社会组织依法提起环境公益诉讼。

第十七条　环境保护主管部门应当在其职责范围内加强宣传教育工作，普及环境科学知识，增强公众的环保意识、节约意识；鼓励公众自觉践行绿色生活、绿色消费，形成低碳节约、保护环境的社会风尚。

第十八条　环境保护主管部门可以通过项目资助、购买服务等方式，支持、引导社会组织参与环境保护活动。

第十九条　法律、法规和环境保护部制定的其他部门规章对环境保护公众参与另有规定的，从其规定。

第二十条　本办法自 2015 年 9 月 1 日起施行。

国家核事故应急办公室关于印发核应急国家联络点管理办法的通知

国核应办 [2015]36 号

各有关单位：

为进一步加强核应急国家联络点管理，规范工作流程，充分发挥好核应急国家联络点的地位作用，国家核事故应急办公室组织编制了《核应急国家联络点管理办法》。现将该办法印发你们，请遵照执行。

国家核事故应急办公室

2015 年 9 月 2 日

核应急国家联络点管理办法

第一条 [制定依据和目的]为进一步加强核应急国家联络点管理，规范工作流程，充分发挥好核应急国家联络点的地位作用，根据《中华人民共和国突发事件应对法》《核电厂核事故应急管理条例》《国家核应急预案》，以及履行我国加入的《及早通报核事故公约》《核事故或辐射紧急情况援助公约》等核应急国际公约义务，制定本办法。

第二条 [职责任务]核应急国家联络点是我国按照《及早通报核事故公约》要求确定的中国政府联络点，主要负责与国际原子能机构和相关国家有关核应急事务的国际联络工作，设在国家原子能机构。国家核应急办公室承担核应急国家联络点职能，承办履行核应急相关国际公约及申请国际援助的有关事宜；国家核应急响应中心具体负责核应急国家联络点日常工作以及技术维护和运行，并按照要求承担有关业务交流。

第三条 [适用范围]本办法适用于核应急国家联络点通过应急统一系统（usie）或传真等形式，与国际原子能机构事件和应急中心（IEC）或核应急相关国际公约缔约国间进行国际通报、公约演习、国际援助、信息传递等工作的管理。

第四条 [工作要求]国家核应急响应技术支持中心要始终保持核应急国家联络点的通信畅通，应指定专人管理应急统一系统（usie）平台及其他通信联络设施。对于国际原子能机构事件和应急中心（IEC）或核应急相关国际公约缔约国传送的信息，要及时报送国家核应急办公室。国家核应急办公室要对有关内容进行认真审核，涉及对外国际联络事宜按照统一归口要求办理，涉及核应急联络点业务交流内容要严格指导把关，重要事项要呈国家核应急办主任审批。

第五条 [国际通报流程]核应急国家联络点收到来自国际原子能机构事件和应急中心（IEC）或有关国家的国际通报（含信息、文件、材料、邮件等）后，国家核应急响应技术支持中心应立即将相关材料及中文翻译稿报国家核应急办公室，翻译量大的材料应先摘要翻译。国家核应急办公室严格审核把关后，及时将有关处理意见回复国家核应急响应技术支持中心。国家核应急响应技术支持中心按照国家核应急办公室确定意见及时反馈。经由核应急国家联络点发出的国际通报，应留存领导批示意见并登记备案。

第六条 [公约演习流程]在接到国际核应急公约演习通知后，国家核应急响应技术支持中心应及时报国家核应急办公室。国家核应急办公室审核研究后，明确是否参加演习以及参演形式。确认参加的演习，国家核应急响应技术支持中心应在3天内制定演习方案，并报国家核应急办公室审查。执行公约演习任务时，国家核应急响应技术支持中心应做好与国际原子能机构以及相关国家、现场联合指挥部及其他救援力量间的通信保障、信息通报、演习任务协同等相关工作。演习任务结束后，国家核应急响应技术支持中心应就核应急国家联络点演习准备和实施情况，指挥协调、响应行动、应急设施运行以及保障能力等方面组织内部评估，形成总结报告，并在20个工作日内报国家核应急办公室备案。

第七条 [国际援助流程]核应急国家联络点接到国际原子能机构事件和应急中心（IEC）或有关国家提出的国际援助请求后，国家核应急响应技术支持中心应及时报国家核应急办公室。国家核应急办公室要立即研商并明确办理意见。国家核应急响应技术支持中心按照要求做好回复、信息传递、沟通协调等方面工作。在执行国际援助任务时，国家核应急响应技术支持中心应组织做好信息联络、通讯保障以及其他相关工作。国际援助结束后，国家核应急响应技术支持中心应就核应急国家联络点参与的本次援助活动形成总结报告，并在20个工作日内上报国家核应急办公室并备案。

第八条 [值班备勤]核应急国家联络点要保持24小时通讯畅通，定人、定岗位、定职责，按要求做好值班日志，值班人员发生变更及时报告，确保各项工作有序开展。

第九条 [物资器材保障]国家核应急响应技术支持中心要对核应急国家联络点的专用装备、器材和物资加强配备和使用，定期检查、检验、维护和保养，及时更新补充，确保始终处于良好可用状态。

第十条 [档案留存]经审批后由核应急国家联络点处理的业务工作，要做好记录备案和存档。

第十一条 [附则]本办法由国家核应急办公室负责解释，自发布之日起实施。

国家核安全局关于印发《民用核安全设备核 2、3 级压力容器制造单位资格条件》等四份文件的通知

国核安发 [2015]208 号

各有关单位：

根据《民用核安全设备监督管理条例》和《民用核安全设备设计制造安装和无损检验监督管理规定》（HAF601）的规定，我局组织制定了《民用核安全设备核 2、3 级压力容器制造单位资格条件》等四份文件，现予以发布，并于 2016 年 7 月 1 日起施行。2009 年 8 月 3 日国家核安全局批准发布的《民用核安全电气设备 1E 级电缆设计制造单位资格条件》（试行）同时废止。

附件：

1. 民用核安全设备核 2、3 级压力容器制造单位资格条件
2. 民用核安全设备核 2、3 级管壳式热交换器制造单位资格条件
3. 民用核安全设备核级管配件制造单位资格条件
4. 民用核安全设备 1E 级电缆设计和制造单位资格条件

国家核安全局

2015 年 9 月 15 日

附件 1

民用核安全设备核 2、3 级压力容器制造单位资格条件

一、总则

为进一步明确核 2、3 级压力容器制造许可证取证、扩证及延续申请单位应具备的资格条件，根据《民用核安全设备监督管理条例》《民用核安全设备设计制造安装和无损检验监督管理规定》（HAF601）的要求，制定本文件。

二、适用范围

本资格条件适用于国家核安全局颁布的《民用核安全设备目录（第一批）》中核 2、3 级压力容器（包括储罐）制造许可证取证、扩证及延续申请单位的资格审查。

三、资格条件

（一）申请单位应持有有效的企业法人营业执照（或事业单位法人证书）和中华人民共和国组织机构代码证。申请单位如果有子公司，则申请单位申请范围内的制造活动中不得涉及其子公司。

（二）质保能力要求

1. 申请单位应持有有效的 GB/T19001（或 ISO9001）质量管理体系认证证书。

2. 申请单位应参照《核电厂质量保证

安全规定》（HAF003），建立全面、适用的核质量保证体系，且该体系能够得到有效实施。

（三）人员配置要求

1. 申请单位职工应不少于300人。申请单位应配备材料、机加工、成形、焊接、热处理、无损检验、理化检验、质量保证等相应的工程技术人员，工程技术人员数量比例应不低于单位职工总人数的10%，各制造环节的专业技术人员应不少于2名。

2. 申请单位技术负责人（如总工、技术经理、技术总监）应具有高级技术职称，且具有10年以上从事相似产品制造的经历。

3. 申请单位各主要制造环节（如成形、机加工、焊接、热处理、无损检验）的技术责任人应具有本专业中级（或以上级别）技术职称或理工类本科毕业满5年，且长期从事本专业相关工作。

4. 申请单位应至少拥有3名专职质保（QA）人员，其中质保负责人应具有中级（或以上级别）技术职称，且具有5年以上质量管理工作经历，熟悉核质量保证体系的相关要求；其余专职质保人员应具有初级（或以上级别）技术职称，且具有3年以上质量管理工作经历。

5. 申请单位从事核2、3级压力容器焊接活动的焊工/焊接操作工应持有有效的核级焊工/焊接操作工资质证书，持证焊工/焊接操作工的数量和持证项目应满足目标产品的焊接需要。申请单位持证焊工/焊接操作工应不少于8名。

6. 申请单位从事核2、3级压力容器无损检验的人员应持有有效的核级无损检验人员资格证书。无损检验持证人员的数量和项目应满足核2、3级压力容器的检验需要。对核2、3级压力容器制造过程中所需开展的每项无损检验（如VT、PT、UT、MT、RT），申请单位均应至少配备2名核II级（或以上级别）持证人员。申请单位持核II级（或以上级别）无损检验证书人员总计不少于6人。

7. 申请单位应具备一定的理化检验能力。对于每项理化检验（化学分析、力学性能试验、金相检验），申请单位均应至少配备2名II级/中级（或以上级别）持证人员。

8. 申请单位应配备足够数量持有合格资质的计量管理人员和计量检定人员。对于自行开展的每项计量检定，申请单位均应至少配备2名持证的计量检定人员。

9. 申请单位应配备以下工种经过核质量保证培训且考核合格的技术工人：机加工、热处理工、起重工等，且每个工种至少配备2名。

10. 申请单位人员应具备相应的核安全文化素养。员工应具有质疑的工作态度、严谨的工作方法和互相交流的工作习惯，坚决杜绝违法违规和不良作业习惯等“人因”问题。

（四）厂房和装备要求

1. 厂房

（1）厂房面积

申请单位生产厂房建筑面积不少于15000平方米。

（2）制造车间

申请单位制造车间的面积、跨度、高度、装备的布置、吊车的吨位及起吊高度、运输能力等应能满足目标产品制造的需要。制造车间应根据产品不同制造和工艺，划分专用的生产区域、半成品区、成品区、临时堆放区和检验试验区，各区域（车间）的清洁度应能满足核2、3级压力容器制造的特定要求。

2. 库房

（1）原材料库

申请单位应配备满足分区（待检区、合格区、不合格区）存放、防潮、防尘、防机械损伤、防污染等核2、3级压力容器制造要求的原材料、半成品和成品库或存放区，并设置专用库房及货架，用于存放原材料。另外，库房或存放区应配备相应的起吊设备。

（2）试样库

申请单位应配备满足分区存放、防潮、防损伤、防污染等核2、3级压力容器制造要求的专用库房及货架，存放用于材料复验、焊接工艺评定、破坏性试验等所需的试件和试样。

（3）焊材库

申请单位应配备专用的焊材库。焊材库应配备温湿度控制设备（如除湿机、空调等）和计量检定合格的温湿度计以确保焊材库的湿度、温度符合焊材管理的相关要求，同时应配备合格的焊材烘干箱、焊材保温箱和保温桶；焊材库应配备相应的摆放货架以满足分区（待检区、合格区、不合格区等）保存的要求；焊材库应制定严格的规章制度和程序，并张贴焊材存放、烘干、发放和回收管理程序。

（4）档案室

申请单位应设有档案室，核2、3级压力容器产品的有关档案资料应专区存放。档案室应配备温湿度控制设备（如除湿机、空调等），配备计量检定合格的温湿度计，并满足档案保管的有关规定。档案室的面积应当满足目标产品档案保管的需要。

3. 检验和试验场地

申请单位应配备能够满足原材料和零部件进厂检验、制造工序检验、出厂检验和试验等要求的专用检验和试验场地。

4. 射线探伤室

申请单位应配备能够满足防护要求的射线探伤场地，以及能够保证底片冲洗质量和底片长期保存的基本条件。

5. 制造及工艺设备

申请单位应当根据核2、3级压力容器的制造工序和工艺需要配备相应的制造及工艺设备，主要包括但不限于以下设备:

（1）生产设备

包括切割下料设备、机加工设备、成形设备（卷板机）、焊接设备、表面处理设备、热处理设备（整体热处理炉等）、焊条烘干保温设备等，设备的数量、精度等级应当满足目标产品的制造需要。其中:机加工设备不少于20台、数控加工中心不少于1台、5米以上大型立车不少于1台、卷板机不少于2台（最大冷卷厚度不小于80毫米）、焊接设备不少于8台、热处理设备不少于3台。

（2）理化性能检验设备

包括化学成分分析仪器，拉伸、冲击等材料力学性能测试设备，金相检验仪器，硬度计等，每项至少配备 1 台 (套)。

（3）无损检验设备

申请单位应配备满足所申请目标产品制造需要的各项无损检验设备，每项至少配备 1 台 (套) 设备。

（4）起吊运输设备

申请单位应配备满足所申请目标产品制造需要的起吊设备，包括行车、叉车、电动葫芦等。

（5）试验设施

申请单位应配备满足目标产品制造要求的功能性试验设备。

（6）计量器具

申请单位应具有与目标产品制造要求相适应的几何尺寸、角度、粗糙度、形位公差、温度、压力等检测的计量器具。

（五）技术能力要求

1. 标准规范

申请核 2、3 级压力容器制造许可证的单位应配备和熟悉国务院核安全监管部门认可的核电规范标准，如：美国机械工程师学会锅炉及压力容器规范（ASME BPV）、法国压水堆核岛机械设备设计和建造规则（RCC-M）。

申请单位在初次申请核 2、3 级压力容器制造许可证时应对技术人员进行过系统的培训，技术人员应熟练掌握相关内容。

2. 关键工艺

对于核 2、3 级压力容器制造过程中所涉及的下述关键工艺，申请单位应具备相应的技术储备和解决措施，如：最终机加工、筒体卷制、焊接、热处理、水压试验等。

申请单位用于目标产品制造的上述关键工艺应是成熟的，使用这些工艺制造的压力容器应至少有 5 年以上运行历史并保持良好的运行记录。

3. 工艺试验和工艺评定

申请单位在相关或相近产品制造中所开展的工艺试验和工艺评定工作，应能表明其已具备工艺试验和工艺评定经验。

对于核 2、3 级压力容器制造所需进行的工艺试验和工艺评定项目，申请单位在人员、设备等方面应能满足实施相关工艺试验和工艺评定的需要。

4. 采购和分包控制

最终机加工、筒体卷制、焊接、热处理、水压试验等制造和检验工艺属于核 2、3 级压力容器的关键工艺，申请单位必须有能力独立完成上述关键工艺，不得将其分包。无损检验和理化检验（高温拉伸、微量元素检测等特殊项目除外）不可分包。

对于采购和分包的项目，申请单位应按核质量保证要求进行有效的控制，并要得到国家核安全局的认可。

（六）业绩要求

1. 申请单位应取得至少 2 家营运单位或核电工程公司的合格供应商资格。

2. 对于许可证取证申请，申请单位应具有 5 年以上和近 5 年内的核设施中非核级压力容器的制造业绩，且近 5 年内业绩总量不少于 50 台或总重不少于 100 吨。供货的规格应基本同所申请的核级目标产品相类似。

3. 对于许可证扩证（增加设备类别）申请，申请单位应具有5年以上和近5年内的核设施中非核级同种设备或常规工业中相类似设备的制造业绩，且近5年内业绩满足定量要求，具体要求参见国家核安全局后续发布的业绩要求相关文件。供货的规格应基本与所申请的核级目标产品相类似。

同时，申请单位应具有原许可活动范围内的供货业绩，具有良好的质量史，且持证期间的业绩也须满足定量要求，具体要求参见国家核安全局后续发布的业绩要求相关文件。

4. 对于许可证延续申请，申请单位应具有与拟申请的民用核安全设备类别相同的制造业绩，且近5年内业绩满足定量要求，具体要求参见国家核安全局后续发布的业绩要求相关文件。

5. 申请单位应向国家核安全局提供合同、完工报告、验收报告等业绩证明文件。对于正在执行的合同，由于相关活动仍未完成，质量存在不确定性，因此不能作为业绩。

6. 申请单位的业绩应具有良好的质量史，近5年内没有发生因质量问题引起退货、采购方拒绝验收等质量事件，未发生因质量问题而受到行业通报批评或行政处罚等事件。同时，要求申请单位的与所申请核2、3级压力容器对应的常规行业产品业绩良好。

（七）模拟件制作要求

对于取证和扩证申请，申请单位应参照《民用核安全机械设备模拟件制作（试行）》（核安全导则HAD601/01-2013），提交模拟件制作方案和质量计划，经国家核安全局审查认可后选择有代表性的模拟件进行试制，试制活动从原材料采购开始，包括机加工、成形、焊接、热处理、检验等各中间环节，直至所有的检测、试验项目完成为止。

（八）其他说明

申请单位同时须满足国家核安全局对民用核安全设备管理的其他要求。

在确保安全的前提下，国家核安全局鼓励新技术应用。

四、附则

（一）本资格条件由国家核安全局负责解释

（二）本资格条件自2016年7月1日起执行

附件 2

民用核安全设备核 2、3 级管壳式热交换器制造单位资格条件

一、总则

为进一步明确核 2、3 级管壳式热交换器制造许可证取证、扩证及延续申请单位应具备的资格条件，根据《民用核安全设备监督管理条例》《民用核安全设备设计制造安装和无损检验监督管理规定》（HAF601）的要求，制定本文件。

二、适用范围

本资格条件适用于国家核安全局颁布的《民用核安全设备目录（第一批）》中核 2、3 级管壳式热交换器制造许可证取证、扩证及延续申请单位的资格审查。

三、资格条件

（一）申请单位应持有有效的企业法人营业执照（或事业单位法人证书）和中华人民共和国组织机构代码证。申请单位如果有子公司，则申请单位申请范围内的制造活动中不得涉及其子公司。

（二）质保能力要求

1. 申请单位应持有有效的 GB/T19001（或 ISO 9001）质量管理体系认证证书。

2. 申请单位应参照《核电厂质量保证安全规定》（HAF003），建立全面、适用的核质量保证体系，且该体系能够得到有效实施。

（三）人员配置要求

1. 申请单位职工应不少于 300 人。申请单位应配备材料、机加工、成形、焊接、热处理、无损检验、理化检验、质量保证等相应的工程技术人员，工程技术人员数量比例应不低于单位职工总人数的 10%，各制造环节的专业技术人员应不少于 2 名。

2. 申请单位技术负责人（如总工、技术经理、技术总监）应具有高级技术职称，且具有 10 年以上从事相似产品制造的经历。

3. 申请单位各主要制造环节（如钻孔、成形、焊接、胀管、热处理、无损检验、功能性试验）的技术责任人应具有本专业中级（或以上级别）技术职称或理工类本科毕业满 5 年，且长期从事本专业相关工作。

4. 申请单位应至少拥有 3 名专职质保（QA）人员，其中质保负责人应具有中级（或以上级别）技术职称，且具有 5 年以上质量管理工作经历，熟悉核质量保证体系的相关要求；其余专职质保人员应具有初级（或以上级别）技术职称，且具有 3 年以上质量管理工作经历。

5. 申请单位从事核 2、3 级管壳式热交换器焊接活动的焊工 / 焊接操作工应持有有效的核级焊工 / 焊接操作工资质证书，持证焊工 / 焊接操作工的数量和持证项目应满足目标产品的焊接需要。申请单位持证焊工 / 焊接操作工应不少于 8 名。

6. 申请单位从事核2、3级管壳式热交换器无损检验的人员应持有有效的核级无损检验人员资格证书。无损检验持证人员的数量和项目应满足核2、3级管壳式热交换器的检验需要。对核2、3级管壳式热交换器制造过程中所需开展的每项无损检验（如VT、PT、UT、MT、LT、RT），申请单位均应至少配备2名核II级（或以上级别）持证人员。申请单位持核II级（或以上级别）无损检验证书人员总计不少于6人。

7. 申请单位应具备一定的理化检验能力。对于每项理化检验（化学分析、力学性能试验、金相检验），申请单位均应至少配备2名II级/中级（或以上级别）持证人员。

8. 申请单位应配备足够数量持有合格资质的计量管理人员和计量检定人员。对于自行开展的每项计量检定，申请单位均应至少配备2名持证的计量检定人员。

9. 申请单位应配备以下工种经过核质量保证培训且考核合格的技术工人：机加工、热处理工、起重工等，且每个工种至少配备2名。

10. 申请单位人员应具备相应的核安全文化素养。员工应具有质疑的工作态度、严谨的工作方法和互相交流的工作习惯，坚决杜绝违法违规和不良作业习惯等“人因”问题。

（四）厂房和装备要求

1. 厂房

（1）厂房面积

申请单位生产厂房建筑面积不少于15000平方米。

（2）制造车间

申请单位制造车间的面积、跨度、高度、装备的布置、吊车的吨位及起吊高度、运输能力等应能满足目标产品制造的需要。制造车间应根据产品不同制造和工艺，划分专用的生产区域、半成品区、成品区、临时堆放区和检验试验区，配备清洁装配车间，各区域（车间）的清洁度应能满足核2、3级管壳式热交换器制造的特定要求。

2. 库房

（1）原材料库

申请单位应配备满足分区（待检区、合格区、不合格区）存放、防潮、防尘、防机械损伤、防污染等核2、3级管壳式热交换器制造要求的原材料、半成品和成品库或存放区，并设置专用库房及货架，用于存放原材料。另外，库房或存放区应配备相应的起吊设备。

（2）试样库

单位应配备满足分区存放、防潮、防损伤、防污染等核2、3级管壳式热交换器制造要求的专用库房及货架，存放用于材料复验、焊接工艺评定、破坏性试验等所需的试件和试样。

（3）焊材库

申请单位应配备有专用的焊材库。焊材库应配备温湿度控制设备（如除湿机、空调等）和计量检定合格的温湿度计以确保焊材库的湿度、温度符合焊材管理的相关要求，同时应配备合格的焊材烘干箱、焊材保温箱和保温桶；焊材库应配备相应的摆放货架以满足分区（待检区、合格区、不合格区等）保存的要求；焊材库应制定严格的规章制度和程序，并张贴焊材存放、烘干、发放和回收管理程序。

（4）档案室

申请单位应设有档案室，核2、3级管壳式热交换器产品的有关档案资料应专区存放。档案室须应配备温湿度控制设备（如除湿机、空调等），配备计量检定合格的温湿度计，并满足档案保管的有关规定。档案室的面积应当满足目标产品档案保管的需要。

3. 检验和试验场地

申请单位应配备能够满足原材料和零部件进厂检验、制造工序检验、出厂检验和试验等要求的专用检验和试验场地。

4. 射线探伤室

申请单位应配备有能够满足防护要求的射线探伤场地，以及能够保证底片冲洗质量和底片长期保存的基本条件。

5. 制造及工艺设备

申请单位应当根据核2、3级管壳式热交换器的制造工序和工艺需要配备相应的制造及工艺设备，主要包括：

（1）生产设备

包括切割下料设备、机加工设备（含钻孔设备）、成形设备（卷板机）、胀管设备、焊接设备、表面处理设备、热处理设备（整体热处理炉等）、焊条烘干保温设备等，设备的数量、精度等级应当满足目标产品的制造需要。其中：机加工设备不少于20台，数控加工中心不少于1台、5米以上大型立车不少于1台、深孔钻床不少于1台，卷板机不少于2台（最大冷卷厚度不小于80毫米）、胀管设备不少于1台、焊接设备不少于8台、热处理设备不少于3台。

（2）理化性能检验设备

包括化学成分分析仪器，拉伸、冲击等材料力学性能测试设备，金相检验仪器，硬度计等，每项至少配备1台(套)。

（3）无损检验设备

申请单位应配备满足所申请目标产品制造需要的各项无损检验设备（含氦质谱检漏仪等），每项至少配备1台(套)设备。

（4）起吊运输设备

单位应配备满足所申请目标产品制造需要的起吊设备，包括行车、叉车、电动葫芦等。

（5）试验设施

申请单位应配备满足目标产品制造要求的功能性试验设备。

（6）计量器具

申请单位应具有与目标产品制造要求相适应的几何尺寸、角度、粗糙度、形位公差、温度、压力等检测的计量器具。

（五）技术能力要求

1. 标准规范

申请核2、3级管壳式热交换器制造许可证的单位应配备和熟悉国务院核安全监管部门认可的核电规范标准，如：美国机械工程师学会锅炉及压力容器规范（ASME BPV），法国压水堆核岛机械设备设计和建造规则（RCC-M）。

申请单位在初次申请核2、3级管壳式热交换器制造许可证时应对技术人员进行过系统的培训，技术人员应熟练掌握相关内容。

2. 关键工艺

对于核2、3级管壳式热交换器制造过程中所涉及的下述关键工艺，申请单位应具备相应的技术储备和解决措施，如：最终机加工、筒体卷制、管板钻孔、焊接、胀管、热处理、水压试验等。

申请单位用于核2、3级管壳式热交换器制造的上述关键工艺应是成熟的，使用这些工艺制造的管壳式热交换器应至少有5年以上运行历史并保持良好的运行记录。

3. 工艺试验和工艺评定

申请单位在相关或相近产品制造中所开展的工艺试验和工艺评定工作，应能表明其已具备工艺试验和工艺评定经验。

对于核2、3级管壳式热交换器制造所需进行的工艺试验和工艺评定项目，申请单位在人员、设备等方面应能满足实施相关工艺试验和工艺评定的需要。

4. 采购和分包控制

最终机加工、筒体卷制、管板钻孔、焊接、胀管、热处理、水压试验等制造和检验工艺属于核2、3级管壳式热交换器的关键工艺，申请单位必须有能力独立完成上述关键工艺，不得将其分包。无损检验和理化检验（高温拉伸、微量元素检测等特殊项目除外）不可分包。

对于采购和分包的项目，申请单位应按核质量保证要求进行有效的控制，并要得到国家核安全局的认可。

（六）业绩要求

1. 申请单位应取得至少2家营运单位或核电工程公司的合格供应商资格。

2. 对于许可证取证申请，申请单位应具有5年以上和近5年内的核设施中非核级管壳式热交换器的制造业绩，且近5年内业绩总量不少于5台或总重不少于50吨。供货的规格应基本同所申请的核级目标产品相类似。

3. 对于许可证扩证（增加设备类别）申请，申请单位应具有5年以上和近5年内的核设施中非核级同种设备或常规工业中相类似设备的制造业绩，且近5年内业绩满足定量要求，具体要求参见国家核安全局后续发布的业绩要求相关文件。供货的规格应基本与所申请的核级目标产品相类似。

同时，申请单位须具有原许可活动范围内的供货业绩，具有良好的质量史，且持证期间的业绩也须满足定量要求，具体要求参见国家核安全局后续发布的业绩要求相关文件。

4. 对于许可证延续申请，申请单位应具有与拟申请的民用核安全设备类别相同的制造业绩，且近5年内业绩满足定量要求，具体要求参见国家核安全局后续发布的业绩要求相关文件。

5. 申请单位应向国家核安全局提供合同、完工报告、验收报告等业绩证明文件。对于正在执行的合同，由于相关活动仍未完成，质量存在不确定性，因此不能作为业绩。

6. 申请单位的业绩应具有良好的质量史，近5年内没有发生因质量问题引起退货、采购方拒绝验收等质量事件，未发生因质量问题而受到行业通报批评或行政处罚等事件。同时，要求申请单位的与所申请核2、3级管壳式热交换器对应的常规行业产品业绩良好。

（七）模拟件制作要求

对于取证和扩证申请，申请单位应参照《民用核安全机械设备模拟件制作（试行）》（核安全导则HAD601/01-2013），提交模拟件制作方案和质量计划，经国家核安全局审查认可后选择有代表性的模拟件进行试制，试制活动从原材料采购开始，包括机加工、成形、胀管、焊接、热处理、检验、装配等各中间环节，直至所有的检测、试验项目完成为止。

（八）其他说明

申请单位同时须满足国家核安全局对民用核安全设备管理的其他要求。

在确保安全的前提下，国家核安全局鼓励新技术应用。

四、附则

（一）本资格条件由国家核安全局负责解释

（二）本资格条件自2016年7月1日起执行

附件3

民用核安全设备核级管配件制造单位资格条件

一、总则

为进一步明确核级管配件制造许可证取证、扩证及延续申请单位应具备的资格条件，根据《民用核安全设备监督管理条例》《民用核安全设备设计制造安装和无损检验监督管理规定》（HAF601）的要求，制定本文件。

二、适用范围

本资格条件适用于国家核安全局颁布的《民用核安全设备目录（第一批）》中核级管配件（弯头、三通、异径管）制造许可证取证、扩证及延续申请单位的资格审查。

三、资格条件

（一）申请单位应持有有效的企业法人营业执照（或事业单位法人证书）和中华人民共和国组织机构代码证。申请单位如果有子公司，则申请单位申请范围内的制造活动中不得涉及其子公司。

（二）质保能力要求

1. 申请单位应持有有效的GB/T19001（或ISO9001）质量管理体系认证证书。

2. 申请单位应参照《核电厂质量保证

安全规定》（HAF003），建立全面、适用的核质量保证体系，且该体系能够得到有效实施。

（三）人员配置要求

1. 申请单位职工应不少于200人。申请单位应配备材料、机加工、冷/热成形、焊接、热处理、无损检验、理化检验、质量保证等相应的工程技术人员，工程技术人员数量比例应不低于单位职工总人数的10%，各制造环节的专业技术人员应不少于2名。

2. 申请单位技术负责人（如总工、技术经理、技术总监）应具有高级技术职称或取得中级（或以上级别）职称满5年，且具有5年以上从事管配件产品制造的经历。

3. 申请单位各主要制造环节（如机加工、冷/热成形、焊接、热处理、检验、试验、表面处理）的技术负责人应具有本专业中级（或以上级别）技术职称或理工类本科毕业满5年或理工类专科毕业满8年，且长期从事本专业相关工作。

4. 申请单位应至少拥有2名专职质保（QA）人员，其中质保负责人应具有中级（或以上级别）技术职称，且具有5年以上质量管理工作经历，熟悉核质量保证体系的相关要求；其余专职质保人员应具有初级（或以上级别）技术职称，且具有3年以上质量管理工作经历。

5. 申请单位从事核级管配件焊接活动的焊工/焊接操作工应持有有效的核级焊工/焊接操作工资质证书，持证焊工/焊接操作工的数量和持证项目应满足核级管配件的焊接需要，每类焊接方法持证焊工/焊接操作工应不少于2名。

6. 申请单位从事核级管配件无损检验的人员应持有有效的核级无损检验人员资格证书。无损检验持证人员的数量和项目应满足核级管配件的检验需要。对核级管配件制造过程中所需开展的每项无损检验（如VT、PT、MT、UT、RT），申请单位均应至少配备2名核Ⅱ级（或以上级别）持证人员。

7. 申请单位应具备一定的理化检验能力。对于每项理化检验（化学分析、力学性能试验、金相检验），申请单位均应至少配备2名Ⅱ级/中级（或以上级别）持证人员。

8. 申请单位应配备足够数量持有合格资质的计量管理人员和计量检定人员。对于自行开展的每项计量检定，申请单位均应至少配备2名持证的计量检定人员。

9. 申请单位应配备以下工种经过核质量保证培训且考核合格的技术工人：冷/热成形操作工、机加工、热处理工、起重工等，且每个工种至少配备2名。

10. 申请单位人员应具备相应的核安全文化素养。员工应具有质疑的工作态度、严谨的工作方法和互相交流的工作习惯，坚决杜绝违法违规和不良作业习惯等“人因”问题。

（四）厂房和装备要求

1. 厂房

（1）厂房方面

申请单位生产厂房建筑面积不少于12000平方米。

（2）制造车间

申请单位制造车间的面积、跨度、高度、起重运输能力应能满足核级管配件制造的需要。制造车间应根据产品不同制造和工艺，划分专用的生产区域、半成品区、成品区、临时堆放区和检验试验区域，且清洁度应能满足核级管配件制造的特定要求。

2. 库房

（1）原材料库

申请单位应配备满足分区（待检区、合格区、不合格区）存放、防潮、防尘、防机械损伤、防污染等核级管配件制造要求的原材料、半成品和成品库或存放区，并设置专用库房及货架，用于存放原材料。另外，库房或存放区应配备相应的起吊设备。

（2）试样库

申请单位应配备满足分区存放、防潮、防损伤、防污染等核级管配件制造要求的专用库房及货架，存放用于材料复验、焊接工艺评定、破坏性试验等所需的试件和试样。

（3）焊材库

如果核级管配件制造过程包括焊接工序，那么申请单位应设置专用的焊材库。焊材库应配备温湿度控制设备（如除湿机、空调等）和计量检定合格的温湿度计以确保焊材库的湿度、温度符合焊材管理的相关要求，同时应配备合格的焊材烘干箱、焊材保温箱和保温桶；焊材库应配备相应的摆放货架以满足分区（待检区、合格区、不合格区）保存的要求；焊材库应制定严格的规章制度和程序，并张贴焊材存放、烘干、发放和回收管理程序。

（4）档案室

申请单位应设有档案室，核级管配件产品的有关档案资料应专区存放。档案室应配备温湿度控制设备（如除湿机、空调等），配备计量检定合格的温湿度计，并满足档案保管的有关规定。档案室的面积应当满足目标产品档案保管的需要。

3. 检验和试验场地

申请单位应配备能够满足原材料进厂检验、管配件各制造工序检验、出厂检验和试验等要求的专用检验和试验场地。

4. 射线探伤室

如果核级管配件制造过程中包括射线探伤工序，那么原则上申请单位应配备能够满足防护要求的射线探伤场地，以及能够保证底片冲洗质量和底片长期保存的基本条件。

5. 制造及工艺设备

申请单位应当根据核级管配件的制造工序和工艺需要配备相应的制造及工艺设备，主要包括但不限于以下设备：

（1）机加工设备

包括锯床、车床、铣床、磨床、切割机及坡口机等。

（2）冷 / 热成形设备

推制、压制、锻制、卷板设备等。成形设备总计不少于 10 台。由于各申请单位成形工艺存在差异，因此本资格条件未给出具体设备参数要求，而是要求可以满足设备制造需要。

（3）焊接设备

包括手工电弧焊机、氩弧焊机等、焊条烘干炉、焊条保温炉 / 保温桶。

（4）热处理设备

包括中频感应加热炉、局部热处理设备、整体热处理炉等，其加热温度和炉膛尺寸应能满足管配件热处理的要求，且应配装时间和温度记录装置；至少 2 台。

（5）表面处理设备

包括喷丸机、油漆喷涂设备、酸洗钝化等设备至少各 1 套。

（6）理化性能检验设备

根据核级管配件制造活动中原材料复检、工艺试验、工艺评定、见证件破坏性检验的需要，申请单位配备下述理化性能检验设备至少各 1 台（套）（允许可分包的项目除外），包括化学成分分析仪器、电液伺服万能试验机、冲击试验机、缺口投影仪、金相显微镜、晶间腐蚀设备、铁素体含量分析仪、硬度计、金相抛光机、金相预磨机等试验设备等。

（7）无损检验设备

申请单位应配备满足所申请目标产品制造需要的各项无损检验设备，每项至少配备 1 台 (套) 设备。

（8）起吊运输设备

申请单位应配备满足所申请目标产品制造需要的起吊设备，包括行车、叉车、电动葫芦等。

（9）工装模具

包括模具、模板、样板等。推制、压制、锻制或整形胎膜具总计不少于 100 套。

（10）计量器具

申请单位应具有与核级管配件制造要求相适应的几何尺寸、角度、粗糙度、形位公差、温度、压力等检测的计量器具。

（五）技术能力要求

1. 标准规范

申请核级管配件制造许可证的单位应配备和熟悉国务院核安全监管部门认可的核电规范标准，如：美国机械工程师学会锅炉及压力容器规范（ASME），法国压水堆核岛机械设备设计和建造规则（RCC-M）等。

申请单位在初次申请核级管配件制造许可证时应对技术人员进行过系统的培训，技术人员应熟练掌握相关内容。

2. 关键工艺

对于核级管配件制造过程中所涉及的下述关键工艺，申请单位应具备相应的技术储备和解决措施，如：推制工艺、压制工艺、锻制工艺、焊接工艺、热处理工艺、酸洗钝化工艺等。

申请单位用于核级管配件制造的上述关键工艺应是成熟的，使用这些工艺制造的管配件应至少有 5 年以上运行历史并保持良好的运行记录。

3. 工艺试验和工艺评定

申请单位在相关或相近产品制造中所开展的工艺试验和工艺评定工作，应能表明其已具备工艺试验和工艺评定经验。

对于核级管配件制造所需进行的工艺试验和工艺评定项目，申请单位在人员、设备等方面应能满足实施相关工艺试验和工艺评定的需要。

4. 采购和分包控制

管配件的冷 / 热成形（推制、压制、

锻制）、焊接、热处理等制造工艺属于核级管配件的关键制造工艺，申请单位必须有能力独立完成上述关键工艺，不得将其分包。

如果对允许分包的无损检验（RT）和理化检验（高温拉伸、微量元素检测）实行分包，申请单位应按核质保要求进行控制，并要得到国家核安全局的认可。

（六）业绩要求

1. 申请单位应取得至少 2 家营运单位或核电工程公司的合格供应商资格。

2. 对于许可证取证申请，申请单位应具有 5 年以上和近 5 年内的核设施中非核级管配件的制造业绩，且近 5 年内业绩总量不少于 150 件或总重不少于 1.5 吨。供货的规格应基本与所申请的核级目标产品相类似。

3. 对于许可证扩证申请，申请单位应具有同种设备 5 年以上和近 5 年内的核设施中非核级同种设备或常规工业中相类似设备的制造业绩，且近 5 年内业绩满足定量要求，具体要求参见国家核安全局后续发布的业绩要求相关文件。供货的规格应基本与所申请的核级目标产品相类似。同时：

（1）对于由核 2、3 级扩至核 1 级的申请，申请单位应具有原许可活动范围内核 2、3 级同种设备的供货业绩和良好的质量史，且持证期间的业绩满足定量要求，具体要求参见国家核安全局后续发布的业绩要求相关文件；

（2）对于增加设备类别的申请，申请单位应具有原许可活动范围内的供货业绩，且具有良好的质量史，且持证期间的业绩满足定量要求，具体要求参见国家核安全局后续发布的业绩要求相关文件。

4. 对于许可证延续申请，申请单位应具有与拟申请的民用核安全设备类别相同的活动业绩，且近 5 年内业绩满足定量要求，具体要求参见国家核安全局后续发布的业绩要求相关文件。

5. 申请单位应向国家核安全局提供相关合同、完工报告、验收报告等业绩证明文件。对于正在执行的合同，由于有关活动还未完成，质量还存在不确定性，因此不能作为业绩。

6. 申请单位的业绩应具有良好的质量史，近 5 年内没有发生因制造质量问题引起的退货、采购方拒绝验收等质量事件，未发生因质量问题而受到行业通报批评或行政处罚等事件。同时，要求申请单位与所申请核级管配件对应的常规行业产品业绩良好。

（七）模拟件制作要求

对于取证和扩证申请，申请单位应参照《民用核安全机械设备模拟件制作（试行）》（核安全导则 HAD601/01-2013），提交模拟件制作方案和质量计划，经国家核安全局审查认可后选择有代表性的模拟件进行试制，试制活动从原材料采购开始，包括机加工、成形、热处理、检验等各中间环节，直至所有的检测、试验项目完成为止。

（八）其他说明

申请单位同时应满足国家核安全局对民用核安全设备管理的其他要求。

在确保安全的前提下，国家核安全局鼓励新技术应用。

四、附则

（一）本资格条件由国家核安全局负责解释

（二）本资格条件自 2016 年 7 月 1 日起执行

附件 4

民用核安全设备 1E 级电缆设计和制造单位资格条件

一、总则

为进一步明确 1E 级电缆设计和制造许可证取证、扩证及延续申请单位应该具备的资格条件，根据《民用核安全设备监督管理条例》《民用核安全设备设计制造安装和无损检验监督管理规定》（HAF601）的要求，制定本文件。

二、适用范围

本资格条件适用于国家核安全局颁布的《民用核安全设备目录（第一批）》中列出的电力电缆、控制电缆及仪表电缆设计和制造许可证取证、扩证及延续申请单位的资格审查。资格条件中的“设计”是指 1E 级电缆制造许可证申请单位针对其产品进行的设计活动。

三、资格条件

（一）申请单位应持有有效的企业法人营业执照（或事业单位法人证书）和中华人民共和国组织机构代码证。申请单位如果有子公司，则申请单位申请范围内的设计制造活动中不得涉及其子公司。

（二）质保能力要求

1. 申请单位应持有有效的 GB/T19001

（或ISO9001）质量管理体系认证证书。

2. 申请单位应参照《核电厂质量保证安全规定》（HAF003），建立全面且适用的核质量保证体系，且该体系能够得到有效实施。

（三）人员配置要求

1. 无1E级电缆批量供货业绩的申请单位，其在职人员数量不少于600人。申请单位应配备电气、材料、检验试验、质量保证等相应的工程技术人员，工程技术人员数量比例不应低于本单位在职人员总数的15%。

2. 技术负责人（如总工、技术副总经理、技术总监等）应至少具有15年1E级电缆或核设施中非核级电缆设计和制造的经历并具有高级技术职称，且至少在该申请单位连续工作5年以上。

3. 设计技术负责人应具有设计审定（或批准）资格，至少主持过1项1E级电缆或核设施中非核级电缆设计和制造的经历并具有高级技术职称。

4. 挤出、交联、成缆等主要制造环节的技术负责人应至少具有8年1E级电缆或核设施中非核级电缆制造经历并具有中级及以上技术职称。

5. 设计人员资格要求根据所承担的职责，申请单位设计人员通常应包括一般设计人员、设计校核人员、设计审核人员、设计审定（或批准）人员。各级设计人员资格要求如下：

（1）一般设计人员应至少具有1年1E级电缆或核设施中非核级电缆的设计经历并具有初级及以上技术职称。

（2）设计校核人员应至少具有3年1E级电缆或核设施中非核级电缆的设计经历并具有初级及以上技术职称。

（3）设计审核人员应至少具有3年1E级电缆或核设施中非核级电缆的设计校核经历并应具有中级及以上技术职称。

（4）设计审定（或批准）人员应至少具有3年1E级电缆或核设施中非核级电缆的设计审核经历并具有高级技术职称。

6. 申请单位专职设计技术人员中具有设计资格的人员数量应不少于10名，其中具有设计校核资格人员数量应不少于5名；具有设计审核资格的人员数量应不少于3名；具有设计审定（批准）资格的人员数量应不少于2名。

7. 申请单位在绝缘及护套挤出、交联等各制造环节的工程技术人员应不少于2名，并配备相应的技术工人，满足制造要求。

8. 申请单位专职质保（QA）人员应不少于5名，其中质保负责人质量管理经验应不少于10年且具有高级技术职称。

9. 申请单位持有合格资质的计量管理人员应不少于2名。

10. 申请单位应配备足够数量的专职检验和试验人员，满足原材料检验、工序检验和出厂检验的需要。

11. 申请单位人员应具备相应的核安全文化素养。员工应具有质疑的工作态度、严谨的工作方法和互相交流的工作习惯，坚决杜绝违法违规和不良作业习惯等“人因”问题。

（四）厂房和装备要求

1. 厂房

（1）制造车间

制造车间的面积、跨度、高度、装备的布置、运输能力等应能满足目标产品制造的需要。制造车间应根据不同产品划分1E级电缆专用的生产区域和半成品、成品临时堆放区域。

（2）库房

申请单位应有满足电缆制造要求的原材料、半成品和成品保管条件，有专用场地或者专用库房及货架，满足分区（待验、合格、不合格）摆放、防潮、防机械损伤、防污染等要求。

（3）试验场地

申请单位应有满足电缆制造工序所要求的原材料进场检验、制造过程检测和出厂试验所需的专用试验检测场地和相应的配套设施，应能满足产品及其部件检测试验的特定要求。

（4）产品档案保管

申请单位应设有档案室，1E级电缆档案资料应专区保管，档案保管条件满足档案保管的有关规定，档案室的面积应满足产品档案保管的需要。

2. 制造及工艺设备

（1）生产设备

申请单位应按照电缆制造工序，配备相应的设备，包括绕线设备、绞线设备、绝缘挤出设备、成缆设备、护套挤出设备等，设备的数量及精度等级应满足电缆批量制造需要。

制造工序若包括交联工艺，则应配备相应的交联设备，仅以参股、控股形式拥有交联设备的，国家核安全局不予认可。

（2）工艺装备

申请单位应配备满足制造活动需要的工艺装备，如工位器具、模具等。

（3）检验设备

申请单位应根据电缆材料入厂检验、工艺试验和工艺评定、过程检验、成品检验等活动需要配备相应的检验设备。

（4）计量器具

申请单位应具有与制造要求相适应的检测几何尺寸、厚度、温度等的计量器具。对于由本单位承担的检定工作，应具有相应的标准计量器具。

（五）技术能力要求

1. 标准规范

申请单位技术负责人应熟练掌握1E级电缆相关法规、标准和规范，同时应掌握1E级电缆相应技术要求尤其是鉴定试验等要求。

2. 设计关键技术

申请单位应掌握以下设计关键技术：

（1）结构设计；

（2）选材要求及材料理化特性适用性分析；

（3）制造技术和工艺要求；

（4）过程测试和成品试验要求及验收准则；

（5）电缆老化机理评价和老化效应分析等。

3. 设计验证能力

申请单位应具备相应的设计验证能力。

4. 制造关键工艺

申请单位应具备绝缘及护套挤出、交联等电缆制造关键工艺的技术储备和解决措施。

5. 工艺试验和工艺评定

申请单位在以往电缆制造活动中所开展的工艺试验和工艺评定工作应能表明其已具备1E级电缆工艺评定经验。

申请单位在人员、设备等方面应满足1E级电缆制造所需进行的工艺试验和工艺评定项目需要。

6. 采购和分包控制

制造活动中绝缘及护套挤出、交联等关键工艺不得分包。

对于采购项目，申请单位应按核质量保证要求进行有效的控制。

（六）业绩要求

1. 对于取证申请，申请单位应至少取得2家核电业主或核电工程公司的合格供应商资格，同时应至少取得15家电力、民航、石化、煤矿等行业大型企业的合格供应商资格；应至少为10个大型火电厂或国家重点项目提供过电缆，累计应不少于40000千米；应具有5年以上和近5年内的核设施中非核级电缆供货业绩，累计应不少于1000千米。

2. 对于许可证扩证（增加设备类别）申请，申请单位应具有5年以上和近5年内的核设施中非核级同种设备或常规工业中相类似设备的制造业绩，且近5年内业绩满足定量要求，具体要求参见国家核安全局后续发布的业绩要求相关文件。

3. 对于许可证延续申请，申请单位近5年内业绩满足定量要求，具体要求参见国家核安全局后续发布的业绩要求相关文件。

4. 申请单位应能向国家核安全局提供合同、完工报告、验收报告等业绩证明文件。对正在执行的合同，因相关活动还未完成，质量还存在不确定性，不能作为业绩。

5. 申请单位应具有良好的质量史，近5年内没有发生因质量问题引起退货、采购方拒绝验收、行业通报批评或行政处罚等事件。

（七）模拟件制作要求

对于取证和扩证申请，申请单位应提交模拟件制作方案和质量计划，经国家核安全局审查认可后选择有代表性的模拟件进行试制，试制活动从原材料采购开始，包括挤出、交联、成缆等各制造环节，直至所有的检测、试验项目完成为止。

（八）其他说明

申请单位同时应满足国家核安全局对民用核安全设备管理的其他要求。

在确保安全的前提下，国家核安全局鼓励新技术应用。

对申请电缆品种国内持证单位数量不足三家的，其业绩可视情况特殊处理。

四、附则

（一）本资格条件由国家核安全局负责解释

（二）本资格条件自2016年7月1日起执行

国家核安全局关于印发《核电厂在役检查无损检验技术能力验证实施办法（试行）》的通知

国核安发 [2015]193 号

各有关单位：

为进一步规范核电厂在役检查无损检验能力验证工作，提高能力验证工作有效性，我局组织制定了《核电厂在役检查无损检验技术能力验证实施办法（试行）》。现印发给你们，请遵照执行。

国家核安全局

2015 年 9 月 15 日

核电厂在役检查无损检验技术能力验证实施办法（试行）

第一章 总则

第一条 为了进一步明确核电厂在役检查（含役前检查）无损检验技术能力验证过程中相关单位和部门的职责分工和工作接口，明确能力验证工作的方式、内容、要求和流程，促进能力验证工作规范化和程序化，提高能力验证工作有效性，特制定本实施办法。

第二条 编制的主要依据及参考文件

（一）《民用核安全设备监督管理条例》（国务院令第 500 号）；

（二）《民用核设施安全监督管理条例》（HAF001）；

（三）《核电厂质量保证安全规定》（HAF003）及其导则；

（四）《民用核安全设备设计制造安装和无损检验监督管理规定》（HAF601）；

（五）《民用核安全设备无损检验人员资格管理规定》（HAF602）。

第三条 本实施办法适用于技术规范或国家核安全局规定需要验证的用于核电厂在役检查的无损检验技术（包括经验反馈项目）。

第二章 职责分工

第四条 国家核安全局负责民用核安全设备无损检验能力验证的管理，涉及的部门或单位包括：

（一）环境保护部（国家核安全局）派出机构：

各地区核与辐射安全监督站（地区监督站）。

（二）无损检验能力验证机构：

华北核与辐射安全监督站；

其他相关单位。

第五条 国家核安全局全面负责核电厂在役检查无损检验技术能力验证活动的归口管理，组织能力验证相关审查工作，批准能力验证结果。必要时，组织召开专家会对验证机构的意见进行审评。

第六条 无损检验能力验证机构负责能力验证活动的具体实施，包括发布能力验证相关管理程序，审查检验技术规格书

（以下简称技术规格书）、检验程序、技术论证报告及其它相关验证文件，负责组织盲测试块的设计及验证活动的具体实施，评定验证结果，出具审查意见及能力验证评价报告。

第七条　地区监督站负责监督在役检查承包商在其行政区内核电厂开展的无损检验活动，验证检验人员、检验设备、检查程序等方面与国家核安全局批准的相关文件及要求的符合性。

第八条　核电厂营运单位或核岛总承包单位负责编制技术规格书和能力验证方案，并向国家核安全局提出能力验证申请，做好检验结果的经验反馈，在应用中发现偏差时，须及时报告国家核安全局，抄送无损检验能力验证机构。

第九条　在役检查承包商负责明测试块的设计，并将明测试块的设计图纸报能力验证机构备案；负责试验研究，编制检验程序、技术论证报告等文件，负责组织能力验证人员的培训。

第三章　验证方式及内容

第十条　根据被检部件对安全的影响程度及核电厂的运行经验反馈情况，一般将核电厂在役检查无损检验技术能力验证分为特殊、综合、常规、专家评判、不需验证等类型。

第十一条　特殊验证需审查技术规格书、检验程序、设备功能测试大纲及功能测试报告、技术论证报告、无损检验结果报告等，进行设备功能测试、明测测试和盲测测试。

第十二条　综合验证需审查技术规格书、检验程序、设备功能测试大纲及功能测试报告、技术论证报告、无损检验结果报告等，进行必要的设备功能测试和明测测试。

第十三条　常规验证需审查技术规格书、检验程序及其应用业绩（如有）、已完成的试验或验证的文件资料（如有）。

第十四条　专家评判需审查技术规格书、检验程序及技术论证报告。程序中有关操作应有符合 HAF602 要求的相应方法Ⅲ级资格证书的无损检验人员参加。

第四章　能力验证要求

第十五条　核电厂在役检查能力验证活动通常应一次性实施，根据能力验证工作量和核电厂设备安装或役前检查进度，也可分期分批实施。受检部件的役前及在役检验工作需在该项目能力验证工作完成并获得国家核安全局批准后方可进行。

第十六条　对于分阶段实施的能力验证工作，无损检验程序等相关资料应在每阶段验证计划实施日期 30 个工作日前提交。

第十七条　通过能力验证的无损检验程序如需升版，需经国家核安全局审查认可后方可用于核电厂在役检查。因检验工艺或关键参数发生改变等原因导致程序升版时，在役检查承包商必须向国家核安全局重新申请能力验证。

第十八条　无损检验项目、检验方法或被检部件关键参数（如焊缝坡口形式、焊接工艺、材质、规格等）发生变更时，在役检查承包商应向国家核安全局重新提出能力验证申请。

第五章　人员要求

第十九条　参加能力验证的人员应持有符合 HAF602 要求的相应检验方法的Ⅱ级及以上资格证书。参加特殊验证数据分析的人员应持有相应方法的资格证书满 18 个月、接受不少于 6 个月相应验证项目的培训。

第二十条　特殊验证项目的无损检验活动应由通过该项验证的人员完成。若在役检查承包商对特殊验证项目重新提出能力验证申请，通过原特殊验证项目的无损检验人员应重新申请验证。

第二十一条　通过特殊验证项目的无损检验人员其有效期为 5 年，5 年期满后应重新申请验证。

第二十二条　当通过特殊验证的无损检验人员发生变化或需要补充时，原则上，国家核安全局以半年为周期开展无损检验人员能力验证。

第六章　工作接口及流程

第二十三条　核电厂营运单位或核岛总承包单位负责向国家核安全局提出能力验证申请，国家核安全局组织无损检验能力验证机构对方案开展审查。

第二十四条　无损检验能力验证机构在收到审查任务的 20 个工作日内对能力验证方案提出第一批审查问题报送国家核安全局。之后，在每次收到问题答复的 15 个工作日内，提出审查意见报送国家核安全局。必要时，无损检验能力验证机构可组织召开对话会。

第二十五条　国家核安全局负责将能力验证方案的审查结论书面告知核电厂营运单位或核岛总承包单位，并抄送无损检验能力验证机构、地区监督站以及在役检查承包商。

第二十六条　按照国家核安全局批准的核电厂能力验证方案，在役检查承包商向国家核安全局提交相关能力验证资料，并抄送无损检验能力验证机构，同时按照能力验证机构的要求开展相关验证活动。

第二十七条　无损检验能力验证机构应及时将能力验证审查意见（包括检验项目、程序和人员名单）提交国家核安全局。国家核安全局向在役检查承包商发布能力验证结果，并抄送无损检验能力验证机构、地区监督站以及核电厂营运单位或核岛总承包单位。

第二十八条　必要时，国家核安全局组织召开专家会，对无损检验能力验证机构提交的能力验证方案审查意见和各阶段能力验证评价报告进行咨询和审议。

第七章　报告制度

第二十九条　无损检验能力验证机构

应每季度向国家核安全局书面报告能力验证实施情况、能力验证结果、评价报告或阶段性总结。

第三十条　地区监督站应在月报中向国家核安全局书面报告能力验证结果在行政区内核电厂在役检查中的执行情况。

第八章　附则

第三十一条　国家核安全局负责本实施办法的解释，根据实施情况不定期地进行修订或升版。

国家核事故应急办公室关于印发国家核应急值班网络运行管理办法的通知

国核应办 [2015]35 号

各有关单位：

为加强和规范国家核应急值班网络运行管理，进一步指导做好全国核应急值班工作，国家核事故应急办公室组织编制了《国家核应急值班网络运行管理办法》。现将该办法印发你们，请遵照执行。

国家核事故应急办公室

2015 年 9 月 24 日

国家核应急值班网络运行管理办法

第一条 [依据和目的] 为进一步加强核应急值班工作，规范工作程序，确保信息畅通，及时妥善处置可能发生的核突发事件，根据《中华人民共和国突发事件应对法》《核电厂核事故应急管理条例》《国家核应急预案》等法律法规文件要求，结合核应急工作实际，制定本办法。

第二条 [适用范围] 本办法适用于国家核应急组织、省（自治区、直辖市）核应急组织、核设施营运单位及所属集团公司核应急组织，以及国家级核应急技术支持和救援力量等有关部门和单位的核应急值班运行工作（以下简称各部门、各单位）。

第三条 [管理原则] 国家核应急值班网络运行要遵循准确、及时、稳妥、保密的原则。

第四条 [主要职责] 各部门、各单位都应设立核应急值班点。国家核应急办负责建立健全国家核应急值班网络，建立国家核应急值班点，管理国家核应急值班的运行工作。其他各部门、各单位负责设立本部门、本单位的核应急值班点，并负责管理本部门、本单位核应急值班点的运行工作。

国家核应急值班点是国家核应急值班网络的运行中枢，设在国家核应急响应中心。负责定期进行通讯测试，按国家核应急办要求发送、接收、汇总各级各类核应急信息，做好国家核突发事件中信息指令的上传下达。其他各部门、各单位核应急值班点负责本部门、本单位的核应急值班、信息报送、应急事件处理和值班中枢的联络畅通等。

第五条 [值班制度] 国家核应急值班网络各部门、各单位核应急值班点应建立 7×24 小时值班制度。

国家核应急值班点值班人员由国家核应急办、国家核应急响应技术支持中心有关人员轮流担任，每月轮换，实行国家核应急办领导带班，值班处长负责、双岗值班员的值班制度。值班人员一般不得离京，特殊情况报请带班领导同意后，需指定替代人值班。国家核应急协调委成员单位、各有关省（区、市）核应急组织、各核设施营运单位及所属集团公司（院）、各有关核应急技术支持中心（分队）纳入国家核应急值班网络。

其他各部门、各单位核应急值班点的应急值班人员由各部门、各单位核应急组织负责安排，并根据本办法制定相应值班工作制度和规范。

第六条 ［值班安排］国家核应急值班点每月15日编制并印发国家核应急值班网络图。各部门、各单位要严格按照值班网络图做好应急值班工作。值班人员信息如有变动，需于当月15日前将变动信息报送至国家核应急值班点。国家法定节假日期间及重要时期，各部门、各单位要安排专人加强应急值班，各级领导要轮流在岗带班。

第七条 ［值班记录］各级核应急值班点应配有值班记录本。值班期间，应急值班人员要详细记载值班相关事项和处理情况，记录内容要字迹清楚、要素齐全、详略得当。对于协调处置核突发事件内容，要按时间顺序详细记录事件发生时间、报告和处置过程。值班记录本要按照编号归档。

第八条 ［交接班］值班人员应认真执行值班交接制度。接班人员须提前到岗，交班人员应对处理事项进行详细说明，接班人员应对未办结事项做后续办理。

第九条 ［设备维护］应急值班人员应熟悉使用并妥善维护值班室的各种设备，确保设备完好，保证信息传递畅通。

第十条 ［信息报送］国家核应急值班网络各级核应急值班点，要严格按照《核应急报告管理办法》有关要求，执行核应急信息通告和报告制度。信息通报和报告要及时、准确、客观、全面，不得迟报、谎报、瞒报和漏报。

第十一条 ［保障工作］各部门、各单位应选派政治素质好、责任心强、熟悉业务的同志担任应急值班工作人员，并加强业务培训。各部门、各单位核应急值班点应配备值班所需办公自动化设备，并做好应急值班必需的交通、通信和生活保障等。

第十二条 ［责任追究］对严重失职、应急信息迟报、漏报甚至谎报、瞒报和因处置不当、不及时而造成不良影响和后果的，要追究有关人员责任。

第十三条 ［保密要求］应急值班人员应严格执行保密规定，认真做好值班保密工作。

第十四条 ［实施及解释］本规范自印发之日起施行，由国家核应急办负责解释。

环境保护部令

部令 第36号

《建设项目环境影响评价资质管理办法》已于2015年4月2日由环境保护部部务会议修订通过，现予公布，自2015年11月1日起施行。原国家环境保护总局发布的《建设项目环境影响评价资质管理办法》（国家环境保护总局令第26号）同时废止。

部长：陈吉宁

2015年9月28日

建设项目环境影响评价资质管理办法

第一章　总则

第一条　为加强建设项目环境影响评价管理，提高环境影响评价工作质量，维护环境影响评价行业秩序，根据《中华人民共和国环境保护法》《中华人民共和国环境影响评价法》和《中华人民共和国行政许可法》等有关法律法规，制定本办法。

第二条　为建设项目环境影响评价提供技术服务的机构，应当按照本办法的规定，向环境保护部申请建设项目环境影响评价资质（以下简称资质），经审查合格，取得《建设项目环境影响评价资质证书》（以下简称资质证书）后，方可在资质证书规定的资质等级和评价范围内接受建设单位委托，编制建设项目环境影响报告书或者环境影响报告表（以下简称环境影响报告书（表））。

环境影响报告书（表）应当由具有相应资质的机构（以下简称环评机构）编制。

第三条　资质等级分为甲级和乙级。评价范围包括环境影响报告书的十一个类别和环境影响报告表的二个类别（具体类别见附件），其中环境影响报告书类别分设甲、乙两个等级。

资质等级为甲级的环评机构（以下简称甲级机构），其评价范围应当至少包含一个环境影响报告书甲级类别；资质等级为乙级的环评机构（以下简称乙级机构），其评价范围只包含环境影响报告书乙级类别和环境影响报告表类别。

应当由具有相应环境影响报告书甲级类别评价范围的环评机构主持编制环境影响报告书的建设项目目录，由环境保护部另行制定。

第四条　资质证书在全国范围内通用，有效期为四年，由环境保护部统一印制、颁发。

资质证书包括正本和副本，记载环评机构的名称、资质等级、评价范围、证书编号、有效期，以及环评机构的住所、法定代表人等信息。

第五条　国家鼓励环评机构专业化、规模化发展，积极开展环境影响评价技术研究，提升技术优势，增强技术实力，形成一批区域性和专业性技术中心。

第六条　国家支持成立环境影响评价行业组织，加强行业自律，维护行业秩序，组织开展环评机构及其环境影响评价工程师和相关专业技术人员的水平评价，建立健全行业内奖惩机制。

第二章　环评机构的资质条件

第七条　环评机构应当为依法经登记的企业法人或者核工业、航空和航天行业的事业单位法人。

下列机构不得申请资质：

（一）由负责审批或者核准环境影响报告书（表）的主管部门设立的事业单位出资的企业法人；

（二）由负责审批或者核准环境影响报告书（表）的主管部门作为业务主管单位或者挂靠单位的社会组织出资的企业法人；

（三）受负责审批或者核准环境影响报告书（表）的主管部门委托，开展环境影响报告书（表）技术评估的企业法人；

（四）前三项中的企业法人出资的企业法人。

第八条　环评机构应当有固定的工作场所，具备环境影响评价工作质量保证体系，建立并实施环境影响评价业务承接、质量控制、档案管理、资质证书管理等制度。

第九条　甲级机构除具备本办法第七条、第八条规定的条件外，还应当具备下列条件：

（一）近四年连续具备资质且主持编制过至少八项主管部门审批或者核准的环境影响报告书。

（二）至少配备十五名环境影响评价工程师。

（三）评价范围中的每个环境影响报告书甲级类别至少配备六名相应专业类别的环境影响评价工程师，其中至少三人主持编制过主管部门近四年内审批或者核准的相应类别环境影响报告书各二项。核工业环境影响报告书甲级类别配备的相应类别环境影响评价工程师中还应当至少三人为注册核安全工程师。

（四）评价范围中的环境影响报告书乙级类别以及核与辐射项目环境影响报告表类别配备的环境影响评价工程师条件应当符合本办法第十条第（二）项的规定。

（五）近四年内至少完成过一项环境保护相关科研课题，或者至少编制过一项国家或者地方环境保护标准。

第十条　乙级机构除具备本办法第七条、第八条规定的条件外，还应当具备下列条件：

（一）至少配备九名环境影响评价工程师。

（二）评价范围中的每个环境影响报告书乙级类别至少配备四名相应专业类别的环境影响评价工程师，其中至少二人主持编制过主管部门近四年内审批或者核准的环境影响报告书（表）各四项。核工业环境影响报告书乙级类别配备的相应类别环境影响评价工程师中还应当至少一人为注册核安全工程师。核与辐射项目环境影响报告表类别应当至少配备一名相应专业类别的环境影响评价工程师。

第十一条　乙级机构在资质证书有效期内应当主持编制至少八项主管部门审批

或者核准的环境影响报告书（表）。

第三章　资质的申请与审查

第十二条　环境保护部负责受理资质申请。资质申请包括首次申请、变更、延续以及评价范围调整、资质等级晋级。

环评机构近一年内违反本办法相关规定被责令限期整改或者受到行政处罚的，不得申请评价范围调整和资质等级晋级。

第十三条　申请资质的机构应当如实提交相关申请材料，并对申请材料的真实性和准确性负责。申请材料的具体要求由环境保护部另行制定。

第十四条　环评机构有下列情形之一的，应当在变更登记或者变更发生之日起六十个工作日内申请变更资质证书中的相关内容：

（一）工商行政管理部门或者事业单位登记管理部门登记的机构名称、住所或者法定代表人变更的；

（二）因改制、分立或者合并等原因，编制环境影响报告书（表）的机构名称变更的。

第十五条　资质证书有效期届满，环评机构需要继续从事环境影响报告书（表）编制工作的，应当在有效期届满九十个工作日前申请资质延续。

第十六条　申请资质的机构应当通过环境保护部政府网站提交资质申请，并将书面申请材料一式三份报送环境保护部。

环境保护部对申请材料齐全、符合规定形式的资质申请，予以受理，并出具书面受理回执；对申请材料不齐全或者不符合规定形式的，在五个工作日内一次性告知申请资质的机构需要补正的内容；对不予受理的，书面说明理由。

环境保护部对已受理的资质申请信息在其政府网站予以公示。

第十七条　环境保护部组织对申请资质的机构提交的申请材料进行审查，并根据情况开展核查。

环境保护部自受理申请之日起二十个工作日内，依照本办法规定和申请资质的机构实际达到的资质条件作出是否准予资质的决定。必要时，环境保护部可以组织专家进行评审或者征求国务院有关部门和省级环境保护主管部门的意见，专家评审时间不计算在二十个工作日内。

环境保护部应当对是否准予资质的决定和申请机构资质条件等情况在其政府网站进行公示。公示期间无异议的，向准予资质的申请机构颁发资质证书；向不予批准资质的申请机构书面说明理由。

第十八条　因改制、分立或者合并等原因申请变更环评机构名称的，环境保护部应当根据改制、分立或者合并后机构实际达到的资质条件，重新核定其资质等级和评价范围。

甲级机构申请资质延续，符合本办法第七条、第八条规定和下列条件，但资质证书有效期内主持编制主管部门审批或者核准的环境影响报告书（表）少于八项的，按乙级资质延续，并按该机构实际达到的资质条件重新核定其评价范围：

（一）近四年连续具备资质。

（二）至少配备十五名环境影响评价工程师。评价范围中至少一个原有环境影响报告书甲级类别配备六名以上相应专业类别的环境影响评价工程师。

（三）近四年内至少完成过一项环境保护相关科研课题，或者至少编制过一项国家或者地方环境保护标准。

第十九条　申请资质的机构隐瞒有关情况或者提供虚假材料的，环境保护部不予受理资质申请或者不予批准资质。该机构在一年内不得再次申请资质。

申请资质的机构以欺骗、贿赂等不正当手段取得资质的，由环境保护部撤销其资质。该机构在三年内不得再次申请资质。

前两款中涉及隐瞒环境影响评价工程师真实情况的，相关环境影响评价工程师三年内不得作为资质申请时配备的环境影响评价工程师、环境影响报告书（表）的编制主持人或者主要编制人员。

第二十条　环评机构有下列情形之一的，环境保护部应当办理资质注销手续：

（一）资质有效期届满未申请延续或者未准予延续的；

（二）法人资格终止的；

（三）因不再从事环境影响报告书（表）编制工作，申请资质注销的；

（四）资质被撤回、撤销或者资质证书被吊销的。

第二十一条　环境保护部在其政府网站设置资质管理专栏，公开资质审查程序、审查内容、受理情况、审查结果等信息，并及时公布环评机构及其环境影响评价工程师基本信息。

第四章　环评机构的管理

第二十二条　环评机构应当坚持公正、科学、诚信的原则，遵守职业道德，执行国家法律、法规及有关管理要求，确保环境影响报告书（表）内容真实、客观、全面和规范。

环评机构应当积极履行社会责任和普遍服务的义务，不得无正当理由拒绝承担公益性建设项目环境影响评价工作。

第二十三条　环境影响报告书（表）应当由一个环评机构主持编制，并由该机构中相应专业类别的环境影响评价工程师作为编制主持人。环境影响报告书各章节和环境影响报告表的主要内容应当由主持编制机构中的环境影响评价工程师作为主要编制人员。

核工业类别环境影响报告书的编制主持人还应当为注册核安全工程师，各章节的主要编制人员还应当为核工业类别环境影响评价工程师。

主持编制机构对环境影响报告书（表）编制质量和环境影响评价结论负责，环境影响报告书（表）编制主持人和主要编制人员承担相应责任。

第二十四条　环评机构接受委托编制环境影响报告书（表），应当与建设单位签订书面委托合同。委托合同不得由环评机构的内设机构、分支机构代签。

禁止涂改、出租、出借资质证书。

第二十五条　环境影响报告书（表）应当附主持编制的环评机构资质证书正本缩印件。缩印件页上应当注明建设项目名称等内容，并加盖主持编制机构印章和法定代表人名章。

环境影响报告书（表）中应当附编制人员名单表，列出编制主持人和主要编制人员的姓名及其环境影响评价工程师职业资格证书编号、专业类别和登记编号以及注册核安全工程师执业资格证书编号和注册证编号。编制主持人和主要编制人员应当在名单表中签字。

资质证书缩印件页和环境影响报告书（表）编制人员名单表格式由环境保护部另行制定。

第二十六条　环评机构应当建立其主持编制的环境影响报告书（表）完整档案。档案中应当包括环境影响报告书（表）及其编制委托合同、审批或者核准批复文件和相关的环境质量现状监测报告原件、公众参与材料等。

第二十七条　环评机构出资人、环境影响评价工程师等基本情况发生变化的，应当在发生变化后六十个工作日内向环境保护部备案。

第二十八条　环评机构在领取新的资质证书时，应当将原资质证书交回环境保护部。

环评机构遗失资质证书的，应当书面申请补发，并在公共媒体上刊登遗失声明。

第二十九条　环评机构中的环境影响评价工程师和参与环境影响报告书（表）编制的其他相关专业技术人员应当定期参加环境影响评价相关业务培训，更新和补充业务知识。

第五章　环评机构的监督检查

第三十条　环境保护主管部门应当加强对环评机构的监督检查。监督检查时可以查阅或者要求环评机构报送有关情况和材料，环评机构应当如实提供。

监督检查包括抽查、年度检查以及在环境影响报告书（表）受理和审批过程中对环评机构的审查。

第三十一条　环境保护部组织对环评机构的抽查。省级环境保护主管部门组织对住所在本行政区域内的环评机构的年度检查。

环境保护主管部门组织的抽查和年度检查，应当对环评机构的资质条件和环境影响评价工作情况进行全面检查。

第三十二条　环境保护主管部门在环境影响报告书（表）受理和审批过程中，应当对环境影响报告书（表）编制质量、主持编制机构的资质以及编制人员等情况进行审查。

对主持编制机构不具备相应资质等级和评价范围以及不符合本办法第二十三条和第二十五条有关规定的环境影响报告书（表），环境保护主管部门不予受理环境影响报告书（表）审批申请；对环境影响报告书（表）有本办法第三十六条或者第四十五条规定情形的，环境保护主管部门不予批准。

第三十三条　环评机构有下列情形之一的，由实施监督检查的环境保护主管部门对该机构给予通报批评：

（一）未与建设单位签订书面委托合

同接受建设项目环境影响报告书（表）编制委托的，或者由环评机构的内设机构、分支机构代签书面委托合同的；

（二）主持编制的环境影响报告书（表）不符合本办法第二十五条规定格式的；

（三）未建立主持编制的环境影响报告书（表）完整档案的。

第三十四条　环评机构有下列情形之一的，由环境保护部责令改正；拒不改正的，责令其限期整改一至三个月：

（一）逾期未按本办法第十四条规定申请资质变更的；

（二）逾期未按本办法第二十七条规定报请备案环评机构出资人和环境影响评价工程师变化情况的。

第三十五条　环评机构主持编制的环境影响报告书（表）有下列情形之一的，由实施监督检查的环境保护主管部门责令该机构以及编制主持人和主要编制人员限期整改三至六个月：

（一）环境影响报告书（表）未由相应的环境影响评价工程师作为编制主持人的；

（二）环境影响报告书的各章节和环境影响报告表的主要内容未由相应的环境影响评价工程师作为主要编制人员的。

第三十六条　环评机构主持编制的环境影响报告书（表）有下列情形之一的，由实施监督检查的环境保护主管部门责令该机构以及编制主持人和主要编制人员限期整改六至十二个月：

（一）建设项目工程分析或者引用的现状监测数据错误的；

（二）主要环境保护目标或者主要评价因子遗漏的；

（三）环境影响评价工作等级或者环境标准适用错误的；

（四）环境影响预测与评价方法错误的；

（五）主要环境保护措施缺失的。

有前款规定情形，致使建设项目选址、选线不当或者环境影响评价结论错误的，依照本办法第四十五条的规定予以处罚。

第三十七条　环评机构因违反本办法规定被责令限期整改的，限期整改期间，作出限期整改决定的环境保护主管部门及其以下各级环境保护主管部门不再受理该机构编制的环境影响报告书（表）审批申请。

环境影响评价工程师被责令限期整改的，限期整改期间，作出限期整改决定的环境保护主管部门及其以下各级环境保护主管部门不再受理其作为编制主持人和主要编制人员编制的环境影响报告书（表）审批申请。

第三十八条　环评机构不符合相应资质条件的，由环境保护部根据其实际达到的资质条件，重新核定资质等级和评价范围或者撤销资质。

环评机构经重新核定的资质等级降低或者评价范围缩减的，在重新核定前，按原资质等级和缩减的评价范围接受委托编制的环境影响报告书（表）需要继续完成的，应当报经环境保护部审核同意。

第三十九条　环境保护主管部门应当

建立环评机构及其环境影响评价工程师诚信档案。

县级以上地方环境保护主管部门应当建立住所在本行政区域、编制本级环境保护主管部门审批的环境影响报告书（表）的环评机构及其环境影响评价工程师的诚信档案，记录本部门对环评机构及其环境影响评价工程师采取的通报批评、限期整改和行政处罚等情况，并向社会公开。通报批评、限期整改和行政处罚等情况应当及时抄报环境保护部。

环境保护部应当将环境保护主管部门对环评机构及其环境影响评价工程师采取的行政处理和行政处罚等情况，记入全国环评机构和环境影响评价工程师诚信档案，并向社会公开。

第四十条　环境保护部在国家环境影响评价基础数据库中建立环评机构工作质量监督管理数据信息系统，采集环境影响报告书（表）内容、编制机构、编制人员、编制时间、审批情况等信息，实现对环评机构及其环境影响评价工程师工作质量的动态监控。

第四十一条　县级以上地方环境保护主管部门不得设置条件限制环评机构承接本行政区域内建设项目的环境影响报告书（表）编制工作。

第四十二条　县级以上地方环境保护主管部门在监督检查中发现环评机构有本办法第三十四条、第三十八条、第四十四条第二款、第四十五条规定情形的，应当及时向环境保护部报告并提出处理建议。

第四十三条　任何单位和个人有权向环境保护主管部门举报环评机构及其环境影响评价工程师违反本办法规定的行为。接受举报的环境保护主管部门应当及时调查，并依法作出处理决定。

第六章　法律责任

第四十四条　环评机构拒绝接受监督检查或者在接受监督检查时弄虚作假的，由实施监督检查的环境保护主管部门处三万元以下的罚款，并责令限期整改六至十二个月。

环评机构涂改、出租、出借资质证书或者超越资质等级、评价范围接受委托和主持编制环境影响报告书（表）的，由环境保护部处三万元以下的罚款，并责令限期整改一至三年。

第四十五条　环评机构不负责任或者弄虚作假，致使主持编制的环境影响报告书（表）失实的，依照《中华人民共和国环境影响评价法》的规定，由环境保护部降低其资质等级或者吊销其资质证书，并处所收费用一倍以上三倍以下的罚款，同时责令编制主持人和主要编制人员限期整改一至三年。

第四十六条　环境保护主管部门工作人员在环评机构资质管理工作中徇私舞弊、滥用职权、玩忽职守的，依法给予处分；构成犯罪的，依法追究刑事责任。

第七章　附则

第四十七条　环评机构资质被吊销、

撤销或者注销的，环境保护主管部门可继续完成已受理的该机构主持编制的环境影响报告书（表）审批工作。

第四十八条　本办法所称负责审批或者核准环境影响报告书（表）的主管部门包括环境保护主管部门和海洋主管部门；所称主管部门审批或者核准的环境影响报告书（表），是指经环境保护主管部门审批或者经海洋主管部门核准完成的环境影响报告书（表），不包括因有本办法第三十六条和第四十五条所列情形不予批准或者核准的环境影响报告书（表）。

第四十九条　本办法所称环境影响评价工程师，是指已申报所从业的环评机构和专业类别，在申报的环评机构中全日制专职工作且具有相应职业资格的专业技术人员。环境影响评价工程师从业情况申报的相关管理规定由环境保护部另行制定。

本办法所称注册核安全工程师，是指在注册的环评机构中全日制专职工作且具有相应执业资格的专业技术人员。

第五十条　本办法由环境保护部负责解释。

第五十一条　本办法自 2015 年 11 月 1 日起施行。原国家环境保护总局发布的《建设项目环境影响评价资质管理办法》（国家环境保护总局令第 26 号）同时废止。

附：

建设项目环境影响评价资质中的评价范围类别划分

<table>
<tr><th colspan="2">评价范围类别</th><th>资质条件中和作为编制主持人的
环境影响评价工程师相应的专业类别</th></tr>
<tr><td rowspan="11">环境影响报告书类别</td><td>轻工纺织化纤</td><td>轻工纺织化纤</td></tr>
<tr><td>化工石化医药</td><td>化工石化医药</td></tr>
<tr><td>冶金机电</td><td>冶金机电</td></tr>
<tr><td>建材火电</td><td>建材火电</td></tr>
<tr><td>农林水利</td><td>农林水利</td></tr>
<tr><td>采掘</td><td>采掘</td></tr>
<tr><td>交通运输</td><td>交通运输</td></tr>
<tr><td>社会服务</td><td>社会服务</td></tr>
<tr><td>海洋工程</td><td>海洋工程</td></tr>
<tr><td>输变电及广电通讯</td><td>输变电及广电通讯</td></tr>
<tr><td>核工业</td><td>核工业</td></tr>
<tr><td rowspan="2">环境影响报告表类别</td><td>一般项目</td><td>任一类别</td></tr>
<tr><td>核与辐射项目</td><td>输变电及广电通讯或者核工业</td></tr>
</table>

环境保护部关于发布《建设项目环境影响评价资质管理办法》配套文件的公告

公告 2015 年 第 67 号

《建设项目环境影响评价资质管理办法》（环境保护部令第 36 号）已于 2015 年9月28日发布，2015年11月1日起施行。根据该办法的相关规定，现将《现有建设项目环境影响评价机构资质过渡的有关规定》等 6 个配套文件予以公告，与该办法一并施行。

附件：

1. 现有建设项目环境影响评价机构资质过渡的有关规定

2. 建设项目环境影响报告书（表）适用的评价范围类别规定

3. 应当由具备环境影响报告书甲级类别评价范围的机构编制环境影响报告书的建设项目目录

4. 建设项目环境影响评价资质申请材料规定

5. 建设项目环境影响报告书（表）中资质证书缩印件页和编制人员名单表页格式规定

6. 环境影响评价工程师从业情况管理规定

环境保护部

2015 年 10 月 29 日

附件 1

现有建设项目环境影响评价机构资质过渡的有关规定

第一条 《建设项目环境影响评价资质管理办法》施行前已取得资质的机构（以下简称现有环评机构），可在原资质证书有效期内按照规定的资质等级和评价范围编制环境影响报告书（表）。

现有环评机构具备环境影响报告书甲级类别的，可以主持编制本公告附件 3 中的建设项目环境影响报告书。

原资质证书中的社会区域环境影响报告书类别视同为社会服务环境影响报告书类别，特殊项目环境影响报告表类别视同为核与辐射项目环境影响报告表类别。

第二条 原资质证书有效期截止日期在 2015 年 11 月 1 日至 2016 年 12 月 31 日期间的现有环评机构，申请资质延续时的机构法人类型和环境影响评价工程师数量条件可暂按原国家环保总局发布的《建设项目环境影响评价资质管理办法》执行。

我部在资质延续审查时，不审查按前款规定申请资质延续机构及其环境影响评价工程师主持编制的环境影响报告书（表）数量条件，颁发的资质证书有效期统一截止至 2016 年 12 月 31 日。

第三条 现有环评机构在原资质证书有效期内以及按第二条规定延续资质的机构在 2016 年 12 月 31 日前，有下列情形之一的，机构法人类型和环境影响评价工程师数量条件暂按原国家环保总局发布的

《建设项目环境影响评价资质管理办法》执行：

（一）因工商行政管理机关或者事业单位登记管理部门登记的机构名称变更，申请资质证书中的机构名称变更的；

（二）因不符合原国家环保总局发布的《建设项目环境影响评价资质管理办法》中的资质条件，需重新核定资质的。

第四条　现有环保系统环评机构脱钩工作的原配套政策和时限要求不变，脱钩时新机构的环境影响评价工程师数量条件暂按原国家环保总局发布的《建设项目环境影响评价资质管理办法》执行。

现有环评机构中的其他事业单位，在2016年12月31日前，通过体制改革形成符合《建设项目环境影响评价资质管理办法》中规定的企业法人类型的环评机构，申请资质证书中的机构名称变更时，可参照全国环保系统环评机构脱钩工作的有关配套政策执行。

第五条　不具备相应环境影响报告书甲级类别的现有环评机构，在2015年11月1日前，按照原资质证书规定的评价范围接受委托，编制的本公告附件3中由地方环境保护主管部门负责审批的建设项目环境影响报告书需要继续完成的，应当在2015年12月15日前报经审批该环境影响报告书的环境保护主管部门审核同意。

第六条　自《建设项目环境影响评价资质管理办法》施行之日起，《关于进一步加强环境影响评价机构管理的意见》（环办[2014]24号）中关于申请机构环境影响评价工程师数量条件的有关规定，以及《关于推进事业单位环境影响评价体制改革工作的通知》（环办[2013]109号）中关于改革进度安排和原事业单位环境影响评价工程师从业等有关规定，同时废止。

附件 2

建设项目环境影响报告书（表）适用的评价范围类别规定

各类建设项目环境影响报告书（表）适用的评价范围类别按照附表执行。

含多项建设内容的建设项目应当按照项目主体工程内容确定环境影响报告书（表）适用的评价范围类别。

附表　建设项目环境影响报告书（表）适用的评价范围类别

适用的评价范围类别		建设项目内容
环境影响报告书类别	轻工纺织化纤	—粮食及饲料加工，植物油加工，生物质纤维素乙醇生产，制糖、糖制品加工，乳制品加工，调味品、发酵制品制造，酒精饮料及酒类制造，果菜汁类及其他软饮料制造，屠宰，水产品加工； —卷烟，纸浆、溶解浆、纤维浆等制造，造纸（含废纸造纸）； —人造板制造； —轮胎制造、再生橡胶制造、橡胶加工、橡胶制品翻新，塑料制品制造（不含电镀工艺的）； —废塑料、废轮胎、废油再生利用； —化学纤维制造，纺织品制造，服装制造，皮革、毛皮、羽毛（绒）制品。
	化工石化医药	—基本化学原料制造，化学肥料制造，农药制造，涂料、染料、颜料、油墨及其类似产品制造，合成材料制造，专用化学品制造，炸药、火工及焰火产品制造，饲料添加剂、食品添加剂及水处理剂等制造，日用化学品制造； —原油加工、天然气加工、油母页岩提炼原油、煤制油、生物制油及其他石油制品，焦化、电石，煤炭液化、气化，煤气生产； —化学药品制造，生物、生化制品制造，中成药制造、中药饮片加工，含医药、化工类等专业中试内容的研发基地； —油库、气库； —P3、P4 生物安全实验室。
	建材火电	—水泥制造，水泥粉磨站，玻璃制造，玻璃纤维制造，陶瓷制品，耐火材料及其制品，石墨、碳素制品； —火力发电（包括热电），生物质发电，利用矸石、油页岩、石油焦等发电，燃煤、燃油锅炉； —生活垃圾焚烧处置，危险废物（含医疗废物）焚烧处置。

续表

适用的评价范围类别		建设项目内容
环境影响报告书类别	冶金机电	—炼铁（含球团、烧结），炼钢，铁合金制造，锰、铬冶炼，黑色金属压延加工，有色金属冶炼（含再生有色金属冶炼），有色金属合金制造； —通用、专用设备制造及维修，铁路运输设备制造及修理，汽车、摩托车制造，自行车制造，船舶及相关装置制造，航空航天器制造，交通器材及其他交通运输设备制造，电气机械及器材制造，仪器仪表及文化、办公用机械制造； —金属铸件，金属制品加工制造，金属制品表面处理及热处理加工，有电镀或喷漆工艺的锯材、木片加工、家具制造，有电镀工艺的塑料制品和工艺品加工制造； —显示器件制造，印刷电路板制造，半导体材料、电子陶瓷、有机薄膜、荧光粉、贵金属粉等电子专用材料制造； —废电子电器产品、废电池、废汽车、废电机、废五金、废船等再生利用。
	农林水利	—农业垦殖，经济林基地项目，畜禽养殖场、养殖小区，农业转基因、物种引进项目，转基因实验室； —水库，灌区工程，引水工程，防洪治涝工程，河湖整治工程，水力发电，航电枢纽工程； —风力发电。
	采掘	—黑色金属采选（含单独尾矿库），有色金属采选（含单独尾矿库），石油开采，天然气、页岩气开采（含净化），煤层气开采，煤炭开采，土砂石开采，化学矿采选，采盐，石棉及其他非金属矿采选； —地下水开采工程。
	交通运输	—公路，新建、改建铁路及铁路枢纽，轨道交通，城市道路、桥梁、隧道，码头，航道工程、水运辅助工程； —机场； —石油、天然气、成品油管线，化学品输送管线，仓储（不含油库、气库）。
	社会服务	—生活污水集中处理，工业废水集中处理，一般工业固体废物（含污泥）集中处置，污染场地治理修复工程； —不以焚烧为主要处置方式的生活垃圾（含餐厨废弃物）集中处置和危险废物（含医疗废物）集中处置及综合利用； —医院，专科防治院（所、站），疾病预防控制中心，高尔夫球场，公园（含动物园、植物园、主题公园），旅游开发，影视基地建设，殡仪馆。
	海洋工程	—围填海、海上堤坝工程，人工岛、海上和海底物资储藏设施、跨海桥梁、海底隧道工程，海底管道、海底电（光）缆工程，海洋矿产资源勘探开发工程， 海上潮汐电站、波浪电站、温差电站等海洋能源开发利用工程。

续表

适用的评价范围类别		建设项目内容
环境影响报告书类别	输变电及广电通讯	—送（输）变电工程； —广播电台、差转台，电视塔台，卫星地球上行站，多台雷达探测系统。
	核工业	—核动力厂、反应堆； —铀矿开采、冶炼，核燃料生产、加工、贮存、后处理，放射性废物贮存、处理或处置； —上述项目的退役； —核技术利用和退役。
环境影响报告表类别	一般项目	—除核与辐射项目以外的建设项目。
	核与辐射项目	—核动力厂、反应堆； —铀矿开采、冶炼，核燃料生产、加工、贮存、后处理，放射性废物贮存、处理或处置； —上述项目的退役； —铀矿地质勘探、退役治理； —核技术利用和退役； —送（输）变电工程； —广播电台、差转台，电视塔台，卫星地球上行站，单台雷达探测系统，无线通讯。

注：本表“环境影响报告书类别”和“环境影响报告表类别”栏对应的建设项目，分别是指按照《建设项目环境影响评价分类管理名录》应当编制环境影响报告书和环境影响报告表的项目。

附件3

应当由具备环境影响报告书甲级类别评价范围的机构编制环境影响报告书的建设项目目录

序号	对应的环境影响报告书类别	建设项目目录
1	轻工纺织化纤	纸浆制造项目。
		轮胎制造项目。
2	化工石化医药	炼油项目；乙烯项目。
		焦化项目；铬盐生产项目；氰化物生产项目；精对苯二甲酸（PTA）对二甲苯（PX）项目；二苯基甲烷二异氰酸酯（MDI）、甲苯二异氰酸酯（TDI）项目；煤制天然气、油、甲醇、烯烃、乙二醇、二甲醚及芳烃项目。
		地下气库和地下油库项目。
		农药原药生产项目。
3	冶金机电	炼铁（含球团、烧结）项目，炼钢项目。
		电解铝、氧化铝项目；铜、铅、锌冶炼项目；稀土冶炼分离项目。
		平板显示器件制造项目；多晶硅制造项目；年加工面积48万平方米及以上印制电路板制造项目；12英寸及以上集成电路芯片制造项目。
		10万吨级及以上造船设施（船台、船坞）项目。
4	建材火电	燃煤火力发电项目。
		燃煤热力发电项目（背压机组项目除外）。
		生活垃圾焚烧发电项目。
		年处置1万吨及以上的危险废物焚烧项目。
5	农林水利	在跨界和跨省（区、市）河流上建设的水电站项目和总装机容量25万千瓦及以上的水电站项目。
		在跨界和跨省（区、市）河流上建设的水库项目。
		高等级航道的千吨级及以上航电枢纽项目。
		涉及跨界河流、跨省（区、市）的水资源配置调整的项目。

续表

序号	对应的环境影响报告书类别	建设项目目录
6	采掘	年生产能力500万吨及以上规模的铁矿开发项目。
		总投资5亿元及以上的有色矿山开发项目。
		稀土矿山开发项目。
		日采选黄金矿石500吨及以上项目。
		新增年生产能力120万吨及以上煤炭开发项目。
		年产20亿立方米及以上天然气新气田开发项目。
		年产100万吨及以上新油田开发项目。
7	交通运输	跨省（区、市）的铁路项目和国家铁路网中的干线项目。
		国家高速公路网项目。
		新建港区和新建年吞吐能力200万吨及以上的煤炭、矿石、油气专用泊位项目；集装箱专用码头项目。
		新建运输机场项目；扩建军民合用机场项目。
		轨道交通项目。
		跨境、跨省（区、市）干线输油管网项目（不含油田集输管网）。
		跨境、跨省（区、市）或年输气能力5亿立方米及以上的输气管网项目（不含油气田集输管网）。
8	社会服务	总占地面积2000亩及以上或总投资50亿元及以上的主题公园。
		总库容1200万立方米及以上的生活垃圾卫生填埋项目。
9	海洋工程	50公顷及以上的填海工程。
		100公顷及以上的围海工程。
		海洋矿产资源勘探开发项目。
10	输变电及广电通讯	750千伏及以上交流项目和±500千伏及以上直流项目。
11	核工业	核动力厂、反应堆，铀矿开采、冶炼，核燃料生产、加工、贮存、后处理，放射性废物贮存、处理或处置，以及上述项目的退役。
		生产放射性同位素（生产放射性药物除外）、甲级非密封放射性物质工作场所和Ⅰ类射线装置项目。

注：本目录中项目未注明新建、扩建或技术改造的，包括新建、扩建和技术改造。

附件4

建设项目环境影响评价资质申请材料规定

第一条　首次申请资质的机构应当提交下列材料：

（一）申请报告。

（二）资质申请诚信承诺书（附1）。

（三）资质申请表（附2）。

（四）法人资格证明。

（五）法定代表人简历和身份证件复印件。

（六）工作场所证明。

（七）环境影响评价工程师职业资格证书复印件。其中，注册核安全工程师还应当提供相关执业资格证书和注册证复印件。

（八）环境影响评价工程师劳动关系证明。

（九）环境影响评价工程师相关业绩证明。

（十）环境影响评价工作质量保证体系相关制度文件。

（十一）环境影响评价工程师从业情况申报材料。

第二条　申请资质延续的机构应当提交下列材料：

（一）第一条第（一）至（十）项所列材料。

（二）申请机构相关业绩证明。

（三）现有资质证书正本复印件。

申请甲级资质延续的机构还应当提交科研技术成果证明。

第三条　申请评价范围调整的机构应当提交下列材料：

（一）第一条第（一）至（四）项、第（八）项和第（九）项所列材料。

（二）现有资质证书正本复印件。

第四条　申请资质等级晋级的机构应当提交下列材料：

（一）第一条第（一）至（十）项所列材料。

（二）申请机构相关业绩证明。

（三）科研技术成果证明。

（四）现有资质证书正本复印件。

第五条　因工商行政管理机关或者事业单位登记管理部门登记的机构名称、法定代表人或者住所发生变化，申请资质证书中的相关内容变更的，变更后机构应当提交下列材料：

（一）第一条第（一）至（四）项所列材料。

（二）工商行政管理机关变更核准通知书或者事业单位相关主管部门批准文件。

（三）原环评机构资质证书正本复印件。

申请法定代表人变更的，还应当提交变更后的法定代表人简历和身份证复印件。

第六条　因改制、分立或者合并等原因，申请资质证书中的机构名称变更的，改制、分立或者合并后机构应当提交下列材料：

（一）第一条所列材料。

（二）原环评机构改制、分立或者合并文件。

（三）原环评机构环境影响评价工程师安置情况说明，以及原环评机构中脱离事业编制、进入变更后机构全日制专职工作的环境影响评价工程师办理脱离事业编制的相关手续材料。

（四）原环评机构资质证书正本复印件。

原环评机构整体改制或者整体并入变更后机构的，还应当提交原环评机构法人资格终止证明。

第七条　因改制、分立或者合并等原因，申请甲级资质证书中的机构名称变更的，除提交第六条所列材料外，还应当提交改制、分立或者合并后机构的相关业绩证明和科研技术成果证明。

符合下列情形之一的，原环评机构相关业绩和科研技术成果可作为改制、分立或者合并后机构的工作业绩和科研技术成果：

（一）原环评机构与其全资子公司之间、原环评机构与其法人出资人之间或者同一出资人的全资子公司之间发生环境影响评价业务转移的。

（二）原环评机构整体改制或者整体并入变更后机构，原环评机构法人资格终止的。

（三）事业单位环评机构将环境影响评价业务转移至其出资设立的企业法人的。

第八条　环保系统环评机构因脱钩申请资质证书中的机构名称变更的，脱钩后机构应当提交下列材料：

（一）第一条第（一）至（八）项、第（十）项和第（十一）项所列材料。

（二）原环评机构脱钩方案以及相关事业单位、社会组织和环境保护主管部门同意脱钩方案文件。

（三）原环评机构环境影响评价工程师安置情况说明，以及原环评机构中脱离事业编制、进入脱钩后机构全日制专职工作的环境影响评价工程师办理脱离事业编制的相关手续材料。

（四）原环评机构相关环境保护主管部门出具的脱钩后机构环境影响评价工程师和出资人中，无本部门、所属事业单位和社会组织及其出资企业人员的证明。

（五）原环评机构事业单位法人证书正本复印件，或者企业法人营业执照正本和企业章程复印件。

（六）原环评机构资质证书正本复印件。

原环评机构整体改制或者整体并入变更后机构的，还应当提交原环评机构法人资格终止证明。

第九条　本规定所称法人资格证明是指下列材料之一：

（一）企业法人营业执照正本和企业章程复印件，以及工商登记情况查询记录。出资人中含法人的，还应当提交法人出资人的相关情况说明。其中，出资人中含事业单位和社会组织的，分别提交事业单位法人证书和社会团体法人登记证书正本复印件；出资人中含企业法人的，提交企业法人营业执照正本和企业章程复印件。

（二）核工业、航空、航天行业事业单位法人证书正本复印件。

第十条　本规定所称劳动关系证明是指下列材料之一：

（一）事业单位人事部门或者有人事管理权的上级人事部门于近3个月内出具的事业单位编制人员在申请机构的在编证明。

（二）社会保险管理机构于近3个月内出具的相关人员在申请机构参加养老和医疗等社会保险的清单凭证。

（三）离退休人员的离退休证明和申请机构出具的劳动合同或者聘用证明。

（四）事业单位专业技术人员办理离岗创业的相关手续材料（含离岗创业起止时间）和申请机构出具的劳动合同或者聘用证明。

第十一条　本规定所称业绩证明是指已经环境保护主管部门审批或者海洋主管部门核准的环境影响报告书（表）存档件封面页、资质证书缩印件页、编制人员名单表页和审批或者核准文件复印件等材料。

第十二条　本规定所称科研技术成果证明是指下列材料之一：

（一）科研课题承接证明、已完成的科研课题研究报告封面页和目录页复印件，以及验收（鉴定）文件复印件。

（二）国家或者地方环境保护标准承接证明、已发布的标准封面页和目录页复印件。

第十三条　本规定所称环境影响评价工程师安置情况说明是指包括原环评机构全部环境影响评价工程师姓名、登记编号、原劳动关系及编制情况和分流去向等情况的清单材料。

第十四条　申请机构提交的申请报告应当包括申请机构基本情况、申请内容和具备的相应条件等内容。

环境影响评价工程师从业情况申报材料按照本公告附件6执行。

申请机构提交的书面申请材料，除申请报告和环境影响评价工程师从业情况申报材料外，应当合并装订。

附1

资质申请诚信承诺书

本机构郑重承诺：本次提交的各项申请材料真实有效；申请材料中填报的环境影响评价工程师均为本机构全日制专职工作人员，无行政机关和其他企、事业单位在本机构兼职或者未供职的“挂靠”人员；近1年内未因违反建设项目环境影响评价资质管理相关规定被责令限期整改或者受到行政处罚（此项承诺仅适用于申请评价范围调整和资质等级晋级的机构）。

本机构已知晓上述承诺相应的法律责任：在资质审查阶段被发现有提供虚假材料或者隐瞒情况等行为的，环境保护部将依照《中华人民共和国行政许可法》第七十八条和《建设项目环境影响评价资质管理办法》第十九条的规定，不予批准资质，申请机构一年内不得再次申请资质；在取得资质后被发现有提供虚假材料或者隐瞒情况等行为的，环境保护部将依照

《中华人民共和国行政许可法》第六十九条、第七十九条和《建设项目环境影响评价资质管理办法》第十九条的规定，撤销资质，申请机构三年内不得再次申请资质。

本人郑重承诺：本人为申请机构全日制专职工作人员，非行政机关和其他企、事业单位在申请机构兼职或者未供职的“挂靠”人员，并已知晓上述承诺相应的法律责任：被发现隐瞒真实情况的，将依照《建设项目环境影响评价资质管理办法》第十九条的规定，三年内不得作为资质申请时配备的环境影响评价工程师、环境影响报告书（表）的编制主持人或者主要编制人员。

本次申请事项和内容：____。

序号	环境影响评价工程师姓名	职业资格证书编号或者登记编号	承诺人签字
1			
2			
3			
4			
5			
6			
7			
8			
9			
…			

承诺机构：（签章）

法定代表人：（签字）

年　月　日

附2

建设项目环境影响评价资质申请表

申 请 机 构____________________（签章）

法定代表人____________________（签字）

填 报 时 间_________年_____月_____日

环境保护部印制

填 表 说 明

本表用计算机打印填写。

[1] 机构名称：需填写申请机构全称。

[2] 法人类型：申请机构为企业法人的，按照企业法人营业执照中的相应内容填写；申请机构为核工业、航空、航天行业事业单位法人的，填写事业单位法人证书中的经费来源或者分类。

[3] 住所：按照企业法人营业执照或者事业单位法人证书中的相应内容填写。

[4] 出资人或者举办单位：申请机构为企业法人的，按照企业章程中的出资人依次填写。其中，出资人中含企业法人的，还需填写企业章程中的出资人；出资人中含事业单位的，还需填写事业单位法人证书中的举办单位；出资人中含社会组织的，还需填写社团法人登记证书中的主管部门或者挂靠单位。申请机构为核工业、航空、航天行业事业单位法人的，填写事业单位法人证书中的举办单位。

[5] 所属地区：填写申请机构住所所属的省（区、市）及地级市（区、州、盟、地区）。

[6] 现有资质情况、资质变化情况：填写自机构成立以来的相关情况。首次申请资质的机构不需填写。

[7] 申请事项：按申请事项的不同，在相应框内勾选和填写相关内容。

[8] 职（执）业资格证书编号：填写环境影响评价工程师职业资格证书编号。同时为注册核安全工程师的环境影响评价工程师，需一并填写注册核安全工程师执业资格证书编号。

[9] 登记（注册证）编号：填写环境影响评价工程师登记编号。同时为注册核安全工程师的环境影响评价工程师，需一并填写注册核安全工程师注册证编号。首次申请资质机构和改制、分立或者合并后机构的环境影响评价工程师，填写“首次申报”“重新申报”或者“变更申报”，其中“重新申报”和“变更申报”的，同时填写原登记编号，并注明相关情况。

[10] 专业类别：填写环境影响评价工程师登记编号中对应的专业类别。首次申请资质机构和改制、分立或者合并后机构中的环境影响评价工程师，“首次申报”的，填写拟申报的专业类别；“重新申报”和“变更申报”的，填写原专业类别，并注明相关情况。

[11] 机构业绩：填写申请机构近 4 年主持编制的经主管部门审批或者核准的环境影响报告书（表）情况。仅申请资质等级晋级的机构和申请资质延续的机构以及因改制、分立或者合并等原因申请资质证书中机构名称变更的甲级环评机构填写。

[12] 环境影响评价工程师业绩：填写环境影响评价工程师近 4 年作为编制主持人编制的经主管部门审批或者核准的环境影响报告书（表）情况。因工商行政管理机关或者

事业单位登记管理部门登记的机构名称、住所、法定代表人变更，申请资质证书中的相应内容变更的机构，不需填写。

[13] 科研技术成果：仅申请资质等级晋级的机构和申请资质延续以及因改制、分立或者合并等原因申请资质证书中机构名称变更的甲级环评机构填写。

一、基本情况

<table>
<tr><td>机构名称[1]</td><td colspan="4"></td></tr>
<tr><td>成立时间</td><td colspan="2"></td><td>法定代表人</td><td></td></tr>
<tr><td>法人类型[2]</td><td colspan="4">企业法人：

事业单位法人：</td></tr>
<tr><td>住 所[3]</td><td colspan="4"></td></tr>
<tr><td>出资人或者举办单位[4]</td><td colspan="4">顺序列出申请机构出资人或者举办单位：

申请机构出资人中含法人的，顺序列出所含法人的出资人、举办单位或者主管（挂靠）单位：</td></tr>
<tr><td>所属地区[5]</td><td colspan="4">省（区、市）　　　　市（区、地区、州、盟）</td></tr>
<tr><td>工作场所地址</td><td colspan="4"></td></tr>
<tr><td>环境影响评价工程师情况</td><td colspan="4">共________名，其中注册核安全工程师________名。</td></tr>
<tr><td rowspan="3">现有资质情况[6]</td><td>编　号</td><td colspan="3">国环评证　　　字第　　　号</td></tr>
<tr><td>颁发时间</td><td></td><td>有效期截止日期</td><td></td></tr>
<tr><td>评价范围</td><td colspan="3"></td></tr>
<tr><td>通讯地址</td><td colspan="4"></td></tr>
<tr><td>邮政编码</td><td colspan="4"></td></tr>
<tr><td>联 系 人</td><td colspan="2"></td><td>电子邮箱</td><td></td></tr>
<tr><td>联系电话</td><td colspan="2"></td><td>传　真</td><td></td></tr>
</table>

二、申请内容

<table>
<tr><td rowspan="37">申请事项[7]</td><td colspan="2">首次申请□</td><td>延续□</td><td>评价范围调整□</td><td>资质等级晋级□</td></tr>
<tr><td>变更</td><td colspan="4">机构名称变更□ 住所变更□ 法定代表人变更□</td></tr>
<tr><td rowspan="8">首次申请</td><td colspan="4">评价范围</td></tr>
<tr><td rowspan="7">环境影响报告书类别</td><td>轻工纺织化纤 乙□</td><td rowspan="4">环境影响报告书类别</td><td>社会服务 乙□</td></tr>
<tr><td>化工石化医药 乙□</td><td>海洋工程 乙□</td></tr>
<tr><td>冶金机电 乙□</td><td>输变电及广电通讯 乙□</td></tr>
<tr><td>建材火电 乙□</td><td>核工业 乙□</td></tr>
<tr><td>农林水利 乙□</td><td rowspan="3">环境影响报告表类别</td><td>一般项目 □</td></tr>
<tr><td>采掘 乙□</td><td rowspan="2">核与辐射项目 □</td></tr>
<tr><td>交通运输 乙□</td></tr>
<tr><td rowspan="9">延续</td><td colspan="4">资质等级 甲□ 乙□</td></tr>
<tr><td colspan="4">评价范围</td></tr>
<tr><td rowspan="7">环境影响报告书类别</td><td>轻工纺织化纤 甲□ 乙□</td><td rowspan="4">环境影响报告书类别</td><td>社会服务 甲□ 乙□</td></tr>
<tr><td>化工石化医药 甲□ 乙□</td><td>海洋工程 甲□ 乙□</td></tr>
<tr><td>冶金机电 甲□ 乙□</td><td>输变电及广电通讯 甲□ 乙□</td></tr>
<tr><td>建材火电 甲□ 乙□</td><td>核工业 甲□ 乙□</td></tr>
<tr><td>农林水利 甲□ 乙□</td><td rowspan="3">环境影响报告表类别</td><td>一般项目 □</td></tr>
<tr><td>采掘 甲□ 乙□</td><td rowspan="2">核与辐射项目 □</td></tr>
<tr><td>交通运输 甲□ 乙□</td></tr>
<tr><td rowspan="8">评价范围调整</td><td colspan="4">评价范围</td></tr>
<tr><td rowspan="7">环境影响报告书类别</td><td>轻工纺织化纤 甲□ 乙□</td><td rowspan="4">环境影响报告书类别</td><td>社会服务 甲□ 乙□</td></tr>
<tr><td>化工石化医药 甲□ 乙□</td><td>海洋工程 甲□ 乙□</td></tr>
<tr><td>冶金机电 甲□ 乙□</td><td>输变电及广电通讯 甲□ 乙□</td></tr>
<tr><td>建材火电 甲□ 乙□</td><td>核工业 甲□ 乙□</td></tr>
<tr><td>农林水利 甲□ 乙□</td><td rowspan="3">环境影响报告表类别</td><td>一般项目 □</td></tr>
<tr><td>采掘 甲□ 乙□</td><td rowspan="2">核与辐射项目 □</td></tr>
<tr><td>交通运输 甲□ 乙□</td></tr>
<tr><td rowspan="8">资质等级晋级</td><td colspan="4">评价范围</td></tr>
<tr><td rowspan="7">环境影响报告书类别</td><td>轻工纺织化纤 甲□ 乙□</td><td rowspan="4">环境影响报告书类别</td><td>社会服务 甲□ 乙□</td></tr>
<tr><td>化工石化医药 甲□ 乙□</td><td>海洋工程 甲□ 乙□</td></tr>
<tr><td>冶金机电 甲□ 乙□</td><td>输变电及广电通讯 甲□ 乙□</td></tr>
<tr><td>建材火电 甲□ 乙□</td><td>核工业 甲□ 乙□</td></tr>
<tr><td>农林水利 甲□ 乙□</td><td rowspan="3">环境影响报告表类别</td><td>一般项目 □</td></tr>
<tr><td>采掘 甲□ 乙□</td><td rowspan="2">核与辐射项目 □</td></tr>
<tr><td>交通运输 甲□ 乙□</td></tr>
<tr><td rowspan="2">变更</td><td colspan="2">变更前情况</td><td colspan="2">变更后情况</td></tr>
<tr><td colspan="2"></td><td colspan="2"></td></tr>
</table>

三、管理概况

内设机构情况（含分支机构情况等）
环境影响评价工作质量保证体系相关制度清单
资质变化情况[6]
环境影响评价技术人员参加相关业务培训情况

四、环境影响评价工程师情况

序 号	姓 名	身份证件号	职（执）业资格证书编号[8]	职（执）业资格证书颁发时间	登记（注册证）编号[9]及有效期	专业类别[10]

五、机构业绩[11]

序号	主持编制的 环境影响报告书（表）名称	建设项目地点	审批（核准）部门	审批（核准）时间 及文号	编制主持人

六、环境影响评价工程师业绩[12]

序号	姓名	职（执）业资格证书编号[8]	登记（注册证）编号[9]	专业类别[10]	主持编制的环境影响报告书（表）名称	审批（核准）部门	审批（核准）时间及文号

七、科研技术成果[13]

序号	成果名称	成果类型（课题、标准）	完成时间	作用(主持、参加或者独立完成)	本机构主要参加人员

附件 5

建设项目环境影响报告书（表）中资质证书缩印件页和编制人员名单表页格式规定

第一条　资质证书缩印件页和编制人员名单表页应当附具在环境影响报告书（表）正文之前。

第二条　资质证书缩印件页格式按照附 1 执行。

第三条　编制人员名单表页格式按照附 2 执行。

第四条　编制人员名单表的编制内容中，应当填写环境影响报告书的相应章节名称，或者环境影响报告表的工程分析、主要污染物产生及排放情况、环境影响分析、环境保护措施、结论与建议及专项评价等相应内容。

第五条　环境影响报告书（表）报批件和存档件中附具的资质证书缩印件页和编制人员名单表页应当为签章和签名原件。

附1

资质证书缩印件页格式

建设项目环境影响评价资质证书 (按正本原样边长三分之一缩印的彩色缩印件)

项目名称：××××××

文件类型：（注明环境影响报告书或者环境影响报告表）

适用的评价范围：

法定代表人：×××　　（签章）

主持编制机构：×××××　　（签章）

附2

编制人员名单表格式

（项目名称）环境影响报告书（表）编制人员名单表

<table>
<tr><td colspan="2" rowspan="2">编制主持人</td><td>姓名</td><td>职（执）业资格证书编号</td><td>登记（注册证）编号</td><td>专业类别</td><td>本人签名</td></tr>
<tr><td></td><td></td><td></td><td></td><td></td></tr>
<tr><td rowspan="10">主要编制人员情况</td><td>序号</td><td>姓名</td><td>职（执）业资格证书编号</td><td>登记（注册证）编号</td><td>编制内容</td><td>本人签名</td></tr>
<tr><td>1</td><td></td><td></td><td></td><td></td><td></td></tr>
<tr><td>2</td><td></td><td></td><td></td><td></td><td></td></tr>
<tr><td>3</td><td></td><td></td><td></td><td></td><td></td></tr>
<tr><td>4</td><td></td><td></td><td></td><td></td><td></td></tr>
<tr><td>5</td><td></td><td></td><td></td><td></td><td></td></tr>
<tr><td>6</td><td></td><td></td><td></td><td></td><td></td></tr>
<tr><td>7</td><td></td><td></td><td></td><td></td><td></td></tr>
<tr><td>8</td><td></td><td></td><td></td><td></td><td></td></tr>
<tr><td>…</td><td></td><td></td><td></td><td></td><td></td></tr>
</table>

附件 6

环境影响评价工程师从业情况管理规定

第一条　为保证环境影响评价工作质量，提高环境影响评价行业专业化水平，掌握环境影响评价工程师基本从业情况，根据《建设项目环境影响评价资质管理办法》，制定本规定。

第二条　本规定所称环境影响评价工程师是指取得《中华人民共和国环境影响评价工程师职业资格证书》（以下简称职业资格证书）且在一个环评机构或者申请资质机构中全日制专职工作的专业技术人员。

第三条　环境影响评价工程师的专业类别分为 11 类（附 1）。环境影响评价工程师可根据自身专业能力和特长，选择确定其中一个类别作为本人的专业类别。

第四条　环境影响评价工程师应当申报从业情况，主要包括本人全日制专职工作的机构（以下简称从业机构）名称和专业类别。

环境影响评价工程师从业机构和专业类别发生变更的，应当及时申报相应变更情况。

第五条　环境保护部建立环境影响评价工程师从业情况信息管理系统（以下简称信息管理系统），记录环评机构中的环境影响评价工程师申报信息，为其核发登记编号，并及时向社会公开。登记编号包括环境影响评价工程师从业的环评机构和专业类别等信息，按统一格式编排（附 2）。

第六条　环境影响评价工程师首次申报从业情况时，应当提交以下材料：

（一）环境影响评价工程师从业情况申报表（附 3）；

（二）身份证件和职业资格证书复印件；

（三）从业机构出具的符合本公告附件 4 要求的劳动关系证明。

取得职业资格证书 3 年后首次申报从业情况的，还应当提交近 3 年接受继续教育的证明。

第七条　环境影响评价工程师申报满三年后仍需在环评机构全日制专职工作的，应当于有效期届满 30 个工作日前再次申报从业情况。申报时，应当提交本规定第六条第（一）、（三）项所列材料和 3 年内接受继续教育的证明。

第八条　环境影响评价工程师专业类别申报累计满三年可进行变更。专业类别变更申报时，应当提交本规定第六条第（一）项所列材料。

第九条　环境影响评价工程师从业的环评机构发生变更的，应当自变更之日起 30 个工作日内申报相关变更情况。申报时，应当提交本规定第六条第（一）、（三）项所列材料和原从业机构出具的解除劳动关系证明。

第十条　环境影响评价工程师调离环评机构的，应当自调离之日起 30 个工作日内申报注销。申报时，应当提交本规定第六条第（一）项所列材料和原从业机构出具的解除劳动关系证明。

第十一条　环境影响评价工程师发生下列情形的，其从业机构应当自发生之日起30个工作日内为其申报注销：

（一）不具备完全民事行为能力；

（二）受到刑事处罚。

申报时，应当提交本规定第六条第（一）项所列材料和环境影响评价工程师不具备完全民事行为能力或者受到刑事处罚的证明。

第十二条　环境影响评价工程师申报注销后可重新申报，重新申报时除提交本规定第六条第（一）、（三）项所列材料外，还应当提交首次申报或者最近一次再次申报至本次申报期间接受继续教育的证明。距首次申报或者最近一次再次申报超过3年重新申报的，仅需提交近3年接受继续教育的证明。

第十三条　首次申请资质的机构和因改制、分立或者合并等原因申请资质证书中的机构名称变更的机构，应当在提交申请材料的同时，分别提交申请机构和改制、分立或者合并后机构的环境影响评价工程师从业情况申报材料。

第十四条　环境影响评价工程师或者其从业机构应当通过环境保护部政府网站提交申报材料，并将书面材料报送环境保护部。

第十五条　环境影响评价工程师从业机构资质发生变更的，无须申报相关变更情况。环境保护部直接更新信息管理系统中的相关信息，重新核发登记编号或者重新记录从业机构名称，并向社会公开。

第十六条　环境影响评价工程师有下列情形之一的，环境保护部不予核发登记编号，已核发登记编号的，予以注销，并向社会公开：

（一）不具备完全民事行为能力的；

（二）在刑事处罚期间的；

（三）在申报过程中有弄虚作假行为的；

（四）在两个或者两个以上从业机构申报的；

（五）从业的环评机构变更后逾期未申报变更的；

（六）调离环评机构的；

（七）有效期满未再次申报的；

（八）接受继续教育情况不符合相关规定的；

（九）因有《建设项目环境影响评价资质管理办法》第十九条第三款情形或者本规定第十七条第二款情形，在相应处罚期限内的；

（十）从业机构资质注销的。

第十七条　未经申报或者有本规定第十六条情形的环境影响评价工程师，不计入从业机构的环境影响评价工程师数量，不得作为环境影响报告书（表）的编制主持人或者主要编制人员。

有本规定第十六条第（三）项情形、隐瞒真实从业机构的环境影响评价工程师，三年内不得作为任何机构资质申请时配备的环境影响评价工程师、环境影响报告书（表）的编制主持人或者主要编制人员。

第十八条　环评机构及其环境影响评价工程师应当及时查询相关数据库信息，

在主持编制的环境影响报告书（表）编制人员名单表中填写有效的登记编号。

第十九条　环境影响评价工程师接受继续教育的时间年均不少于16学时，不满一年按一年计，同一申报有效期内的继续教育学时可累计。下列形式和学时计算方法作为环境影响评价工程师接受继续教育学时累计的依据：

（一）在有国内统一刊号（CN）的期刊或者在有国际统一书号（ISSN）的国外期刊上，作为第一作者发表环境影响评价相关论文1篇，相当于接受继续教育16学时；

（二）在有统一书号（ISBN）的环境影响评价相关专业著作中，本人独立撰写章节在5万字以上的，相当于接受继续教育48学时；

（三）作为课题组组长或者主要成员参加已完成的环境保护科研课题研究或者已发布的国家、地方环境保护标准制修订的，相当于接受继续教育48学时；

（四）参加环境影响评价工程师职业资格考试命题或者审题工作的，相当于接受继续教育48学时；

（五）参加环境影响评价专业性学术会议、学术讲座活动并作专题发言的，相当于接受继续教育4学时；

（六）参加环境影响评价专业性培训、研修或者进修的，接受继续教育学时按实际培训、研修或者进修时间计算；

（七）承担第（六）项中培训、研修或者进修授课任务的，接受继续教育学时按实际授课学时的两倍计算。

第二十条　已按照《环境影响评价工程师职业资格登记管理暂行办法》（环发〔2005〕24号）及相关规定登记且在有效期内的环境影响评价工程师，无须申报从业情况，其登记证编号视同为登记编号。社会区域登记类别视同为社会服务专业类别。登记类别为一般项目环境影响报告表的，可主持编制除核与辐射项目外其他建设项目环境影响报告表；登记类别为特殊项目环境影响报告表的，可主持编制各类建设项目环境影响报告表。

前款中的环境影响评价工程师从业机构和专业类别变更，或者有本规定第十一条情形的，以及登记有效期届满仍需在环评机构全日制专职工作的，按照本规定执行。

第二十一条　本规定施行之日起，《环境影响评价工程师职业资格登记管理暂行办法》（环发〔2005〕24号）、《环境影响评价工程师继续教育暂行规定》（环发〔2007〕97号）、原国家环保总局公告2005年第52号以及环境保护部公告2008年第43号、2009年第20号和2010年第47号等文件，同时废止。

附 1

环境影响评价工程师专业类别划分

序 号	专 业 类 别
1	轻工纺织化纤
2	化工石化医药
3	冶金机电
4	建材火电
5	农林水利
6	采掘
7	交通运输
8	社会服务
9	海洋工程
10	输变电及广电通讯
11	核工业

附 2

环境影响评价工程师登记编号格式

一、编排方法

环境影响评价工程师登记编号为 10 位，具体编排方法如下：

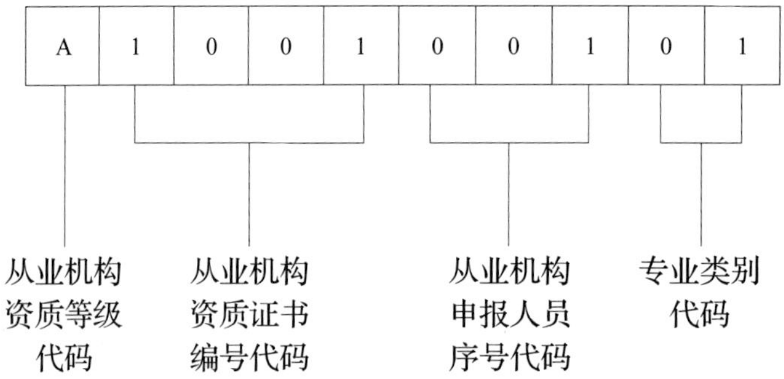

二、代码编排说明

（一）从业机构资质等级代码分为A和B两类，分别对应甲级和乙级资质。

（二）各专业类别对应的代码见下表：

编 号	专 业 类 别	代 码
1	轻工纺织化纤	01
2	化工石化医药	02
3	冶金机电	03
4	建材火电	04
5	农林水利	05
6	采掘	06
7	交通运输	07
8	社会服务	08
9	海洋工程	09
10	输变电及广电通讯	10
11	核工业	11

附 3

环境影响评价工程师从业情况申报表

<table>
<tr><td>姓名</td><td></td><td>性别</td><td></td><td>职称</td><td></td><td rowspan="5">照 片</td></tr>
<tr><td>身份证件类型</td><td></td><td>证件号码</td><td colspan="3"></td></tr>
<tr><td>通讯地址</td><td colspan="3"></td><td>邮编</td><td></td></tr>
<tr><td>联系方式</td><td colspan="5">电话：　　　　　　　电子邮件：</td></tr>
<tr><td colspan="2">取得环境影响评价工程师职业资格证书时间及编号</td><td colspan="4">取得时间：
证书编号：</td></tr>
<tr><td>最高学历</td><td></td><td>所学专业</td><td colspan="2"></td><td>毕业院校</td><td></td></tr>
<tr><td>取得的其他职（执）业资格情况[1]</td><td colspan="6"></td></tr>
<tr><td>主要工作经历</td><td colspan="6"></td></tr>
</table>

续表

<table>
<tr><td colspan="2">本次申报的从业机构名称及其资质证书编号[2]</td><td>从业机构名称：
资质证书编号：</td></tr>
<tr><td colspan="2">本次申报的专业类别[2]</td><td></td></tr>
<tr><td rowspan="6">申报事项及相关情况说明[3]</td><td>□首次申报</td><td>申报时距取得职业资格证书时间是否超过三年
□未超过
□超过，接受继续教育情况（含形式和学时）：</td></tr>
<tr><td>□有效期满再次申报</td><td>原申报有效期：
有效期内接受继续教育情况（含形式、学时和时间）：</td></tr>
<tr><td>□专业类别变更申报</td><td>原申报的专业类别：
原专业类别申报时间：</td></tr>
<tr><td>□从业机构变更申报</td><td>原申报从业的环评机构名称：</td></tr>
<tr><td>□注销申报</td><td>原申报从业的环评机构名称：
申报注销原因：</td></tr>
<tr><td>□注销后重新申报</td><td>最近一次注销时间：
注销前申报的从业机构名称：
注销前申报的专业类别：
接受继续教育情况（含形式、学时和时间）：</td></tr>
<tr><td>申报人员意见[4]</td><td colspan="2">本人签名：　　　　年　月　日</td></tr>
<tr><td>从业机构意见[5]</td><td colspan="2">（机构签章）
负责人签名：　　　　年　月　日</td></tr>
</table>

填表说明：

[1] 取得的其他职（执）业资格情况：此栏填写申报人取得的其他职（执）业资格情况，包括职（执）业资格证书名称、取得时间、是否注册或者登记，以及注册或者登记单位等情况。

[2] 本次申报的从业机构、本次申报的专业类别：申报注销人员不需填写此栏。

[3] 申报事项及相关情况说明：在申报的相应事项中勾选，同时申报两个及以上事项的，应当一并勾选。

[4] 申报人员意见：此栏由申报人本人填写所申报内容是否属实以及是否有本规定第十六条第（三）、（四）、（九）项中所列情形等情况后签字。按照本规定第十一条，由从业机构申报注销的，不需填写此栏。

[5] 从业机构意见：申报注销的，由申报人原从业机构在此栏中填写注销原因等情况后签章；申报其他事项的，由申报人现从业机构在此栏中填写该申报人是否在本机构全日制专职工作以及是否有本规定第十六条第（三）、（四）、（九）项中所列情形等情况后签章。

国家原子能机构
中华人民共和国商务部
中华人民共和国外交部
中华人民共和国海关总署
公　告

2015年第1号

根据《中华人民共和国核出口管制条例》，现发布经修订的《核出口管制清单》，本清单自2016年1月1日起实施。

国家原子能机构　商务部
外交部　海关总署
2015年11月6日

核出口管制清单说明

一、总说明

下述各段适用于《核出口管制清单》：

（一）本清单中所说明的各个物项既包括未使用过的物项，亦包括使用过的物项。

（二）如果对本清单中任何物项的说明不含限制条件或技术规格，这种说明是指该物项的全部品种。

（三）当设施的设计、建造或运行过程所依据的物理过程或化学过程与本清单中确定的相同或相似时，该设施应被视为与受管制设施“同种型号”。

（四）不应由于部件的转让而排除对这类物项的管制。

二、技术控制

（一）“技术”转让根据《中华人民共和国核出口管制条例》的规定进行管制。与本清单所列物项直接有关的“技术”将在我国法律法规允许的范围内受到与物项同样严格程度的审查和管制。

（二）对“技术”转让的管制不适用于“公开”资料或“基础科学研究”资料。

三、关于软件的说明

（一）与本清单所列物项直接有关的“软件”转让将在我国法律法规允许的范围内受到与物项同样严格程度的审查和管制。

（二）对“软件”转让的管制不适用于“公共使用的”资料或“基础科学研究”资料。

四、定义

1.“公共使用的”是指已经公开使用的“技术”或“软件”，而对其进一步传播可以不加限制（包括受版权限制的“技术”或“软件”）。

2.“基础科学研究”是指主要为获得关于现象和可观察到的事实的基本原理的新知识而从事的实验性或理论性工作，此类工作主要不是针对某一具体的实际目的或目标。

3.“技术”是指本清单所列物项的“研发”、“生产”或“使用”所要求的特定资料。这些资料可以采用“技术数据”或“技术援助”的形式。其中，“研发”涉及“生产”前的各个阶段：设计、设计研究、设计分析、设计概念、样机的装配和试验、小规模试生产计划、设计数据、把设计转换成产品的过程、结构设计、总体设计、布置等；“生产”是指建造、生产工程、制造、合成、组装（装配）、检查、试验、质保等各个阶段；“使用”是指运行、安装（包括现场安装）、维护（校核）、修理、大修和翻修等；“技术数据”可以采用蓝图、平面图、图表、模型、公式、工程设计和技术规格、手册与规程等形式，被写入或记录在诸如磁盘、磁带、只读存储器等器件或其他载体；“技术援助”可以采用规程、技能、培训、操作知识和咨询服务等形式，可以包括“技术数据”的转让。

4.“软件”是指载入于有形媒介中的一个或多个“程序”或“微程序”，其中“程序”是指电子计算机可执行的或可转换成可执行某一过程的指令序列；“微程序”是指保存在一个特殊的存储器里的基本指令序列，通过把其参考指令引入指令寄存器开始执行该基本指令序列。

5.“其他元素”是指氢、铀和钚以外的所有元素。

五、单位

本清单使用国际单位制（SI）。在任何情况下，国际单位制规定的物理量应被认为是正式建议的管制值。本清单相关国际单位通常使用的缩写符号（及其表示量值的前缀）如下（按字母顺序）：

A －安培	kHz －千赫兹
Å －埃	kPa －千帕
℃－摄氏度	kW －千瓦
cm －厘米	m －米
g －克	mA －毫安
GHz －千兆赫	mm －毫米
h －小时	MPa －兆帕
Hz －赫兹	μm －微米
J －焦耳	N －牛顿
K －开［尔文］	s －秒
kg －千克	V －伏

第一部分　核材料

核材料系指源材料和特种可裂变材料。其中：

1. 源材料系指天然铀、贫化铀和钍，呈金属、合金、化合物或浓缩物形态的上述各种材料。但不包括：

（1）政府确信仅用于非核活动的源材料；

（2）在12个月期间内向某一接受国出口：

①少于500kg的天然铀；

②少于1000kg的贫化铀；

③少于1000kg的钍。

2. 特种可裂变材料系指钚-239、铀-233、含同位素铀-235或铀-233或兼含铀-233和铀-235其同位素总丰度与铀-238的丰度比大于自然界中铀-235与铀-238的丰度比的铀，以及含有上述物质的任何材料，包括核燃料组件。但不包括：

（1）钚-238同位素丰度超过80%的钚；

（2）克量或克量以下用作仪器传感元件的特种可裂变材料；

（3）在 12 个月期间内向某一接受国出口少于 50 有效克的特种可裂变材料。

第二部分　核设备和反应堆用非核材料

1. 核反应堆和为其专门设计或制造的设备和部件

按语

各种类型的核反应堆，无论其按所用慢化剂（如石墨、重水、轻水、无慢化剂）、核反应堆内中子谱（如热中子、快中子）、所用冷却剂类型（如水、液态金属、熔盐、气体）为特征，或以功能类型（如动力堆、研究堆、试验堆）为特征进行区分。上述所有类型的核反应堆都属于本条款范围并受本条款所有可适用分项管控。本条款的控制范围不包括聚变反应堆。

1.1 整体核反应堆

能够保持受控自持链式裂变反应的可运行核反应堆。

注释

一个“核反应堆”基本上包括反应堆容器内或直接安装在其上的物项、控制堆芯功率水平的设备和通常含有或直接接触或控制反应堆堆芯一次冷却剂的部件。

1.2 核反应堆容器

金属容器，或工厂预制的该装置的主要部件，被专门设计或制造来容纳上述 1.1 定义的核反应堆的堆芯以及下文 1.8 定义的相关堆内构件。

注释

物项 1.2 涵盖的核反应堆容器不分压力等级，包括反应堆压力容器和排管容器。物项 1.2 包括反应堆压力容器顶盖，它是工厂预制的反应堆容器的主要部件。

1.3 核反应堆燃料装卸机

专门设计或制造用于在上述 1.1 定义的核反应堆中插入或取出燃料的操作设备。

注释

上述物项能够进行有载操作或利用技术先进的定位或准直装置进行复杂的停堆装料操作，例如通常不可能直接观察或接近燃料的操作。

1.4 核反应堆控制棒和设备

专门设计或制造用于控制上述 1.1 定义的核反应堆裂变过程的棒、支承结构或悬吊结构、棒驱动机或棒导向管。

1.5 核反应堆压力管

专门设计或制造用于容纳上述 1.1 定义的核反应堆的燃料元件和一次冷却剂的压力管。

注释

压力管是燃料通道的一部分，按设计在高压下运行，压力有时超过 5MPa。

1.6 核燃料包壳

专门设计或制造在上述 1.1 定义的核反应堆中作为燃料包壳使用的数量超过 10kg 的锆金属和合金的管或管组件。

注意：锆压力管的管制适用于 1.5，锆排管的管制适用于 1.8。

注释

在核反应堆中使用的锆金属管或锆合金管含铪与锆的重量之比通常低于 1:500。

1.7 一次冷却剂泵或循环泵

专门设计或制造用于循环上述 1.1 定义的核反应堆的一次冷却剂的泵或循环泵。

注释

专门设计和制造的泵或循环泵包括水冷堆泵、气冷堆循环泵以及液态金属冷却堆用电磁泵和机械泵。这种设备可包括防止一次冷却剂渗漏的精密密封或多种密封的系统、全密封驱动泵，及有惯性质量系统的泵。这一定义包括鉴定为 NC-1 或相当标准的泵。

1.8 核反应堆内部构件

专门设计和制造用于上述 1.1 定义的核反应堆的“核反应堆内部构件”，包括堆芯支承柱、燃料通道、排管、热屏蔽层、堆芯缓冲层、堆芯栅格板和扩散板。

注释

“核反应堆内部构件”是反应堆容器内的主要结构，具有一种或多种功能，例如支承堆芯、保持燃料对准、引导一次冷却剂流向、为反应堆容器提供辐射屏蔽层、导向堆芯内仪表。

1.9 热交换器

（a）专门设计或制造用于上述 1.1 定义的核反应堆的一次冷却剂或中间冷却剂回路的热交换器（蒸汽发生器）。

（b）专门设计或制造用于上述 1.1 定义的核反应堆的一次冷却剂回路的其他热交换器。

注释

蒸汽发生器是专门设计或制造用于将反应堆内生成的热量（一回路侧）输送到进水（二回路侧）以产生蒸汽。对有一个中间回路的快堆的情况，除蒸汽发生器外，用于将一回路侧的热量输送到中间冷却回路的热交换器理所当然地属于控制范围以内。在气冷堆中，可利用热交换器向驱动燃气轮机的二次气体回路传热。本条款的控制范围不包括反应堆支持系统如应急冷却系统和衰变热冷却系统的热交换器。

1.10 中子探测器

专门设计或制造用于测定上述 1.1 定义的核反应堆堆芯内中子通量的中子探测器。

注释

本条款的范围包括用于测定大量程范围中子通量的堆芯内和堆芯外探测器，典型地从每平方厘米每秒 104 个中子至每平方厘米每秒 1010 个中子或更高。堆芯外意指那些上述 1.1 定义的核反应堆堆芯外，但是位于生物屏蔽层内的仪器。

1.11 外热屏蔽体

专门设计或制造供上述 1.1 定义的核反应堆中用于减少热损失同时也用于安全壳保护的“外热屏蔽体”。

注释

“外热屏蔽体”是置于反应堆容器上方的主要结构，用于减少反应堆的热损失和降低安全壳内的温度。

2. 反应堆用非核材料

2.1 氘和重水

任一接受方在任何 12 个月期间内收到的供上述 1.1 定义的核反应堆用的数量超过 200kg 氘原子的氘、重水（氧化氘）以及氘与氢原子之比超过 1:5000 的任何其他氘化物。

2.2 核级石墨

数量超过 1kg、纯度高于百万分之五硼当量、密度大于 1.50g/cm^3 的石墨。

注释

为了出口控制的目的，政府将确定出口符合上述技术指标的石墨是否用于核反应堆。

硼当量（BE）可以实验测定或以包括硼在内的杂质 BE_Z 之总量计算得出（由于碳不被考虑是一种杂质，因此不包括 $BE_{碳}$），其中：

BE_Z(ppm) = CF × 元素 Z 的浓度(ppm 为单位)；

CF 为转化因子：（$\sigma_Z \times A_B$）除以（$\sigma_B \times A_Z$）；

σ_B 和 σ_Z 分别为自然界形成的硼和元素 Z 的热中子俘获截面（巴为单位），A_B 和 A_Z 分别为自然界形成的硼和元素 Z 的原子质量。

3. 辐照燃料元件后处理厂以及为其专门设计或制造的设备

按语

辐照核燃料经后处理能从强放射性裂变产物以及其他超铀元素中分离钚和铀。有各种技术工艺流程能够实现这种分离。但是，多年来，“普雷克斯”已成为最普遍采用和接受的工艺流程。“普雷克斯”流程包括：将辐照核燃料溶解在硝酸中，然后利用磷酸三丁酯与一种有机稀释剂的混合剂通过溶剂萃取法分离铀、钚和裂变产物。

各种“普雷克斯”设施具有彼此相似的工艺功能，包括：辐照燃料元件的切割、燃料溶解、溶剂萃取和工艺液流的贮存。还可能有种种设备，用于：使硝酸铀酰热脱硝，把硝酸钚转化成氧化钚或金属钚，以及把裂变产物的废液处理成适合于长期贮存或处置的形式。但是，实现这些功能的设备的类型和结构在各种“普雷克斯”设施之间可能不同，原因有几个，其中包括需要后处理的辐照核燃料的类型和数量、打算对回收材料的处理和设施设计时所考虑的安全和维修原则。

一个“辐照燃料元件后处理厂”包括通常直接接触和直接控制辐照燃料和主要核材料以及裂变产物工艺液流的设备和部件。可以通过采取各种避免临界（例如通过几何形状）、辐射照射（例如通过屏蔽）和毒性危险（例如通过安全壳）的措施来确定这些过程，包括钚转换和钚金属生产的完整系统。

3.1 辐照燃料元件切割机

专门设计或制造供上述确定的后处理厂用来切割或剪切辐照燃料组件、燃料棒束或棒的遥控设备。

注释

这种设备能切开燃料包壳，使辐照核材料能够被溶解。专门设计的金属切割机是最常用的，当然也可能采用先进设备，例如激光器。

3.2 溶解器

专门设计或制造供上述确定的后处理厂用来溶解辐照核燃料，并能承受热、腐蚀性强的液体以及能远距离装料和维修的临界安全容器（例如小直径、环形或平板式的容器）。

注释

溶解器通常接受切碎了的乏燃料。在这种临界安全的容器内，辐照核材料被溶解在硝酸中，而剩余的壳片从工艺液流中被去掉。

3.3 溶剂萃取器和溶剂萃取设备

专门设计或制造用于辐照燃料后处理厂的溶剂萃取器，例如填料塔或脉冲塔、混合澄清器或离心接触器。溶剂萃取器必须能耐硝酸的腐蚀作用。溶剂萃取器通常由低碳不锈钢、钛、锆或其他优质材料，按极高标准（包括特种焊接和检查以及质量保证和质量控制技术）加工制造而成。

注释

溶剂萃取器既接受溶解器中出来的辐照燃料的溶液，又接受分离铀、钚和裂变产物的有机溶液。溶剂萃取设备通常设计得能满足严格的运行参数，例如很长的运行寿命，无需维修或易于更换，操作和控制简便以及可适应工艺条件的各种变化。

3.4 化学溶液保存或贮存容器

专门设计或制造为辐照燃料后处理厂用的保存或贮存容器。这种保存或贮存容器必须能耐硝酸的腐蚀作用。保存或贮存容器通常用低碳不锈钢、钛或锆或其他优质材料制造。保存或贮存容器可设计成能远距离操作和维修，而且它们可具有下述控制核临界的特点：

（1）壁或内部结构至少有百分之二的硼当量，或

（2）对于圆柱状容器来说，最大直径 175mm，或

（3）对于平板式或环形容器来说，最大宽度 75mm。

注释

溶剂萃取阶段产生三种主要的工艺液流。所有这三种液流在如下的进一步处理过程中要使用保存或贮存容器：

（a）用蒸发法使纯硝酸铀酰溶液浓缩，然后使其进到脱硝过程，并在此过程中转变成氧化铀。这种氧化物再在核燃料循环中利用。

（b）通常用蒸发法浓缩强放射性裂变产物溶液，并以浓缩液形式贮存。随后可蒸发这种浓缩液并将其转换成适合于贮存或处置的形式。

（c）在将纯硝酸钚溶液转到下几个工艺步骤前先将其浓缩并贮存。尤其是，钚溶液的保存或贮存容器要设计得能避免由于这种液流浓度和形状的改变导致的临界问题。

3.5 流程控制用中子测量系统

专门设计或制造与辐照燃料元件后处理厂的自动化流程控制系统相结合和共同使用的中子测量系统。

注释

这些系统涉及能动和非能动中子测量和鉴别能力，目的是确定特种可裂变材料的数量和成分。整套系统由中子发生器、中子探头、放大器和信号处理电子元件组成。

本条款的范围不包括为核材料衡算和保障或与辐照燃料元件后处理厂自动化流程控制系统的结合和共同使用无关的任何其他应用设计的中子探测和测量仪器。

4. 用于制造核反应堆燃料元件的工厂

和为其专门设计或制造的设备

按语

核燃料元件是由本清单第一部分所述的一种或多种源材料或特种可裂变材料制造的。对于氧化物燃料这一种最常用的燃料类型，常用芯块压制、烧结、研磨和分级的设备。直到密封于包壳内，混合氧化物燃料是在手套箱内操作的（或等效的箱体）。在所有情况下，燃料被密封于一个合适的包壳内，这种包壳是设计作为包装燃料的主要包壳，以便在反应堆运行时提供适当的性能和安全。此外，在所有情况下，为保证可预计的和安全的燃料性能，必须按照最高标准精确控制流程、程序和设备。

注释

考虑属于燃料元件制造的和“专门设计或制造的设备”这一含义的设备项目包括：

（a）通常直接接触或加工或控制核材料生产流程的设备；

（b）将核材料封入包壳的设备；

（c）检验包壳或密封完整性的设备；

（d）检验密封燃料的最终处理的设备；

（e）用于装配核燃料元件的设备。

这一设备或这些设备系统可能包括：

（1）专门设计或制造用于检验燃料芯块的最终尺寸和表面缺陷的全自动芯块检查台；

（2）专门设计或制造用于将端塞焊接于燃料细棒（或棒）的自动焊接机；

（3）专门设计或制造用于检验燃料细棒（或棒）成品密封性的自动化测试和检查台；

（4）专门设计或制造用于制造核燃料包壳的系统。

第（3）项典型的包括设备用于：（a）细棒（或棒）端塞焊缝X射线检测，（b）充压细棒（或棒）的氦检漏，（c）细棒（或棒）的γ射线扫描以检验内部燃料芯块的正确装载。

5. 天然铀、贫化铀或特种可裂变材料同位素分离厂以及为其专门设计或制造的（除分析仪器以外的）设备

按语

在很多情况下，铀同位素分离厂、设备和技术与“其他元素”的同位素分离厂、设备和技术有着密切联系。在特定情况下，本条款所述控制也适用于拟进行“其他元素”的同位素分离的工厂和设备。对“其他元素”的同位素分离厂和设备进行的这些控制是对《核出口管制清单》所涵盖的特种可裂变材料的加工、使用或生产而专门设计或建造的工厂和制造的设备进行控制的补充。本条款关于涉及“其他元素”的使用的这些补充控制适用于气体离心法、气体扩散法、等离子体分离法和空气动力学过程，不适用于电磁同位素分离法。对一些过程而言，其与铀同位素分离的关系取决于将要分离的元素。这些过程是：基于激光的过程（如分子激光同位素分离和原子蒸气激光同位素分离）、化学交换和离子交换。因此，供应方必须对这些过程逐一进行评价，以便相应地适用本条款对涉及“其他元素”的使用的控制。

可以认为属于为铀同位素分离“专门设计或制造的（除分析仪器外的）设备”这一概念范围的设备物项包括：

5.1 气体离心机和专门设计或制造用于气体离心机的组件和构件

按语

气体离心机通常由直径在75mm和650mm之间的薄壁圆筒组成。圆筒处在真空环境中并且以大约300m/s或更高的线速度旋转，旋转时其中轴线保持垂直。为了达到高的转速，旋转构件的结构材料必须具有高的强度/密度比，而转筒组件及其单个构件必须按高精度公差来制造以便使不平衡减到最小。

与其他离心机不同，浓缩铀用的气体离心机的特点是：在转筒室中有一个（或几个）盘状挡板和一个固定的管列用来供应和提取UF_6气体，其特点是至少有三个单独的通道，其中两个与从转筒轴向转筒室周边伸出的收集器相连。在真空环境中还有一些不转动的关键物项，它们虽然是专门设计的，但不难制造，也不是用独特材料制造的。不过，一个离心机设施需要大量的这种构件，因此其数量是能够反映最终用途的一个重要指标。

5.1.1 转动部件

（a）完整的转筒组件：

用本节注释中所述的一种或一种以上高强度/密度比材料制成的若干薄壁圆筒或一些相互连接的薄壁圆筒；如果是相互连接的，则圆筒通过以下5.1.1（c）所述的弹性波纹管或环连接。转筒（如果是最终形式的话）装有以下5.1.1（d）和（e）所述一个（或几个）内挡板和顶盖/底盖。但是完整的组件可能只以部分组装形式交货。

（b）转筒：

专门设计或制造的厚度为12mm或更薄的直径在75mm和650mm之间、用本节注释中所述一种或一种以上高强度/密度比材料制成的薄壁圆筒。

（c）环或波纹管：

专门设计或制造用于局部支承转筒或把数个转筒连接起来的构件。波纹管是壁厚3mm或更薄的直径在75mm和650mm之间、用本节注释中所述一种或一种以上高强度/密度比材料制成的有褶短圆筒。

（d）挡板：

专门设计或制造的直径在75mm和650mm之间、用本节注释中所述各种高强度/密度比材料之一制成的安装在离心机转筒内的盘状构件，其作用是将排气室与主分离室隔开，在某些情况下帮助UF_6气体在转筒的主分离室中循环。

（e）顶盖/底盖：

专门设计或制造的直径在75mm和650mm之间、用本节注释中所述各种高强度/密度比材料之一制成的装在转筒端部的盘状构件，这样就把UF_6包容在转筒内，在有些情况下还作为整体一部分支承、保持或容纳上轴承件（顶盖）或支持马达的旋转件和下轴承件（底盖）。

注释

离心机转动构件所用材料包括：

（a）极限抗拉强度为$1.95\times10^9N/m^2$或更高的马氏体钢；

（b）极限抗拉强度为 $0.46\times10^9N/m^2$ 或更高的铝合金；

（c）适合于复合结构用的纤维材料，其比模量应为 3.18×10^6m 或更高，比极限抗拉强度应为 7.62×10^4m 或更高（“比模量”是用 N/m^2 表示的杨氏模量除以用 N/m^3 表示的比重；“比极限抗拉强度”是用 N/m^2 表示的极限抗拉强度除以用 N/m^3 表示的比重）。

5.1.2 静态部件

（a）磁悬浮轴承：

1. 专门设计或制造的轴承组合件，由悬浮在充满阻尼介质箱中的一个环形磁铁组成。该箱要用耐 UF_6 的材料（见 5.2 的注释）制造。该磁铁与装在 5.1.1（e）所述顶盖上的一个磁极片或另一个磁铁耦合。

此磁铁可以是环形的，外径与内径的比小于或等于 1.6:1。它的初始磁导率可以是 0.15H/m（120000CGS 制单位）或更高，或剩磁 98.5% 或更高，或产生的能量高于 $80kJ/m^3$。除了具有通常的材料性质外，先决条件是磁轴对几何轴的偏离应限制在很小的公差范围内（低于 0.1mm）或特别要求磁铁材料有均匀性。

2. 专门设计或制造供气体离心机使用的主动磁轴承。

注释

这些轴承通常具有下述特点：

• 是为使以 600Hz 或更高速度旋转的转子保持居中而设计的；

• 与可靠的电源和（或）不间断电源单元相连，以便运行 1 小时以上。

（b）轴承 / 阻尼器：

专门设计或制造的架在阻尼器上的具有枢轴 / 盖的轴承。枢轴通常是一种淬硬钢轴，一端精加工成半球，而另一端能连在 5.1.1（e）所述底盖上。但是这种轴可附有一个动压轴承。盖是球形的，一面有一个半球形陷穴。这些构件通常是单独为阻尼器提供的。

（c）分子泵：

专门设计或制造的内部有已加工或挤压的螺纹槽和已加工的腔的泵体。典型尺寸如下：内径 75mm 到 650mm，壁厚 10mm 或更厚，长度等于或大于直径。刻槽的横截面是典型的矩形，槽深 2mm 或更深。

（d）电动机定子：

专门设计或制造的环形定子，用于在真空中频率范围为 600Hz 或更高、功率范围为 40VA 或更高条件下同步运行的高速多相交流磁滞（或磁阻）式电动机。定子由在典型厚度为 2.0mm 或更薄一些的薄层组成的低损耗叠片铁芯上的多相绕组组成。

（e）离心机壳 / 收集器：

专门设计或制造用来容纳气体离心机的转筒组件的部件。离心机壳由一个壁厚达 30mm 的刚性圆筒组成，它带有经过精密机械加工的两个端面以便固定轴承和一个或多个便于安装的法兰盘。这两个经过机械加工的端面相互平行，并以不大于 0.05 度的误差与圆筒轴垂直。离心机壳也可是一种格状结构以容纳几个转筒。

（f）收集器：

专门设计或制造的管件，它们用来借助皮托管作用（即利用一个例如扳弯径向配置的管的端部而形成的面迎转筒内环形气流的开口）从转筒内部提取 UF_6 气体，并且能与中心气体提取系统相连。

5.2 为气体离心浓缩工厂专门设计或制造的辅助系统、设备和部件

按语

气体离心浓缩工厂用的辅助系统、设备和部件是向离心机供应 UF_6，把单个离心机相互联接组成级联（多级）从而逐渐提高浓缩度并且从离心机中提取 UF_6“产品”和“尾料”所需的各种工厂系统，以及驱动离心机或控制该工厂所需要的设备。

通常利用经加热的高压釜将 UF_6 从固体中蒸发出来，气态形式的 UF_6 通过级联集管线路被分配到各个离心机。通过级联集管线路使从离心机流出的 UF_6“产品”和“尾料”气流通到冷阱（在约 203K（-70℃）下工作），气流在冷阱先冷凝，然后再送入适当的容器以便运输或贮存。由于一个浓缩工厂由排成级联式的数千个离心机组成，所以级联的集管线路有数公里长，含有几千条焊缝而且管道布局大量重复。上述设备、部件和管道系统都是按非常高的真空和净度标准制造的。

注释

以上所列一些物项不是直接接触 UF_6 工艺气体就是直接控制离心机和直接控制这种气体从离心机到离心机以及从级联到级联的通路。耐 UF_6 腐蚀的材料包括铜、铜合金、不锈钢、铝、氧化铝、铝合金、镍或含镍 60% 以上的合金以及氟化的烃聚合物。

5.2.1 供料系统 / 产品和尾料提取系统

专门设计或制造的工艺系统或设备，由耐 UF_6 腐蚀的材料制造或用这种材料进行保护，包括：

（a）供料釜（或供料器）、加热炉或系统，用于将 UF_6 送往离心机级联；

（b）凝华器（或冷阱）或泵，用于从级联中取出 UF_6，以便随后加热转送；

（c）固化站或液化站，用来通过压缩 UF_6 和将其转化成液态或固态，使 UF_6 离开浓缩工艺线；

（d）“产品”和“尾料”器，用来把 UF_6 收集到容器中。

5.2.2 机械集管管路系统

专门设计或制造用于在离心机级联中操作 UF_6 的管路系统和集管系统。管路网络通常是“三头”集管系统，每个离心机连接一个集管头。这样，在形式上有大量重复。全都用耐 UF_6 的材料（见本节注释）制成或用这种材料进行保护并且按很高的真空和净度标准制造。

5.2.3 特种截流阀和控制阀

（a）专门设计或制造的作用于单台气体离心机中的供料、产品或尾料 UF_6 气流的截流阀。

（b）专门设计或制造用于气体离心浓缩厂主系统或辅助系统的手动或自动波纹管密封阀、截流阀或控制阀，用耐 UF_6 腐蚀的材料制成或用这种材料进行保护，内径 10~160mm。

注释

专门设计或制造的阀，典型的包括波纹管密封阀、速动封闭阀、速动阀和其他阀。

5.2.4 UF_6 质谱仪 / 离子源

专门设计或制造的质谱仪，这些质谱仪能从 UF_6 气流中“在线”取得样品，并且具有以下所有特点：

1. 能够测量 320 或更大原子质量单位的离子，且单位分辨率高于 320；

2. 离子源用镍、含镍 60% 或以上（按重量计）的镍铜合金或镍铬合金制成或保护；

3. 电子轰击离子源；

4. 有一个适合于同位素分析的收集系统。

5.2.5 频率变换器

为满足 5.1.2（d）中定义的电动机定子的需要而专门设计或制造的频率变换器（又称变频器或变换器）或这类频率变换器的部件、构件和子配件。它们具有下述所有特点：

1. 多相输出 600Hz 或更高；

2. 高稳定性（频率控制优于 0.2%）。

5.3 专门设计或制造用于气体扩散浓缩的组件和部件

按语

用气体扩散法分离铀同位素时，主要的技术组件是一个特制的多孔气体扩散膜、用于冷却（经压缩过程加热的）气体的热交换器、密封阀和控制阀以及管道。由于气体扩散技术使用的是六氟化铀（UF_6），所有的设备、管道和仪器仪表（与气体接触的）表面都必须用同 UF_6 接触时能保持稳定的材料制成。一个气体扩散设施需要许多这样的组件，因此其数量是能够反映最终用途的一个重要指标。

5.3.1 气体扩散膜和扩散膜材料

（a）专门设计或制造的由耐 UF_6 腐蚀的金属、聚合物或陶瓷材料（见 5.4 款注释）制成的很薄的多孔过滤膜，孔的大小为 100~1000Å，膜厚 5mm 或以下，对于管状膜来说，直径为 25mm 或以下；和

（b）为制造这种过滤膜而专门制备的化合物或粉末。这类化合物和粉末包括镍或含镍 60%（或以上）的合金、氧化铝或纯度 99.9%（或以上）的耐 UF_6 的完全氟化的烃聚合物（见 5.4 款注释），粒度小于 10μm，粒度高度均匀。这些都是专门为制造气体扩散膜制备的。

5.3.2 扩散室

专门设计或制造的密闭式容器，用于容纳气体扩散膜，由耐 UF_6 的材料（见 5.4 款注释）制成或用这种材料进行保护。

5.3.3 压缩机和鼓风机

专门设计或制造的压缩机或鼓风机，吸气能力为 $1m^3 UF_6/min$ 或更大，出口压力高达 500kPa，其被设计成在 UF_6 环境中长期运行。这种压缩机和鼓风机的压力比 10:1 或更低，用耐 UF_6 的材料（见 5.4 款注释）制成或用这种材料进行保护。

5.3.4 转动轴封

专门设计或制造的真空密封装置，有密封式进气口和出气口，用于密封把压缩机或鼓风机转子同传动马达连接起来的转动轴，以保证可靠的密封，防止空气渗入充满 UF_6 的压缩机或鼓风机的内腔。这种

密封装置通常设计成将缓冲气体泄漏率限制到小于 1000cm^3/min。

5.3.5 冷却 UF_6 的热交换器

专门设计或制造的用耐 UF_6 材料（见 5.4 款注释）制成或保护的热交换器，在压差为 100kPa 下渗透压力变化率小于 10Pa/h。

5.4 专门设计或制造的用于气体扩散浓缩的辅助系统、设备和部件

按语

气体扩散浓缩工厂用的辅助系统、设备和部件是向气体扩散组件供应 UF_6，把单个组件相互联接组成级联（或多级）以便使浓缩度逐步增高并且从各个扩散级联中提取 UF_6“产品”和“尾料”所需的工厂系统。由于扩散级联的惯性很大，级联运行的任何中断，特别是停车，会导致严重后果。因此，在所有工艺系统中严格持续地保持真空、自动防止事故、准确地自动调节气流对气体扩散工厂是很重要的。所有这一切，使该工厂需要装备大量专用的测量、调节和控制系统。

通常 UF_6 从置于高压釜内的圆筒中蒸发，以气态形式经级联集管管路被分配到进口。从出口流出的 UF_6“产品”和“尾料”气流通过级联集管管路被分配到冷阱或压缩装置，UF_6 气体在那里液化，然后再进到适当的容器以便运输或贮存。由于一个气体扩散浓缩工厂由排成级联式的大量气体扩散组件组成，所以级联的集管管线有数公里长，含有几千条焊缝而且管道布局大量重复。上述设备、部件和管道系统都按非常高的真空和净度标准制造。

注释

耐 UF_6 腐蚀的材料包括铜、铜合金、不锈钢、铝、氧化铝、铝合金、镍或含镍 60% 以上的合金以及氟化的烃聚合物。

以下所列物项直接接触 UF_6 气体或直接控制级联中的气流：

5.4.1 供料系统 / 产品和尾料提取系统

为浓缩厂专门设计或制造的工艺系统或设备，由耐 UF_6 腐蚀的材料制造或用这种材料进行保护，包括：

（a）供料釜、加热炉或系统，用于将 UF_6 送入气体扩散级联；

（b）凝华器、冷阱或泵，用于从扩散级联中取出 UF_6 以便随后在加热时转送；

（c）固化站或液化站，将来自级联的 UF_6 气体压缩并冷凝成液态或固态，使其离开气体扩散级联；

（d）“产品”器或“尾料”器，用来把 UF_6 收集到容器中。

5.4.2 集管管路系统

专门设计或制造用于在气体扩散级联中操作 UF_6 的管路系统和集管系统。

注释

这种管路网络通常是“双头”集管系统，每个扩散单元连接一个集管头。

5.4.3 真空系统

（a）专门设计或制造的大型真空歧管、真空集管和抽气能力为 5m^3/min（或以上）的真空泵。

（b）专门设计的在含 UF_6 气氛中使用的真空泵，用耐 UF_6 腐蚀的材料制成或保护（见本条款注释）。这些泵可以是旋转式或正压式，可有排代式密封和碳氟化合物密封并且可以有特殊工作流体存在。

5.4.4 特种截流阀和控制阀

专门设计和制造的由耐 UF_6 材料制成或保护、手动或自动的波纹管密封阀、截流阀和控制阀，用来安装在气体扩散浓缩工厂的主系统和辅助系统中。

5.4.5 UF_6 质谱仪 / 离子源

专门设计或制造的质谱仪，这些谱仪能从 UF_6 气流中“在线”取得样品，并且具有以下所有特点：

1. 能够测量 320 或更大原子质量单位的离子，且单位分辨率高于 320；

2. 离子源用镍、含镍 60% 或以上（按重量计）的镍铜合金或镍铬合金制成或保护；

3. 电子轰击离子源；

4. 有一个适合于同位素分析的收集系统。

5.5 专门设计或制造用于气动浓缩厂的系统、设备和部件

按语

在气体动力学浓缩过程中，要压缩气态 UF_6 和轻气体（氢或氦）的混合气，然后使其通过分离元件。在这些元件中，通过在一个曲壁几何结构面上产生的高离心力，完成同位素分离。已经成功地开发了这种类型的两个过程：喷嘴分离过程和涡流管过程。就这两种过程而言，一个分离级的主要部件包括容纳专用分离元件（喷嘴或涡流管）的圆筒状容器、气体压缩机和用来排出压缩热的热交换器。一座气动浓缩工厂需要若干个这种分离级，因此其数量是能够反映最终用途的一个重要指标。由于气动过程使用 UF_6，所有设备、管线和仪器仪表中与这种气体接触的表面，都必须用同 UF_6 接触时能保持稳定的材料制成或加以保护。

注释

本节所列物项不是直接接触 UF_6 流程气体就是直接控制级联中的这种气流。所有接触流程气体的表面，均需用耐 UF_6 材料制成或用耐 UF_6 材料保护。就本节有关气动浓缩物项而言，耐 UF_6 腐蚀的材料包括：铜、铜合金、不锈钢、铝、氧化铝、铝合金、镍或含镍 60% 或以上（按重量计）的合金以及氟化的烃聚合物。

5.5.1 分离喷嘴

专门设计或制造的分离喷嘴及其组件。分离喷嘴由一些狭缝状、曲率半径小于 1mm 的耐 UF_6 腐蚀的弯曲通道组成，喷嘴中有一分离楔尖能将流过该喷嘴的气体分成两部分。

5.5.2 涡流管

专门设计或制造的涡流管及其组件。涡流管呈圆筒形或锥形，用耐 UF_6 腐蚀材料制成或加以保护，并带有 1 个或多个切向进口。这些涡流管的一端或两端装有喷嘴型附件。

注释

供料气体在涡流管的一端切向进入涡流管，或通过一些旋流叶片，或从沿涡流管周边分布的若干个切向位置进入涡流管。

5.5.3 压缩机和鼓风机

专门设计或制造的用耐 UF_6/ 载气（氢

或氦）混合气腐蚀材料制成或加以保护的压缩机或鼓风机。

5.5.4 转动轴封

专门设计或制造的带有密封式进气口和出气口的转动轴封，用于密封把压缩机或鼓风机转子同驱动马达连接起来的转动轴，以保证可靠的密封，防止过程气体外漏或空气或密封气体渗入充满 UF_6/ 载气混合气的压缩机或鼓风机内腔。

5.5.5 冷却气体用热交换器

专门设计或制造的用耐 UF_6 腐蚀材料制成或加以保护的热交换器。

5.5.6 分离元件外壳

专门设计或制造的用耐 UF_6 腐蚀的材料制成或加以保护的用作容纳涡流管或分离喷嘴的分离元件外壳。

5.5.7 供料系统 / 产品和尾料提取系统

专门为浓缩工厂设计或制造的用耐 UF_6 腐蚀材料制成的或加以保护的流程系统或设备，包括：

（a）供料釜、供料加热炉或供料系统，用于将 UF_6 送入浓缩过程；

（b）凝华器（或冷阱），用于从浓缩过程中移出 UF_6，供下一步加热转移；

（c）固化器或液化器，用于通过压缩 UF_6 并将其转换为液态形式或固态形式，从浓缩流程中移出 UF_6；

（d）“产品”器或“尾料”器，用于把 UF_6 收集到容器中。

5.5.8 集管管路系统

专门为操作气动级联中的 UF_6 设计或制造的用耐 UF_6 腐蚀材料制成或保护的集管管路系统。这种管路系统通常是“双头”集管系统，每级或每个级组连接一个集管头。

5.5.9 真空系统和泵

（a）为在含 UF_6 气氛中工作而专门设计或制造的由真空歧管、真空集管和真空泵组成的真空系统；

（b）为在含 UF_6 气氛中工作而专门设计或制造的用耐 UF_6 腐蚀的材料制成或保护的真空泵。这些泵也可用氟碳密封和特殊工作流体。

5.5.10 特种截流阀和控制阀

专门设计或制造的由耐 UF_6 腐蚀材料制成或保护的直径为 40mm 或更大的可手动或自动的波纹管密封阀、截流阀和控制阀，用来安装在气动浓缩工厂的主系统和辅助系统中。

5.5.11 UF_6 质谱仪 / 离子源

专门设计或制造的质谱仪，这些谱仪能从 UF_6 气流中“在线”取得样品，并且具有以下所有特点：

1. 能够测量 320 或更大原子质量单位的离子，且单位分辨率高于 320；

2. 离子源用镍、含镍 60% 或以上（按重量计）的镍铜合金或镍铬合金制成或保护；

3. 电子轰击离子源；

4. 有一个适合于同位素分析的收集器系统。

5.5.12 UF_6 / 载气分离系统

专门设计或制造的将 UF_6 与载气（氢或氦）分离开来的过程系统。

注释

这些系统是为将载气中的 UF_6 含量降

至 1ppm 或更低而设计的，并可装有下述的设备：

（a）低温热交换器和低温分离器，能承受 153K（–120℃）或更低的温度；或

（b）低温制冷设备，能承受 153K（–120℃）或更低的温度；或

（c）用于将 UF_6 与载气分离开来的分离喷嘴或涡流管设备；或

（d）能冻结分离出 UF_6 的冷阱。

5.6 专门设计或制造用于化学交换或离子交换浓缩工厂的系统、设备和部件

按语

铀的几种同位素在质量上的微小差异，能引起化学反应平衡小的变化。这可用作同位素分离的基础。已经开发成功两种工艺过程：液 - 液化学交换过程和固 - 液离子交换过程。

在液 - 液化学交换过程中，两种不混溶的液相（水相和有机相）作逆流接触，结果给出数千分离级的级联效果。水相由含氯化铀的盐酸溶液组成；有机相由载氯化铀的萃取剂的有机溶剂组成。分离级联中使用的接触器可以是液 - 液交换柱（例如带有筛板的脉冲柱），或是液体离心接触器。在分离级联的两端要求实现化学转化（氧化和还原）以保证各端的回流要求。一个重要的设计问题是避免这些过程物流被某些金属离子沾污。所以，一般使用塑料的、衬塑料的（包括用氟碳聚合物）和（或）衬玻璃的柱和管线。

在固 - 液离子交换过程中，浓缩是由铀在一种特制的作用很快的离子交换树脂或吸附剂上的吸附 / 解吸完成的。使铀的盐酸溶液和其他化学试剂，从载有吸附剂填充床的圆筒形浓缩柱中通过。就一个连续过程而言，需要有一个回流系统，以便把从吸附剂上解吸下来的铀返回到液流中，这样便可收集“产品”和“尾料”。这是通过使用适宜的还原 / 氧化化学试剂来完成的。这些试剂可在单独的外部系统中完全再生，并可在同位素分离柱内部分地再生。由于在这种工艺过程中有热的浓盐酸溶液存在，使用的设备应该用专门的耐腐蚀材料制造或保护。

5.6.1 液 - 液交换柱（化学交换）

为使用化学交换过程的铀浓缩工厂专门设计或制造的有机械动力输入的逆流液 - 液交换柱。为了耐浓盐酸溶液的腐蚀，这些交换柱及其内部构件一般用适宜的塑料（例如氟碳聚合物）或玻璃制作或保护。交换柱的级停留时间一般被设计得很短（30 秒或更短）。

5.6.2 液 - 液离心接触器（化学交换）

为使用化学交换过程的铀浓缩工厂而专门设计或制造的液 - 液离心接触器。此类接触器利用转动来达到有机相与水相的分散，然后借助离心力来分离开这两相。为了耐浓盐酸溶液的腐蚀，这些接触器一般用适当的塑料（例如碳氟聚合物）或玻璃来制造或保护。离心接触器的级停留时间被设计得很短（30 秒或更短）。

5.6.3 铀还原系统和设备（化学交换）

（a）为使用化学交换过程的铀浓缩工厂专门设计或制造的、用来将铀从一种价态还原为另一种价态的电化学还原槽。

与过程溶液接触的这种槽的材料必须能耐浓盐酸溶液腐蚀。

注释

这种槽的阴极室必须设计成能防止铀被再氧化到较高的价态。为了把铀保持在阴极室中，这种槽可有一个由特种阳离子交换材料制成的抗渗的隔膜。阴极一般由石墨之类适宜的固态导体组成。

（b）装在级联的产品端，为将有机相流中的 U^{+4} 移出、调节酸浓度和向电化学还原槽供料而专门设计或制造的系统。

注释

这些系统由以下设备组成：将有机相流中的 U^{+4} 反萃取到水溶液中的溶剂萃取设备，完成溶液 pH 值调节和控制的蒸发设备和（或）其他设备，以及向电化学还原槽供料的泵或其他输送装置。一个重要的设计问题是要避免水相流被某些种类的金属离子沾污。因此，对该系统那些接触这种过程物流的部分，要用适当的材料（例如玻璃、碳氟聚合物、聚苯硫酸酯、聚醚砜和用树脂浸过的石墨）制成或保护的设备来构成。

5.6.4 供料准备系统（化学交换）

专门设计或制造的用来为化学交换铀同位素分离工厂生产高纯氯化铀供料溶液的系统。

注释

这些系统由进行纯化所需的溶解设备、溶剂萃取设备和（或）离子交换设备，以及用来将 U^{+6} 或 U^{+4} 还原为 U^{+3} 的电解槽组成。这些系统产生只含几个 ppm 的铬、铁、钒、钼和其他两价或价态更高的阳离子金属杂质的氯化铀溶液。处理高纯度 U^{+3} 系统的若干部分的建造材料包括玻璃、碳氟聚合物、聚苯硫酸酯或聚醚砜塑料衬里的石墨和用树脂浸过的石墨。

5.6.5 铀氧化系统（化学交换）

专门设计或制造用于将 U^{+3} 氧化为 U^{+4} 以便返回化学交换浓缩过程的铀同位素分离级联的系统。

注释

这些系统可装有如下设备：

（a）使氯气和氧气与来自同位素分离设备的水相流相接触的设备以及将所得 U^{+4} 萃入由级联的产品端返回、已被反萃取过的有机相的设备；

（b）使水与盐酸分离开来，以便水和加浓了的盐酸可在适当位置被重新引入工艺过程的设备。

5.6.6 快速反应离子交换树脂 / 吸附剂（离子交换）

为以离子交换过程进行铀浓缩而专门设计或制造的快速反应离子交换树脂或吸附剂包括：多孔大网络树脂，和（或）薄膜结构（在这些结构中，活性化学交换基团仅限于非活性多孔支持结构表面的一个涂层），以及处于包括颗粒或纤维在内的任何适宜形式的其他复合结构。这些离子交换树脂/吸附剂的直径有 0.2mm 或更小，而且在化学性质上必须能耐浓盐酸溶液腐蚀，在物理性质上必须有足够的强度因而在交换柱中不被降解。这些树脂 / 吸附剂是专门为实现很快的铀同位素交换动力学过程（低于 10 秒的交换速率减半期）而设计的，并且能在 373~473K（100~200℃）

的温度范围内操作。

5.6.7 离子交换柱（离子交换）

为以离子交换过程进行铀浓缩而专门设计或制造的用于容纳和支撑离子交换树脂/吸附剂填充床层的直径大于1000mm的圆柱。这些柱一般用耐浓盐酸溶液腐蚀的材料（例如钛或碳氟塑料）制成或保护，并能在373~473K（100~200℃）的温度范围内和高于0.7MPa的压力下操作。

5.6.8 离子交换回流系统（离子交换）

（a）专门设计或制造的用于使离子交换铀浓缩级联中所用化学还原剂再生的化学或电化学还原系统。

（b）专门设计或制造的用于使离子交换铀浓缩级联中所用化学氧化剂再生的化学或电化学氧化系统。

注释

离子交换浓缩过程可使用例如Ti^{+3}作为还原阳离子，在这种情况下，所用还原系统将通过还原Ti^{+4}使Ti^{+3}再生。

离子交换浓缩过程可使用例如Fe^{+3}作为氧化剂，在这种情况下，所用氧化系统将通过氧化Fe^{+2}来使Fe^{+3}再生。

5.7 专门设计或制造用于以激光为基础的浓缩工厂的系统、设备和部件

按语

目前利用激光的浓缩过程的系统有两类：一类是过程介质为原子铀蒸气的系统，另一类是过程介质为铀化合物蒸气的系统。这些过程的通用名称包括：第一类——原子蒸气激光同位素分离（AVLIS或SILVA）；第二类——分子激光同位素分离（MLIS或MOLLS），包括同位素选择性激光活化化学反应（CRISLA）。

用于激光浓缩厂的系统、设备和部件包括：（a）铀金属蒸气供料装置（用于选择性光电离）或铀的化合物蒸气供料装置（用于选择性光离解或化学活化）；（b）第一类中作为“产品”和“尾料”浓缩的铀金属和贫化的铀金属收集装置，和第二类中作为“产品”的浓缩的铀化合物和作为“尾料”的贫化的铀化合物的收集装置；（c）用于选择性地激发铀-235的激光过程系统；和（d）供料准备设备及产品转化设备。鉴于铀原子和铀化合物能谱的复杂性，可能需要与现有激光和激光光学技术中的任何一种联合使用。

注释

本节所列的许多物项将直接接触铀金属蒸气、液态金属铀，或由UF_6或UF_6和其他气体的混合物组成的过程气体。所有与铀或UF_6接触的表面，都全部由耐腐蚀材料制造或保护。就有关基于激光的浓缩的物项而言，耐铀金属或铀合金蒸气或液体腐蚀的材料包括：氧化钇涂敷石墨和钽；耐UF_6腐蚀的材料包括：铜、铜合金、不锈钢、铝、氧化铝、铝合金、镍或镍含量60%（按重量计）或以上的合金和氟化的烃聚合物。

5.7.1 铀蒸发系统（AVLIS）

专门设计或制造的铀蒸发系统，供用于激光浓缩。

注释

这些系统可能含有电子束枪，设计供到靶上的功率（1kW或更大）足以按激光浓缩功能要求的速率产生铀金属蒸气。

5.7.2 液态或蒸气铀金属处理系统（AVLIS）和部件

专门设计或制造的用于激光浓缩的熔融铀、熔融铀合金或铀金属蒸气处理系统，或为这些系统专门设计或制造的部件。

注释

液态金属铀处理系统可包括坩埚及其冷却设备。这种系统的坩埚和其他接触熔融铀、熔融铀合金或铀金属蒸气的部分，要用有适当的耐腐蚀和耐高温性能的材料制成或保护。适当的材料可包括钽、氧化钇涂敷石墨、用其他稀土氧化物（见《核两用品及相关技术出口管制清单》）或其混合物涂敷的石墨。

5.7.3 铀金属“产品”和“尾料”收集器组件（AVLIS）

专门设计或制造用于收集液态或固态铀金属的“产品”和“尾料”收集器组件。

注释

这些组件的部件由耐铀金属蒸气或液体的高温和腐蚀性的材料（例如氧化钇涂敷石墨或钽）制成或保护。这类部件可包括用于磁、静电或其他分离方法的管、阀、管接头、“出料槽”、进料管、热交换器和收集板。

5.7.4 分离器组件外壳（AVLIS）

专门设计或制造的圆筒状或矩形容器，用于容纳铀金属蒸气源、电子束枪，及“产品”与“尾料”收集器。

注释

这些外壳有多种样式的开口，用于供电线路、供水管、激光束窗、真空泵接头及仪器仪表诊断和监测。这些开口均设有开闭装置，以便整修内部的部件。

5.7.5 超声膨胀喷嘴（MLIS）

专门设计或制造的超声膨胀喷嘴，用于冷却 UF_6 与载气的混合气至 150K（-123℃）或更低的温度。这种喷嘴耐 UF_6 腐蚀。

5.7.6 “产品”或“尾料”收集器（MLIS）

专门设计或制造的用于在激光照射后收集铀产品材料或铀尾料材料的部件或设备。

注释

例如，产品收集器的作用是收集浓缩 UF_5 固态材料。这种收集器可包括过滤式、冲击式或旋流式收集器，或其组合；并且耐 UF_5/UF_6 环境的腐蚀。

5.7.7 UF_6/ 载气压缩机（MLIS）

为在 UF_6 环境中长期操作而专门设计或制造的 UF_6/ 载气混合气压缩机。这些压缩机中与过程气体接触的部件用耐 UF_6 腐蚀的材料制成或保护。

5.7.8 转动轴封（MLIS）

专门设计或制造的带密封进气口和出气口的转动轴封，用于密封把压缩机转子与驱动马达连接起来的转动轴，以保证可靠的密封，防止过程气体外漏，或空气或密封气体漏入充满 UF_6/ 载气混合气的压缩机内腔。

5.7.9 氟化系统（MLIS）

专门设计或制造的用于将 UF_5（固体）氟化为 UF_6（气体）的系统。

注释

这些系统是为将所收集的 UF_5 粉末氟化为 UF_6 而设计的。其 UF_6 随后将被收集于产品容器中，或作为进料被转送到为进行进一步浓缩而设置的 MLIS 单元中。在一种方案中，这种氟化反应可在同位素分离系统内部完成，以便一离开“产品”收集器便反应和回收。在另一种方案中，UF_5 粉末将被从“产品”收集器中移出/转送到一个适当的反应容器（例如流化床反应器、螺旋反应器或火焰塔式反应器）中进行氟化。在这两种方案中，都使用氟气（或其他适宜的氟化剂）贮存和转送设备，以及 UF_6 收集和转送设备。

5.7.10 UF_6 质谱仪/离子源（MLIS）

专门设计或制造的质谱仪，这些质谱仪能从 UF_6 气流中“在线”取得样品，并且具有以下所有特点：

1. 能够测量 320 或更大原子质量单位的离子，且单位分辨率高于 320；

2. 离子源用镍、含镍 60% 或以上（按重量计）的镍铜合金或镍铬合金制成或保护；

3. 电子轰击离子源；

4. 有一个适合于同位素分析的收集器系统。

5.7.11 进料系统/产品和尾料提取系统（MLIS）

为浓缩厂专门设计或制造的工艺系统或设备，用耐 UF_6 腐蚀的材料制成或保护，包括：

（a）供料釜、加热炉或系统，用于将 UF_6 送入浓缩过程；

（b）凝华器（或冷阱），用于从浓缩过程中移出 UF_6，供下一步加热转移；

（c）固化或液化器，用于通过压缩 UF_6 并将其转换为液态形式或固态形式，从浓缩过程中移出 UF_6；

（d）“产品”器或“尾料”器，用于把 UF_6 收集到容器中。

5.7.12 UF_6/载气分离系统（MLIS）

为将 UF_6 从载气中分离出来专门设计或制造的工艺系统。

注释

这类系统可装有如下设备：

（a）低温热交换器或低温分离器，能承受 153K（-120℃）或更低的温度；或

（b）低温冷冻器，能承受 153K（-120℃）或更低的温度；或

（c）能冻结分离出 UF_6 的冷阱。

载气可为氮、氩或其他气体。

5.7.13 激光系统（AVLIS，MLIS 和 CRISLA）

为铀同位素分离专门设计或制造的激光器或激光系统。

注释

在以激光为基础的浓缩过程中有重要意义的激光器和激光部件包括《核两用品及相关技术出口管制清单》中所列的那些激光器和激光部件。激光系统一般包含用于管理激光束（一个或多个）和向同位素分离室发射激光束的光学和电子部件。AVLIS 过程使用的激光系统通常由两个激光器组成：一个铜蒸气激光器或某些固体激光器和一个可调染料激光器。MLIS 使用的激光系统通常由一个 CO_2 激光器或受激准分子激光器和一个多程光学池（两端有旋转镜）组成。这两种过程使用的激光

器或激光系统都需要有一个谱频稳定器以便能够长时间地工作。

5.8 专门设计或制造的用于等离子体分离浓缩厂的系统、设备和部件

按语

在等离子体分离过程中，铀离子等离子体通过一个调到铀-235离子共振频率的电场，使铀-235离子优先吸收能量并增大它们螺旋状轨道的直径。具有大直径径迹的离子被捕集从而产生铀-235被浓集的产品。由电离的铀蒸气组成的等离子体被约束在由超导磁体产生的高强度磁场的真空室内。这个过程的主要技术系统包括铀等离子体发生系统、带有超导磁体(见《核两用品及相关技术出口管制清单》)的分离器组件和用于收集“产品”和“尾料”的金属移出系统。

5.8.1 微波动力源和天线

为产生或加速离子专门设计或制造的微波动力源和天线，具有以下特性：频率高于30GHz，且用于产生离子的平均功率输出大于50kW。

5.8.2 离子激发线圈

专门设计或制造的射频离子激发线圈，用于高于100kHz的频率并能够输送的平均功率高于40kW。

5.8.3 铀等离子体发生系统

为产生铀等离子体专门设计或制造的系统，供等离子体分离浓缩厂使用。

5.8.4 铀金属“产品”和“尾料”收集器组件

专门设计或制造的用于固态铀金属的“产品”和“尾料”收集器组件。这类收集器组件由抗热和抗铀金属蒸气腐蚀的材料构成或由这类材料作防护层，例如有钇涂层的石墨或钽。

5.8.5 分离器组件外壳

专门设计或制造的圆筒形容器，供等离子体分离浓缩厂用来容纳铀等离子体源、射频驱动线圈及“产品”和“尾料”收集器。

注释

这种外壳有多种形式的开口，用于供电线路、扩散泵接头及仪器仪表诊断和监测。这些开口设有开闭装置，以便整修内部部件；它们由适当的非磁性材料例如不锈钢构成。

5.9 专门设计或制造的用于电磁浓缩厂的系统、设备和部件

按语

在电磁过程中，由一种盐原料（典型的是四氯化铀）离子化产生的金属铀离子被加速并通过一个能使不同同位素离子沿不同轨迹运动的磁场。电磁同位素分离器的主要部件包括：同位素离子束分散/分离用的磁场、离子源及其加速系统和收集经分离的离子的系统。这个过程的辅助系统包括磁体供电系统、离子源高压供电系统、真空系统以及产品回收及部件的清洁/再循环用多种化学处理系统。

5.9.1 同位素电磁分离器

为分离铀同位素专门设计或制造的同位素电磁分离器及其设备和部件包括：

（a）离子源

专门设计或制造的单个或多个铀离子源由蒸气源、电离器和束流加速器组成，用石墨、不锈钢或铜等适当材料制造，能提供总强度为 50mA 或更高的离子束流。

（b）离子收集器

收集器板极由专门为收集浓缩和贫化铀离子束而设计或制造的两个或多个槽和容器组成，用石墨或不锈钢一类的适当材料制造。

（c）真空外壳

为铀电磁分离器专门设计或制造的真空外壳，用不锈钢一类适当的非磁性材料制造，设计在 0.1Pa 或以下的压力下运行。

注释

外壳专门设计成装有离子源、收集器板极和水冷却管路，并有用于扩散泵连接结构和可用来移出和重新安装这些部件的开闭结构。

（d）磁极块

专门设计或制造的磁极块，直径大于 2m，用来在同位素电磁分离器内维持恒定磁场并在毗连分离器之间传输磁场。

5.9.2 高压电源

为离子源专门设计或制造的高压电源，具有以下所有特点：能连续工作，输出电压为 20000V 或更高，输出电流为 1A 或更大，电压稳定性在 8 小时内高于 0.01%。

5.9.3 磁体电源

专门设计或制造的高功率直流磁体电源，具有以下所有特点：能在 100V 或更高的电压下持续产生 500A 或更大的电流输出，电流或电压稳定性在 8 小时内高于 0.01%。

6. 生产和浓集重水、氘和氘化物的工厂和专门为其设计或制造的设备

按语

重水可以通过多种方法生产。然而只有两种方法已证明具有商业意义：水 - 硫化氢交换法（GS 法）和氨 - 氢交换法。

GS 法是基于在一系列塔内（通过顶部冷和底部热的方式操作）水和硫化氢之间氢与氘交换的一种方法。在此过程中，水向塔底流动，而硫化氢气体从塔底向塔顶循环。使用一系列多孔塔板促进硫化氢气体和水之间的混合。在低温下氘向水中迁移，而在高温下氘向硫化氢中迁移。氘被浓缩了的硫化氢气体或水从第一级塔的热段和冷段的接合处排出，并且在下一级塔中重复这一过程。最后一级的产品（氘浓缩至 30% 的水）送入一个蒸馏单元以制备反应堆级的重水（即 99.75% 的氧化氘）。

氨 - 氢交换法可以在催化剂存在下通过同液态氨的接触从合成气中提取氘。合成气被送进交换塔，而后送至氨转换器。在交换塔内气体从塔底向塔顶流动，而液氨从塔顶向塔底流动。氘从合成气的氢中洗涤下来并在液氨中浓集。液氨然后流入塔底部的氨裂化器，而气体流入塔顶部的氨转换器。在以后的各级中进一步浓缩，最后通过蒸馏生产出反应堆级重水。合成气进料可由氨厂提供，而这个氨厂也可以结合氨 - 氢交换法重水厂一起建造。氨 - 氢交换法也可以用普通水作为氘的供料源。

利用 GS 法或氨 - 氢交换法生产重水的工厂所用的许多关键设备物项是与化学

工业和石油工业的若干生产工序所用设备相同的。对于利用GS法的小厂来说尤其如此。然而，这种设备物项很少有“现货”供应。GS法和氨-氢交换法要求在高压下处理大量易燃、有腐蚀性和有毒的流体。因此，在制定使用这些方法的工厂和设备所用的设计和运行标准时，要求认真注意材料的选择和材料的规格，以保证在长期服务中有很高的安全性和可靠性。规模的选择主要取决于经济性和需要。因而，大多数设备物项将按照用户的要求制造。

最后，应该指出，对GS法和氨-氢交换法而言，那些单独地看并非专门设计或制造用于重水生产的设备物项可以组装成专门设计或制造用于生产重水的系统。氨-氢交换法所用的催化剂生产系统和在上述两种方法中将重水最终加浓至反应堆级所用的水蒸馏系统就是此类系统的实例。

专门设计或制造用于利用GS法或氨-氢交换法生产重水的设备物项包括如下：

6.1 水-硫化氢交换塔

专门设计或制造用于利用GS法生产重水的交换塔。该塔直径1.5m或更大，能够在大于或等于2MPa压力下运行。

6.2 鼓风机和压缩机

专门为利用GS法生产重水而设计或制造的用于循环硫化氢气体（即含H_2S70%以上的气体）的单级、低压头（即0.2MPa）离心式鼓风机或压缩机。这些鼓风机或压缩机的气体通过能力大于或等于56 m^3/s，能在大于或等于1.8MPa的吸入压力下运行，并有对湿H_2S介质的密封设计。

6.3 氨-氢交换塔

专门设计或制造用于利用氨-氢交换法生产重水的氨-氢交换塔。该塔高度大于或等于35m，直径1.5m至2.5m，能够在大于15MPa压力下运行。这些塔至少都有一个用法兰联接的轴向孔，其直径与交换塔筒体直径相等，通过此孔可装入或拆除塔内构件。

6.4 塔内构件和多级泵

专门为利用氨-氢交换法生产重水而设计或制造的塔内构件和多级泵。塔内构件包括专门设计的促进气/液充分接触的多级接触装置。多级泵包括专门设计的用来将一个接触级内的液氨向其他级塔循环的水下泵。

6.5 氨裂化器

专门设计或制造的用于利用氨-氢交换法生产重水的氨裂化器。该装置能在大于或等于3MPa的压力下运行。

6.6 红外吸收分析器

能在氘浓度等于或高于90%的情况下“在线”分析氢/氘比的红外吸收分析器。

6.7 催化燃烧器

专门设计或制造的用于利用氨-氢交换法生产重水时将浓缩氘气转化成重水的催化燃烧器。

6.8 整体重水提浓系统，或其蒸馏塔

专门设计或制造用于将重水提浓至反应堆级氘浓度的整体重水提浓系统，或其蒸馏塔。

注释

通常采用水蒸馏技术从轻水中分离重

水的这些系统是专门设计或制造用于由浓度较低的重水原料生产反应堆级重水的（即典型地 99.75% 氧化氘）。

6.9 氨合成转换器或合成器

专门设计或制造的用于利用氨 - 氢交换法生产重水的氨合成转换器或合成器。

注释

这些转换器或合成器从氨 / 氢高压交换塔获得合成气体（氮和氢），而合成氨则返回到交换塔里。

7. 分别如 4. 和 5. 所定义的用于燃料元件制造和铀同位素分离的铀和钚转换厂和专门为其设计或制造的设备

出口

只有遵照《中华人民共和国核出口管制条例》所规定的程序才能出口本条款范围之内的成套主要设备。在本条款范围之内的所有工厂、系统和专门设计或制造的设备可用于处理、生产或使用特种可裂变材料。

7.1 铀转化厂及专门为其设计或制造的设备

按语

铀转化厂和系统可以对铀进行一种或几种转化使其从一种化学状态转变为另一种化学状态，包括：从铀矿石浓缩物到 UO_3 的转化；从 UO_3 到 UO_2 的转化；从铀的氧化物到 UF_4 或 UF_6 的转化；从 UF_4 到 UF_6 的转化；从 UF_6 到 UF_4 的转化；从 UF_4 到金属铀的转化；以及从铀的氟化物到 UO_2 的转化。铀转化工厂所用许多关键设备物项与化学加工工业的若干生产工序所用设备相同。例如，这些过程中使用的各类设备可以包括：加热炉、回转炉、流化床反应器、火焰塔式反应器、液体离心机、蒸馏塔和液 - 液萃取塔。不过，这些物项中很少有“现货”供应，大部分将须按用户要求和规格制造。在某些情况下，为了适应所处理的一些化学品（HF、F_2、ClF_3 和各种铀的氟化物）的腐蚀性质，需要作专门的设计和建造考虑。最后应该指出，在所有铀转化过程中，那些单独地看不是为铀转化专门设计或制造的设备物项，可被组装成专门为铀转化而设计或制造的系统。

7.1.1 将铀矿石浓缩物转化为 UO_3 而专门设计或制造的系统

注释

从铀矿石浓缩物到 UO_3 的转化可通过以下步骤实现：首先，用硝酸溶解铀矿石浓缩物，用磷酸三丁酯之类溶剂萃取纯化的硝酸铀酰；然后，硝酸铀酰通过浓缩和脱硝转化为 UO_3，或用气态氨中和产生重铀酸铵，接着通过过滤、干燥和煅烧转化为 UO_3。

7.1.2 为将 UO_3 转化为 UF_6 而专门设计或制造的系统

注释

从 UO_3 到 UF_6 的转化可以直接通过氟化实现。该过程需要一个氟气源或三氟化氯源。

7.1.3 为将 UO_3 转化为 UO_2 而专门设计或制造的系统

注释

从 UO_3 到 UO_2 的转化，可以用裂解的氨气或氢气还原 UO_3 来实现。

7.1.4 为将 UO_2 转化为 UF_4 而专门设计或制造的系统

注释

从 UO_2 到 UF_4 的转化，可以用氟化氢气体（HF）在 300~500℃与 UO_2 反应来实现。

7.1.5 为将 UF_4 转化为 UF_6 而专门设计或制造的系统

注释

从 UF_4 到 UF_6 的转化，可以用氟气在塔式反应器中与 UF_4 发生放热反应来实现。使流出气体通过一个冷却到 -10℃的冷阱把热的流出气体中的 UF_6 冷凝下来。该过程需要一个氟气源。

7.1.6 为将 UF_4 转化为金属铀而专门设计或制造的系统

注释

从 UF_4 到金属铀的转化，可用镁（大批量）或钙（小批量）还原 UF_4 来实现。还原反应一般在高于铀熔点（1130℃）的温度下进行。

7.1.7 为将 UF_6 转化为 UO_2 而专门设计或制造的系统

注释

从 UF_6 到 UO_2 的转化，可用三种方法来实现。在第一种方法中，用氢气和水蒸气将 UF_6 还原并水解为 UO_2。在第二种方法中，通过溶解在水中而将 UF_6 水解，然后加入氨沉淀出重铀酸铵，接着可在 820℃用氢气将重铀酸铵还原为 UO_2。在第三种方法中，将气态 UF_6、CO_2 和 NH_3 通入水中，结果沉淀出碳酸铀酰铵。在 500~600℃，碳酸铀酰铵与水蒸气和氢气发生反应，生成 UO_2。

从 UF_6 到 UO_2 的转化，通常是燃料制造厂的第一个工序。

7.1.8 为将 UF_6 转化为 UF_4 而专门设计或制造的系统

注释

从 UF_6 到 UF_4 的转化，是用氢还原实现的。

7.1.9 为将 UO_2 转化为 UCl_4 而专门设计或制造的设备

注释

从 UO_2 到 UCl_4 转化可通过两个流程之一。在第一个流程中，在大约 400℃的温度下，UO_2 与四氯化碳（CCl_4）发生反应。在第二个流程中，在大约 700℃的温度下，以及存在炭黑（CAS1333-86-4）、一氧化碳的条件下，UO_2 与氯发生反应产生 UCl_4。

7.2 钚转化厂和专门为其设计或制造的设备

按语

钚转化厂和系统可以对钚进行一种或几种转化使其从一种化学状态转化为另一种化学状态。包括，从硝酸钚到 PuO_2 的转化；从 PuO_2 到 PuF_4 的转化；以及从 PuF_4 到钚金属的转化。通常钚转化厂与后处理设施相关，但是，也可能与钚燃料元件制造设施相关。许多钚转化厂的关键设备物项与化学加工工业的若干生产工序所用设备相同。例如，这些过程中使用的各类设备可以包括：加热炉、回转炉、流化床反应器、火焰塔式反应器、液体离心机、蒸馏塔和液 - 液萃取塔。也需要热室、手套箱和遥控机械手。但是，这些物项很少有“现货”供应，大部分须按用户的要求和规格制造。对与钚有关的特殊的放射性、毒性和临界危险特别仔细的设计是关键的。在某些情况下，为了适应所处理的一些化学品（例如 HF）的腐蚀性质，需要作专门的设计和建造考虑。最后应该注意，在所有的钚转化流程中，那些单独地看不是为钚转化专门设计或制造的设备物项，可被组装成专门为钚转化而设计或制造的系统。

7.2.1 为将硝酸钚转化到氧化钚而专门设计或制造的设备

注释

该流程包括的主要功能为：流程供料贮存和调料、沉淀和固 - 液分离，煅烧、产品处理、通风、废物管理，以及流程控制。流程系统经过特别的设计，以避免发生临界和辐射效应，以及使得毒性危险最小。在大多数后处理设施中，这一流程包括将硝酸钚转化到氧化钚。其它流程可能包括草酸钚或过氧化钚的沉淀。

7.2.2 为生产钚金属而专门设计或制造的设备

注释

该流程通常包括氧化钚的氟化，通常以高腐蚀性的氢氟酸来生产氟化钚，而后用高纯钙金属还原生成金属钚和氟化钙残渣。该流程所包括的主要功能是氟化（例如，包括采用贵重金属制造的或作为内衬的设备）、金属还原（例如，使用陶瓷坩埚）、残渣回收、产品处理、通风、废物管理和流程控制。流程系统经过特别的设计，以避免发生临界和辐射效应，以及使得毒性危险最小。其它流程包括草酸钚或过氧化钚的氟化，然后还原至金属。

国防科工局关于印发《核材料管制视察管理办法》《核材料管制报告管理办法》《核材料登记管理办法》的通知

科工二司 [2015]1051 号

各有关单位：

为进一步规范全国核材料管制工作，完善核材料管制法规体系，我局研究制定了《核材料管制视察管理办法》《核材料管制报告管理办法》《核材料登记管理办法》。现予印发，请全国各核材料持有单位遵照执行。

国防科工局

2015 年 11 月 13 日

核材料管制视察管理办法

第一章　总则

第一条　为加强核材料管制，监督检查核材料许可证持有单位（以下简称持证单位）的核材料衡算、实物保护和保密等工作的落实情况，依据《中华人民共和国核材料管制条例》和《中华人民共和国核材料管制条例实施细则》，制定本办法。

第二条　本办法适用于对持证单位的核材料管制视察。

第三条　视察活动中涉及国家秘密事项的应严格按照国家有关保密法律法规的规定执行。

第二章　职责

第四条　国防科工局负责全国核材料管制视察工作的统一管理，国家原子能机构核材料管制办公室（以下简称国家核管办）承担日常工作，其职责是：

（一）组织制定核材料管制视察相关规章和技术规范。

（二）编制并发布年度视察计划。

（三）组织开展核材料管制相关培训及宣传活动。

（四）负责实施全国核材料管制视察工作。

（五）协同公安部门调查与处理核材料被盗、破坏、丢失、非法转让和非法使用等相关事件。

第五条　国家核管办可以委托专业机构按照年度视察计划开展核材料管制视察工作及其他受托业务。

第六条　持证单位应配合核材料管制视察，其职责如下：

（一）在接受视察时，应如实反映情况，按要求提供有关核材料管制和相关设施运行情况的文件资料。

（二）确保视察员在实施视察时能进入有关的核设施场所，并能接触有关核材料、人员、设备和资料等。因条件限制导致有关场所无法进入时，应及时报告视察机构并配合做好替代解决方案。

（三）为视察员提供其他必要的工作条件。

（四）收到视察报告后，应针对视察报告提出的问题逐条制定整改措施与计划，并在一个月内向视察机构提交整改措施与计划报告。

（五）如对视察结果有异议，可在视察后会议上进行解释和申辩；如发现视察员有违规行为可向国家核管办举报。

第三章 视察

第七条 视察分为例行视察和非例行视察：

（一）例行视察是核材料许可证管理的常规视察。

（二）非例行视察是根据核材料管制工作需要临时安排的视察。

第八条 对核材料实物保护等级为Ⅰ级和Ⅱ级的持证单位，例行视察频度为至少每年一次；对核材料实物保护等级为Ⅲ级的持证单位，例行视察频度为至少每两年一次。

第九条 视察内容包括：

（一）核材料账目与衡算。

1. 核材料衡算与控制管理。

检查持证单位核材料衡算管理的组织机构是否健全，职责分工是否明确。核实核材料衡算管理组织机构活动权限的相对独立性和衡算管理人员的培训和考核情况。

核实持证单位核材料账目与衡算管理实施计划的执行情况，检查衡算与控制自检措施的落实情况。

核实持证单位是否将其核材料的持有和使用限制在许可证所批准的目的和范围之内。

2. 账目系统、记录和报告。

核实持证单位已建立和运行的核材料账目系统的完整、可靠、及时与规范性。持证单位应能提供足够的数据资料（包括记录、报告等）来确定核材料的实时位置、性质与数量，所有数据均应具有可追溯性，并有完整的支持性文件。

3. 实物盘存。

核实持证单位所建立的实物盘存规程的实施状况。持证单位应能保证全面掌握核材料的状况并能及时发现核材料的丢失或非法转移。检查封隔与监视系统的完整与可靠性。

4. 测量系统和测量质量保证。

核实持证单位所建立的核材料测量系统的完整性和可靠性，检查持证单位的测量质量保证文件及其实施状况，抽检测量系统，检验其误差组成，以保证核材料的测量系统符合规定的要求。

5. 核材料的平衡结算和不平衡差（MUF）评价。

核查持证单位的核材料平衡结算和不平衡差（MUF）计算的有效性与合理性，检查持证单位 MUF 计算的误差传递和测量不确定度。视察员通过独立的现场测量或取样分析，进行 MUF 计算和评价，以核实持证单位 MUF 计算符合规定要求。

（二）核材料实物保护与保密。

1. 核材料实物保护与保密管理。

检查持证单位核材料实物保护与保密组织机构是否健全，职责分工是否明确，以及实物保护人员的培训、考核实施情况。

核实持证单位核材料实物保护与保密

实施计划的执行情况，检查实物保护与保密自检措施的落实情况。

2. 核材料实物保护措施。

检查人员防范措施，包括警卫、巡逻、守护、值班和响应人员的岗位责任、值勤状况、培训与考核情况、处置入侵和突发事件的效率以及指挥、应变、调度能力。

检查技术防范措施和技术设备，包括固定场所的实体屏障以及延迟系统、出入控制、探测、报警、通讯、控制中心和保卫值班室的完整性、可靠性、有效性。

3. 核材料运输的实物保护。

检查核材料运输过程的防范措施。包括组织管理、制度执行、方案制定、人员组成、运输工具、通讯联系、与地方公安部门的配合，以及处置突发、紧急事件的程序。

4. 核材料的保密措施。

检查与核材料管制相关的保密组织机构、职责分工、规章制度及措施。

（三）前次视察中发现问题的整改落实情况。

（四）其他需要视察的内容。

第十条　视察方法。

（一）文件检查。对持证单位核材料管制规章制度的实施情况，以及对核材料衡算、运行、异常事件记录等进行检查。

（二）现场观察。对持证单位的核材料衡算与控制、实物保护和保密管理实施情况进行现场观察。

（三）人员访谈。对持证单位有关领导、核材料管制工作人员以及相关人员进行访谈，了解情况。

（四）有效性测试。对有关系统、设备及软件进行性能测试，并对操作人员的熟练程度进行检查。

第十一条　视察员在执行视察活动中不得影响持证单位的正常运行，并遵循核与辐射安全的相关规定。

第十二条　视察程序。

（一）视察前准备：例行视察应在实施视察前 15 天通知持证单位。非例行视察分为事先通知视察和不事先通知视察，事先通知视察应提前一周通知持证单位；不事先通知视察，视察前不提前通知持证单位，只在视察前会议上出示检查通知。持证单位接到通知后，应做好接受视察的准备。

（二）视察前会议：在视察开始前召开会议，宣布视察的目的、内容和要求，与持证单位协商视察安排和持证单位应配合的工作内容，持证单位应根据要求汇报有关情况。

（三）实施视察：视察员应按照商定的视察安排完成视察，并编写视察纪要，如发现违规情况，应及时向视察机构报告。

（四）视察后会议：在视察结束后召开会议，通报视察结果。

（五）视察报告：视察工作结束后 15 天内，视察机构编制完成视察报告，上报国家核管办。国家核管办将视察报告印发持证单位和有关单位。

第四章　视察员

第十三条　视察员须接受国家核管办

组织的业务培训和考核。

第十四条　视察员应自觉维护国家利益，遵守国家法律法规，保守国家秘密和持证单位的商业秘密。

第十五条　发现视察员有失职、渎职、泄密等行为，国家核管办有权对其进行警告、严重警告、记过、解除聘用等处分；触犯法律的，移交司法机关处理。

第五章　附则

第十六条　本规定自发布之日起施行，原《核材料管制视察规定》（核总机发〔1997〕2号）同时废止。

核材料管制报告管理办法

第一章　总则

第一条　为加强核材料管制，及时掌握核材料许可证持有单位（以下简称持证单位）核材料管制相关活动的情况，依据《中华人民共和国核材料管制条例》《中华人民共和国核材料管制条例实施细则》，制定本办法。

第二条　本办法适用于持证单位向国家原子能机构核材料管制办公室（以下简称国家核管办）报告核材料管制相关活动的情况，报告类型包括专项报告、变更报告、事件报告和核材料衡算统计报表。

第三条　涉及国家秘密事项的应严格按照国家有关保密法规的规定执行。

第二章　专项报告

第四条　核材料管制专项报告分为年度执行计划、年度总结报告、整改计划和整改落实情况报告。持证单位应以公函的形式向国家核管办提交专项报告。

第五条　持证单位应于每年1月31日前提交核材料管制年度执行计划。核材料管制年度执行计划包括核材料账目与衡算、核材料实物保护与保密两个部分（格式与内容见附件1-1）。

第六条　持证单位应于每年1月31日前提交上一年度核材料管制年度总结报告（格式与内容见附件1-2）。

第七条　持证单位收到国家核管办提出的整改要求后，应在一个月内提交整改计划，并在整改完成后的一个月内提交整改落实情况报告（格式与内容见附件1-3）。

第三章　变更报告

第八条　在以下情况发生时，持证单位应及时向国家核管办提交变更报告。

（一）持证单位法人代表或核材料管制组织机构的主要负责人发生变化；

（二）实物保护系统发生重大变化；

（三）Ⅰ级、Ⅱ级核材料的接收、发运、运输计划发生变化；

（四）核电站机组大修换料计划发生变化；

（五）核材料实物盘存计划发生变化；

（六）响应力量应急综合演练计划发生变化；

（七）国家核管办认为需要报告的其他事项。

第九条　变更报告可采用电话、传真或公函等方式向国家核管办报告，内容应包括变更时间、事项内容和相关情况等。

第四章　事件报告

第十条　持证单位发生核材料丢失、被盗、被破坏、非法转让和非法使用事件时，除应及时向公安部门和其他有关部门报告外，还应向国家核管办进行事件报告并提交事件处理报告（格式与内容见附件2）。

第十一条　事件报告应在事件发生后立即进行，事件处理报告应在事件发生后一个月内以公函形式提交。特殊情况下经国家核管办认可，可延期提交事件处理报告。

第十二条　发生擅自接触核材料、入侵核材料相关场所、袭扰核材料运输活动时，即使未构成第十一条所列事件，持证单位也应立即做出事件报告并提交事件处理报告。

第五章　附则

第十三条　持证单位违反本办法，国家核管办可视情节轻重，给予限期整改或通报批评的处罚。

第十四条　核材料衡算统计报表应按照《核材料账目与报告管理规定》（国核管办发〔2007〕1号）执行。

第十五条　本办法自发布之日起施行。

附件：

1-1. 核材料管制专项报告（年度执行计划）

1-2. 核材料管制专项报告（年度总结报告）

1-3. 核材料管制专项报告（整改计划/整改落实）

2. 核材料管制事件处理报告

附件1-1

密级：

核材料管制专项报告

（　　　年度执行计划）

持证单位名称：　　　　　　（公章）

报告人(签名)：　　　　　　年　　月　　日

审核人(签名)：　　　　　　年　　月　　日

批准人(签名)：　　　　　　年　　月　　日

报告递交日期：　　　　　　年　　月　　日

核材料管制　　年度执行计划

持证单位名称			
核材料许可证号			
许可证有效期			
衡算负责部门		衡算联系人姓名和电话	
实保负责部门		实保联系人姓名和电话	
Ⅰ、核材料账目与衡算			
1. 本单位核材料账目与衡算规章制度的编制与修订计划： □无　□有			
2. 核材料品种、年需要量和用途的预期情况： 品种预期变化：　□无　□有 年需要量预期变化：　□无　□有 用途预期变化：　□无　□有			
3. 本单位核材料接收、发运、核材料实物盘存和平衡结算评估的计划：			
4. 本单位核材料衡算与控制有关的工艺流程预期变化情况说明： 工艺流程预期变化：　□无　□有			
5. 核材料账目管理系统预期变化情况说明： □无　□有			
6. 核材料测量分析系统预期变化情况说明： □无　□有			
7. 核材料账目与衡算工作的其它计划： □无　□有			

续表

Ⅱ、核材料实物保护与保密
1. 核材料实物保护与保密规章制度编制和修订计划： □无　　　　　　□有
2. 核材料实物保护等级预期变化情况说明： □无　　　　　　□有
3. 本单位核材料实物保护系统扩建、改建和升级改造计划： □无　　　　　　□有
4. 核材料实物保护系统有效性评价计划：
5. 实物保护系统设备的测试、维护、维修计划预期变化情况说明： □无　　　　　　□有
6. 响应力量综合应急演练的计划： □无　　　　　　□有
7. 实物保护人防配置预期变化情况说明（保卫部门、保安和武警的配置、执勤点、武警驻地、岗哨、装备以及其它人防措施变更）：
8. 设计基准威胁和实物保护系统的变化： □无　　　　　　□有
9. 核材料年度运输安排： □无　　　　　　□有
10. 与核材料实物保护工作有关的其它计划： □无　　　　　　□有

填表说明：本表中预期变化是指与申请核材料许可证时所提交的“实施计划”相比较，本年度核材料管制年度执行计划所发生的变化。若没有变化请在“无”前的□内打勾；若有变化除在“有”前的□打勾外，还需在相应栏内填写说明（可另附页）。

附件1-2

密级：

核材料管制专项报告

（　　　年度总结报告）

持证单位名称：　　　　　　　（公章）

报告人(签名)：　　　　　　　年　　月　　日

审核人(签名)：　　　　　　　年　　月　　日

批准人(签名)：　　　　　　　年　　月　　日

报告递交日期：　　　　　　　年　　月　　日

核材料管制　　　年度总结

持证单位名称	
核材料许可证号	
许可证有效期	
1.核材料管制年度计划执行情况说明； 2.核材料管制存在的问题和改进措施； 3.核材料管制情况的自我评价（内容应包括核材料平衡结算、实物保护系统有效性评价、核材料运输和响应力量综合应急演练等）； 4.需要报告的其它事项。	

附件1-3

密级：

核材料管制专项报告

（整改计划/整改落实）

持证单位名称：（公章）

报告人(签名)：年 月 日

审核人(签名)：年 月 日

批准人(签名)：年 月 日

报告递交日期：年 月 日

整改计划(/整改落实)

持证单位名称	
核材料许可证号	
许可证有效期	
整改问题	
整改计划（/整改落实）：	

附件2

密级：

核材料管制事件处理报告

持证单位名称：（公章）

报告人(签名)：年　月　日

审核人(签名)：年　月　日

批准人(签名)：年　月　日

报告递交日期：年　月　日

核材料管制事件处理报告

持证单位名称	
核材料许可证号	
许可证有效期	
事件名称	
事件发生时间	年　　月　　日　　时　　分
事件描述	
事件处理情况及分析	

核材料登记管理办法

第一章　总则

第一条　为加强核材料管制，依据《中华人民共和国核材料管制条例》（以下简称《条例》）和《中华人民共和国核材料管制条例实施细则》，制定本办法。

第二条　单项核材料的存量在以下数量范围内的单位，应办理登记手续：

（一）小于0.01有效千克，大于0.0024有效千克的铀、含铀的材料和制品（以铀的有效千克量计）；

（二）小于3.7×10^{13}贝可（1000居里），大于0.925×10^{13}贝可（250居里）的氚、含氚的材料和制品（以氚量计）；

（三）含锂-6量小于1千克，大于0.25千克的浓缩锂、含浓缩锂的材料和制品。

持有核材料数量小于登记范围的可免予登记，但必须采取有效的管理措施，确保核材料安全。大于登记范围上限的应申请核材料许可证。

第三条　核材料登记单位应按本办法的要求向国家原子能机构核材料管制办公室（以下简称国家核管办）登记，并向上级主管部门备案。

第二章　职责

第四条　国家核管办负责对核材料登记单位的核材料管理进行指导。

第五条　核材料登记单位的责任是：

（一）遵守国家相关的法律和法规；

（二）对所持有的核材料负全面安全责任；

（三）接受国家核管办的监督检查；

（四）按时提交核材料统计报表；

（五）发生核材料丢失、被盗、被破坏、非法转让和非法使用事件时，应立即报告其上级主管部门及国家核管办；

（六）遵守国家核管办依法提出的其他有关要求。

第六条　核材料登记单位上级主管部门的责任是：

（一）对所属核材料登记单位的核材料登记工作进行指导；

（二）监督所属核材料登记单位按时提交核材料统计报表；

（三）当所属核材料登记单位发生核材料丢失、被盗、被破坏、非法转让和非法使用事件时，应配合国家核管办开展相关处置工作。

第三章　核材料登记手续

第七条　办理核材料登记手续的单位，应在核材料调入30天前向国家核管办提交《核材料登记备案表》（格式和内容见附件1）。

第八条　核材料登记单位在向另一登记单位或许可证持有单位转让数量达到登记限额量的核材料时，应填写核材料交接统计报表（核材统R01表，格式和内容见附件2），在该表发方栏内签字盖章，并在交接后5个工作日内报送国家核管办及接收方。核材料登记单位在收到发方的R01表后，在该表收方栏内签字盖章，并在5个工作日内报送国家核管办及发货方。

第九条　核材料登记单位发生核材料出入境转移，且数量达到登记限额时，应填报核材料出入境统计报表（核材统R02表，格式和内容见附件3），并在交接后5个工作日内报送国家核管办。

第四章　登记的变更和终止

第十条　核材料登记单位持有的核材料品种、用途发生变化，且持有的核材料数量仍满足第二条的登记范围时，应至少提前30天向国家核管办提交《核材料登记备案表》。

第十一条　核材料登记单位持有的核材料量增加，超过第二条登记范围的上限时，应按照《条例》申请核材料许可证。

第十二条　核材料登记单位要求终止登记时，应在完成核材料清理工作后30天内，向国家核管办申请办理终止登记手续（格式和内容见附件4），经国家核管办审查核实后注销核材料登记。

第五章　附则

第十三条　“浓缩锂”和“铀的有效公斤”的定义参见《条例》第二十二条。

第十四条　本办法自发布之日起施行。

附件：

1. 核材料登记备案表
2. 核材料交接统计报表
3. 核材料出入境统计报表
4. 终止核材料登记表

附件1

核材料登记备案表

<table>
<tr><td rowspan="10">核材料登记单位</td><td>全　　名</td><td></td></tr>
<tr><td>主要经营内容</td><td></td></tr>
<tr><td>所 有 制</td><td></td></tr>
<tr><td>详细地址</td><td></td></tr>
<tr><td>通信地址</td><td></td></tr>
<tr><td>电　　话</td><td></td></tr>
<tr><td>投产（营运）年月</td><td></td></tr>
<tr><td>首批核材料调入年月</td><td></td></tr>
<tr><td>单位法人代表</td><td></td></tr>
<tr><td>联系人（职务、姓名）</td><td></td></tr>
<tr><td colspan="3">登记单位所持有核材料的品种、数量和用途：</td></tr>
<tr><td>登记单位负责人签字（盖公章）</td><td colspan="2">年　　月　　日</td></tr>
<tr><td>国家原子能机构核材料管制办公室签收（盖公章）</td><td colspan="2">年　　月　　日</td></tr>
</table>

注：1. 本登记表送上级主管部门存一份。

2. 本登记表经登记单位盖章后报国家原子能机构核材料管制办公室三份。

附件2

密级：

核材料交接统计报表

表　　号：核材统01表

制表机关：国家原子能机构核材料管制办公室

批准机关：国家统计局

批准文号：统制字（1990）353号

第　　页　　共　　页

格式：核管办94R01

发方	单位名称：		收方	单位名称：		报表编号：
	单位代号：	许可证号：		单位代号：	许可证号：	材料名称：

发货日期：	发方单位领导签名和单位盖章	收货日期：	收方单位领导签名和单位盖章	本份单据发往单位（√）		年	月	日
发货地点：		收货地点：		1	（ ）发方留			
发货人：（签名）		收货人：（签名）		2	（ ）发方寄核管办			
				3	（ ）收方留			
核查人：（签名）		核查人：（签名）		4	（ ）收方返发方			
				5	（ ）收方寄核管办			

序号	序行号	批号	每批物件数	容器编号	材料转移类别	产品代码	材料类型代码	重量单位	材料量			元素量			同位素量			测量点代码	测量情况	注释符
									毛重	皮重	净重	元素代码	元素百分含量	元素量	同位素码	同位素百分含量	同位素量			
1	2	3	4	5	6	7	8	9	10	11	12	13	14	15	16	17	18	19	20	21
				合计																

发方数据↑↑↑　　　　↓↓↓收方数据

				合计																
		收发差																		

发方制表人：　　　　收方制表人：　　　　后续表无表头

附件3

密级：

核材料出入境统计报表

表　　号：核材统02表

制表机关：国家原子能机构核材料管制办公室

批准机关：国家统计局

批准文号：统制字（1990）353号

格式：核管办94R02

第　　页　　共　　页

类　　别	出（　）入（　）境（打√号）	报表编号				经办单位印章： 年　月　日
对方国名		到（离）岸日期		口岸		
对方单位名称		经办单位负责人（或经办人签名）				
进出口经办单位						
发货（或接收）单位		经办单位填表人（签　名）				
本次出入境类别是贸易？科技合作？或是？						
是根据贸易合同？合作协定？或是						
有关文件（合同、协定或其它）的文号是？						

序号	序行号	批号	每批物件数	容器编号	材料转移类别	产品代码	材料类型代码	重量单位	材料量			元素量			同位素量			测量点代码	测量情况	注释符
									毛重	皮重	净重	元素代码	元素百分含量	元素量	同位素码	同位素百分含量	同位素量			
1	2	3	4	5	6	7	8	9	10	11	12	13	14	15	16	17	18	19	20	21
				合计																

发方数据 ↑↑↑ ↓↓↓收方数据

				合计																
		收发差																		

发方制表人： 收方制表人： 后续表无表头

附件 4

终止核材料登记表

<table>
<tr><td rowspan="10">申请单位</td><td>全 名</td><td></td></tr>
<tr><td>主要经营内容</td><td></td></tr>
<tr><td>所有制</td><td></td></tr>
<tr><td>详细地址</td><td></td></tr>
<tr><td>通信地址</td><td></td></tr>
<tr><td>电 话</td><td></td></tr>
<tr><td>投产（营运）年月</td><td></td></tr>
<tr><td>首批核材料调入年月</td><td></td></tr>
<tr><td>单位法人代表</td><td></td></tr>
<tr><td>联系人
（职务、姓名）</td><td></td></tr>
<tr><td colspan="3">终止登记的情况说明：</td></tr>
<tr><td colspan="3">核材料清理与处置情况：</td></tr>
<tr><td colspan="3">核材料使用场所的清理情况：</td></tr>
<tr><td colspan="3">余留问题的说明：</td></tr>
<tr><td>申请单位负责人
签字（盖公章）</td><td colspan="2">年 月 日</td></tr>
<tr><td>国家原子能机构
核材料管制办公室
签收（盖公章）</td><td colspan="2">年 月 日</td></tr>
</table>

注：1. 本登记表送上级主管部门存一份。

2. 本登记表经登记单位盖章后报国家原子能机构核材料管制办公室三份。

环境保护部 国家发改委 关于加强企业环境信用体系建设的指导意见

环发 [2015]161 号

各省、自治区、直辖市环境保护厅（局），新疆生产建设兵团环境保护局，辽河凌河保护区管理局，各省、自治区、直辖市、新疆生产建设兵团发展改革委：

根据党中央、国务院关于推进社会信用体系建设的部署和要求，为加快建立企业环保守信激励、失信惩戒机制，现就加强企业环境信用体系建设提出如下意见：

一、指导原则和目标任务

（一）制定依据

党中央、国务院高度重视社会信用体系建设。党的十八大提出“加强政务诚信、商务诚信、社会诚信和司法公信建设”。党的十八届三中全会提出“建立健全社会征信体系，褒扬诚信，惩戒失信”。党的十八届四中全会提出“加强社会诚信建设，健全公民和组织守法信用记录，完善守法诚信褒奖机制和违法失信行为惩戒机制”。

环境保护领域信用建设是社会信用体系建设的重要组成部分。新修订的《环境保护法》规定，企业事业单位和其他生产经营者的环境违法信息应当记入社会诚信档案，违法者名单应当及时向社会公布。国务院印发的《社会信用体系建设规划纲要（2014—2020 年）》对环保领域信用建设提出了明确要求。国务院办公厅印发的《关于加强环境监管执法的通知》要求：“建立环境信用评价制度，将环境违法企业列入‘黑名单’并向社会公开，将其环境违法行为纳入社会信用体系，让失信企业一次违法、处处受限”。

（二）指导原则

以企业环境信用信息的归集共享为基础，以企业环境信用信息的公示为方法，以相关部门协同监管、联合惩戒为手段，以提高企业环保自律、诚信意识为目的，建立环保激励与约束并举的长效机制。

（三）目标任务

到 2020 年，企业环境信用制度基本形成，企业环境信用记录全面建立，覆盖国家、省、市、县的企业环境信用信息系统基本建成，环保守信激励和失信惩戒机制有效运转，企业环境诚信意识和信用水平普遍提高。

二、明确记入企业环境信用记录的信息范围

环保部门在履行环境保护职责过程中制作或者获取的，以一定形式记录、保存的，反映企业环境信用情况的环境管理信息，应当记入企业环境信用记录。记入企业环境信用记录的信息分为基础类信用信息和不良类信用信息。

（一）基础类信用信息主要包括：

1. 建设项目环境管理信息：建设项目环评审批信息，建设项目环境保护设施建设和运行信息。

2. 环保行政许可信息：排污许可证信

息，危险废物经营许可证信息，危险化学品进出口环境管理登记证信息，新化学物质环境管理登记证信息，危险废物越境转移核准信息，列入限制进口目录的固体废物进口许可信息，列入自动许可进口目录的固体废物进口许可信息，消耗臭氧层物质生产、使用、进出口配额许可及进出口审批信息，废弃电器电子产品处理资格许可信息，加工利用国家限制进口、可用作原料的废五金电器、废电线电缆、废电机等企业认定信息，以及环保法律法规规定的、国务院决定保留的其他环保行政许可信息。

3. 核与辐射安全管理信息：民用核设施选址、建造、装料、运行、退役以及核技术利用单位等许可信息，以及环保法律法规规定的、国务院决定保留的其他核与辐射安全行政许可信息。

4. 排污费或者环境保护税缴纳信息。

在有条件的地区，环保部门也可以将下列信息纳入基础类信用信息：（1）污染源的监督性监测信息、重点排污单位的自行监测信息公开情况；（2）获得和使用环保专项资金情况；（3）突发环境事件应急预案备案等环境风险管理信息；（4）废弃电器电子产品处理企业完成拆解处理的废弃电器电子产品种类、数量、审核，以及接受基金补贴信息；（5）企业环境信用评价信息；（6）反映企业环境信用状况的其他信息。

（二）不良类信用信息主要包括：

1. 环境行政处罚信息。

2. 责令改正违法行为信息。

3. 造成污染物排放的设施、设备被查封、扣押的信息。

4. 被责令采取限制生产、停产整治等措施的信息。

5. 拒不执行已生效的环境行政处罚决定或者责令改正违法行为决定的信息。

6. 对严重环境违法的企业，该企业直接负责的主管人员和其他直接责任人员依法被处以行政拘留的信息。

在有条件的地区，环保部门也可以将下列信息纳入不良类信用信息：（1）发生较大及以上突发环境事件的信息（非企业责任的除外）；（2）对严重环境违法的企业，该企业直接负责的主管人员和其他直接责任人员依法被追究刑事责任的信息；（3）企业因环境污染犯罪依法被追究刑事责任的信息；（4）反映企业环境信用状况的其他不良信息。

三、建立和完善企业环境信用记录

环保部门应当根据“谁制作，谁记录，谁提供”的原则，确定本部门内负责环境信用信息归集和管理的机构，并明确各类环境信用信息的提供主体，及时、准确、完整地归集各类环境信用信息。

环保部门的规划财务、环评管理、环境监测、污染防治、核与辐射安全管理、环境监察、环境应急等内设业务机构，应当按照职责分工，做好相关环境信用信息的记录和提供工作；信息化工作机构要为各类环境信用信息的归集、整合和维护，提供信息化支持。

四、完善企业环境信用信息公开制度

（一）环保部门公开

环保部门应当依据新修订的《环境保护法》《企业信息公示暂行条例》《政府信息公开条例》《环境信息公开办法（试行）》《企业事业单位环境信息公开办法》《国家重点监控企业自行监测及信息公开办法（试行）》和《国家重点监控企业污染源监督性监测及信息公开办法（试行）》等法律、法规、规章和规范性文件的有关规定，将企业环境信用信息，通过其政府网站、“信用中国”网站或者其他便利公众知悉和查询的方式，向社会公开，并同时纳入企业环境信用信息系统和全国统一的信用信息共享交换平台。鼓励征信机构依法采集企业环境信用信息。

环保部门可以根据本地区实际情况，确定企业环境信用记录中不良信用信息的公开和可查询期限，一般不得低于5年。法律法规另有规定的，从其规定。不良信用信息的公开和可查询期限，自对企业违法失信行为的处理决定执行完毕之日起算。超过期限的不良信用信息，不再通过企业环境信用信息系统公开或者接受查询。

鼓励企业主动关注和查询自身的环境信用记录，实时掌握自身环境信用状况，并对存在的问题进行有针对性的整改。对积极采取整改措施改正环境失信行为的，环保部门应当及时将整改信息记入其环境信用记录。

（二）企业公开

1. 重点排污单位应当依据新修订的《环境保护法》《大气污染防治法》《企业信息公示暂行条例》和《企业事业单位环境信息公开办法》等法律、法规和规章规定，向社会公开其基础信息、主要污染物及特征污染物排放情况等排污信息、按照环境影响评价报告书（表）及其批复要求开展周边环境质量监测信息、防治污染设施的建设和运行情况、环保行政许可信息、突发环境事件应急预案等信息。

2. 鼓励和引导企业主动对本企业污染物排放状况及周边环境质量开展自行监测，将监测结果向社会公开，并提供给当地环保部门。

3. 机动车生产、进口企业应当向社会公布其生产、进口机动车车型的排放检验信息、污染控制技术信息和有关维修技术信息。

五、完善企业环境信用评价制度

（一）扩大参评企业范围

环保部门应当根据本地区实际情况，在《企业环境信用评价办法（试行）》规定的应当纳入环境信用评价的企业范围基础上，逐步拓展参评企业范围，基本覆盖当地环境影响大、社会普遍关注的企业，并推动更多的企业自愿参与。条件成熟的地区，可以探索开展环境服务机构环境信用评价。

（二）完善评价指标和评分方法

根据本地区的实际情况，各省、自治

区、直辖市环保部门可以在《企业环境信用评价办法（试行）》基础上，进一步细化评价指标和评分方法，缩小自由裁量权，保证评价结果客观、公正。

（三）夯实信用评价的数据基础

以企业的环境信用记录信息为基础，明确各项评价指标的数据来源和采集频次，并合理采用经环保部门核实的企业、公众、社会组织以及媒体提供的环境信用信息。

（四）推动信用评价的信息化管理

推动企业环境信用评价的信息采集、评分、结果公布的信息化和自动化，减少人工干预。评价流程中操作人员的具体操作要全程留痕，保证评价结果可追溯。

（五）加强评价结果的动态调整

及时反映企业环境信用的变化，根据“谁公布、谁调整”的原则，对环境信用恶化的企业及时降低信用评价等级；对改善环境信用、实施有效整改的企业，在其环境信用记录中补充其整改信息，并向社会公开。

六、探索企业环境信用承诺制度

探索在环保行政许可和环保专项资金申请等方面，建立企业环境信用承诺制度。企业对申请材料的真实性、履行环保法定义务的情况以及违反承诺的违约责任等事项，作出书面承诺，并向社会公开，主动接受监督。

违背信用承诺的，应当承担违约责任，自愿接受约定的惩戒，并承担相应的法律责任。环保部门应当将企业环境信用承诺及违反承诺的信息记入企业环境信用记录，并予以公开。

七、加强企业环境信用信息系统建设

（一）加快推进企业环境信用信息系统建设

环保部门应当依托现有环保业务信息系统，整合企业环境信用信息资源，建设企业环境信用信息系统，实现企业环境信用记录归集、储存、发布、应用的电子化和信息化；加快建设面向公众的企业环境信用信息平台，基本实现公众对企业环境信用信息网上查询。

以公民、法人和其他组织统一社会信用代码作为有关个人和企业的标识，按照统一的技术标准和数据标准，整合各类企业环境信用信息，实现同一企业所有环境信用信息的集中记录和查询。按照“一数一源”和“谁产生、谁记录，谁提供、谁负责”的要求，确保信用信息系统内有关企业数据来源的唯一性，做到信息完整、准确、及时，并动态更新。

环保部门应当强化环境信用信息安全管理与信息主体权益保护，制定异议处理制度。

（二）加快实现环境信用信息互联互通

1. 加强环保系统内部的信用信息互联互通。环境保护部建设国家企业环境信用信息系统。省、市、县级环保部门建设本级企业环境信用信息系统，与上级环保部门的企业环境信用信息系统实现网络互联和信息共享，实现环保系统各地区、各业务条线之间企业环境信用信息的互联互通、开放共享。

2. 推进环保部门与其他部门之间的环境信用信息共享。环保部门应当分别按照国务院和地方人民政府关于信用信息共享交换的工作部署，将环境信用信息纳入全国统一的信用信息共享交换平台、企业信用信息公示系统和地方公共信用信息平台，实现信用信息互联互通。

八、推动建立环保守信激励、失信惩戒机制

（一）促进环境信用信息在环境监管中的分类应用

1. 环境监管应当有效应用企业环境信用信息。环保部门应当结合企业的环境信用状况，积极探索企业环境信用分类管理，在环保行政许可、建设项目环境管理、环境监察执法、环保专项资金管理、环保科技项目立项和环保评先创优等工作流程中，嵌入企业环境信用信息的调用和信用状况的审核环节，有效应用企业环境信用信息。

2. 对环境信用状况良好的企业，在同等条件下予以优先支持。

3. 对失信主体予以约束和惩戒。对存在不良信用记录的企业，结合企业环境失信行为的类别和具体情节，根据有关规定从严审查其环保行政许可申请事项，加大监察执法频次，从严审批或者暂停各类环保专项资金补助，并积极探索其他惩戒措施。

（二）建立企业环境信用联合奖惩机制

发展改革部门应当完善企业环境信用多部门奖惩联动机制，推动环保部门与财政、商务、人民银行、工商、安全生产监督管理、质量技术监督、国有资产监督管理、税务、海关、能源等有关主管部门，银行、证券、保险监管机构，监察机关，有关工会组织、行业协会的沟通协调，完善企业环境信用信息共享交换；推动有关部门和机构在行政许可、公共采购、评先创优、金融支持、资质等级评定等管理工作中，根据企业环境信用状况予以支持或限制，使守信者处处受益、失信者寸步难行。

环保部门、发展改革部门应当联合有关部门，采取以下鼓励性和惩戒性措施：

1. 建议财政部门依法禁止环境失信企业参与政府采购活动。

2. 建议国有资产监督管理部门、有关工会组织、有关行业协会以及其他有关机构，不得授予环保失信企业及其负责人先进企业或者先进个人等荣誉称号。

3. 建议保险机构对环保守信企业予以优惠的环境污染责任保险费率，对环境失信企业提高费率。

4. 对未按照《企业信息公示暂行条例》有关规定公示其环保行政许可和环境行政处罚信息的企业，环保部门应当商请工商部门将其列入经营异常名录，并通过企业信用信息公示系统向社会公示；满 3 年未按规定履行公示义务的，环保部门应当商

请省级工商行政管理部门将其列入严重违法企业名单，并通过企业信用信息公示系统向社会公示。

5. 落实绿色信贷政策，联合人民银行、银监部门，推动银行业金融机构将企业环境信用信息作为信贷审批、贷后监管的重要依据。对环境信用良好的企业，予以积极的信贷支持；对环境信用不良的企业，严格贷款条件；对环保严重失信企业，在其落实完成有关整改措施之前，不予新增贷款，并视情况逐步压缩贷款，直至退出贷款。

九、开展环境服务机构及其从业人员环境信用建设

（一）环境服务机构的诚信要求

环评机构、环境污染第三方治理机构、环境监测机构和机动车排放检验机构等环境服务机构在提供环境服务活动中，应当诚实守信，不得弄虚作假。环评机构应当对其主持完成的环评文件的真实性和准确性负责。环境监测机构和机动车排放检验机构应当对其所提供的监（检）测数据的真实性和准确性负责。环境污染第三方治理机构应当按照有关法律法规和标准以及排污企业的委托要求，承担约定的污染治理责任，保证污染防治设施正常运营、维护和污染物达标排放，并如实向社会公开污染治理设施建设、运行和污染排放情况。

（二）环评机构及从业人员信用建设

1. 建立环评机构及从业人员信用记录。环保部门应当按照监管职责，建立环评机构及其环境影响评价工程师信用记录，并向社会公开。应当纳入信用记录的信息包括：环评机构名称、资质等级、业务范围、专职技术人员；环境影响评价工程师职业资格取得时间、从业单位、专业类别等基础信息；环保部门对评价机构及其环境影响评价工程师采取的通报批评、限期整改和行政处罚等情况；环评机构或者申请评价资质的机构因隐瞒环境影响评价工程师情况或者提供相关虚假材料，环境保护部不予受理、不予批准或者撤销评价资质等相关情况。

2. 建立环评评估专家诚信档案。及时记录环评评估专家以下失信行为：不负责任，弄虚作假，未能客观、公正履行审查职责的；无正当理由，不按要求参加评估工作的；与建设项目业主或环评机构存在利益关系，可能影响公正性，未主动提出回避的；泄露在评估过程中知悉的技术秘密、商业秘密以及其他不宜公开的信息的；收受他人的财物或者其他好处的。

3. 健全环评机构和从业人员失信惩戒制度，完善环评文件责任追究机制。对环评机构不负责任或者弄虚作假，致使环评文件失实的，依法降低该环评机构资质等级或者吊销其资质证书，处以罚款，责令有关从业人员限期整改，并向社会公开。

（三）环境污染第三方治理机构信用建设

加强生活污水、工业废水、除尘脱硫脱硝、工业废气、工业固体废物、危险废物、生活垃圾、重金属污染治理等环境污染第三方治理机构的信用建设。环保部门

应当建立第三方治理机构信用记录，将有关机构的基础信息、日常执法监管信息纳入其环境信用记录并向社会公布。实施第三方治理机构“黑名单”制度，对篡改、伪造监测数据，或者不正常运行防治污染设施，或者通过暗管等逃避监管方式违法排放污染物的，列入“黑名单”，并定期向社会公开，各级政府或者有关部门不得采购其环境服务。

（四）环境监测机构信用建设

环保部门应当建立和完善环境监测机构信用记录。环境监测机构及其法定代表人在环境监测服务活动中存在不规范监测行为的，环保部门应当将相应机构、法定代表人、监测技术人员的违法信息记入其信用记录，并及时向社会公布。对存在弄虚作假、篡改或者伪造监测数据等严重失信行为的环境监测机构及其相关责任人，列入“黑名单”，定期向社会公开，并通报质量技术监督主管部门。各级政府或者有关部门购买环境监测服务，应当优先选择信用好的环境监测机构，不得购买列入“黑名单”的环境监测机构的服务。鼓励排污单位选择信用好的环境监测机构提供自行监测、环境管理体系认证和清洁生产审核等环境监测服务。

（五）机动车排放检验机构的信用建设

环保部门应当建立和完善机动车排放检验机构信用记录。对伪造机动车排放检验结果或者出具虚假排放检验报告的，由环保部门依法予以处罚，记入其信用记录，向社会公布并与有关部门信息共享。情节严重的，由负责资质认定的部门取消其检验资格。

十、加强企业环境信用体系建设的支持和保障

环保部门应当根据企业环境信用体系建设需要，保障所需经费，确保各项措施落实到位。加大对企业环境信用基础设施建设、运行维护以及人员培训等方面的支持。

环保部门应当结合本地区实际，建立工作机制，制定实施方案，加大工作力度，推动企业环境信用体系建设工作取得实际成效。

环境保护部

发展改革委

2015 年 11 月 27 日

国家核事故应急协调委员会关于印发核应急培训管理办法的通知

国核应委[2015]13号

国家核应急协调委成员单位，有关省（自治区、直辖市）核应急管理机构，有关涉核集团公司，核设施营运单位：

为加强和规范核应急培训管理，保证各级各类核应急人员掌握必要的核应急知识，保持核应急响应所需要的能力，现将《核应急培训管理办法》印发给你们，请遵照执行。

国家核事故应急协调委员会
2015年12月26日

核应急培训管理办法

第一章　总则

第一条　为加强和规范核应急培训管理，保证各级各类核应急人员能够掌握必要的核应急知识，保持核应急响应所需要的能力，依据《中华人民共和国突发事件应对法》《中华人民共和国放射性污染防治法》《核电厂核事故应急管理条例》《国家核应急预案》，制定本办法。

第二条　本办法适用于国家核事故应急办公室（以下简称国家核应急办）、核设施所在省（自治区、直辖市）核应急管理机构（以下简称省核应急管理机构）、核设施营运单位和乏燃料运输等核活动责任单位针对核应急准备与响应组织的各类培训。

第三条　培训应以所有可能参与核应急响应的人员为对象，包括决策指挥人员、管理人员、专业技术人员和一般工作人员等。

第四条　各级核应急组织应建立培训制度，定期组织开展培训。通过培训，使各级各类核应急人员掌握和具备必需的核应急基本知识和技能，保证在应急状态下能够完成所承担的应急响应任务。

第二章　培训的职责

第五条　国家核应急办负责全国各级核应急组织负责人和骨干的培训，会同国家核事故应急协调委员会（以下简称国家核应急协调委）有关成员单位对各级核应急组织开展的培训进行指导检查。

国家核应急协调委成员单位负责本系统、本行业、本领域所需要的培训。

第六条　省核应急管理机构负责本省核应急人员的培训。

第七条　核设施营运单位和乏燃料运输等核活动责任单位负责本单位核应急人员的培训，并积极配合和协助国家核应急办或省核应急管理机构做好相关培训工作。

第八条　国家核应急办、省核应急管理机构、核设施营运单位和乏燃料运输等核活动责任单位可以自行组织或委托具有核应急培训能力的机构或单位组织培训。

培训的主要职责为：

（一）分析培训需求，制定培训大纲。

（二）确定和调配所需培训资源。

（三）组织培训的准备和实施。

（四）监督和控制培训进程，保证培训顺利进行。

（五）评估培训效果，总结经验教训。

（六）整理培训文档，建立培训档案。

第三章　培训的基本要求

第九条　国家核应急协调委成员单位、省核应急管理机构、核设施营运单位和乏燃料运输等核活动责任单位应根据本部门、本省和本单位核应急工作的实际需要，结合培训需求分析，制定年度培训计划，纳入本部门、本省、本单位下一年度核应急工作计划，并上报国家核应急办。

国家核应急办结合国家核应急工作需要，根据上报的年度培训计划，于每年3月底前制定并下发国家核应急年度培训计划。凡列入国家核应急年度培训计划的各级各类培训，各部门和单位要根据培训计划要求按期完成培训工作，国家核应急办定期会同国家核应急协调委有关成员单位对培训计划执行情况进行监督检查。

年度培训计划主要内容包括：培训名称、培训目的、培训范围、培训时间、培训内容等。

第十条　国家核应急培训的对象包括：国家核应急协调委成员单位有关人员，省核应急管理机构、涉核集团公司（院）、核设施营运单位和乏燃料运输等核活动责任单位的负责人和骨干，以及国家核应急技术支持中心和救援分队的负责人及其替代人员。

第十一条　省核应急培训的对象包括：省核应急委员会有关人员以及市（县）核应急组织的负责人及其替代者，辐射后果预测与评价、辐射监测与分析、消防、通信、应急撤离与安置组织、医疗救治、去污洗消、公安、交通与后勤支援、公众宣传与信息发布、气象等有关人员和可能参与应急响应的其他人员。

第十二条　核设施营运单位和乏燃料运输等核活动责任单位培训的对象包括：核应急指挥部成员，运行、技术支持、辐射监测与评价、维修、通信、后勤保障、公众宣传、保卫警戒及医疗救治等有关人员。

第十三条　对应急状态下需要在辐射环境中工作但缺乏辐射防护知识的应急响应人员（如消防人员、公安人员等），应加强必要的辐射防护培训。

第十四条　培训应达到以下一项或几项具体目的：

（一）熟悉核应急法规、规章和有关标准规范。

（二）了解和掌握核设施、核安全、核应急、辐射防护等基本知识。

（三）熟悉有关核应急组织的职责及其相互关系，以及各类人员在应急响应中的作用及相互配合关系。

（四）掌握完成应急响应任务所需要的知识与技能。

（五）掌握核应急装备、设备或器材

的使用方法。

（六）熟悉应急响应程序及有关协同事项。

第十五条　培训内容可分为四个方面：核应急法规规章和标准、应急管理知识、专业基础知识、专业技术知识。培训内容可根据培训目的和对象有针对性地设置。

第十六条　不同培训对象应采用不同培训方法，进行有针对性培训，以有效地提高和保持受培训人员的知识水平和技能。

（一）决策指挥人员：主要采用在线学习、讲座、现场参观等方法。

（二）管理人员：主要采用课堂教学、研讨、讲座、现场参观、在线学习等方法。

（三）专业技术人员：主要采用在岗培训、课堂教学、研讨、实习和练习、在线学习等方法。对于必须熟练完成的操作，应尽可能利用实物和模型。

（四）一般工作人员：主要采用讲座、现场参观、在线学习等方法。

第十七条　培训的频度和时间应符合下列要求：

（一）国家核应急组织所有可能参与应急响应的人员，应每 3 年至少接受一次培训。

（二）省核应急组织所有可能参与应急响应的人员，应每 2 年至少接受一次培训。

（三）核电厂营运单位所有可能承担应急响应任务的人员（包括应急指挥人员），在核电厂首次装料前应接受一次与其承担的应急响应任务相适应的培训；在核电厂运行寿期内至少每年接受一次培训。除核电厂以外的其他核设施营运单位和乏燃料运输等核活动责任单位所有可能承担应急响应任务的人员（包括应急指挥人员）参照此规定执行。

（四）培训时间依据培训内容与培训方式等确定，在规定的培训期限内，培训累计时间不得少于 24 学时。

第十八条　有以下情况之一的，应及时组织相关人员进行培训：

（一）有关核应急的重要政策、法规、规章或标准发布后。

（二）核应急预案获得批准后。

（三）核电厂首次装料运行前。

（四）实施核应急演习前。

（五）核应急预案或核应急有关法规、规章、标准有重要修改或重大变化时。

（六）按照核应急预案的规定，应进行应急培训时。

第四章　培训的准备

第十九条　组织培训的部门和单位应根据培训对象的实际情况和在应急状态下承担的职责或任务，分析培训对象的现有能力水平与所要求的能力水平之间的差距，确定培训要求。

第二十条　组织培训的部门和单位在培训前，应制定切实可行的培训大纲。培训大纲主要内容应包括：培训的对象、目标、内容、考核标准等。

第二十一条　组织培训的部门和单位

根据确定的培训大纲，制定详细培训方案，其主要内容应包括：培训目的、培训时间、课程设置、培训形式、考核方式、评估方法等。

第二十二条　组织培训的部门和单位应根据培训的目的和内容，聘请具有丰富专业技术知识、熟练操作技能和良好表达能力的培训教师，做好培训资料、培训设备、培训场所等必要的培训条件准备。

第五章　培训的实施和考核

第二十三条　组织培训的部门和单位应按照集中讲授与自学讨论相结合、理论学习与实际操作穿插进行等原则，合理安排培训内容。

第二十四条　组织培训的部门和单位应根据培训目标和内容选择更利于培训对象接受的培训方式；在保证设施运行安全和学员自身安全的前提下，使培训情景尽可能真实。

第二十五条　组织培训的部门和单位应检查培训情况，听取培训教师和学员意见，控制培训进程。若发现培训对象的实际情况与规定的要求严重不符、或课程安排有明显缺陷、或出现重要的事态变化等情况，应及时采取纠正或补救措施，以保证培训顺利实施，达到预期目标。

第二十六条　培训结束后，组织培训的部门和单位应按照事先制定的考核标准和方法进行考核，检验受培训对象对培训内容的接受和掌握程度，为培训评估提供依据。

第二十七条　考核内容应根据培训目标和内容确定，具有代表性；对于同类或重复性培训，考核内容应有所变化，以保证考核的有效性。考核重点一般应包括：

（一）核应急基本知识。

（二）核应急的重要政策、法规和规章。

（三）核应急组织与人员的主要职责。

（四）核应急预案与应急响应实施程序。

（五）有关的核应急专业知识与技能。

第二十八条　考核方法应与培训形式、内容与目标相适应，可以采用笔试、口试或实际操作等方法进行。

专业技能考核应着重技能测试，在有条件的情况下，模拟一些响应的指令或情景，检验培训对象的实际操作能力和解决相关问题能力。

第六章　培训的评估和总结

第二十九条　培训应组织评估。通过评估确定培训是否达到预期目标，是否能适应实际应急响应的需要，为改进培训工作提供依据。

第三十条　组织培训的部门和单位应在制定培训方案的同时制定评估方案。评估方案应根据培训目的和内容确定合适的评估方法和评估标准，明确评估人员组成。

第三十一条　评估人员应通过查阅培训资料，观察培训全过程，对培训效果进行评估。评估过程不得以任何方式干预培训进程。

第三十二条　评估人员应在评估工作完成后编制评估报告，提交组织培训的部门或单位。评估报告内容一般应包括：总体评价、肯定方面、存在问题和改进建议等。

第三十三条　组织培训的部门和单位应在年度培训计划完成后，编制年度培训总结报告，纳入本部门和本单位的年度核应急工作总结，上报国家核应急办。

第七章　培训的文档管理

第三十四条　组织培训的部门和单位应将各种培训文档收集、整理和建档保存。为便于管理和查询，可建立培训档案信息库。

第三十五条　培训文档一般应包括：

（一）培训管理职责和管理人员情况。

（二）培训大纲及其制定、审查与修订记录。

（三）年度培训工作计划和总结报告。

（四）培训考核情况和考核结果。

（五）培训评估情况和评估报告。

第八章　附则

第三十六条　军队核应急培训管理工作，依照军队相关规定执行

第三十七条　本办法由国家核事故应急协调委员会负责解释。

第三十八条　本办法自印发之日起施行。

附件：核应急培训基本内容

附件

核应急培训基本内容

一、核应急法规、规章及标准

（一）国家有关核应急的法规、规章、导则及标准。

（二）核应急有关国际公约、条约及国际标准。

二、核应急管理知识

（一）核应急管理体系。

（二）核应急组织及其职责。

（三）核应急响应技术支持和救援体系。

（四）核应急预案及其实施程序。

（五）核应急响应及其执行程序。

（六）公众与媒体沟通。

（七）国际通报和援助。

三、专业基础知识

（一）核能基本知识。

（二）核设施、核活动与核安全知识。

（三）辐射的特性及危害。

（四）辐射防护基本知识。

（五）核应急的基本概念。

四、专业技术知识

（一）国际核事件分级。

（二）事故分析与后果预测。

（三）应急状态与应急响应分级。

（四）应急计划区。

（五）干预原则、干预水平及行动水平。

（六）应急对策与防护措施。

（七）应急辐射监测。

（八）应急设施和设备性能与使用方法。

（九）心理援助和医疗救治。

（十）去污洗消方法。

国家核安全局关于印发《〈核电厂运行许可证〉有效期限延续的技术政策（试行）》的通知

国核安发 [2015]280 号

各相关单位：

为指导核电厂运行许可证有效期限延续相关工作，保证核电厂运行安全，我局组织制定了《〈核电厂运行许可证〉有效期限延续的技术政策（试行）》。现印发给你们，请参照执行。

国家核安全局

2015 年 12 月 31 日

《核电厂运行许可证》有效期限延续的技术政策（试行）

一、背景

在《核电厂运行许可证》的申请和颁发中，通常会涉及几个概念，即核电厂的设计寿期、核电厂的实际寿期和许可证的有效期限。

（一）核电厂的设计寿期

核电厂是由大量的构筑物、系统和部件组成的复杂系统，而这些构筑物、系统和部件又由多种金属材料、有机材料和无机非金属材料等构成。在核电厂的运行过程中，不同构筑物、系统和部件所经受的压力、温度、湿度、化学和辐射照射等环境条件有所不同，这导致核电厂不同构筑物、系统和部件的寿命可能会有很大差异，无法给出一个适应核电厂所有构筑物、系统和部件的统一定义。

目前在《核电厂运行许可证》申请的文件中，主要是针对“不可更换设备”（如反应堆冷却剂系统压力边界等）进行详细的设计寿期评价，包括反应堆压力容器材料的中子辐照脆化和反应堆冷却剂系统压力边界的疲劳等。这种设计寿期的评价是基于一些假设，如反应堆压力容器在整个设计寿期内的辐照中子注量和反应堆冷却剂系统可能经历的各种瞬态工况。

（二）核电厂的实际寿期

由于换料管理方式的改进，反应堆压力容器的辐照中子积分注量可大幅降低，特别是所设置的材料辐照监督样品可更真实地评估压力容器材料的实际性能变化；同时从目前在役核电厂的实际运行情况来看，反应堆冷却剂系统实际所经历各种瞬态工况远少于设计时所使用的假设。这样，通过“不可更换设备”的实际运行寿命评估和老化管理，以及可更换设备的必要维修或更换，核电厂的“实际寿期”可以超过理论上的“设计寿期”。

（三）《核电厂运行许可证》的有效期限

由于国情不同，在颁发《核电厂运行许可证》时，不同国家设置许可证有效期限的方式也不同。我国核安全法规《中华人民共和国民用核设施安全监督管理条例》（HAF001）的实施细则《核电厂安全许可证件的申请和颁发》（HAF001/01）第九条中规定：“《核电厂运行许可证》的有效期限一般为设计寿期，在特殊情况下由国家核安全局另行规定。”从上述对核电厂设计寿期和实际寿期的阐述表明，核电厂的运行寿期超出设计寿期在实际上是可行的，这也为《核电厂运行许可证》有效期限的延续提供了技术基础。从本质上说，《核电厂运行许可证》有效期限的延续并不是一种“延寿运行”，而是在核电厂具有可接受的技术性能和安全水平条件下的“实际寿期”内运行行为。

目前《核电厂运行许可证》有效期限的延续已是一个普遍的国际实践。我国的秦山核电厂300MWe机组于1991年投入运行，设计寿期为30年；大亚湾核电厂1994年投入运行，目前运行时间已超过设计寿期的一半。基于广泛的国际实践，目前我国一些核电厂营运单位开始考虑《核电厂运行许可证》有效期限的延续问题。

《中华人民共和国行政许可法》对行政许可的变更与延续给出了一般性的规定，但《中华人民共和国民用核设施监督管理条例》对《核电厂运行许可证》有效期限的变更和延续并没有给出具体的操作规定，因此国家核安全局认为有必要制定技术政策，以指导《核电厂运行许可证》有效期限延续的相关工作。技术政策的制定和实施也将为未来相关核安全法规的制定或修订积累经验。

二、《核电厂运行许可证》有效期限延续的申请和批准

《中华人民共和国行政许可法》第四章第五节“变更与延续”规定了行政许可变更与延续的相关要求，其中第五十条规定：

“被许可人需要延续依法取得的行政许可的有效期的，应当在该行政许可有效期届满三十日前向作出行政许可决定的行政机关提出申请。但是，法律、法规、规章另有规定的，依照其规定。

“行政机关应当根据被许可人的申请，在该行政许可有效期届满前作出是否准予延续的决定；逾期未作决定的，视为准予延续。”

《中华人民共和国行政许可法》第四十五条规定：

“行政机关作出行政许可决定，依法需要听证、招标、拍卖、检验、检测、检疫、鉴定和专家评审的，所需时间不计算在本节规定的期限内。行政机关应当将所需时间书面告知申请人。”

与《核电厂运行许可证》的颁发一样，《核电厂运行许可证》有效期限的延续需要经过大量复杂的安全审评工作，依据《中华人民共和国行政许可法》的上述条款，核电厂营运单位在申请《核电厂运行许可证》有效期限延续时，应至少在《核电厂运行许可证》有效期限到期的5年前向国家核安全局提交《核电厂运行许可证》有效期限延续的申请（申请书的格式见附表1），并同时提交有关安全论证

的文件。

核电厂营运单位应具备下列条件，方可向国家核安全局申请《核电厂运行许可证》有效期的延续：

（一）在核电厂运行过程中遵守国家的有关法律及核安全法规；

（二）保持安全营运核电厂，并具备承担全面安全责任的能力；

（三）核电厂具备良好的运行业绩，表明其具有继续安全运行的能力；

（四）对延续运行期间的乏燃料和其他放射性废物的处理处置已做出适当安排。

核电厂营运单位申请《核电厂运行许可证》延续的有效期限应不超过20年，《核电厂运行许可证》延续的有效期限将按照其实际论证的年限确定，核电厂的安全论证应证明在其所延续的期限内仍具备可接受的技术性能和安全水平。

国家核安全局在《核电厂运行许可证》有效期限延续的审批过程中，将征询国务院有关部门以及核电厂所在省、自治区、直辖市人民政府的相关意见。

如果其他有关部门的行政许可或管理要求与《核电厂运行许可证》的有效期限相联系，在开始延续期的运行前，核电厂营运单位应该完成相关手续的办理。

三、《核电厂运行许可证》有效期限延续安全论证的基准

《核电厂安全许可证件的申请和颁发》中规定，核电厂营运单位在申请《核电厂运行许可证》时，需提交下列文件资料：

（一）《核电厂修订的最终安全分析报告》；

（二）《核电厂环境影响报告批准书》；

（三）《核电厂装料后调试报告和试运行报告》；

（四）《核电厂质量保证大纲》（运行阶段）。

其中的《核电厂修订的最终安全分析报告》确定了核电厂在设计、建设和运行过程中所遵循的法律、法规和参照的标准、规范，并且确定了核电厂在取得《核电厂运行许可证》时的实际状态。

在核电厂的运行过程中，每十年左右会按照《核电厂运行许可证》的许可证条件开展一次定期安全审查，并根据定期安全审查的结果实施物项的修改或标准规范的升版。此外核电厂还会经历许多由营运单位申请并经国家核安全局批准，或者由国家核安全局要求的安全重要修改。除少数情况外，一般这些安全重要修改都会纳入核电厂最终安全分析报告的修订版中。

核电厂营运单位在提交《核电厂运行许可证》延续申请时《核电厂最终安全分析报告》的有效修订版本，以及其他没有纳入安全分析报告的国家核安全局批准的安全重要修改将作为《核电厂运行许可证》有效期限延续安全论证的基准。如果在《核电厂运行许可证》延续申请的审评期间上述基准发生了变化，则这些变化也将纳入《核电厂运行许可证》有效期限延续安全论证的基准。

四、申请《核电厂运行许可证》有效期限延续时应提交的文件资料

核电厂营运单位在提出《核电厂运行许可证》有效期限延续申请时，应同时提交以下文件资料：

（一）《核电厂运行许可证有效期限延续安全评估报告》及附件

1.《核电厂运行许可证有效期限延续安全评估报告》中的评估范围应该包括：

（1）《核电厂最终安全分析报告》中所描述的执行控制反应性、排出堆芯热量，以及包容放射性物质和控制运行排放，限制事故释放等几项基本安全功能的构筑物、系统和部件；

（2）其故障可能影响上述构筑物、系统和部件执行功能的核电厂其他构筑物、系统和部件；

（3）《核电厂最终安全分析报告》中所描述的防火设计、火灾探测和灭火系统；

（4）《核电厂最终安全分析报告》中所描述的超设计基准事故的预防或缓解设施；

（5）未纳入《核电厂最终安全分析报告》，但经国家核安全局批准或国家核安全局所要求的改进项中涉及上述范围的构筑物、系统和部件。

2. 在上述评估范围内，应列出属于老化管理审查范围的构筑物和部件的清单，描述老化审查所使用的方法，并且证明老化效应得到了合理控制，在申请的许可证延续期内构筑物、系统和部件能够执行预定的功能。属于老化管理审查范围的构筑物和部件包括但不限于：

（1）在执行预定功能时，结构和特征不发生改变的部件和构筑物，但不包括活动部件。这些部件和构筑物包括：反应堆压力容器、蒸汽发生器、稳压器、管道、泵壳、阀体、堆芯屏蔽、热交换器、通风管、安全壳、安全壳衬里、电气和机械贯穿件、设备闸门、抗震I类构筑物、电缆和接头、电缆桥架和电气柜等；

（2）不基于鉴定寿命和规定时间进行更换的构筑物和部件。

而通过定期试验、监测、维护或更换等方式保证使用期内功能的设备或部件可不纳入审查范围，例如泵（不包括泵壳）、阀门（不包括阀体）、电机、柴油发电机、空气压缩机、减震器、压力变送器、压力指示计、开关（装置）、冷却风扇、晶体管、电池、断路器、继电器、电路板、充电器、电源装置等。

3. 应列出时限老化分析清单，并证明：

（1）在申请的许可证延续期内，分析仍然有效；

（2）分析可以覆盖到申请的许可证延续期末期；

（3）在申请的许可证延续期内能够充分地管理老化对预定功能的影响。

4. 附件中应包括老化管理大纲、老化管理程序和活动等内容。

（二）增补和修改的《核电厂环境影响报告书》

在增补和修改的《核电厂环境影响报告书》中，应根据核电厂实际运行的数据

评价《核电厂环境影响报告书》（运行阶段）的适当性以及延续运行期间环境影响的可接受性，并评价与提交《核电厂运行许可证》有效期限延续申请时有效的环境保护标准的符合性。

（三）增补和修改的《核电厂最终安全分析报告》

在增补和修改的《核电厂最终安全分析报告》中，应包括老化管理大纲和老化管理活动的综述，以及针对《核电厂运行许可证》延续期内的时限老化分析和评价。

在《核电厂运行技术规格书》中应增补和修改管理《核电厂运行许可证》延续期内老化效应要求，并提供增补和修改的原因说明。

五、《核电厂运行许可证》有效期限延续安全论证所参照的标准和规范

如前所述，《核电厂修订的最终安全分析报告》中确定了核电厂在设计、建设和运行中所参照的标准和规范，其中部分标准和规范在定期安全审查过程中可能得到升版。除非核电厂营运单位提出申请并得到国家核安全局的认可，在提交《核电厂运行许可证》有效期限延续申请时，《核电厂最终安全分析报告》有效版本所确定的标准和规范在安全论证中仍然有效。

但是也要认识到这些标准和规范并不能完全覆盖《核电厂运行许可证》有效期限延续安全论证所需，所以核电厂营运单位在相关安全论证中可能还需要补充其他所需参照的标准和规范。由于我国目前相关的标准和规范尚不健全，所补充的标准和规范可能还包括国际或其他国家标准。

核电厂营运单位在选用这些补充标准时，应对其恰当性和适用性做出适当评估，并征得国家核安全局的认可。

六、持续改进

核电厂营运单位在核电厂整个运行过程应实行持续改进的政策，不断提高核安全水平。运行核电厂的持续改进主要包括国家核安全局要求的改进，如执照申请基准的变化导致的改进，内外部经验反馈引起的改进等；核电厂营运单位在运行过程中（包括在定期安全审查中）提出的安全改进。核电厂营运单位在许可证延续申请中应按照持续改进的原则制定工程改进计划。

工程改进计划的制定应考虑如下因素：

（一）许可证延续安全论证中可更换设备、部件的更换。

（二）历次定期安全审查中安全改进措施的落实和完善。

（三）国家核安全局的改进要求。

申请许可证延续的核电厂营运单位应做适当的运行安排，保证工程改进的实施。

同时，申请许可证延续的核电厂营运单位应参照最新核安全法规和标准开展定期安全审查工作，并实施相关的核安全改进。

附表 1

《核电厂运行许可证》延续申请书的格式

申请单位

法人代表　　　　　　　　职务　　　　　　　　签字
　　　　　　　　　　　　通讯地址　　　　　　（电话）
　　　　　　　　　　　　邮政编码　　　　　　（电传，传真）

核电厂名称
机组号
主管部门
设计功率　（电）
　　　　　（热）
《核电厂运行许可证》的有效期限　　　《核电厂运行许可证》申请延续的期限

法人代表保证：

本申请书及提交文件内容属实，否则愿承担法律责任。

申请单位（公章）
年　　月　　日

国家核安全局 关于印发《核电厂内乏燃料干法贮存系统核安全监管要求（试行）》的通知

国核安发 [2015]281 号

各相关单位：

为指导核电厂增设厂内乏燃料干法贮存系统相关工作，保证核电厂运行安全，我局组织制定了《核电厂内乏燃料干法贮存系统核安全监管要求（试行）》。现印发给你们，请遵照执行。

国家核安全局

2015 年 12 月 31 日

核电厂内乏燃料干法贮存系统核安全监管要求（试行）

一、前言

核电厂设计有燃料装卸和贮存系统，用于未辐照燃料和已辐照燃料（乏燃料）的装卸和贮存。核电厂的乏燃料贮存方式通常可分为“湿法”和“干法”，我国在运商用压水堆核电机组的乏燃料贮存均采用湿法水池系统。

干法贮存也是目前世界主要核电国家普遍采用的一种乏燃料贮存方式，美国已有近 70% 的核电厂配套建设了干法贮存系统。目前，我国部分压水堆核电厂已准备申请增设厂内乏燃料干法贮存系统，但我国尚缺乏相关的标准和规范。

根据环境保护和核安全法律法规相关要求，国家核安全局制定了《核电厂内乏燃料干法贮存系统核安全监管要求》（以下简称《监管要求》），用于指导压水堆核电厂增设厂内乏燃料干法贮存系统的核安全相关工作。

二、适用范围

本《监管要求》适用于核电厂内增设的乏燃料干法贮存系统。该系统位于核电厂实物保护分区的保护区内，是机组原设计中乏燃料水池系统的补充，属于核电厂辅助系统，纳入国家核安全局颁发的核电厂运行许可证许可范围，由核电厂营运单位对其进行全面管理，并承担相应的核安全责任。

三、适用法规标准

核电厂内乏燃料干法贮存系统的设计、建造、运行和退役等活动，都必须遵守我国现行有效环境保护和核安全法律法规中的适用条款。

增设的乏燃料干法贮存系统作为核电厂辅助系统，在设计和运行中必须遵守《核动力厂设计安全规定》（HAF102）、《核动力厂运行安全规定》（HAF103）和《核材料管制条例实施细则》(HAF501/01) 的相关规定，必须满足《电离辐射防护与辐射源安全基本标准》(GB18871)、《核动力厂环境辐射防护规定》（GB6249）和

《反应堆外易裂变材料的核临界安全》（GB15146）等相关标准中适用的要求。

核电厂内乏燃料干法贮存系统的设计、建造、运行和退役等各项活动中，适用部分应参照国家核安全局发布的指导性文件执行，这些文件包括 HAD102 系列导则、HAD103 系列导则、HAD301 系列下的 02/03/04 导则、HAD501 系列导则等。

此外，考虑到目前我国核与辐射安全法律法规体系中缺少专门针对核电厂内乏燃料干法贮存系统的指导文件，且国家相关技术标准尚不完善，设计、审评等活动可参照采用美国核管会颁布的核电厂乏燃料干法贮存系统相关监管导则（RG 系列）和技术文件（NUREG 系列），以及相关的工业标准。

对于本原则未涵盖的内容，可根据具体情况，经国家核安全局同意后补充参考国内、外标准和规范中的适用部分。

四、申请程序及要求

根据《核动力厂运行安全规定》（HAF103）及《核电厂安全许可证件的申请和颁发》（HAF001/01）的相关规定，核电厂增设乏燃料干法贮存系统属于运行期间的安全重要系统修改，核电厂营运单位应依据《核电厂换料、修改和事故停堆管理》（HAF103/01）中的相关要求提交修改申请。

核电厂营运单位应在申请文件中注明乏燃料干法贮存系统的设计寿期、总设计容量、环境限制条件、运行限制值和条件等内容。其中，系统的设计寿期原则上应不少于核电厂设计寿期的剩余时间。核电厂营运单位如考虑可能的核电厂运行许可证有效期延续，则乏燃料干法贮存系统在设计寿期上也应予以适当考虑。核电厂退役时，如乏燃料干法贮存系统需继续运行，则应作为独立设施换取许可证件。

核电厂营运单位应按照要求提供乏燃料干法贮存系统的设计论证、安全分析、试验验证项目等技术支持文件，并以《乏燃料干法贮存系统安全分析报告》形式报送国家核安全局。

经国家核安全局审批后，核电厂营运单位方可实施增设系统的建造和运行。

五、《乏燃料干法贮存系统安全分析报告》的格式与内容

《乏燃料干法贮存系统安全分析报告》是核电厂营运单位提交增设乏燃料干法贮存系统修改申请的主要技术支持文件，其中应包括系统临界安全、热工安全、辐射防护、结构等方面的分析论证。

核电厂营运单位提交安全分析报告的格式和内容应符合以下要求：

1. 考虑到我国目前对核电厂内乏燃料干法贮存系统的核安全监管尚无具体法规标准，原则上可主要参考美国核管会监管导则《乏燃料干法贮存容器安全分析报告标准格式与内容》（RG3.61）的要求，同时结合申请核电厂的特定设计情况补充修改申请相关的其他信息。

2. 应参照《乏燃料厂内干法容器贮存

安全分析报告标准格式与内容》（RG3.62）的要求，补充对乏燃料干法贮存系统的相应描述。

3. 应包括乏燃料干法贮存系统在厂区内的位置选择、布置信息和地基条件，以及相关支持系统、乏燃料装载运输系统的设计和运行等信息。

4. 应包括将乏燃料干法贮存系统的运行和安全管理纳入核电厂现有管理体系的相关内容，这些内容包括但不限于辐射防护、废物管理、核材料衡算与实体保卫、应急计划、环境监测、运行限制与条件、定期试验、在役检查等。

5. 乏燃料干法贮存系统的环境条件、与厂址有关的设计基准等参数可采用国家核安全局批准的核电厂运行许可证申请中的相关信息。

6. 乏燃料干法贮存系统作为乏燃料厂内临时贮存方案，安全分析报告中还须考虑系统与核电厂、运输、乏燃料后处理等的接口，并论证操作的可实施性。

7. 应包括乏燃料干法贮存系统环境影响评价相关信息，论证增设该系统的环境影响符合核电厂执照文件的相关要求。

8. 如果乏燃料干法贮存系统采用贮存和运输两用的乏燃料容器，该容器还应符合放射性物品运输容器的管理要求，并单独报国家核安全局审批。

六、安全审评

国家核安全局按照《核动力厂运行安全规定》（HAF103），对核电厂营运单位提交的增设乏燃料干法贮存系统修改申请进行核安全审评。

审评主要依照本《监管要求》第三部分所列出的中国法律、法规和标准，以及国家核安全局在核电厂运行许可证框架下提出的管理要求。具体技术审评可参照美国核管会技术文件《干法贮存系统标准审查大纲》（NUREG1536）和《干法贮存设施标准审查大纲》（NUREG1567）执行。对核电厂增设乏燃料干法贮存系统辐射防护的审查应按照《电离辐射防护与辐射源安全基本标准》(GB18871) 执行。

对于安全分析报告中相关内容的验收准则，首先必须满足中国法规标准的相应要求；若中国法规标准中无明确要求，也可参考《干法贮存系统标准审查大纲》（NUREG1536）中引用文件的相关要求。

七、附则

本《监管要求》由国家核安全局负责解释，自发布之日起试行。

核能行业概况

综　述

2015年3月5日，国务院总理李克强在政府工作报告中明确提出“能源生产和消费革命，关乎发展与民生”，并将“安全发展核电”写入政府工作报告。2015年，红沿河核电厂5、6号机组，福清核电厂5、6号机组，防城港红沙核电厂3号机组，田湾核电厂5号机组相继获得核准并开工建设，成为福岛核事故之后中国核电新开工机组数量最多的一年，标志着我国核电建设进入实质性的重启阶段。

2015年，我国运行核电机组继续保持安全稳定运行。方家山核电厂2号机组、阳江核电厂2号机组、宁德核电厂3号机组、红沿河核电厂3号机组、福清核电厂2号机组、昌江核电厂1号机组先后投入商业运行。各运行核电厂坚持安全第一、质量第一的方针，加强运行生产管理和大修管理，持续推进核安全文化建设，加强核电厂运行经验反馈，坚持与国内外同行对标，持续开展技术及管理改进，取得了良好的安全运行业绩。全年没有发生国际核事件分级表（INES）界定的2级和2级以上运行事件，人员个人剂量和集体剂量均保持较低水平，核电厂放射性流出物排放总量低于国家监管部门批准排放年限值，环境空气吸收剂量率在当地本底辐射水平正常涨落范围之内，没有发生影响环境与公众健康的事件。

与世界核电运营者协会（WANO）规定的性能指标对照，在全球400余台运行机组中，我国运行核电机组总体处于中等偏上水平，部分机组的指标达到世界先进水平。

核电建设稳步有序推进。截至2015年底，我国在建核电机组达到26台[1]，总装机容量为2935.0万千瓦，建造质量、进度均处于受控状态，在建规模继续保持世界第一。世界首台AP1000核电机组——三门核电厂1号机组完成一回路半管冲洗及安全壳整体泄漏率实验，汽轮机盘车可用。EPR项目台山核电厂1号机组调试工作进入高峰，主控室及常规岛盘车可用。为适应核电发展的新形势，各核电工程公司积极推进专业化管理，多项目、多机组工程建设管理水平不断提升，工程总承包能力进一步增强。核电工程建设企业不断推进科技创新和管理创新，增强核电工程建设核心竞争力，确保了在建核电工程安全质量得到较好控制。

四台“华龙一号”机组开工建造。2015年5月7日，中国核工业集团公司（简称“中核集团”）与中国广核集团有限公司（简称“中国广核集团”）合作研发的“华龙一号”全球首堆工程——福清核电厂5号机组开工建造，随后另外两台采用“华龙一号”技术的机组——福清核电厂6号机组、防城港红沙核电厂3号机组相

1 根据我国核电行业统计惯例，当前所指的在建核电机组包括已并网但尚未投入商业运行的核电机组，运行核电机组为已投入商业运行的核电机组。

继开工建造。此外，“华龙一号”海外首堆工程——巴基斯坦卡拉奇核电厂2号机组在8月20日开工建造。国内外四台“华龙一号”机组的开工建造，标志着中国成为继美国、法国、俄罗斯之外，又一个具有独立自主的三代核电技术的国家。中国自主三代核电技术“走出去”示范工程进入全面建设阶段，标志着中国由核电大国走向核电强国，并为今后以自主核电技术带动装备制造等产业大规模“走出去”奠定关键基础。

核电装备国产化取得积极进展。2015年是“十二五”收官之年，在国家政策的大力推动下，中国的核电建设进入发展高峰。国务院印发的《能源发展战略行动计划》中明确提出了到2020年的核电发展目标，发展核电产业已成为国家战略。2015年，我国自主核电技术取得突破，装备制造水平持续提升。已具备三代核电技术自主设计能力，并研发出具有自主知识产权的CAP1400和“华龙一号”三代核电技术。核电关键设备制造和材料国产化取得突破，形成每年8至10套百万千瓦级核电机组主设备制造能力。

核燃料保障能力持续提升。2015年，核能行业各相关企业联手推动核燃料技术研发应用，并取得重要成果。中核集团已经完成两代CF系列燃料组件（CF2、CF3）的开发，建立了独立完整的CF系列燃料组件制造工艺技术体系，为实现“华龙一号”落地，实施“走出去”战略奠定了坚实基础；主导研发的高温气冷堆燃料元件生产线已基本完成了前期设备调试和工艺调试任务。中国广核集团自主研发的既可用于现役二代改进型核电机组，也可用于“华龙一号”的STEP-12燃料组件的先导组件和CZ锆合金样品管组件实现了在设计、验证、加工制造、材料等多个环节的重大突破，并取得了优良的堆外试验性能，即将入堆进行辐照考验。国家电力投资集团公司（以下简称“国家电投”）自主研发设计的CAP1400自主化核燃料原型组件在包头顺利下线。

核能科技创新取得新突破。2015年，中国核能行业积极推进先进适用技术的研发应用，充分调动和发挥企业的主体作用，持续推进高温气冷堆核电站等国家科技重大专项的开展，推动自主核燃料技术研发应用及成套核电软件产品的开发应用。2015年，高温气冷堆核电站国家科技重大专项连续取得多项重要成果：控制棒驱动机构工程样机完成抗震鉴定试验及设计定型；吸收球停堆装置工程样机完成出厂验收；燃料装卸与贮存系统运输转换设备已经投产制造，标志着高温气冷堆核电站关键设备及核心部件进入生产阶段。2015年12月17日，中核集团发布了中国首套具有自主知识产权的核电软件和一体化软件集成平台（NESTOR）。这套核电系列软件实现了对核电工程设计、制造、安装调试及运行一体化全覆盖，是根据“华龙一号”三代核电技术的特征量身打造的，将为中国三代核电技术注入“中国芯”，助力核电走向更广阔的国际市场。此外，中核集团研制的核安全级专用仪控设备——“华龙一号”先进堆芯测量系统顺利通过技术验收，标志着我国首个具备完整自主知识产权的三代核电堆芯测量系统自主研制成功，“华龙一号”关键设备国产化又迈出了坚实的一步。

核能国际合作不断深化。2015年，中国与世界其他国家在核能领域开展了多层次、全方位的合作，为促进核能在中国乃至在世界的和平、安全利用作出了贡献。中核集团与美国泰拉能源公司签署行波堆合作文件，与比利时核研究中心签署燃料合作谅解备忘录，与斯洛伐克VUJE公司签署关于在核燃料循环产业链开展全面合作的谅解备忘录，与法国阿海珐集团合作的核循环项目首次在国内召开推介会；中国广核集团与肯尼亚能源与石油部签署肯尼亚核电项目合作谅解备忘录，并通过罗马尼亚切尔纳沃德核电项目将核技术服务拓展入欧盟；中国核工业建设集团公司（以下简称“中国核建”）与南非核能公司签署关于高温气冷堆的合作谅解备忘录。

核电“走出去”取得实质性进展。2015年，中国核电在经历了技术引进、消化吸收、国产化和自主研发等30多年的发展历程后，迎来了“走出去”的重要历史机遇期。巴基斯坦卡拉奇核电厂2号机组、英国布拉德韦尔B项目以及阿根廷阿图查核电厂4号机组，均采用“华龙一号”技术。“华龙一号”落地海外标志着中国核电品牌、技术实力、发展潜力得到国际市场认可。

核行业法治建设与管理进一步加强。2015年7月1日，第十二届全国人民代表大会常务委员会第十五次会议通过了《国家安全法》。《国家安全法》首次在法律层面完整阐述了中国的核政策。11月9日，全国人民代表大会环境与资源保护委员会将《核安全法（草案）》征求意见稿发送各有关单位内部征求意见。该法作为规定安全管理基本制度的顶层法律，有利于实现核能的安全利用，增进社会公众对核安全的了解和信心，促进核能商业开发的可持续发展。《原子能法（草案）》已编制完成，于2014年底报送国务院进入正式受理程序，2015年，国家国防科技工业局根据国务院征求相关单位的反馈意见，积极组织专家召开研讨会对草案进行修改。

（说明：本文中所指的中国核电情况均未包括台湾地区的核电情况。）

核电

发展现状

2015 年，我国运行核电机组继续保持安全稳定运行。全年没有发生国际核事件分级表（INES）界定的 2 级和 2 级以上运行事件，人员个人剂量和集体剂量均保持较低水平，核电厂放射性流出物排放总量低于国家监管部门批准排放年限值，环境空气吸收剂量率在当地本底辐射水平正常涨落范围之内，没有发生影响环境与公众健康的事件。

截至 2015 年底，中国大陆有 28 台商业运行核电机组，装机容量为 2642.7 万千瓦，核电年发电量为 1683.16 亿千瓦时，同比增长 29.42%；上网电量为 1576.90 亿千瓦时，同比增长 28.53%；核电约占全国发电装机总容量的 1.75%，占全国总发电量的 3.01%。2015 年，核能发电对节能减排贡献显著。与燃煤发电相比，核能发电相当于少燃烧标准煤约 5301.95 吨，减少排放二氧化碳约 13891.12 万吨、二氧化硫约 45.07 万吨、氮氧化物约 39.23 万吨。

截至 2015 年底，中国在建核电机组共 26 台，装机容量为 2935.0 万千瓦。世界在建核电机组共 70 台，总装机容量为 7575.2 万千瓦；中国在建核电机组数量占世界核电机组数量的比例为 37.14%，装机容量占世界核电机组装机容量的比例为 38.75%，是世界在建核电规模最大的国家。

（说明：本文中所指的中国核电情况均未包括台湾地区的核电情况。）

一、2015 年全国发电量统计

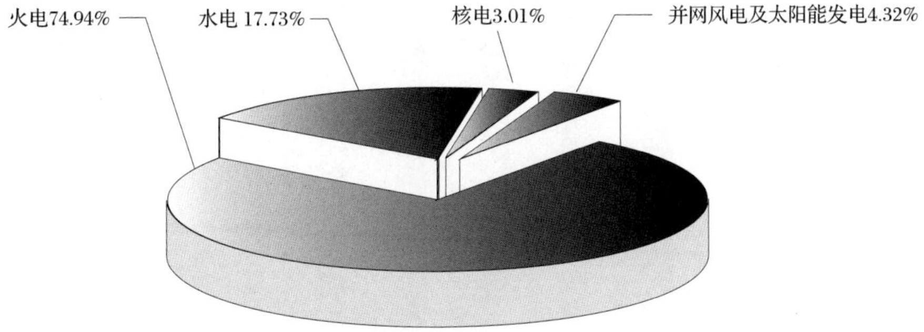

（说明：数据来源于中国电力企业联合会于 2016 年 1 月发布的《2015 全国电力工业统计快报》）

二、2006–2015 年中国核电机组数量统计

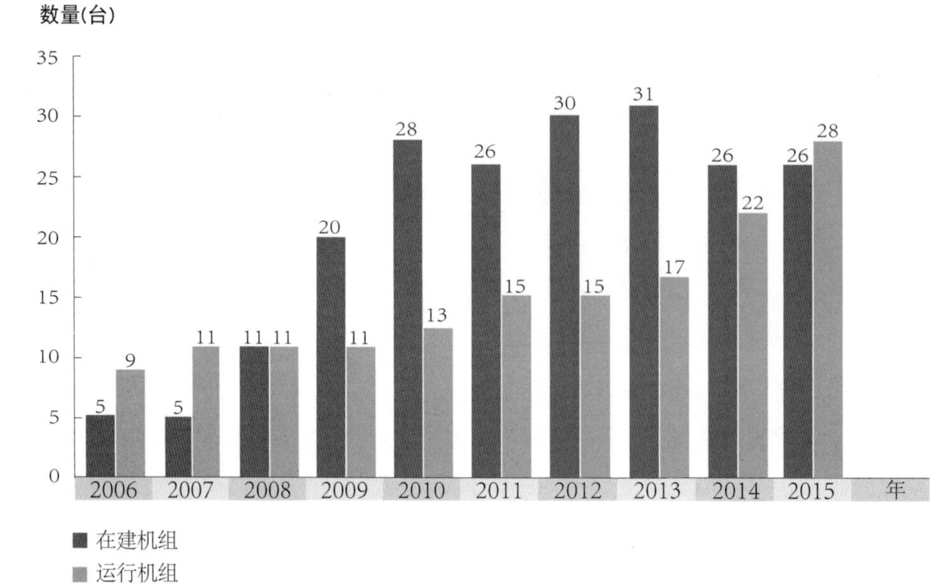

三、2006–2015 年中国核电装机容量统计

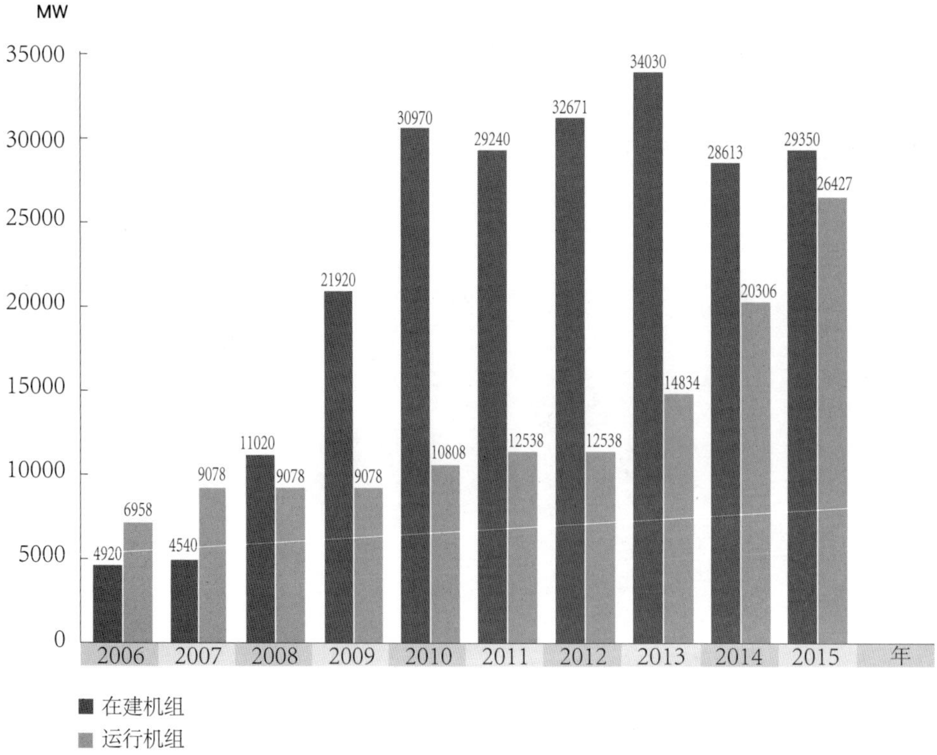

四、2006–2015 年中国核电发电量和上网电量统计

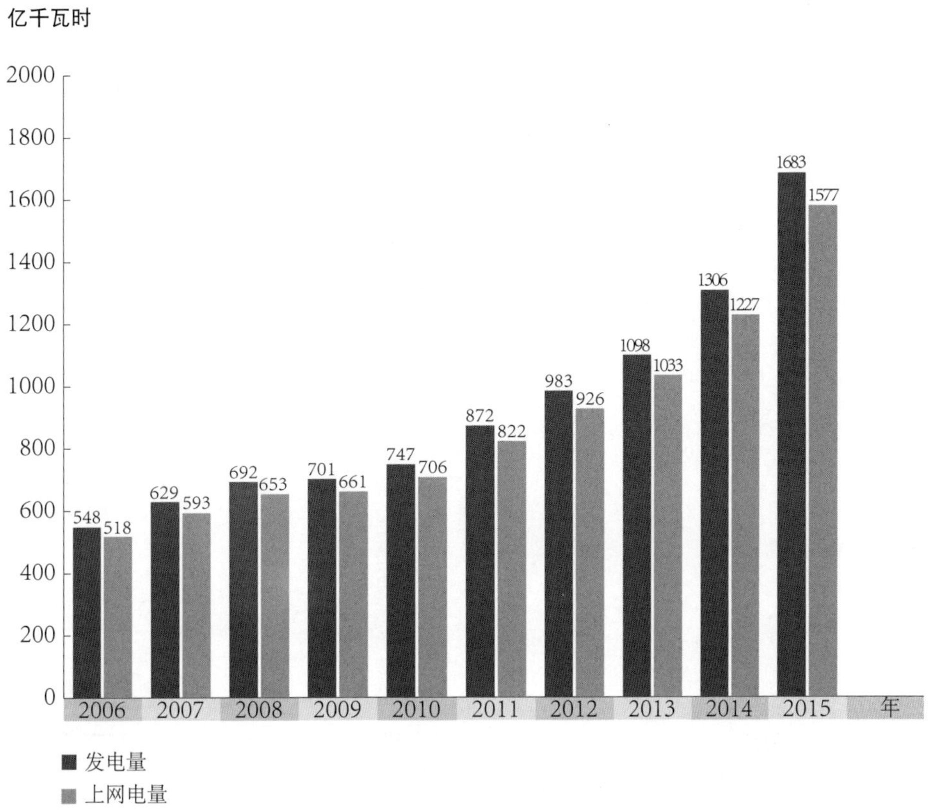

五、2015年中国运行、在建核电厂分布图

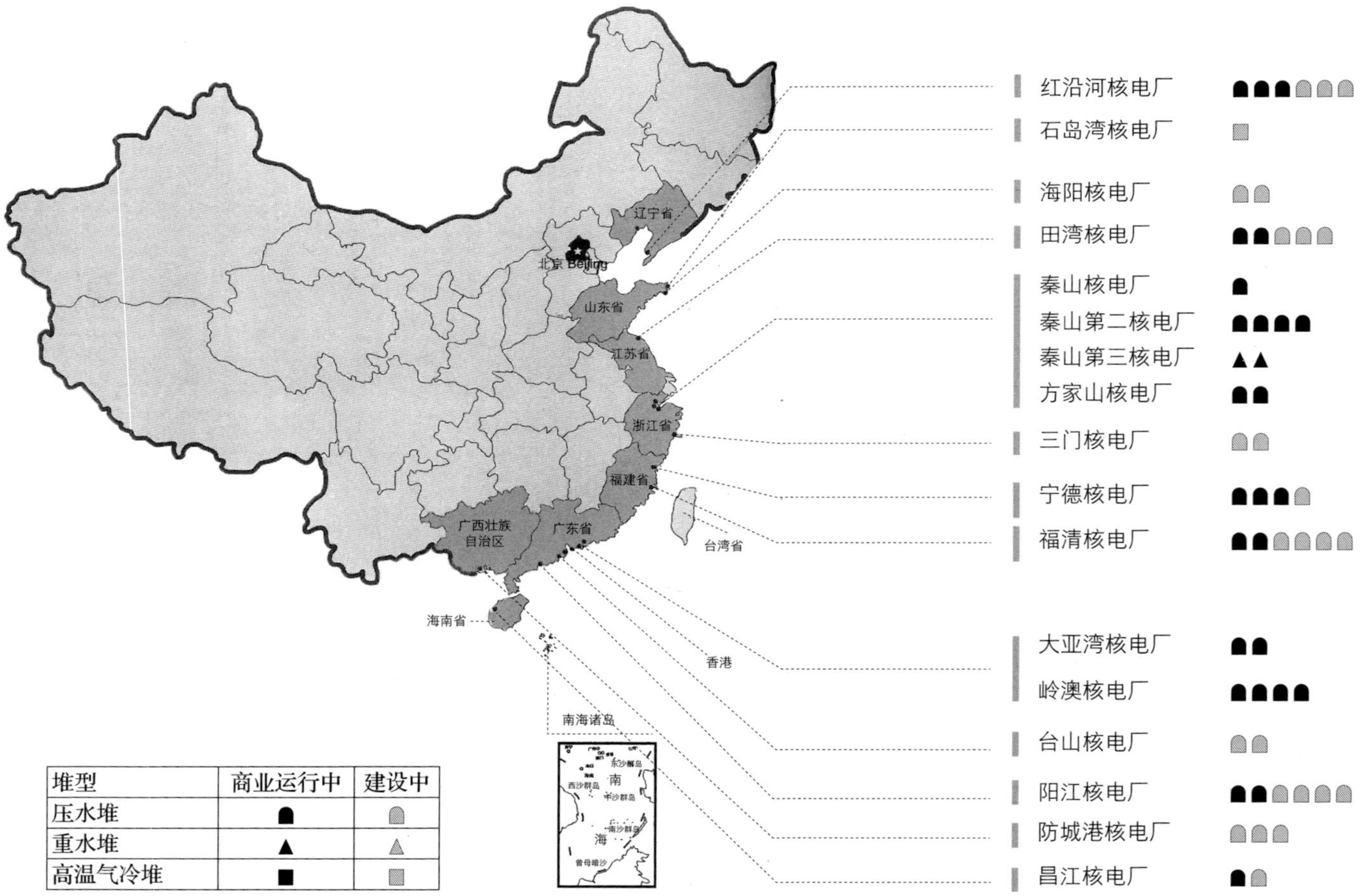

六、2015年中国核电厂名录（截至2015年12月31日）

状态	核电厂名称		机组CN号	堆型	额定电功率MW	开工日期	首次并网日期	商业运行日期
运行中	秦山核电厂		CN-01	压水堆	310	1985.03.20	1991.12.15	1994.04.01
	大亚湾核电厂	1号机组 2号机组	CN-02 CN-03	压水堆	2×984	1987.08.07 1988.04.07	1993.08.31 1994.02.07	1994.02.01 1994.05.06
	秦山第二核电厂	1号机组 2号机组	CN-04 CN-05	压水堆	2×650	1996.06.02 1997.04.01	2002.02.06 2004.03.11	2002.04.15 2004.05.03
		3号机组 4号机组	CN-14 CN-15		2×660	2006.04.28 2007.01.28	2010.08.01 2011.11.25	2010.10.05 2011.12.30
	岭澳核电厂	1号机组 2号机组	CN-06 CN-07	压水堆	2×990	1997.05.15 1997.11.28	2002.02.26 2002.09.14	2002.05.28 2003.01.08
		3号机组 4号机组	CN-12 CN-13		2×1086	2005.12.15 2006.06.15	2010.07.15 2011.05.03	2010.09.15 2011.08.07
	秦山第三核电厂	1号机组 2号机组	CN-08 CN-09	重水堆	2×728	1998.06.08 1998.09.25	2002.11.19 2003.06.12	2002.12.31 2003.07.24
	田湾核电厂	1号机组 2号机组	CN-10 CN-11	压水堆	2×1060	1999.10.20 2000.09.20	2006.05.12 2007.05.14	2007.05.17 2007.08.16
	红沿河核电厂	1号机组 2号机组 3号机组	CN-16 CN-17 CN-26	压水堆	3×1118.79	2007.08.18 2008.03.28 2009.03.07	2013.02.17 2013.11.23 2015.03.23	2013.06.06 2014.05.13 2015.08.16
	宁德核电厂	1号机组 2号机组 3号机组	CN-18 CN-19 CN-34	压水堆	3×1089	2008.02.18 2008.11.12 2010.01.08	2012.12.28 2014.01.04 2015.03.21	2013.04.15 2014.05.04 2015.06.10
	福清核电厂	1号机组 2号机组	CN-20 CN-21	压水堆	2×1089	2008.11.21 2009.06.17	2014.08.20 2015.08.05	2014.11.22 2015.10.16
	阳江核电厂	1号机组 2号机组	CN-22 CN-23	压水堆	2×1086	2008.12.16 2009.06.04	2013.12.31 2015.03.10	2014.03.25 2015.06.05
	方家山核电厂	1号机组 2号机组	CN-24 CN-25	压水堆	2×1089	2008.12.26 2009.07.17	2014.11.04 2015.01.12	2014.12.15 2015.02.12
	昌江核电厂	1号机组	CN-36	压水堆	650	2010.04.25	2015.11.07	2015.12.25
合计		28台			26427.37			

续表

状态	核电厂名称		机组CN号	堆型	额定电功率MW	开工日期	首次并网日期	商业运行日期
建设中	红沿河核电厂	4号机组 5号机组 6号机组	CN–27 CN–49 CN–50	压水堆	3×1118.79	2009.08.15 2015.03.29 2015.07.24		
	宁德核电厂	4号机组	CN–35	压水堆	1089	2010.09.29		
	福清核电厂	3号机组 4号机组	CN–42 CN–43	压水堆	2×1089	2010.12.31 2012.11.17		
		5号机组 6号机组	CN–51 CN–52		2×1150	2015.05.07 2015.12.22		
	阳江核电厂	3号机组 4号机组 5号机组 6号机组	CN–40 CN–41 CN–47 CN–48	压水堆	4×1086	2010.11.15 2012.11.17 2013.09.18 2013.12.23	2015.10.18	
	三门核电厂	1号机组 2号机组	CN–28 CN–29	压水堆	2×1250	2009.04.19 2009.12.15		
	海阳核电厂	1号机组 2号机组	CN–30 CN–31	压水堆	2×1250	2009.09.24 2010.06.20		
	台山核电厂	1号机组 2号机组	CN–32 CN–33	压水堆	2×1750	2009.11.18 2010.04.15		
	昌江核电厂	2号机组	CN–37	压水堆	650	2010.11.21		
	防城港红沙核电厂	1号机组 2号机组	CN–38 CN–39	压水堆	2×1086	2010.07.30 2010.12.23	2015.10.25	
		3号机组	CN–53		1180	2015.12.24		
	石岛湾核电厂	高温气冷堆核电站示范工程	CN–44	模块式球床型高温气冷堆	211	2012.12.09		
	田湾核电厂	3号机组 4号机组	CN–45 CN–46	压水堆	2×1126	2012.12.27 2013.09.27		
		5号机组	CN–55		1118	2015.12.27		
合计		26台			29350.37			
已核准未开工项目	防城港红沙核电厂	4号机组	CN–54	压水堆	1180			
	田湾核电厂	6号机组	CN–56	压水堆	1118			
合计		2台			2298			
同意开展前期工作项目	海阳核电厂	3号机组 4号机组						
	徐大堡核电厂	1号机组 2号机组						
	陆丰核电厂	1号机组 2号机组						
	三门核电厂	3号机组 4号机组						
	CAP1400示范项目	1号机组 2号机组						
	漳州核电项目	1号机组 2号机组						
	宁德核电厂	5号机组 6号机组						
合计		14台						

说明：机组“CN号”为IAEA-PRIS数据库对中国核电机组给出的编号。

七、2015 年世界在建核电信息

（一）2015 年世界在建核电厂一览表

国家（地区）	机组数(台)	装机容量（万千瓦）
中国大陆	26	2935.0
俄罗斯	8	710.8
印度	6	430.0
美国	5	621.8
韩国	4	560.0
阿联酋	4	560.0
日本	2	275.6
中国台湾	2	270.0
乌克兰	2	200.0
斯洛伐克	2	94.2
巴基斯坦	3	178.0
白俄罗斯	2	238.8
芬兰	1	172.0
法国	1	165.0
巴西	1	135.0
阿根廷	1	29.0
合计	70	7572.2

说明：报告中的世界其他国家和地区的核电机组信息来源于国际原子能机构核动力信息系统数据库（IAEA-PRIS），装机容量为毛装机容量（Gross capacity）。

（二）2015 年中国大陆在建核电装机容量占世界比率

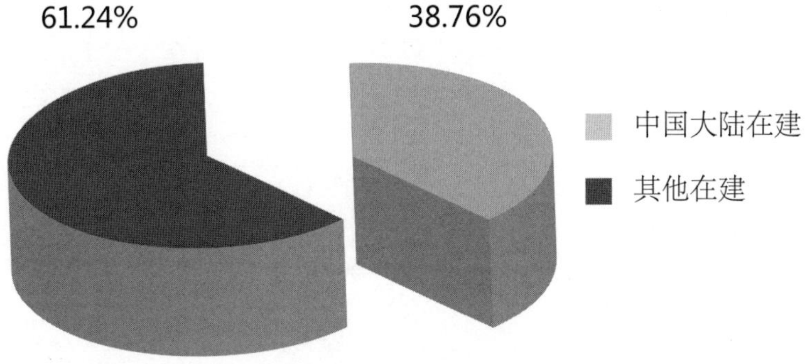

在役核电厂运行情况

2015 年，我国商业运行核电机组继续保持良好的安全运行记录，未发生国际核事件分级（INES）2 级及 2 级以上的运行事件。核电厂运行期间，职业照射剂量水平、放射性流出物的排放均远低于国家限值。环境监测表明，核电厂的运行对周围环境没有造成不良影响。

一、发电量和上网电量

2015 年，中国核电 28 台商业运行机组全年完成发电量 1683.16 亿千瓦时，上网电量 1576.90 亿千瓦时，较 2014 年发电量增加 29.42%，上网电量增加 28.53%。

1.2006–2015 年核发电量和上网电量

核电厂名称 / 年度	项目（单位）	发电量（亿千瓦时）	上网电量（亿千瓦时）
秦山核电厂	2006	24.83	23.10
	2007	22.17	20.63
	2008	26.24	24.31
	2009	23.62	21.95
	2010	23.24	21.69
	2011	24.98	23.33
	2012	28.44	26.59
	2013	23.03	21.59
	2014	26.23	24.41
	2015	25.71	23.94
大亚湾核电厂	2006	155.15	148.58
	2007	154.41	147.75
	2008	160.81	154.30
	2009	163.74	156.62
	2010	157.04	150.15
	2011	160.18	153.36
	2012	159.30	152.51
	2013	148.95	142.41
	2014	151.40	144.97
	2015	154.25	147.75
秦山第二核电厂	2006	82.85	77.29
	2007	89.05	83.20
	2008	99.58	93.13
	2009	99.41	92.86
	2010	119.41	112.36
	2011	146.03	136.81
	2012	201.62	188.96
	2013	203.70	191.12
	2014	202.34	189.78
	2015	202.86	190.05

续表

核电厂名称 / 年度 \ 项目（单位）		发电量（亿千瓦时）	上网电量（亿千瓦时）
岭澳核电厂	2006	156.99	150.62
	2007	147.40	141.23
	2008	152.44	146.20
	2009	154.67	148.25
	2010	176.59	168.47
	2011	265.09	251.53
	2012	315.13	298.62
	2013	315.48	299.15
	2014	325.53	308.85
	2015	322.78	306.03
秦山第三核电厂	2006	114.58	106.16
	2007	115.41	106.96
	2008	112.38	104.12
	2009	117.23	108.53
	2010	114.12	105.57
	2011	115.01	106.53
	2012	116.27	107.55
	2013	119.17	110.31
	2014	116.88	108.18
	2015	112.35	103.82
田湾核电厂	2006	14.06	12.34
	2007	100.18	92.85
	2008	140.75	131.19
	2009	142.67	132.81
	2010	157.02	146.71
	2011	160.72	150.16
	2012	162.41	151.9
	2013	166.86	156.10
	2014	167.67	156.92
	2015	166.17	155.61
红沿河核电厂	2013	53.93	49.79
	2014	112.54	104.24
	2015	137.94	125.91
宁德核电厂	2013	67.20	62.20
	2014	116.24	108.02
	2015	195.85	182.26
福清核电厂	2014	10.33	9.61
	2015	83.39	76.72
阳江核电厂	2014	72.44	67.93
	2015	129.47	121.52
方家山核电厂	2014	4.20	3.96
	2015	151.68	142.63
昌江核电厂	2015	0.71	0.66
合计		1683.16	1576.90

2. 2006–2015年核发电量和上网电量趋势图

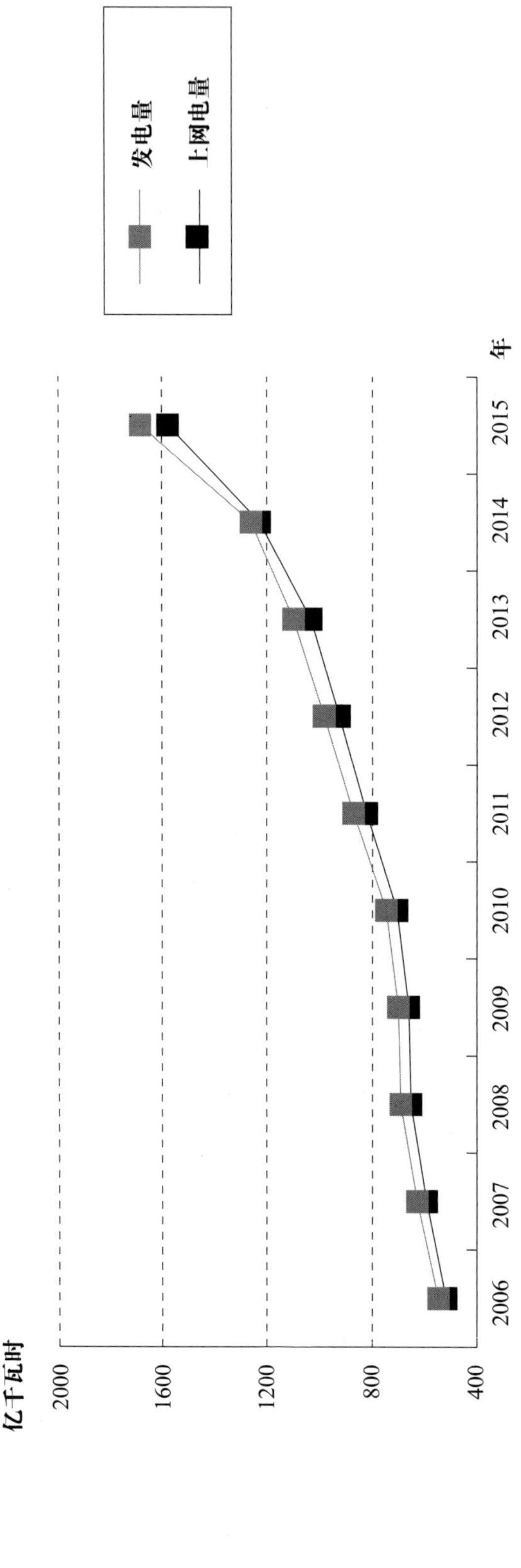

二、机组能力因子和负荷因子

2006–2015 年机组能力因子和负荷因子

核电厂名称 \ 项目 / 年份		机组能力因子（%）										机组负荷因子（%）									
		2006	2007	2008	2009	2010	2011	2012	2013	2014	2015	2006	2007	2008	2009	2010	2011	2012	2013	2014	2015
秦山核电厂		91.84	82.22	95.55	87.43	83.35	88.04	99.94	81.61	92.69	90.92	91.44	81.62	96.36	86.98	83.99	89.11	101.19	82.17	96.58	91.74
大亚湾核电厂	1 号机组	80.32	91.20	99.79	91.23	89.08	99.98	83.94	86.83	99.66	78.83	80.31	90.85	99.61	90.20	88.90	99.67	83.86	86.76	100.02	79.65
	2 号机组	99.88	88.80	86.25	99.99	92.80	86.56	99.97	85.93	75.58	98.65	99.68	88.29	86.44	99.76	93.29	86.17	100.45	86.04	75.62	99.30
秦山第二核电厂	1 号机组	55.24	64.12	85.35	82.66	91.70	73.71	85.24	85.79	83.53	88.93	55.20	65.69	87.41	84.46	93.45	75.17	84.66	86.80	85.60	89.31
	2 号机组	88.78	88.30	85.21	88.21	86.64	90.95	79.68	88.74	85.01	90.84	90.30	90.70	87.00	90.12	88.71	93.27	81.05	90.02	86.59	91.27
	3 号机组	/	/	/	/	/	81.60	90.10	93.50	92.00	85.60	/	/	/	/	/	83.12	90.65	94.63	91.14	83.53
	4 号机组	/	/	/	/	/	/	95.81	84.28	89.77	90.65	/	/	/	/	/	/	96.77	84.56	89.27	89.49
岭澳核电厂	1 号机组	90.08	83.16	92.11	90.38	93.71	91.39	93.59	82.94	90.44	86.80	89.16	82.65	90.72	89.05	92.93	91.05	91.87	82.38	88.59	86.37
	2 号机组	92.44	87.73	85.24	91.09	91.12	94.05	91.25	88.58	94.55	93.64	91.86	87.31	84.57	89.30	90.52	93.12	89.70	87.28	93.46	91.01
	3 号机组	/	/	/	/	98.60	72.06	88.45	90.11	89.42	90.10	/	/	/	/	98.75	71.14	86.30	88.78	87.88	88.90
	4 号机组	/	/	/	/	/	99.58	80.60	88.95	90.31	90.29	/	/	/	/	/	98.78	78.52	88.18	88.35	88.69
秦山第三核电厂	1 号机组	96.34	86.42	91.21	91.93	89.73	92.53	96.26	89.91	96.16	83.17	98.18	88.35	93.52	93.88	91.92	94.87	97.43	88.64	94.79	80.67
	2 号机组	86.73	97.55	87.32	95.37	92.07	91.02	90.46	99.86	90.14	97.47	88.68	99.87	89.43	97.30	94.19	92.69	91.67	98.23	88.48	95.50
田湾核电厂	1 号机组	/	/	70.97	74.12	87.02	86.55	86.78	90.70	89.83	91.07	/	/	74.76	77.84	86.92	86.16	86.72	90.60	89.64	90.81
	2 号机组	/	/	81.20	80.70	82.28	87.05	87.77	89.14	91.11	88.22	/	/	85.47	85.02	82.18	86.92	87.71	89.10	90.94	88.15
红沿河核电厂	1 号机组	/	/	/	/	/	/	/	99.90	70.04	87.75	/	/	/	/	/	/	/	96.33	67.13	82.57
	2 号机组	/	/	/	/	/	/	/	/	75.69	65.53	/	/	/	/	/	/	/	/	74.80	39.26
	3 号机组	/	/	/	/	/	/	/	/	/	100.00	/	/	/	/	/	/	/	/	/	24.44
宁德核电厂	1 号机组	/	/	/	/	/	/	/	99.95	57.31	88.22	/	/	/	/	/	/	/	98.51	56.70	85.93
	2 号机组	/	/	/	/	/	/	/	/	99.83	80.73	/	/	/	/	/	/	/	/	98.66	73.72
	3 号机组	/	/	/	/	/	/	/	/	/	94.37	/	/	/	/	/	/	/	/	/	81.67
福清核电厂	1 号机组	/	/	/	/	/	/	/	/	/	74.09	/	/	/	/	/	/	/	/	/	69.05
	2 号机组	/	/	/	/	/	/	/	/	/	99.06	/	/	/	/	/	/	/	/	/	89.09
阳江核电厂	1 号机组	/	/	/	/	/	/	/	/	99.93	79.45	/	/	/	/	/	/	/	/	98.78	78.86
	2 号机组	/	/	/	/	/	/	/	/	/	99.64	/	/	/	/	/	/	/	/	/	99.94
方家山核电厂	1 号机组	/	/	/	/	/	/	/	/	/	83.68	/	/	/	/	/	/	/	/	/	80.03
	2 号机组	/	/	/	/	/	/	/	/	/	93.10	/	/	/	/	/	/	/	/	/	89.24
昌江核电厂	1 号机组	/	/	/	/	/	/	/	/	/	100.00	/	/	/	/	/	/	/	/	/	65.95

说明："/"为机组当年未投入商业运行或无统计数据。

三、非计划自动紧急停堆情况

2006–2015 年商业运行核电机组非计划自动紧急停堆次数统计

核电厂名称＼年度		2006	2007	2008	2009	2010	2011	2012	2013	2014	2015
秦山核电厂		0	0	1	1	1	0	0	1	0	0
大亚湾核电厂	1 号机组	0	0	0	0	0	0	0	0	1	0
	2 号机组	0	2	1	0	0	0	0	0	0	0
秦山第二核电厂	1 号机组	1	0	0	0	0	1	0	0	0	1
	2 号机组	0	0	1	0	1	0	0	1	1	1
	3 号机组	/	/	/	/	0	0	2	1	0	0
	4 号机组	/	/	/	/	/	0	0	0	0	0
岭澳核电厂	1 号机组	0	0	0	0	0	0	0	0	0	0
	2 号机组	1	1	0	0	0	0	0	0	1	0
	3 号机组	/	/	/	/	0	0	0	0	0	0
	4 号机组	/	/	/	/	/	0	0	0	0	0
秦山第三核电厂	1 号机组	0	0	0	0	0	0	0	0	0	0
	2 号机组	0	0	0	0	0	0	0	0	0	0
田湾核电厂	1 号机组	/	1	1	2	0	0	0	0	0	0
	2 号机组	/	1	0	0	0	0	0	0	0	1
红沿河核电厂	1 号机组	/	/	/	/	/	/	/	0	1	0
	2 号机组	/	/	/	/	/	/	/	/	1	0
	3 号机组	/	/	/	/	/	/	/	/	/	0

续表

核电厂名称 \ 年度		2006	2007	2008	2009	2010	2011	2012	2013	2014	2015
宁德核电厂	1 号机组	/	/	/	/	/	/	/	0	0	0
	2 号机组	/	/	/	/	/	/	/	/	0	0
	3 号机组	/	/	/	/	/	/	/	/	/	2
福清核电厂	1 号机组	/	/	/	/	/	/	/	/	0	2
	2 号机组	/	/	/	/	/	/	/	/	/	1
阳江核电厂	1 号机组	/	/	/	/	/	/	/	/	0	0
	2 号机组	/	/	/	/	/	/	/	/	/	0
方家山核电厂	1 号机组	/	/	/	/	/	/	/	/	0	0
	2 号机组	/	/	/	/	/	/	/	/	/	0
昌江核电厂	1 号机组	/	/	/	/	/	/	/	/	/	0
合计		2	5	4	3	2	1	2	3	5	8

说明：1）1 月 3 日，福清核电厂 1 号机组 1RGL 系统 R1 子组传递线圈机架微动开关故障动作，导致非计划紧急停堆。
2）1 月 5 日，福清核电厂 1 号机组主给水泵给水泄漏响应过程中触发 3 号蒸汽发生器液位高高停堆事件。
3）6 月 14 日，秦山第二核电厂 2 号机组 2APA202PO 卡件故障，瞬态导致两列高加解列，触发停机停堆。
4）6 月 24 日，宁德核电厂 3 号机组控制棒驱动机构电源全部丧失导致反应堆自动停堆。
5）7 月 25 日，秦山第二核电厂 1 号、2 号主汽门卸荷阀漏油故障关闭导致停机停堆。
6）8 月 7 日，宁德核电厂 3 号机组因海生物涌入 CFI 鼓网导致反应堆自动停堆。
7）10 月 21 日，福清核电厂 2 号机组发电机励磁系统故障导致的停机停堆事件。
8）12 月 13 日，田湾核电厂 2 号机组 1 号蒸汽发生器 2JEA10BB001 液位低导致机组停堆停机。

四、职业照射

国家标准《电离辐射防护与辐射源安全基本标准》(GB18871-2002) 中规定了工作人员职业照射的剂量限值：连续 5 年的年平均有效剂量不超过 20mSv；任何一年中的有效剂量不超过 50mSv。2006 年至 2015 年，我国已投入商业运行核电厂工作人员所受到的照射剂量均远低于国家标准规定的限值。

2006–2015 年核电厂工作人员职业照射情况

项目（单位） 核电厂名称	年份	年人均有效剂量（mSv）	年度最大个人剂量（mSv）	年度集体有效剂量（人•Sv）	归一化集体有效剂量（人•mSv/GWh）
秦山核电厂	2006	0.400	8.050	0.538	0.217
	2007	0.650	8.450	0.997	0.450
	2008	0.153	3.577	0.149	0.057
	2009	0.336	4.257	0.453	0.192
	2010	0.265	4.814	0.401	0.172
	2011	0.282	5.106	0.421	0.169
	2012	0.041	3.681	0.038	0.013
	2013	0.281	6.073	0.495	0.215
	2014	0.143	4.035	0.253	0.096
	2015	0.201	4.278	0.405	0.157
大亚湾核电厂	2006	0.436	5.921	1.205	0.078
	2007	0.378	9.476	1.053	0.068
	2008	0.305	5.988	0.826	0.051
	2009	0.283	5.194	0.715	0.044
	2010	0.343	10.843	0.946	0.060
	2011	0.327	8.434	0.993	0.062
	2012	0.413	8.116	1.235	0.078
	2013	0.549	13.345	1.769	0.119
	2014	0.462	6.906	1.512	0.100
	2015	0.331	7.140	1.035	0.067
秦山第二核电厂	2006	0.335	6.318	0.713	0.086
	2007	0.347	8.164	0.785	0.088
	2008	0.300	4.881	0.588	0.059
	2009	0.345	7.899	0.710	0.071
	2010	0.218	4.940	0.440	0.042
	2011	0.330	11.707	1.217	0.083
	2012	0.428	9.389	1.229	0.061
	2013	0.385	8.726	1.177	0.058
	2014	0.262	8.948	1.111	0.055
	2015	0.204	7.914	0.683	0.034

续表

核电厂名称 \ 项目（单位）	年份	年人均有效剂量（mSv）	年度最大个人剂量（mSv）	年度集体有效剂量（人•Sv）	归一化集体有效剂量（人•mSv/GWh）
岭澳核电厂 1、2 号机组	2006	0.284	7.155	0.722	0.046
	2007	0.456	8.533	1.231	0.083
	2008	0.599	12.169	1.772	0.116
	2009	0.495	10.586	1.531	0.099
	2010	0.346	10.490	0.925	0.076
	2011	0.419	8.326	1.392	0.087
	2012	0.297	6.059	0.947	0.060
	2013	0.887	13.696	3.238	0.220
	2014	0.300	7.731	0.858	0.054
	2015	0.502	8.505	1.619	0.105
岭澳核电厂 3、4 号机组	2011	0.208	5.665	0.747	0.071
	2012	0.286	6.644	0.929	0.059
	2013	0.188	5.660	0.577	0.034
	2014	0.185	4.098	0.624	0.037
	2015	0.193	5.261	0.597	0.035
秦山第三核电厂	2006	0.272	5.990	0.519	0.045
	2007	0.277	5.900	0.572	0.050
	2008	0.364	9.102	0.788	0.070
	2009	0.327	6.415	0.748	0.064
	2010	0.329	5.430	0.727	0.064
	2011	0.361	14.637	0.832	0.072
	2012	0.316	8.661	0.689	0.059
	2013	0.324	6.362	0.630	0.053
	2014	0.342	7.192	0.721	0.062
	2015	0.366	4.964	0.804	0.072
田湾核电厂	2007	0.136	2.693	0.327	0.033
	2008	0.209	3.460	0.557	0.040
	2009	0.244	3.200	0.548	0.038
	2010	0.174	2.16	0.426	0.027
	2011	0.224	3.788	0.604	0.038
	2012	0.345	4.232	1.014	0.062
	2013	0.177	2.615	0.467	0.028
	2014	0.180	2.994	0.497	0.030
	2015	0.169	2.866	0.520	0.031
红沿河核电厂	2013	0.016	1.112	0.033	0.006
	2014	0.329	8.076	1.002	0.089
	2015	0.295	5.623	1.028	0.075
宁德核电厂	2013	0.012	1.272	0.026	0.004
	2014	0.311	6.064	0.786	0.068
	2015	0.497	12.008	1.841	0.094
福清核电厂	2014	0.016	3.323	0.028	0.017
	2015	0.258	6.072	0.787	0.094
阳江核电厂	2014	0.008	1.023	0.017	0.002
	2015	0.176	6.715	0.669	0.052
方家山核电厂	2014	0.012	2.528	0.016	0.039
	2015	0.389	6.904	1.102	0.071
昌江核电厂	2015	0.0004	0.016	1.22E-04	0.002

五、放射性流出物的排放和环境监测

按照国家环境保护法规和环境辐射监测标准，依据管理部门批准的排放限值，我国核电厂对放射性流出物的排放进行了严格控制，对核电厂周围环境进行了有效监测。2015 年环境监测结果表明，各商业运行核电厂运行期间放射性流出物的排放量均远低于国家标准限值。

2015 年商业运行核电厂放射性流出物排放情况

核电厂名称		放射性废物种类	气态流出物（Bq）					液态流出物（Bq）		
			氚	碳 14	惰性气体	卤素	气溶胶	氚	碳 14	其余核素
秦山核电厂		年累计排放量	4.40E+12	1.19E+11	6.46E+11	1.99E+06	1.93E+06	6.45E+12	4.90E+08	2.10E+08
		国家监管部门批准排放年限值	5.00E+12	2.80E+11	6.16E+13	6.67E+09	1.06E+08	6.66E+12	2.99E+09	1.04E+10
		占国家监管部门批准排放年限值的比例	88.00%	42.50%	1.05%	0.03%	1.82%	96.85%	16.39%	2.02%
大亚湾核电厂		年累计排放量	2.08E+12	3.67E+11	9.02E+11	5.16E+06	3.25E+06	3.33E+13	1.28E+10	2.69E+08
		国家监管部门批准排放年限值	2.40E+13	2.20E+12	7.00E+14	2.50E+10	3.80E+09	2.25E+14	3.00E+11	1.30E+11
		占国家监管部门批准排放年限值的比例	8.67%	16.67%	0.13%	0.02%	0.09%	14.79%	4.27%	0.21%
秦山第二核电厂		年累计排放量	1.60E+12	3.96E+11	7.71E+11	5.49E+06	1.42E+07	8.33E+13	1.10E+10	7.71E+08
		国家监管部门批准排放年限值	1.10E+13	1.00E+12	2.90E+14	1.80E+09	4.32E+09	1.10E+14	1.60E+11	5.64E+10
		占国家监管部门批准排放年限值的比例	14.55%	39.60%	0.27%	0.31%	0.33%	75.73%	6.88%	1.37%
岭澳核电厂	1、2 号机组	年累计排放量	4.47E+12	8.00E+11	9.29E+11	7.24E+06	4.50E+06	6.89E+13	2.38E+10	2.10E+08
		国家监管部门批准排放年限值	2.40E+13	2.20E+12	7.00E+14	2.50E+10	3.80E+09	2.25E+14	3.00E+11	1.30E+11
		占国家监管部门批准排放年限值的比例	18.61%	36.37%	0.13%	0.03%	0.12%	30.64%	7.94%	0.16%
	3、4 号机组	年累计排放量	1.27E+12	4.58E+11	7.74E+11	4.51E+06	3.07E+06	3.95E+13	1.59E+10	1.92E+08
		国家监管部门批准排放年限值	2.40E+13	2.20E+12	7.00E+14	2.50E+10	3.80E+09	2.25E+14	3.00E+11	1.30E+11
		占国家监管部门批准排放年限值的比例	5.28%	20.80%	0.11%	0.02%	0.08%	17.58%	5.30%	0.15%

续表

核电厂名称	放射性废物种类	气态流出物（Bq）					液态流出物（Bq）		
		氚	碳 14	惰性气体	卤素	气溶胶	氚	碳 14	其余核素
秦山第三核电厂	年累计排放量	6.83E+13	2.80E+11	3.29E+12	3.62E+06	3.17E+06	5.78E+13	N/A	3.09E+09
	国家监管部门批准排放年限值	6.16E+14	2.00E+12	1.48E+14	5.28E+08	4.86E+09	5.04E+14	N/A	6.00E+10
	占国家监管部门批准排放年限值的比例	11.09%	14.00%	2.22%	0.69%	0.07%	11.47%	N/A	5.15%
田湾核电厂	年累计排放量	7.17E+11	8.84E+10	2.74E+12	3.82E+06	2.43E+06	3.09E+13	6.12E+09	8.35E+08
	国家监管部门批准排放年限值	6.40E+12	6.00E+11	1.80E+13	3.70E+08	1.20E+08	6.60E+13	3.00E+10	7.40E+09
	占国家监管部门批准排放年限值的比例	11.20%	14.73%	15.22%	1.03%	2.03%	46.82%	20.40%	11.28%
红沿河核电厂	年累计排放量	4.86E+11	1.96E+11	1.02E+12	1.93E+07	6.69E+06	2.67E+13	6.43E+09	3.75E+08
	国家监管部门批准排放年限值	1.40E+13	1.48E+12	7.06E+14	1.01E+10	6.12E+09	1.26E+14	2.00E+11	8.00E+10
	占国家监管部门批准排放年限值的比例	3.47%	13.24%	0.14%	0.19%	0.11%	21.18%	3.21%	0.47%
宁德核电厂	年累计排放量	3.83E+11	2.43E+11	4.06E+12	1.31E+07	4.62E+06	4.42E+13	1.12E+10	2.40E+08
	国家监管部门批准排放年限值	1.94E+13	1.48E+12	1.10E+15	1.18E+10	6.20E+09	1.75E+14	2.00E+11	8.00E+10
	占国家监管部门批准排放年限值的比例	1.97%	16.43%	0.37%	0.11%	0.07%	25.25%	5.61%	0.30%
福清核电厂	年累计排放量	7.33E+10	8.99E+10	5.21E+11	2.28E+06	9.61E+05	1.42E+13	1.03E+09	4.98E+08
	国家监管部门批准排放年限值	5.67E+12	7.65E+11	9.09E+13	6.45E+08	7.16E+07	6.30E+13	5.58E+10	4.50E+10
	占国家监管部门批准排放年限值的比例	1.29%	11.75%	0.57%	0.35%	1.34%	22.54%	1.85%	1.11%
阳江核电厂	年累计排放量	1.43E+11	1.35E+11	1.93E+12	8.55E+06	7.62E+06	2.82E+13	7.52E+09	3.98E+08
	国家监管部门批准排放年限值	1.94E+13	1.48E+12	1.10E+15	1.18E+10	6.12E+09	1.75E+14	2.00E+11	8.00E+10
	占国家监管部门批准排放年限值的比例	0.74%	9.13%	0.18%	0.07%	0.12%	16.13%	3.76%	0.50%
方家山核电厂	年累计排放量	5.34E+11	9.77E+10	6.59E+12	8.99E+07	6.44E+07	1.89E+13	6.93E+08	3.59E+09
	国家监管部门批准排放年限值	6.30E+12	8.65E+11	9.09E+13	6.45E+08	7.16E+07	6.30E+13	6.20E+10	5.05E+10
	占国家监管部门批准排放年限值的比例	8.48%	11.29%	7.25%	13.94%	89.94%	30.00%	1.12%	7.11%
昌江核电厂	年累计排放量	3.89E+08	8.89E+06	4.27E+10	8.54E+03	6.73E+03	2.04E+11	2.34E+07	5.92E+06
	国家监管部门批准排放年限值	5.49E+12	5.12E+11	1.45E+14	9.00E+08	1.09E+08	5.49E+13	4.00E+10	1.37E+10
	占国家监管部门批准排放年限值的比例	0.01%	0.00%	0.03%	0.00%	0.01%	0.37%	0.06%	0.04%

六、运行事件

2015 年，我国已投入商业运行的核电厂共计发生了 27 起 INES 界定的运行事件，其中 26 起为 0 级运行事件，1 起为 1 级运行事件。

2006–2015 年核电机组运行事件数量统计

核电厂名称 \ INES 级别		0 级运行事件										1 级运行事件									
		2006	2007	2008	2009	2010	2011	2012	2013	2014	2015	2006	2007	2008	2009	2010	2011	2012	2013	2014	2015
秦山核电厂		2	3	3	1	3	0	0	1	0	1	0	1	0	0	0	0	0	0	0	0
大亚湾核电厂	1 号机组	1	0	0	2	1	0	1	0	1	0	1	1	0	0	1	0	0	0	0	0
	2 号机组	0	1	1	0	1	0	0	0	0	1	0	2	0	0	0	0	0	0	0	0
秦山第二核电厂	1 号机组	1	0	2	1	0	1	0	1	0	1	0	0	0	0	0	0	0	0	0	0
	2 号机组	0	0	3	0	1	0	0	1	1	1	0	0	0	0	0	0	0	0	0	0
	3 号机组	/	/	/	/	1	2	3	1	0	2	/	/	/	/	0	0	0	0	0	0
	4 号机组	/	/	/	/	/	0	0	1	0	0	/	/	/	/	/	0	0	0	0	0
岭澳核电厂	1 号机组	0	2	1	1	0	1	0	0	0	0	0	0	0	0	0	0	0	0	0	0
	2 号机组	1	3	1	0	1	0	1	0	1	0	1	1	0	0	0	0	0	0	0	0
	3 号机组	/	/	/	/	5	2	2	1	1	0	/	/	/	/	0	0	0	0	0	0
	4 号机组	/	/	/	/	/	1	2	0	1	0	/	/	/	/	/	0	0	0	0	0
秦山第三核电厂	1 号机组	1	2	1	0	1	2	1	0	0	1	0	0	0	0	0	0	0	0	0	0
	2 号机组	1	0	3	0	0	2	1	0	0	1	1	0	0	0	1	0	0	0	0	0
田湾核电厂	1 号机组	7	4	1	3	1	1	1	1	0	0	/	1	0	0	0	0	0	0	0	0
	2 号机组	/	1	1	1	1	1	0	0	0	2	/	0	0	0	0	0	0	0	0	0
红沿河核电厂	1 号机组	/	/	/	/	/	/	/	0	0	0	/	/	/	/	/	/	/	0	0	0
	2 号机组	/	/	/	/	/	/	/	/	2	3	/	/	/	/	/	/	/	/	0	0
	3 号机组	/	/	/	/	/	/	/	/	/	0	/	/	/	/	/	/	/	/	0	0
宁德核电厂	1 号机组	/	/	/	/	/	/	/	5	4	2	/	/	/	/	/	/	/	0	0	0
	2 号机组	/	/	/	/	/	/	/	/	1	0	/	/	/	/	/	/	/	/	0	0
	3 号机组	/	/	/	/	/	/	/	/	/	2	/	/	/	/	/	/	/	/	0	0
福清核电厂	1 号机组	/	/	/	/	/	/	/	/	1	6	/	/	/	/	/	/	/	/	0	0
	2 号机组	/	/	/	/	/	/	/	/	/	2	/	/	/	/	/	/	/	/	0	0
阳江核电厂	1 号机组	/	/	/	/	/	/	/	/	0	0	/	/	/	/	/	/	/	/	0	1
	2 号机组	/	/	/	/	/	/	/	/	/	0	/	/	/	/	/	/	/	/	0	0
方家山核电厂	1 号机组	/	/	/	/	/	/	/	/	0	0	/	/	/	/	/	/	/	/	0	0
	2 号机组	/	/	/	/	/	/	/	/	/	1	/	/	/	/	/	/	/	/	0	0
昌江核电厂	1 号机组	/	/	/	/	/	/	/	/	/	0	/	/	/	/	/	/	/	/	0	0
合计		14	16	17	9	16	13	12	12	13	26	3	6	0	0	2	0	0	0	0	1

七、机组大修

2015 年，我国已投入商业运行的核电机组按计划共进行了 22 台 • 次大修。

2015 年商业运行核电机组大修情况

<table>
<tr><th>核电厂名称</th><th>机组号</th><th>大修轮次</th><th colspan="2">工期</th></tr>
<tr><td colspan="2">秦山核电厂</td><td>16</td><td>2015.08.29 —2015.09.30</td><td>31.76 天</td></tr>
<tr><td rowspan="2">大亚湾核电厂</td><td>1 号机组</td><td>17</td><td>2015.03.10—2015.05.24</td><td>75.30 天</td></tr>
<tr><td>2 号机组</td><td>17</td><td>2014.10.04—2015.01.03</td><td>2.51 天</td></tr>
<tr><td rowspan="4">秦山第二核电厂</td><td>1 号机组</td><td>12</td><td>2015.05.28 —2015.07.02</td><td>35.85 天</td></tr>
<tr><td>2 号机组</td><td colspan="3">未安排大修</td></tr>
<tr><td>3 号机组</td><td>05</td><td>2015.11.25—2015.12.23</td><td>28.80 天</td></tr>
<tr><td>4 号机组</td><td>03</td><td>2015.01.05—2015.02.06</td><td>32.30 天</td></tr>
<tr><td rowspan="4">岭澳核电厂</td><td>1 号机组</td><td>13</td><td>2015.09.26—2015.11.11</td><td>46.00 天</td></tr>
<tr><td>2 号机组</td><td>12</td><td>2015.04.18—2015.05.08</td><td>19.92 天</td></tr>
<tr><td>3 号机组</td><td>05</td><td>2014.12.25—2015.01.31</td><td>30.64 天</td></tr>
<tr><td>4 号机组</td><td>04</td><td>2015.02.17—2015.03.22</td><td>33.20 天</td></tr>
<tr><td rowspan="2">秦山第三核电厂</td><td>1 号机组</td><td>08</td><td>2015.03.31—2015.05.31</td><td>61.18 天</td></tr>
<tr><td>2 号机组</td><td colspan="3">未安排大修</td></tr>
<tr><td rowspan="2">田湾核电厂</td><td>1 号机组</td><td>08</td><td>2015.01.21—2015.02.25</td><td>31.81 天</td></tr>
<tr><td>2 号机组</td><td>08</td><td>2015.05.16—2015.06.14</td><td>29.38 天</td></tr>
<tr><td rowspan="3">红沿河核电厂</td><td>1 号机组</td><td>02</td><td>2015.03.19—2015.04.28</td><td>39.54 天</td></tr>
<tr><td rowspan="2">2 号机组</td><td>299</td><td>2014.12.04—2015.03.16</td><td>74.43 天</td></tr>
<tr><td>01</td><td>2015.07.27—2015.09.12</td><td>47.31 天</td></tr>
<tr><td rowspan="3">宁德核电厂</td><td>1 号机组</td><td>02</td><td>2015.09.29—2015.11.08</td><td>40.05 天</td></tr>
<tr><td>2 号机组</td><td>01</td><td>2015.02.16—2015.04.24</td><td>67.25 天</td></tr>
<tr><td>3 号机组</td><td colspan="3">未安排大修</td></tr>
<tr><td rowspan="2">福清核电厂</td><td>1 号机组</td><td>01</td><td>2015.10.01—2015.12.28</td><td>88.30 天</td></tr>
<tr><td>2 号机组</td><td colspan="3">未安排大修</td></tr>
<tr><td rowspan="2">阳江核电厂</td><td>1 号机组</td><td>01</td><td>2015.01.26—2015.04.06</td><td>73.90 天</td></tr>
<tr><td>2 号机组</td><td colspan="3">未安排大修</td></tr>
<tr><td rowspan="2">方家山核电厂</td><td>1 号机组</td><td>01</td><td>2015.10.15—2015.12.10</td><td>56.70 天</td></tr>
<tr><td>2 号机组</td><td>01</td><td>2015.12.09—2016.02.11</td><td>63.60 天</td></tr>
<tr><td>昌江核电厂</td><td>1 号机组</td><td colspan="3">未安排大修</td></tr>
</table>

2006–2015 年商业运行核电机组大修工期统计

核电厂名称 \ 年份		工期（天）									
		2006	2007	2008	2009	2010	2011	2012	2013	2014	2015
秦山核电厂		28.30	75.83	/	37.23	56.29	40.83	/	68.30	18.12	31.76
大亚湾核电厂	1 号机组	65.06	28.59	/	29.36	36.91	/	55.53	44.93	/	75.30
	2 号机组	/	34.78	30.46	/	23.46	46.29	/	48.13	88.87	2.51
秦山第二核电厂	1 号机组	32.8	51.83	55.33	88.58	/	65.67	51.71	47.33	56.21	35.85
	2 号机组	39.1	40.38	47.25	39.08	41.58	31.08	39.71	35.29	45.80	/
	3 号机组	/	/	/	/	/	63.92	32.67	21.33	28.80	28.80
	4 号机组	/	/	/	/	/	/	/	55.50	31.50	32.30
岭澳核电厂	1 号机组	33.13	58.98	25.92	29.92	19.70	28.65	20.79	59.17	31.78	46.00
	2 号机组	39.47	29.18	50.31	29.53	27.02	19.88	28.06	39.83	16.46	19.92
	3 号机组	/	/	/	/	/	79.03	35.93	30.99	35.85	30.64
	4 号机组	/	/	/	/	/	/	68.13	36.68	32.88	33.20
秦山第三核电厂	1 号机组	/	40.79	37.47	/	32.36	31.58	/	24.70	/	61.18
	2 号机组	45.33	/	42.98	37.96	/	31.73	29.40	/	35.13	/
田湾核电厂	1 号机组	/	/	108	55.37	46.55	48.04	47.90	33.39	36.32	31.81
	2 号机组	/	/	66.3	50.17	44.09	39.2	44.24	29.10	31.75	29.38
红沿河核电厂	1 号机组	/	/	/	/	/	/	/	/	80.79	39.54
	2 号机组	/	/	/	/	/	/	/	/	27.29	121.74
	3 号机组	/	/	/	/	/	/	/	/	/	/
宁德核电厂	1 号机组	/	/	/	/	/	/	/	/	91.03	40.05
	2 号机组	/	/	/	/	/	/	/	/	/	67.25
	3 号机组	/	/	/	/	/	/	/	/	/	/
福清核电厂	1 号机组	/	/	/	/	/	/	/	/	/	88.30
	2 号机组	/	/	/	/	/	/	/	/	/	/
阳江核电厂	1 号机组	/	/	/	/	/	/	/	/	/	73.93
	2 号机组	/	/	/	/	/	/	/	/	/	/
方家山核电厂	1 号机组	/	/	/	/	/	/	/	/	/	56.70
	2 号机组	/	/	/	/	/	/	/	/	/	22.56
昌江核电厂	1 号机组	/	/	/	/	/	/	/	/	/	/

说明：“/”表示该年度机组未投入商业运行或未安排大修。

八、WANO 业绩指标

2015 年运行核电机组 WANO 业绩指标达标情况

机组	达到先进值水平指标数量	介于先进值、中值水平之间指标数量	未达到中值指标数量（名称）
秦山核电厂 1 号机组	8	6	0
大亚湾核电厂 1 号机组	12	0	2（UCF、CRE）
大亚湾核电厂 2 号机组	14	0	0
秦山第二核电厂 1 号机组	8	4	2（UA7、US7）
秦山第二核电厂 2 号机组	8	1	5（UCLF、FLR、UA7、US7、SP2）
秦山第二核电厂 3 号机组	8	1	5（UCF、UCLF、FLR、SP1、CPI）
秦山第二核电厂 4 号机组	12	2	0
岭澳核电厂 1 号机组	8	1	5（UCF、SP2、FR、CRE、CISA）
岭澳核电厂 2 号机组	12	1	1（CISA）
岭澳核电厂 3 号机组	9	4	1（ISA）
岭澳核电厂 4 号机组	10	3	1（ISA）
秦山第三核电厂 1 号机组	10	0	4（UCF、SP1、SP5、CRE）
秦山第三核电厂 2 号机组	11	0	3（UCLF、FLR、SP5）
田湾核电厂 1 号机组	12	2	0
田湾核电厂 2 号机组	8	3	3（UA7、US7、CRE）
红沿河核电厂 1 号机组	12	2	0
红沿河核电厂 2 号机组	10	2	2（UCF、CRE）
红沿河核电厂 3 号机组	13	1	0
宁德核电厂 1 号机组	6	1	7（UCF、UCLF、FLR、SP1、US7、CPI、CRE）
宁德核电厂 2 号机组	12	1	1（SP1）
福清核电厂 1 号机组	4	0	10（UCF、UCLF、FLR、UA7、US7、SP2、SP5、FR、CPI、CRE）
阳江核电厂 1 号机组	9	0	5（UCF、GRLF、UA7、US7、CRE）
阳江核电厂 2 号机组	12	2	0
方家山核电厂 1 号机组	8	2	4(UCF、FR、CPI、CRE)
方家山核电厂 2 号机组	9	3	2（SP1、FR）

说明：UCF，机组能力因子　UCLF，非计划能力损失因子
FLR，强迫损失率　GRLF，电网相关损失因子
UA7，临界 7000 小时非计划自动停堆次数　US7，临界 7000 小时自动停堆次数
SP1，高压安注系统性能　SP2，辅助给水系统性能
SP5，应急交流电系统性能　FR，燃料可靠性
CPI，化学指标　CRE，集体辐照剂量
ISA，工业安全事故率　CISA，承包商工业安全事故率

2015 年运行核电机组单项 WANO 业绩指标统计

核电厂 / 机组号		机组能力因子（%）	非计划能力损失因子（%）	强迫损失率（%）	电网相关损失因子（%）	临界 7000 小时非计划自动停堆次数	临界 7000 小时非计划停堆次数	安全系统性能：高压安注系统	安全系统性能：辅助给水系统	安全系统性能：应急交流电系统	燃料可靠性（Bq/g）	化学性能	集体辐照剂量（人·Sv）	工业安全事故率	承包商工业安全事故率
秦山核电厂	1 号机组	90.92	0.09	0.10	0.00	0.00	0.00	0.0001	0.0001	0.0003	0.037	1.00	0.405	0.00	0.00
大亚湾核电厂	1 号机组	78.83	0.00	0.00	0.00	0.00	0.00	0.0000	0.0000	0.0000	0.037	1.00	0.990	0.00	0.00
	2 号机组	98.65	0.01	0.01	0.00	0.00	0.00	0.0000	0.0000		0.037	1.00	0.045		
秦山第二核电厂	1 号机组	88.93	0.68	0.76	0.00	0.88	0.88	0.0000	0.0000	0.0000	0.037	1.00	0.332	0.00	0.00
	2 号机组	90.84	4.71	4.93	0.00	0.87	0.87	0.0000	0.0003		0.037	1.00	0.035		
	3 号机组	85.60	6.06	6.61	0.00	0.00	0.00	0.0073	0.0000	0.0002	0.037	1.75	0.197	0.00	0.00
	4 号机组	90.65	0.00	0.00	0.00	0.00	0.00	0.0000	0.0000		0.037	1.00	0.119		
岭澳核电厂	1 号机组	86.80	0.34	0.07	0.00	0.00	0.00	0.0000	0.0004	0.0000	1661.600	1.00	1.285	0.00	0.08
	2 号机组	93.64	0.05	0.05	0.00	0.00	0.00	0.0000	0.0000		0.037	1.00	0.334		
	3 号机组	90.10	0.35	0.24	0.00	0.00	0.00	0.0000	0.0000	0.0000	0.037	1.00	0.312	0.22	0.00
	4 号机组	90.29	0.88	0.00	0.00	0.00	0.00	0.0000	0.0000		0.037	1.00	0.285		
秦山第三核电厂	1 号机组	83.17	0.00	0.00	0.00	0.00	0.00	0.0006	0.0000	0.0025	0.037	1.00	0.649	0.00	0.00
	2 号机组	97.47	2.51	2.51	0.00	0.00	0.00	0.0000	0.0000		0.037	1.00	0.155		
田湾核电厂	1 号机组	91.07	0.00	0.00	0.00	0.00	0.00	0.0000	0.0000	0.0000	0.037	1.00	0.297	0.00	0.00
	2 号机组	88.22	0.77	0.87	0.00	0.89	0.89	0.0000	0.0000		0.037	1.00	0.223		
红沿河核电厂	1 号机组	87.75	0.01	0.01	0.00	0.00	0.00	0.0000	0.0000	0.0000	0.037	1.00	0.347	0.00	0.00
	2 号机组	65.53	0.35	0.17	0.00	0.00	0.00	0.0000	0.0000		0.037	1.00	0.670		
	3 号机组	100.00	0.00	0.00	0.00	0.00	0.00	0.0002	0.0000	0.0000	0.037	1.00	0.003	0.00	0.00
宁德核电厂	1 号机组	57.31	20.46	22.77	0.00	0.00	1.26	0.0003	0.0000	0.0009	0.037	1.01	0.763	0.00	0.00
	2 号机组	99.83	0.01	0.01	0.00	0.00	0.00	0.0004	0.0000		0.037	1.00	0.008		
福清核电厂	1 号机组	74.02	3.58	2.09	0.00	2.05	2.05	0.0000	0.0003	0.0026	78.788	1.06	0.781	0.00	0.00
阳江核电厂	1 号机组	79.45	0.01	0.01	0.01	0.01	0.01	0.0000	0.0000	0.0000	0.037	1.00	0.630	0.00	0.00
	2 号机组	99.64	0.35	0.35	0.00	0.00	0.00	0.0000	0.0000	0.0000	0.037	1.00	0.009	0.00	0.00
方家山核电厂	1 号机组	83.68	0.00	0.00	0.00	0.00	0.00	0.0002	0.0000	0.0006	1.358	1.05	0.657	0.00	0.00
	2 号机组	93.89	0.02	0.02	0.00	0.00	0.00	0.0004	0.0001		1.351	1.00	0.445		
WANO 中值		87.74	1.54	0.92	0.00	0.00	0.00	0.0002	0.0001	0.0015	0.347	1.00	0.454	0.00	0.00
WANO 先进值		92.95	0.31	0.10	0.00	0.00	0.00	0.0000	0.0000	0.0000	0.037	1.00	0.230	0.00	0.00

说明：▢表示该指标没有达到 WANO 中值，▢表示该指标介于 WANO 中值、先进值之间，■表示该指标达到 WANO 先进值。

单项指标中值、先进值，为 2015 年度值，根据 Mintal 方法计算，基础数据来源于 WANO 文件“2015Q4_AllLocations-Results”（2016 年 3 月 11 日）。

2006–2015年运行核电机组WANO指标综合指数统计

核电厂 / 机组	年度	2006	2007	2008	2009	2010	2011	2012	2013	2014	2015
秦山核电厂		90.24	90.99	96.11	94.52	86.67	92.14	100	98.49	92.84	98.71
大亚湾核电厂	1号机组	90.03	100.00	100.00	98.70	100.00	100.00	93.45	98.77	98.68	90.86
	2号机组	89.5	96.6	83.23	93.48	100	96.67	98.17	98.24	83.14	82.38
秦山第二核电厂	1号机组	70.89	68.28	85.00	90.01	93.97	87.50	84.25	91.90	90.82	92.79
	2号机组	90.14	95.41	93.45	93.39	94.29	96.00	83.09	80.32	88.18	84.83
	3号机组	/	/	/	/	/	79.92	87.96	91.85	100.00	85.90
	4号机组	/	/	/	/	/	/	N/A	93.88	93.65	97.64
岭澳核电厂	1号机组	93.24	93.28	92.04	94.46	98.47	98.52	98.95	85.93	83.36	79.97
	2号机组	96.29	91.88	80.81	92.26	98.89	100.00	100.00	91.93	95.94	100.00
	3号机组	/	/	/	/	/	N/A	75.70	96.60	97.21	97.20
	4号机组	/	/	/	/	/	/	N/A	88.59	97.04	97.87
秦山第三核电厂	1号机组	95.74	98.17	96.02	99.46	98.54	98.87	99.70	100.00	96.47	94.44
	2号机组	88.96	99.47	99.47	99.17	100.00	99.42	98.42	100.00	100.00	99.23
田湾核电厂	1号机组	/	/	62.04	72.26	80.97	93.45	93.34	95.92	97.84	98.06
	2号机组	/	/	80.71	86.19	86.87	90.94	93.95	95.57	97.65	97.08
红沿河核电厂	1号机组	/	/	/	/	/	/	/	N/A	68.90	76.88
	2号机组	/	/	/	/	/	/	/	/	N/A	71.99
宁德核电厂	1号机组	/	/	/	/	/	/	/	N/A	70.00	66.93
	2号机组	/	/	/	/	/	/	/	/	N/A	92.46
福清核电厂	1号机组	/	/	/	/	/	/	/	/	N/A	49.59
阳江核电厂	1号机组	/	/	/	/	/	/	/	/	N/A	95.31
方家山核电厂	1号机组	/	/	/	/	/	/	/	/	N/A	82.28

说明：综合指数使用WANO推荐的综合指数第四种方法计算，2010年起计算中考虑了大亚湾机组18个月换料期。N/A表示不满足方法四的要求。

在建核电项目进展情况

2015年，我国已开工建设的核电机组有：红沿河核电厂3–6号机组、宁德核电厂3–4号机组、福清核电厂2–6号机组、阳江核电厂2–6号机组、方家山核电厂2号机组、三门核电厂1–2号机组、海阳核电厂1–2号机组、台山核电厂1–2号机组、昌江核电厂1–2号机组、防城港红沙核电厂1–3号机组、石岛湾核电厂高温气冷堆核电站示范工程、田湾核电厂3–5号机组等32台机组。至2015年底，其中的6台机组——方家山核电厂2号机组、阳江核电厂2号机组、宁德核电厂3号机组、红沿河核电厂3号机组、福清核电厂2号机组、昌江核电厂1号机组已先后投入商业运行。

（说明：方家山核电厂2号机组2015年处于工程建设的阶段很短，且为商运前的最后调试和试运行阶段，故不再描述其建设情况。）

一、红沿河核电厂3–6号机组

一、基本情况	
业主单位	辽宁红沿河核电有限公司
主要股东	中广核核电投资有限公司、中电投核电有限公司、大连市建设投资集团有限公司
厂址	辽宁省瓦房店市红沿河镇东岗村
机组堆型	CPR1000
设计电功率	1118.79MW
开工日期	3号机组：2009年03月07日 4号机组：2009年08月15日 5号机组：2015年03月29日 6号机组：2015年07月24日
计划完工日期	3号机组：2015年08月16日（实际完工日期） 4号机组：2016年06月15日 5号机组：2021年01月31日 6号机组：2021年08月31日
二、建设亮点	
2015年，红沿河核电厂3号机组于3月23日实现首次并网，顺利完成各项功能试验后，于8月16日投入商业运行。4号机组克服了设备供货滞后、设备质量缺陷等突出问题，顺利完成机组热试，并于10月份具备装料条件。 2015年，红沿河核电厂5、6号机组核岛、常规岛以及联合泵房土建工程均已开工建设，总体进展略提前于一级进度计划。	

红沿河核电厂 3–6 号机组里程碑完成情况

序号	里程碑	完成时间（3号机组）	完成时间（4号机组）	完成时间（5号机组）	完成时间（6号机组）
1	取得建造许可证	2009	2009	2015	2015
2	核岛 FCD	2009	2009	2015	2015
3	常规岛 FCD	2009	2009	2015	2015
4	泵房 FCD	2009	2009	2015	2015
5	BOP 安装开始	2010	2010		
6	核岛安装开始	2010	2011		
7	穹顶吊装	2011	2011		
8	反应堆厂房环吊可用	2011	2012		
9	常规岛安装开始	2011	2012		
10	反应堆压力容器到货	2012	2013		
11	汽轮机首台低压缸到货	2011	2012		
12	发电机到货	2012	2012		
13	泵站进水	2012	2014		
14	500kV 可用	2013	2014		
15	冷试开始	2013	2014		
16	热试开始	2014	2015		
17	核燃料组件运到现场	2014	2015		
18	取得装料许可证	2014			
19	装料开始	2014			
20	首次临界	2014			
21	汽轮机冲转	2014			
22	首次并网	2015			
23	具备商运条件	2015			

二、宁德核电厂 3–4 号机组

一、基本情况	
业主单位	福建宁德核电有限公司
主要股东	中国广核电力股份有限公司、大唐国际发电股份有限公司、福建省能源集团有限责任公司
厂址	福建省宁德市辖福鼎市太姥山镇备湾村
机组堆型	CPR1000
设计电功率	1089MW
开工日期	3 号机组：2010 年 01 月 08 日 4 号机组：2010 年 09 月 29 日
计划完工日期	3 号机组：2015 年 06 月 10 日（实际完工日期） 4 号机组：2016 年 06 月 30 日
二、建设亮点	
2015 年，宁德核电厂 3、4 号机组同步按序稳步推进，3 号机组顺利完成各项功能试验，并于 6 月 10 日投入商业运行；4 号机组按计划完成热态功能试验，实现首次装料。	

宁德核电厂 3–4 号机组里程碑完成情况

序号	里程碑	完成时间（3 号机组）	完成时间（4 号机组）
1	核岛主设备供应合同或协议签订	2009	2009
2	TG 供应合同或协议签订	2008	2008
3	DCS 供应合同或协议签订	2009	2009
4	颁发建造许可证	2010	2010
5	核岛 FCD	2010	2010
6	常规岛 FCD	2010	2011
7	泵房 FCD	2010	2010
8	BOP 安装开始	2010	2010
9	核岛安装开始	2011	×
10	核岛穹顶吊装	2011	2012
11	常规岛安装开始	2012	×
12	核岛环吊可用	2012	2012
13	首个单系统（SDA）调试开始	×	×
14	反应堆压力容器到货	2013	2013
15	常规岛首台低压缸到货	2012	2013
16	常规岛发电机到货	2012	2014
17	泵站进水	2013	2014
18	500kV 可用	2013	×
19	冷试开始	2014	2015
20	热试开始	2014	2015
21	核燃料组件到货	2014	2015
22	颁发装料许可证	2014	2015
23	装料开始	2015	2015
24	首次并网	2015	2016
25	具备商业运行条件	2015	

说明：× 为该机组没有此项里程碑。

三、福清核电厂 2–6 号机组

一、基本情况	
业主单位	福建福清核电有限公司
主要股东	中国核能电力股份有限公司、华电福新能源股份有限公司、福建省投资开发集团有限责任公司
厂址	福建省福州市福清市三山镇前薛村
机组堆型	M310 改进型 (2–4 号机组)、“华龙一号”（5–6 号机组）
设计电功率	1089MW（2–4 号机组）、1150MW（5–6 号机组）
开工日期	2 号机组：2009 年 06 月 17 日 3 号机组：2010 年 12 月 31 日 4 号机组：2012 年 11 月 17 日 5 号机组：2015 年 05 月 07 日 6 号机组：2015 年 12 月 22 日
计划完工日期	2 号机组：2015 年 10 月 16 日（实际完工日期） 3 号机组：2016 年 06 月 30 日 4 号机组：2017 年 03 月 16 日 5 号机组：2021 年 06 月 30 日 6 号机组：2022 年 04 月 30 日
二、建设亮点	

2015 年，福清核电工程整体进展稳健、有序，工程安全、质量处于受控状态，核安全文化建设持续深化，公司规范化、精益化管理不断加强，工程建设管理水平持续提升，各机组均取得了重要阶段性进展。至 2015 年底，连续 38 个月未发生重伤及以上工业安全事件。

2 号机组于 2015 年 5 月 17 日首次装料完成，8 月 6 日首次并网，10 月 16 日正式投入商运。

3 号机组正处于调试高峰期，安全壳整体打压试验、凝汽器真空可用、冷态功能试验、燃料到场、热态功能试验等节点均已完成。

4 号机组正处于安装高峰阶段，6.6kV 可用、主控室可用、蒸汽发生器就位、联合泵房进水、电气厂房送冷风等节点均已完成。

5、6 号机组为“华龙一号”自主三代核电示范工程，5 号机组为“华龙一号”首堆工程，于 2015 年 5 月 7 日正式开工，总体进展顺利，核岛反应堆厂房内部结构 -3.3m 板浇筑完成，内筒体第 6 段浇筑完成，燃料厂房 -5.3m 板浇筑完成，安全厂房 -5.3m 板浇筑完成，电气厂房 -7.7m 板浇筑完成；常规岛、联合泵房均已完成筏基首罐混凝土浇筑。6 号机组于 2015 年 12 月 22 日正式开工。

福清核电厂 2–4 号机组里程碑完成情况

序号	里程碑	完成时间（2 号机组）	完成时间（3 号机组）	完成时间（4 号机组）
1	核岛主设备采购招投标启动	×	2009	×
2	项目核准	×	2010	×
3	可研报告上报	×	×	×
4	PSAR 上报	×	×	×
5	总承包合同签订	×	×	×
6	初步设计完成	×	×	×
7	建造许可证颁发	×	2010	×
8	核岛 FCD	2009	2010	2012
9	常规岛 FCD	2009	2011	2013
10	泵房 FCD	×	2011	×
11	BOP 安装开始	×	×	×
12	核岛安装开始	2011	2012	2014
13	穹顶吊装	2011	2012	2014
14	常规岛安装开始	2012	×	×
15	70T 龙门吊可用	2012	×	×
16	环吊可用	2012	2013	2014
17	380T 龙门吊可用	2012	×	×
18	常规岛主行车可用	×	2013	2014
19	反应堆厂房压力容器安装开始	2012	2013	2015
20	主管道开始焊接	2012	×	×
21	1 号蒸汽发生器就位	2012	×	×
22	220kV 倒送电	×	2013	×
23	发电机定子就位	2012	×	×
24	FSAR 上报	×	×	×
25	1 号主泵泵壳就位	2013	×	×
26	汽机安装开始	2013	2013	2015
27	主管道焊接完成	×	2014	2015
28	泵房进水	2013	2014	×
29	主控室可用	2013	2014	2015
30	电气厂房送冷风	×	×	
31	500kV 主变可用	2014	2015	
32	冷试开始	2014	2015	
33	安全壳试验开始	2014	×	×
34	热试开始	2014	2015	
35	核燃料进现场	2014	2015	
36	装料许可证颁发	×		
37	开始装料	2015		
38	临界许可	×	×	×
39	首次临界	2015		
40	汽机冲转	2015	×	×
41	首次并网	2015		
42	临时验收	2015		
43	商业运行	2015	×	×

福清核电厂 5、6 号机组里程碑完成情况

序号	里程碑	完成时间（5 号机组）	完成时间（6 号机组）
1	获取项目建造许可证	2015	×
2	核岛 FCD	2015	2015
3	常规岛 FCD	2015	
4	泵房 FCD	2015	×
5	反应堆厂房内筒体砼施工开始	2015	
6	核岛安装开始		
7	内穹顶吊装		
8	BOP 安装开始		×
9	环吊可用		
10	常规岛安装开始		
11	反应堆压力容器到场		
12	反应堆压力容器安装完成		
13	最后一台蒸发器到场		
14	DCS 全部到场		
15	汽机安装开始		
16	220kV 倒送电		×
17	主泵全部到场		
18	主管道焊接完成		
19	主控室部分可用		
20	泵房进水		
21	500kV 倒送电		
22	冷试开始		
23	汽机盘车可用		
24	燃料到场		
25	热试开始		
26	获取装料许可证		
27	装料开始		
28	首次临界		
29	首次并网		
30	具备商运条件		

说明：× 为该机组没有此项里程碑。

四、阳江核电厂 2–6 号机组

一、基本情况	
业主单位	阳江核电有限公司
主要股东	中国广核电力股份有限公司、广东核电投资有限公司、广东省粤电集团有限公司、中广核一期投资基金有限公司
厂址	广东省阳江市东平镇沙环村
机组堆型	CPR1000
设计电功率	1086MW
开工日期	2 号机组：2009 年 06 月 04 日 3 号机组：2010 年 11 月 15 日 4 号机组：2012 年 11 月 17 日 5 号机组：2013 年 09 月 18 日 6 号机组：2013 年 12 月 23 日
计划完工日期	2 号机组：2015 年 06 月 05 日（实际完工日期） 3 号机组：2016 年 01 月 01 日（实际完工日期） 4 号机组：2017 年 07 月 15 日 5 号机组：2018 年 11 月 15 日 6 号机组：2019 年 07 月 15 日
二、建设亮点	
2015 年，阳江核电厂 2 号机组完成装料、并网等联合调试工作，正式投入商业运行；3 号机组完成热态功能试验、装料、并网等联合调试工作，具备商运条件；4 号机组实现主设备全部就位；5 号机组开始核岛安装并实现穹顶吊装；6 号机组开始核岛安装。	

阳江核电厂 2–6 号机组里程碑完成情况

序号	里程碑	完成时间（2 号机组）	完成时间（3 号机组）	完成时间（4 号机组）	完成时间（5 号机组）	完成时间（6 号机组）
1	核岛 FCD	2009	2010	2012	2013	2013
2	常规岛 FCD	2009	2010	2011	2013	2014
3	核岛安装开始	2011	2012	2014	2015	2015
4	核岛穹顶吊装	2011	2012	2014	2015	
5	常规岛安装开始	2011	2012	2013	2015	
6	核岛环吊可用	2011	2012	2014	2015	
7	汽轮机首台低压缸模块到货	2012	2013	2014		
8	发电机到货	2012	2013	2014		
9	泵站进水	2012	2013	2014		
10	反应堆压力容器与蒸汽发生器全部到货	2012	2013	2015		
11	核岛主回路冷试开始	2013	2014			
12	核岛主回路热试开始	2014	2015			
13	开始装载核燃料	2015	2015			
14	首次核临界	2015	2015			
15	首次并网	2015	2015			
16	具备商业运行条件	2015				

五、三门核电厂 1、2 号机组

一、基本情况	
业主单位	三门核电有限公司
主要股东	中国核能电力股份有限公司、浙江浙能电力股份有限公司、中电投核电有限公司、华电福新能源股份有限公司、中核投资有限公司
厂址	浙江省三门县
机组堆型	AP1000
设计电功率	1250MW
开工日期	1 号机组：2009 年 04 月 19 日 2 号机组：2009 年 12 月 15 日
计划完工日期	1 号机组：2017 年 02 月 28 日 2 号机组：2017 年 12 月 31 日
二、建设亮点	
2015 年，三门核电持续深化总承包模式下全面发挥业主主导作用的工作模式，继续做好工程移交、系统调试、接产运行、二期核准等重点工作，各项工作取得了积极进展。 1 号机组系统移交比例突破 90%；主泵工程及耐久试验完成，4 台主泵全部发货；爆破阀全部到货；非能动余热排出热交换器变更执行完成；主控室变更执行完成；核岛主回路半管冲洗完成；PMS 补充测试全部完成；润滑油冲洗结束；汽轮机盘车可用；安全壳整体泄露率试验完成。 2 号机组蒸汽发生器就位；钢制安全壳顶封头吊装就位；环吊可用；主管道焊接完成；汽轮机扣缸完成；220kV 倒送电完成；主控室可用；除盐水可用；屏蔽厂房穹顶和 CB20 模块就位等一系列重要节点目标实现。	

三门核电厂1、2号机组里程碑完成情况

序号	里程碑	完成时间（1号机组）	完成时间（2号机组）
1	框架性合同签订	2007	2007
2	钢衬建造合同授权	2008	2008
3	主合同签订	2007	2007
4	主合同生效	2007	2007
5	授权开工日	2007	2007
6	初步安全分析报告提交给业主	2008	2008
7	核岛开始负挖	2008	2008
8	模块预制厂	2008	2008
9	建造许可证	2009	2009
10	大吊车可用	2009	2009
11	核岛 FCD	2009	2009
12	CA20 模块就位	2009	2010
13	CV 底封头就位	2009	2010
14	常规岛 FCD	2009	2010
15	CA01 模块就位	2010	2010
16	CV1 号环就位	2010	2010
17	CV2 号环就位	2010	2011
18	CV3 号环就位	2010	2011
19	汽机厂房吊车可用	2011	2012
20	反应堆压力容器到货	2011	2014
21	汽轮机区域开始安装	2011	2012
22	凝汽器到货	2011	2013
23	发电机到货	2011	2013
24	蒸汽发生器到货	2012	2015
25	汽轮机到货	2012	2013
26	CV 顶封头就位	2013	2015
27	厂用电母线送电	2012	2015
28	核岛环吊可用	2013	2015
29	除盐水可用	2012	2012
30	仪控用压缩空气可用	2014	2015
31	最终安全分析报告	2012	×
32	反应堆冷却泵到货		
33	操作员模拟机可用	2012	2012
34	反应堆冷却系统移交		
35	反应堆穹顶完工	2014	
36	主控室可用	2014	2015
37	冷态试验		
38	凝汽器抽真空		
39	汽机准备冲转		
40	热态试验		

说明：× 为该机组没有此项里程碑。

六、海阳核电厂 1、2 号机组

一、基本情况	
业主单位	山东核电有限公司
主要股东	国家核电技术有限公司、山东省国际信托有限公司、烟台蓝天投资控股有限公司、中国国电集团公司、中国核能电力股份有限公司、华能核电开发有限公司
厂址	山东省海阳市大辛家
机组堆型	AP1000
设计电功率	1250 MW
开工日期	1 号机组：2009 年 09 月 24 日 2 号机组：2010 年 06 月 20 日
计划完工日期	1 号机组：2014 年 05 月 31 日（合同时间） 2 号机组：2015 年 03 月 31 日（合同时间）
二、建设亮点	
2015 年海阳核电项目在工程建设、调试等领域全面推行里程碑管理模式。截至 2015 年底，海阳核电一期工程累计已完成 84 个里程中的 60 个。 1 号机组基本完成核岛土建工作，全面进入调试高峰期，完成核岛联合冲洗、核燃料厂房可用、安全壳泄漏率试验等重要工程节点；基本完成常规岛土建安装工作，汽轮机具备进汽冲转条件。 2 号机组核岛土建完成约 90%，穹顶、CB20 模块已吊装就位，穹顶斜面第一层混凝土浇筑完成；常规岛土建工作全部完成，汽轮机扣缸完成。2 号机组处于安装收尾，全面启动调试工作阶段。	

海阳核电厂 1、2 号机组里程碑完成情况

序号	里程碑	完成时间（1 号机组）	完成时间（2 号机组）
1	框架协议签订	2007	×
2	主合同签字	2007	×
3	主合同生效	2007	×
4	ATP 授权开工	2007	×
5	最初安全分析报告提交业主	2007	×
6	授予模块预制合同	2008	×
7	开始核岛负挖	2008	2008
8	重型吊车可用	2009	×
9	获得建造许可证	2009	×
10	核岛 FCD	2009	2010
11	常规岛 FCD	2010	2010
12	CA20 模块就位	2010	2010
13	安全壳底封头就位	2010	2010
14	CA01 模块就位	2010	2011
15	安全壳 1 号环就位	2010	2011
16	安全壳 2 号环就位	2010	2011
17	安全壳 3 号环就位	2010	2011
18	安全壳 4 号环就位	2011	2012
19	常规岛汽轮机安装开始	2011	2012
20	冷凝器到货	2011	2013
21	压力容器交付至现场	2011	2014
22	发电机到货	2012	2014
23	电站设施母线受电	2012	2014
24	两台蒸汽发生器交付至现场	2012	2015
25	除盐水可用	2012	×
26	最终安全分析报告提交	2012	×
27	模拟机可用于运行培训	2013	×
28	安全壳顶封头就位	2013	2015
29	核岛环吊可用	2013	2015
30	核岛反应堆外穹顶完工	2015	
31	主控室可用	2015	
32	汽轮机具备受汽条件	2015	
33	开始热试		
34	装料许可发布		
35	开始装料		
36	首次临界		
37	首次并网		
38	性能试验结束 EPT		

说明：表中“×”表示该机组没有此项里程碑。

七、台山核电厂 1、2 号机组

一、基本情况	
业主单位	台山核电合营有限公司
主要股东	中国广核电力股份有限公司、广东核电投资有限公司、法国电力国际公司、台山核电产业投资有限公司、EDF（中国）投资有限公司
厂址	广东省台山市赤溪镇
机组堆型	EPR
设计电功率	1750MW
开工日期	1 号机组：2009 年 11 月 18 日 2 号机组：2010 年 04 月 15 日
计划完工日期	1 号机组：2017 年 06 月 30 日 2 号机组：2017 年 12 月 31 日
二、建设亮点	
2015 年，台山核电先后解决了工程设计、设备采购、建安施工、移交调试等方面存在的诸多问题和困难，工程建设取得了阶段性成果。2015 年 12 月 30 日 1 号机组开始冷试，成为世界首台实现冷试的三代压水堆核电机组。此外，调试文件出版，1 号机组主控室可用、常规岛盘车可用、福岛改进项完成，2 号机组核岛穹顶外壳封顶完成、核岛主回路焊接完成、核岛电气系统可用、常规岛汽轮发电机组安装完成等 8 项年度重要里程碑均顺利完成。	

台山核电厂 1、2 号机组里程碑完成情况

序号	里程碑	完成时间（1 号机组）	完成时间（2 号机组）
1	核岛设计采购合同签订	2007	2007
2	TG 供应合同签订	2008	2008
3	颁发建造许可证	2009	2009
4	核岛 FCD	2009	2010
5	常规岛 FCD	2009	2010
6	泵房（HPX）FCD	2009	2009
7	汽机基座开始施工	2010	2010
8	核岛安装开始（HL* 管道）	2010	2011
9	穹顶吊装	2011	2012
10	除盐水生产系统调试开始	2011	2011
11	主行车可用	2011	2012
12	环吊可用	2012	2013
13	汽轮机 LP1 模块到货	2011	2013
14	反应堆压力容器到货	2011	2014
15	发电机定子到货	2012	2014
16	海底隧道完工	2012	2014
17	泵站进水	2013	
18	500kV 可用	2014	
19	安全壳试验		
20	NCC 开始	2013	
21	冷试开始	2015	
22	热试开始		
23	燃料组件到货		
24	颁发装料许可证		
25	FLG 开始		
26	首次核临界		
27	首次并网		
28	具备商业运行条件		

八、昌江核电厂 1、2 号机组

一、基本情况	
业主单位	海南核电有限公司
主要股东	中国核能电力股份有限公司、华能核电开发有限公司、华能国际电力股份有限公司
厂址	海南省昌江县海尾镇塘兴村
机组堆型	CNP600
设计电功率	650MW
开工日期	1 号机组：2010 年 04 月 25 日 2 号机组：2010 年 11 月 21 日
计划完工日期	1 号机组：2015 年 12 月 25 日（实际完工日期） 2 号机组：2016 年 08 月 25 日
二、建设亮点	
2015 年，昌江核电厂 1 号机组按期实现商业运行，双机组进度基本受控；二期项目初可研完成，实现项目建议书联合上报。1 号机组完成热态功能试验、首次装料、首次临界、首次并网及所有试运行调试项目，于 12 月 25 日正式投入商运，总体建设进度和调试进度均为同期电厂（福清核电厂 1 号机组和方家山核电厂 1 号机组）中的最好水平。2 号机组完成送冷风、压力容器进水、安全壳打压、一回路水压试验等一系列工程重要节点，于 12 月 10 日顺利完成热态功能试验，正式进入装料准备阶段。	

昌江核电厂1、2号机组里程碑完成情况

序号	里程碑	完成时间（1号机组）	完成时间（2号机组）
1	核岛FCD	2010	2010
2	常规岛FCD	2010	2011
3	泵房FCD	2010	2010
4	核岛开始安装	2011	2012
5	穹顶吊装	2011	2012
6	环吊可用	2012	2013
7	常规岛安装开始	2013	2013
8	压力容器就位	2013	2014
9	汽轮机安装开始	2013	2014
10	备用电源倒送电	2013	2014
11	泵房进水	2013	2014
12	主电源倒送电	2014	2014
13	冷试开始	2014	2015
14	冷试结束	2014	2015
15	热试开始	2015	2015
16	燃料到场	2015	
17	装料许可证颁发	2015	
18	首次装料	2015	
19	首次临界	2015	
20	首次并网	2015	
21	商业运行	2015	

九、防城港红沙核电厂 1–3 号机组

一、基本情况	
业主单位	广西防城港核电有限公司
主要股东	中国广核集团有限公司、广西投资集团有限公司
厂址	广西壮族自治区防城港市光坡镇红沙澫
机组堆型	CPR1000（1、2 号机组）、“华龙一号”（3 号机组）
设计电功率	1086MW（1、2 号机组）、1180MW（3 号机组）
开工日期	1 号机组：2010 年 07 月 30 日 2 号机组：2010 年 12 月 23 日 3 号机组：2015 年 12 月 24 日
计划完工日期	1 号机组：2016 年 01 月 01 日（实际完工日期） 2 号机组：2016 年 09 月 30 日 3 号机组：2021 年 10 月 30 日
二、建设亮点	
2015 年，防城港核电厂一期工程进入调试高峰期，围绕“1 号机组装料、商运，2 号机组冷试、热试”的目标，全面推进一期工程建设和生产准备，成功解决了“高强事件”影响，工程建设、生产准备和项目申请等各项工作均取得了良好业绩。安质环标准化及国际标杆评价总等级首次达到 7 级（质量 7 级、安全 7 级），实现“双零”目标；1+2+9 机组工程总量完成 97.29%，6 个一级里程碑全部完成。3 号机组于 12 月 24 日开始浇筑第一罐混凝土。	

防城港红沙核电厂 1–3 号机组里程碑完成情况

序号	里程碑	完成时间（1号机组）	完成时间（2号机组）	完成时间（3号机组）
1	场平工程开工	2009	×	
2	核岛负挖工程开工	2009	×	
3	RPV、SG 合同签订	2009	×	
4	常规岛 FCD	2010	2011	
5	核岛 FCD	2010	2010	2015
6	DCS 合同签订	2010	×	
7	泵房 FCD	2011	×	
8	BOP 安装开始	2011	×	
9	核岛安装开始	2012	×	
10	安全壳穹顶吊装	2012	2012	
11	常规岛安装开始	2012	×	
12	首个单系统（SDA）调试开始	2012	×	
13	反应堆厂房环吊可用	2012	2013	
14	汽轮机首个 LP 模块到货	2012	2013	
15	发电机定子到货	2013	2013	
16	反应堆压力容器和蒸汽发生器全部到货	2013	2014	
17	泵站进水	2013	2014	
18	500kV 可用	2014	×	
19	核岛主回路冷试开始	2014	2015	
20	核岛主回路热试开始	2014	2015	
21	装料	2015		
22	首次临界	2015		
23	首次并网	2015		
24	具备商业运行条件	2016		

说明：× 为该机组没有此项里程碑。

十、石岛湾核电厂高温气冷堆核电站示范工程

一、基本情况	
业主单位	华能山东石岛湾核电有限公司
主要股东	中国华能集团公司、中国核工业建设集团公司、清华控股有限公司
厂址	山东省荣成市石岛管理区宁津街道办事处辖区
机组堆型	高温气冷堆
设计电功率	211MW
开工日期	2012 年 12 月 09 日
计划完工日期	2017 年 11 月 09 日
二、建设亮点	

2015 年，高温气冷堆核电站示范工程现场施工安全质量处于受控状态，未发生安全、质量事件，设计进度满足现场施工和设备采购需要，设备采购和制造全面有序推进。

11 月 21 日，首台反应堆压力容器水压试验取得成功。12 月 20 日，全范围模拟机完成可用目标。12 月 30 日，蒸汽发生器首个换热单元完成套装。2015 年高温气冷堆核电站示范工程采取优化关键路径工序等措施，最终完成了年度工程节点任务。

石岛湾核电厂高温气冷堆核电站示范工程里程碑完成情况

序号	里程碑	完成时间
1	建造许可证获颁	2012
2	核岛 FCD	2012
3	反应堆厂房 ±0.00m 板施工完成	2014
4	常规岛 FCD	2014
5	反应堆厂房 +28.05m 板施工完成	2015
6	汽机厂房封顶	2015
7	常规岛厂房主行车可用	2015
8	上报装料许可证申领文件（FSAR 等）	2015
9	模拟机可用	2015
10	2 号反应堆具备主设备吊装条件	
11	反应堆厂房大厅吊车可用	
12	2 号反应堆陶瓷堆内构件安装开始	
13	汽机台板就位	
14	110kV 倒送电	
15	主控室可用	
16	2 号蒸汽发生器到货	
17	2 号反应堆三壳组装完成	
18	220kV 倒送电	
19	汽机扣缸	
20	2 号反应堆主回路试压开始	
21	循环水系统具备通水条件	
22	燃料元件到场	
23	2 号反应堆主回路热试开始	
24	2 号反应堆装料开始	
25	汽轮机油循环结束	
26	2 号反应堆空气气氛下首次临界	
27	汽轮机调速静止试验结束	
28	2 号反应堆氦气气氛下首次临界	
29	汽机核冲转	
30	首次并网	
31	2 号反应堆满功率试验结束（50% 机组额定功率）	
32	168 小时满功率运行	

十一、田湾核电厂 3–5 号机组

一、基本情况	
业主单位	江苏核电有限公司
主要股东	中国核能电力股份有限公司、上海禾曦能源投资有限公司、江苏省国信资产管理集团有限公司
厂址	江苏省连云港市连云区田湾
机组堆型	VVER（3、4 号机组）、M310 改进型 (5 号机组)
设计电功率	1126MW（3、4 号机组）、1118MW(5 号机组)
开工日期	3 号机组：2012 年 12 月 27 日 4 号机组：2013 年 09 月 27 日 5 号机组：2015 年 12 月 27 日
计划完工日期	3 号机组：2018 年 02 月 27 日 4 号机组：2018 年 12 月 27 日 5 号机组：2020 年 12 月 31 日
二、建设亮点	
田湾核电厂 3、4 号机组是在 1、2 号机组的基础上，采用“翻版加改进”的方式建设的两台百万千瓦级的压水堆核电机组。2015 年，3 号机组现场施工主线工作进入安装阶段，主设备安装进度正常；4 号机组由土建转为安装阶段，安装主线进度正常；3、4 号机组重要节点全部提前或按期完成。2015 年 12 月 27 日，5 号机组核岛实现 FCD。	

田湾核电厂3、4号机组里程碑完成情况

序号	里程碑	完成时间（3号机组）	完成时间（4号机组）
1	建造许可证颁发	2012	2012
2	核岛FCD	2012	2013
3	常规岛FCD	2013	2014
4	UJA厂房内部结构至34m板完成	2014	2015
5	反应堆厂房穹顶焊接完成	2014	2015
6	环吊可用	2015	2015
7	反应堆压力容器开始安装	2015	2015
8	主管道开始安装	2015	
9	汽轮机安装开始	2015	
10	除盐水可用	2015	2015
11	220kV倒送电		
12	预应力张拉完成		
13	循环冷却（海）水供水		
14	主控室投用		
15	500kV倒送电		
16	主回路冷试开始		
17	主回路热试开始		
18	首次装料		
19	首次临界		
20	首次并网		
21	商业运行		

田湾核电厂 5 号机组里程碑完成情况

序号	里程碑	计划完成时间
1	长周期设备采购合同重启	2015
2	项目核准	2015
3	获取项目建造许可证	2015
4	核岛 FCD	2015
5	MX 常规岛 FCD	
6	PX 泵房 FCD	
7	核岛安装开始（NX 厂房安装开始）	
8	穹顶吊装	
9	常规岛主行车可用	
10	环吊完全可用	
11	龙门吊完全可用	
12	汽机安装开始（低压缸安装开始）	
13	压力容器吊装	
14	KX 燃料厂房水池可用	
15	主管道焊接开始	
16	220kV 倒送电	
17	PX 泵房进水	
18	主控室可用	
19	主泵到货（第三台水力部件及电机）	
20	500kV 倒送电	
21	安全壳密封性试验完成	
22	冷试开始	
23	汽机盘车可用	
24	热试开始	
25	燃料到场	
26	获取装料许可证	
27	装料开始	
28	首次临界	
29	首次并网	
30	商业运行	

核燃料循环

发展现状

至2015年，我国北方可地浸砂岩盆地的铀矿地质勘查工作已取得重大突破，新发现探明一批大型和特大型铀矿床；采用第三代采铀技术的3个千吨级铀矿基地建设稳步推进，绿色经济的可地浸砂岩产能比例达到60%以上。2015年5月11日，中广核铀业发展有限公司下属的纳米比亚湖山铀矿项目首次见矿，正式启动矿石的开采工作。

中法之间关于合作建设大型商用乏燃料后处理项目在2015年取得实质性进展。2015年6月，在中法两国总理共同见证下，中核集团与阿海珐集团在巴黎签署了《中国核工业集团公司与阿海珐集团关于后处理/再循环工厂项目合同商务谈判工作路线图的谅解备忘录》。该项目预计2021年实现第一罐混凝土浇筑，2029年后处理设施进行热试，2030年实现投运。

2015年，核能行业各相关企业联手推动核燃料技术研发应用，并取得重要成果。中核集团已经完成两代CF系列燃料组件（CF2、CF3）的开发，建立了独立完整的CF系列燃料组件制造工艺技术体系，为实现“华龙一号”落地，实施“走出去”战略奠定了坚实基础；主导研发的高温气冷堆燃料元件生产线已基本完成了前期设备调试和工艺调试任务。中国广核集团自主研发的既可用于现役二代改进型核电机组，也可用于“华龙一号”的STEP-12燃料组件的先导组件和CZ锆合金样品管组件实现了在设计、验证、加工制造、材料等多个环节的重大突破，并取得了优良的堆外试验性能，即将入堆进行辐照考验。国家电力投资集团公司自主研发设计的CAP1400自主化核燃料原型组件在包头顺利下线。

铀矿勘查与采冶

一、中国核工业集团公司

天然铀产业稳步转型，产能逐年提升。铀矿勘探取得重大突破，发现并探明纳岭沟、大营等一批世界级大型、超大型铀矿床。北方大基地建设全面推进，我国首个千吨级铀矿蒙其古尔大基地初具规模，多个大基地建设同步开展，天然铀国内保障能力显著提升。

集思广益，深化“十三五”科技规划的编制和研究工作，形成了以地矿板块“十三五”科技发展规划主抓，以重大科研实验设施规划、核能开发规划、信息化规划、铀矿地质生产中科研规划等四个专题规划为支撑的“十三五”科技创新“1+4”规划体系。“铀矿大基地探采一体数字化矿山”科技示范工程按照部署推进后续工作。编报了深地铀资源勘查与开采科技工程。

二、中国广核集团有限公司

2015年，纳米比亚湖山铀矿累计投入铀矿勘察钻探工作量16260米，勘探区域主要分布在2号矿带及外围的EPL3439勘探区。2015年1月，2号矿坑预剥离工作正式启动，湖山铀矿进入了1、2号两个露天采坑共同生产阶段。2015年5月11日，湖山铀矿首次见矿，正式启动矿石的开采工作。全年累计剥离矿岩总量为6945万吨，其中开采矿石84万吨，且安全绩效良好，未发生损失工时事件。

2015年9月30日，纳米比亚水务公司斯瓦克蒙基地水库的淡水，首次经过65公里的斯科公司自建的永久输水管线，注入湖山铀矿蓄水池，标志着永久输水管线成功建成。

截至2015年底，湖山铀矿工程建设总体进度接近95%，已启动了水冶厂部分区域的冷试工作，水冶厂计划在2016年第三季度完成热试、产出第一桶八氧化三铀。

核燃料生产

中国核工业集团公司

（一）抓JYK一体化，全面完成年度目标任务

全面贯彻落实JYK一体化工作，2015年实现主营收入232.1亿元、利润总额13.1亿元、EVA9.47亿元，分别同比增长13.49%、42.6%、33.09%；成本费用占比96.57%，同比降低0.93个百分点；节能减排实现0.98吨标煤/万元工业增加值，比目标降低10.9%。

各项重点任务进展顺利：

2015年，54个在建工程项目预算执行率达到98.28%。

科技创新取得新成绩。2015年共获得国防科技进步奖一等奖1项、二等奖7项、三等奖5项；获得集团公司科技进步奖28项，其中一等奖2项、二等奖8项、三等奖18项。

“十二五”规划进一步完善。组织完成了《核燃料产业发展“十二五”规划》中期评估和修订工作，重新明确了核燃料产业及各单位“十二五”发展目标和主要任务，明确了规划保障措施。

（二）加强体系建设，全面保障稳定发展

2015年4月11日，中国核燃料有限公司完成改制注册，7月集团批复9家子公司股权划入核燃料公司；按照集团公司“三个主体，四个统一”要求和“三个中心”权责界面，对公司本部业务进行梳理，形成一级业务10项、二级业务70项。

按照自主经营主体和市场主体要求，梳理完成以公司本部为中心的经营体系建设方案和市场开发思路；推进模式创新，与用户探讨转化-浓缩-元件一体化销售，高温气冷堆项目完成谈判，国核示范工程项目正在同步推进；组织完成CAST、CPM产品鉴定，具备投入市场应用条件；与原子能公司合作，完成韩国2014年后五年补充分离功供应的能力验证等工作；

推进USEC分离功销售，跟踪EDF英国核电项目和巴方新增核电项目的燃料供应；与AREVA、GE、TradeTech探讨分离功合作销售，建立国际销售渠道；基本完成AP1000元件销售合同谈判，推进红沿河核电元件生产转移，完成合格供应商评价。

以建设完整的核级锆产业研发、中试、工业化应用产业链，拥有自主技术和核级锆材品牌，建立国内为主、国际化可靠经济供应的锆合金体系为目标，制订并内部发布了《中核集团核级锆合金产业发展战略》。

通过换股重组，成为东方锆业第一大股东，并列入核燃料板块委托管理；通过对西部新锆增资扩股8000万元，核燃料公司成为西部新锆第一大股东，核燃料产业体系拥有了核级海绵锆、核级锆合金的研发、加工中试、工业化生产能力。2015年12月，CAST的M5管材和CPM条带完成了产品鉴定；中法锆业合资项目完成LOI签署，核级锆产业体系建设取得重大突破，锆产业对核燃料发展的技术和经济的制约将逐步得到解决，对核电“走出去”同时形成支撑。

（三）抓基础管理，全面提升管控水平

组织落实“989”精益成本管理实施方案，构建成本定额标准体系，制订主业产品降本路线图，发布“十二五”后三年主业成本目标；开展公司内部单位间、项目间成本对标，建立分离功对标数据库，实现成本透明化和管理经验共享。2015年，主业产品成本持续下降：分离功单位成本同比下降4.74%，压水堆元件单位成本同比下降3.2%，重水堆元件单位成本下降0.34%，成本费用占营业收入比重同比降低1.2个百分点。

安全、环保、质量管理体系运行有效，安全环保风险、产品质量、工程质量总体受控，全年未发生死亡事故，未发生核安全、环保和质量事件。

编制发布了《核燃料公司安全规划（2013-2020年）》《核燃料公司质量发展纲要》，完成了《贫六氟化铀安全贮存与处理处置规划》和《核燃料产业放射性废物管理规划》编报；开展安全生产标准化达标工作，部分企业按计划通过安全生产标准化生产一级企业的现场审核，安全管理双基工作得到进一步增强。

核能科研

国家科技重大专项

一、大型先进压水堆核电站

国家核电组织实施的重大专项CAP1400结出了丰硕成果：全部重大试验已经圆满结束，试验结果有效支撑了设计验证和安全评价；CAP1400安全分析报告通过国家核安全局审评，审评提出的19项安全改进要求已经全部完成；核电厂施工图纸完成92%以上，超出了核电站开工建设的需要，可以支持项目开工后的连续施工；中咨公司对核准报告进行了全面审评，核准专家会认为示范工程满足国家的各项标准，具备核准条件。以上工作标志着CAP1400的研发设计已经全面完成，正进入工程实施阶段。中国专利保护协会组织国内专家对CAP1400的知识产权问题进行了专题评审，评审认为：CAP1400是依托“大型先进压水堆核电站重大专项”开发的三代先进核电技术，超越了AP1000技术引进合同设置的技术台阶，中方具有完全自主知识产权和出口权。CAP1400设备制造进度满足电厂建设需要，示范工程现场开工条件已经全部准备就绪。

二、高温气冷堆核电站示范项目

（一）科研攻关和技术研发基本完成

华能集团组织项目合作团队开展的高温气冷堆试验验证工作基本完成。其中，高温气冷堆控制棒驱动机构抗震鉴定试验完成，验证了控制棒驱动机构在安全停堆地震下的安全性，至此完成全部所需验证试验；吸收球停堆系统完成停堆装置全部试验，包括1:1热态试验验证、停堆装置驱动结构抗震试验等，验证了设备及系统设计合理可行、性能可靠，开始产品加工制造；加装国产电磁轴承的主氦风机工程样机，顺利完成氦气介质下50小时热态满功率连续运行试验，试验完全模拟了主氦风机在反应堆内的运行工况；完成了燃料装卸系统冷态试验验证、热态实验装置全系统的安装、调试，以及冷态和中低压试验工作，验证了全系统及重要设备的冷态和中低压运行功能；蒸汽发生器第一套实验本体运抵试验现场，正在开展回路安装工作；高温气冷堆年产30万个燃料元件的生产线建设完成，完成工艺合格性鉴定，正在进行产品合格性鉴定及投浓料许可申请。

（二）关键设备获得重大突破

核岛、常规岛主设备制造合同及科研攻关合同全部签订，核岛主设备制造工作取得阶段性重要成果。首台反应堆压力容器已顺利完成水压试验；1#金属堆内构件设备和1#余热排出系统水冷壁设备12月底完工；蒸发器首套换热单元12月完成套装，其他换热单元套装工作有序进行；

主氦风机完成电磁轴承跌落试验，并已通过技术设计评审和施工设计评审，已完成电机轴精加工、主叶轮叶型线铣削加工；控制棒停堆系统设备和吸收球落球装置外购件按计划制造；燃料输送转换设备分包合同已陆续签订并开工制造；燃料卸料装置2件箱体锻件已基本完工；首批石墨堆内构件和炭堆内构件完成预组装；热气导管壳体已完工。汽轮机高低压转子，高压内缸、外缸及低压内缸、外缸精加工均已完成，凝汽器制造完成；DCS完成FT测试、FAT测试；保护系统完成1#、2#机柜装配成套，集成测试、系统测试工作；发电机项目已完成定子机座加工，转子转轴粗精车、铣加工，转子线圈加工；应急柴油发电机项目1#设备机架已运抵制造厂并开始精加工，2#设备机架完成开箱工艺节点。

（三）土建安装按期推进

2015年，示范工程进入土建向安装过渡阶段。核岛反应堆厂房42.25m以下主体结构及常规岛主厂房主体框架提前完工，核辅助厂房装修全部完成。BOP方面，开关站、网控楼、除盐水厂房、主变、高厂变及高辅变基础均已完成土建施工并移交安装，控制区警卫室、保护区警卫室、保安中心、循环水泵房进行主体结构施工，三修厂房、空压机房、气瓶库、辅助锅炉房、制氯间进入装修阶段。消防水池和泵房基本开挖完成。厂区道路完成3#、7#的施工，场内已形成正式双环路。

核岛、常规岛厂房土建施工图均已全部提交，核岛安装施工图已提交67%，常规岛安装图基本全部提交，满足示范工程现场施工进度要求。核岛主设备安装准备工作进展顺利。3200t履带吊车场地处理完成，吊车组装完毕，按照压力容器吊装全载荷要求进行了模拟吊装，并使用3200t吊车完成反应堆厂房100t行车吊装，大吊车状态已满足核岛主设备吊装要求。舱室压力容器承重支撑完成引入。核岛通风完成反应堆厂房、核辅助厂房各层风管安装80%以上，已完成通风管道安装7230m^2。开始20个工艺系统的安装工作，工艺管道累计完成安装6314m，核岛设备冷却水、核岛除盐水、压缩空气等公用系统已进入收尾，已移交房间完成所有到货辅助设备的引入工作，共计233台，电气托盘也已累计完成4500m的安装。

（四）深入开展科技创新工作

华能集团完成了高温气冷堆商业化推广经济性及市场前景研究，分析了高温气冷堆纯凝发电和热产联产的经济性，明确了高温气冷堆商业化推广市场定位和前景。开展高温气冷堆核电站核应急最小化研究，从缓解应急响应的紧迫性、减轻应急的社会资源压力、实施紧急防护措施和范围等方面，提出建议。开展高温气冷堆运行燃料管理研究，完成运行燃料管理软件可演示界面、运行参数数据库、堆芯状态数据库开发及支持性文件编制。开展高温气冷堆调试关键技术、石墨粉尘去污技术、运行阶段概率安全分析技术研究，积极申报高温气冷堆蒸汽发生器、主氦风机、控制棒系统维修技术研究课题。

核能科研开发成果

一、中国核工业集团公司

“十二五”期间，中核集团启动“龙腾2020”科技创新计划，加大科技研发投入，5年累计达到100亿元，其中自主投入30亿元。科技创新工作力度不断加大，为提升集团公司核心竞争力奠定了基础。

“十二五”以来，中核集团获得国家科技进步二等奖8项，获省部级科技一等奖22项、二等奖82项、三等奖115项。专利数大幅增长，形成“华龙一号”、快堆等多个专利集群，获得国家授权专利3100件。

二、中国核工业建设集团公司

科技管理体系进一步完善，建立了重点项目知识产权专项监督管理模式。技术研发体系逐步完善，批复成立了“中国核建数字建造技术（研发）中心”。组织启动了基于BIM的智能数字化核电站建造平台建设。2015年中国核建共获得专利授权185项，其中发明专利34项、计算机软件著作权登记68项。获核能行业科技进步奖9项、中国电力创新奖1项。

三、中国广核集团有限公司

2015年，华龙技术研发进入项目实施阶段，开启欧洲技术认证征程。10月21日，中广核与法国电力集团正式签订了英国新建核电项目的投资协议。根据协议，英国布拉德韦尔B（BRB项目）核电项目，拟采用“华龙一号”。中广核已经启动“华龙一号”英国通用设计认证（GDA）工作，打造华龙-UK版技术。同时，中广核也启动了欧洲核电用户要求（EUR）认证申请工作，并获得EUR确认和接受，明确“华龙一号”EUR申请已正式被列入认证安排中。12月30日，中广核与中核集团共同投资设立华龙国际核电技术有限公司（简称“华龙公司”）。华龙公司致力于持续融合与发展“华龙一号”技术。

紧凑式海上小型堆ACPR50S总体技术方案顺利通过评审，小型堆研发进入初步设计阶段。6月，中国国际工程咨询公司在京组织召开海洋核动力平台示范工程项目总体方案评审会，ACPR50S总体技术方案得到专家认同。中广核研究院已经完成紧凑型小型堆ACPR50S总体方案设计，包括总体、燃料、反应堆、系统、设备、仪控、布置等专业内容，重点为NSSS方案研究，达到方案设计深度。后期，中广核将小型堆研发从方案设计阶段转向初步设计阶段，继续加大关键技术攻关力度，为后续全面开展初步设计奠定坚实基础。

在雾霾等环境问题日益严重的背景下，以河北为主要厂址，中广核与清华大学、中核能源合作推进一体化II型低温供热堆NHR200-II及热电联供技术。

2015年，由中广核牵头、联合国内科研单位与院所协助实施的国家科技重大专项“事故容错燃料（ATF）关键技术研究”

正式启动。由中广核自主研发的、具有自主知识产权的12英尺燃料组件和CZ锆合金先导组件入堆前安全审查已完成；11月，中广核自主化燃料和自主研发的锆合金先导组件正式获得国家核安全局的入堆考验许可。

2015年，中广核与中科院就先进核能系统ADANES达成合作意向，双方将开展ADANES科研及后续项目的合作。

2015年，中广核牵头的国家科技部“863”计划“核反应堆专用机器人技术与应用”项目再次实现突破，自主研发多款反应堆专用机器人，并成功在核电站实现首次国产化应用。其中，反应堆整体螺栓拉伸机于2015年8月首次成功应用于防城港核电站2号机组；反应堆换料机器人于2015年9月顺利完成广西防城港核电1号机组装料，设备性能达到或超过国外同类产品技术水平。

2015年，由中广核工程有限公司承担的国家重点实验室——核电安全监控技术与装备国家重点实验室获批建设。截至2015年底，中广核已建立9大国家级研发机构。

四、国家电力投资集团公司

2015年，国家电力投资集团公司的全资公司——国家核电技术有限公司和各相关单位不断加大科技投入，强化技术研发，取得了重要的科研成果。核电厂安全分析与设计软件平台COSINE研制工作基本完成，发布公开测试版，软件自主化工作取得关键突破；CAP1400燃料原型组件成功下线，自主知识产权的核燃料技术正在形成；AP1000核级锆材生产线通过鉴定和验收，填补了核级锆材产业链国产化的空白；电站控制平台NuCON研制完成，并在平东电厂成功投运；反应堆保护平台NuPAC正按照计划推进，可保证示范工程需要；积极开发设计和评价软件，为核电工程和设备设计提供有力支撑。

核电工程设计、建造与管理

发展现状

截至2015年底，我国在建核电机组达到26台，总装机容量为2935万千瓦，建造质量、进度均处于受控状态，在建规模继续保持世界第一。

由中核集团和中国广核集团联合研发的自主三代核电“华龙一号”的技术融合持续进行。2015年，“华龙一号”技术研发进入项目实施阶段。中核集团“华龙一号”顺利通过课题验收，国内外首堆开工建设。中广核启动了“华龙一号”英国通用设计认证（GDA）工作，打造华龙-UK版技术。同时，中广核启动了欧洲核电用户要求（EUR）认证申请工作，并获得EUR确认和接受，明确“华龙一号”EUR申请已正式被列入认证安排中。中广核与中核集团共同投资设立华龙国际核电技术有限公司，致力于持续融合与发展“华龙一号”自主三代核电技术，统一管理并实施华龙技术、品牌、知识产权等相关资产在国内外的经营，推动“华龙一号”成为我国核电“走出去”的主力品牌。

2015年，国内外4台“华龙一号”机组的开工建造，标志着中国成为继美国、法国、俄罗斯之外，又一个具有独立自主的三代核电技术的国家。

为适应核电发展的新形势，各核电工程公司积极推进专业化管理，多项目、多机组工程建设管理水平不断提升，工程总承包能力进一步增强。核电工程建设企业不断推进科技创新和管理创新，增强核电工程建设核心竞争力，已形成了核电工程标准体系，包括管理标准、勘察设计、设备与采购、建筑工程、安装工程、检测试验、调试与检修等，成功地实现了多项目、多基地同步建设，确保了在建核电工程安全质量得到较好控制。核电建设安装队伍全面掌握了多种堆型、多种容量的核电建造技术，可以满足同时开工30台以上核电机组的需求。

核电工程设计与管理

一、中国核工业集团公司

（一）研发创新成果丰硕，“华龙一号”成功落地

核电机型型谱化、系列化有序推进。“华龙一号”顺利通过课题验收，国内外首堆开工建设。确定了“华龙一号”后续重点研究方向，设置了一批支撑性课题，具备全面部署条件。发布了我国首套自主核电软件包和一体化软件集成平台，有力支撑了核电“走出去”。ACP600完成概念设计和总体设计方案。ACP100完成初步设计，首堆部署逐渐明晰。ACP100+研发按计划推进。AP1000完成技术转让，通过了业主评估，工程设计按计划推进。行波堆合作取得重要进展。

自主研发的非安全级DCS平台NicSys@2000通过权威安全性认证。百万千瓦级核电站堆芯测量系统、堆外核探测器和棒控棒位系统研制成功并实现首台（套）供货。主蒸汽隔离阀样机顺利通过鉴定。CF3先导组件考验顺利进行。核燃料、核化工研发取得重要进展。

（二）强化项目管理，总包核电项目陆续并网

把抓好“华龙一号”首堆工程建设置于战略地位，设计、建安、主设备采购领域高层协调机制以及“三新”设备专项组、国内外工程信息交流机制有序运转，风险管控跟踪、人力薪酬等方面资源支持力度进一步加强，保障了“华龙一号”首堆有序建设，其国内第二台机组于2015年12月22日实现FCD。其他总承包建设的方家山核电、福清核电、海南核电、田湾核电及海外机组进展良好，其中，方家山核电、福清核电2号机组和海南核电1号机组完成总承包任务。

核化工总承包项目完成重要节点。核燃料总承包项目按计划实施。

（三）积极开发市场，推动核电“走出去”

积极开展国内核电建设市场分析。确定核电工程公司作为国内核电市场开发责任主体，核动力院配合。与阿根廷签署了重水堆商务合同和压水堆框架合同。“华龙一号”全球技术推介和品牌推广有序推进。小堆示范工程落地取得重大进展。核动力运行技术服务单位努力承揽集团外核电技术服务工作。老化管理、在役检查等业务实现走出国门。积极支持以项目建设带动核仪器设备制造企业发展，注重加强对成员单位供货产品的进度和质量的监督检查，强化合同契约意识。各仪器设备制造企业积极开拓市场，不断加大研发投入，做好产品与市场的对接。

（四）加强能力建设，各项管理工作扎实开展

立足职能定位，着眼产业发展的需要，始终将加强能力建设摆在突出位置，把握战略、管理、服务三个重点，着力推进各领域工作。以确保核设施安全和工程安全为重点，强化监督管理基础工作，保证安全环保平稳的态势。标准、质量管理工作有序开展，中国核动力研究设计院荣获“第十五届全国质量奖”。

二、中国广核集团有限公司

中广核工程有限公司设计院（简称“设计院”）按照“一个总院、两个分院”进行运作，总院立足于深圳，下设深圳分院（华龙院）、上海分院（AP1000院）、设计管理所、设计技术支持所、工程研发部。

2015年，设计院在设计生产平台建设、项目支持、科技创新等方面全面推进信息化建设，完成设计院“十三五”信息规划编制工作，开展设计院信息化考核工作，提升AE协同效率和设计管理精细化水平，提高专业数字化协同设计质量和效率，支持从D向E的转变，重点推进设计生产管理平台、三维布置设计平台（PDMS）、

工艺系统设计平台（VPE）和设备协同设计平台的持续建设与深化应用，加快计算软件研发工作，完成工程设计数据综合应用平台的建设工作。

2015 年，由设计院主编的《核电厂技术状态管理》能源局标准正式发布。核电安全监控技术与装备企业国家重点实验室全周期技术状态管理分实验室获得审批，分实验室建设策划方案如期推进。应用于项目的技术状态管理程序和规范《技术状态编制规范》《技术状态变更管理规定》《设计开口项管理规定》完成编制，技术状态管理在阳江项目 5、6 号机组，红沿河二期工程以及防城港二期工程的应用工作逐步推进。

三、国家电力投资集团公司

（一）依托项目建设进展

AP1000 主泵问题全面解决，截至 12 月 17 日，三门核电 1 号机组 4 台主泵已全部出厂发运。2015 年完成了海阳核电 1 号机组主控室可用，三门核电 2 号机组蒸汽发生器到场、CVTH 安装、倒送电、环吊可用，海阳核电 2 号机组蒸汽发生器到场、CVTH 安装、环吊可用等里程碑节点。三门核电、海阳核电 1 号机组土建、安装工作全面结束，设备系统单体调试基本完成，安全壳试验各项参数满足设计要求。三门核电、海阳核电 2 号机组土建工程全部完成，设备和大宗材料安装进展迅速，正在进入单系统调试和移交阶段。按照目前进度安排，三门核电 1 号机组有望于 2017 年初并网发电。

（二）CAP1000 标准化设计

CAP1000 标准化设计已经完成，将投入规模化建设。国家核电技术有限公司汲取了依托工程建设中的经验反馈，对 AP1000 进行了布局优化和设计完善，形成了中国标准化的 CAP1000 技术。上海核工院出版了 CAP1000 标准安全分析报告，并针对海阳二期、三门二期、陆丰一期向国家核安全局提交了厂址特性的安全分析报告，审评工作接近尾声。

核电工程建造安装与管理

经过三年的组织和推进，中国核建核电工程标准体系已建设形成，体系共设置标准 300 余项，包括管理标准、勘察设计、设备与采购、建筑工程、安装工程、检测试验、调试与检修七个大类，基本涵盖了核电建设的主体专业工作，实现了“十二五”规划中提出的建立核电工程标准化体系的目标。

中国核建专业化能力稳步提升。核电工程检维修和集中采购专业化稳步推进，建立了大修人力标准配置模型和核心人才库，大修工作标准化管理工作有序推进。建立健全采购监管制度，严格开展核电工程建造物资集中采购监管工作，协调和优化经验丰富的物资管理人员配置，进一步提升了集中采购能力。

核电工程稳步推进。截至到 2015 年 12 月 31 日，中国核建在建核电机组共计 27 台，其中国内 24 台、国外 3 台，所有项目的质量安全进度均处于受控状态。全年共有 7 台机组实现 FCD，5 台机组实现穹顶吊装，6 台机组实现冷试，8 台机组实现并网。

核设备制造

发展现状

国内各核电设备制造企业以市场需求为导向，以重大工程项目为依托，以自主制造、替代进口为目标，按照国家调整能源结构、大力推进核能装备国产化的战略部署，通过消化、吸收国外先进技术，大力推进自主创新，在核电关键设备和材料国产化上取得多项突破。为使核电技术能适应未来市场需求，核电设备制造企业重点聚焦大型先进压水堆（自主三代技术）和高温气冷堆技术，积极参与国际先进核电堆型的前期研发，以国家重大专项及先进核能系统研发项目为抓手，以项目为导向，以技术瓶颈为突破口，设置科研课题，加大、加快新技术的开发。

目前，我国核电站压力容器、蒸汽发生器、主管道、控制棒驱动机构、数字化仪控等关键设备，以及大型锻件、核级锆材、690U 型管、核级焊材等核心材料，基本实现自主设计、自主制造。百万千瓦级核电机组关键设备和材料自主化、国产化水平稳步提高，国产化率已达 85%，形成了每年8套左右核电主设备制造的能力。

设备自主化研制生产

一、哈尔滨电气集团公司

2015 年，哈电集团在福清核电 5 、6 号机组核主泵支撑上实现了突破；在推进科技创新上，建设了核主泵工程技术研究中心，完成中国第一台自主制造的 300MW 级核主泵；在提升核电设备核心生产能力上，对动装公司、汽轮机公司加大投入，总投资近 14 亿元，对哈电集团核电设计研究院进行了调整。

1. 陆丰核电 1 号机组蒸汽发生器项目

咸宁项目转移至陆丰项目的转移工作已基本完成。2 台蒸汽发生器管束组件按计划进入清洁室进行管子管板穿、胀、焊工作。

2. 阳江核电 4 号机组蒸汽发生器项目

3 台蒸汽发生器于 2015 年 8 月 21 日发运。重装公司在阳江核电 4 号机组蒸汽发生器制造过程中，突破多项技术难点，达到了管板打孔一次合格、管端密封焊一次合格率 99.99% 、水压试验一次合格等高目标，设备制造周期仅用时 26 个月，实现了业内同类产品首台制造周期最短、质量最优的目标。

3. 巴基斯坦 K2、K3（“华龙一号”）蒸汽发生器项目

K2 项目 3 台蒸汽发生器管板一次侧堆焊面探伤一次合格。K2-1 管板组件顺利完成深孔加工，其余组件进展顺利。K3 项目 3 台蒸汽发生器整体进展顺利。

4. 阳江核电 4 号机组稳压器项目

阳江 4 号机组稳压器于 2015 年 4 月 16 日发运，标志着重装公司的稳压器类

产品的制造技术已成熟。

5. 高温气冷堆蒸汽发生器项目

壳体组件制造进展顺利，风机壳筒体及风机壳支承筒体制造完成。完成一个换热单元管子的盘管工作。清洁室完成验收。

6. 巴基斯坦 C3、C4 项目核主泵

C3 的核主泵完成发货，进行现场安装调试。其中首台电机空载试验运行稳定，满足核电厂要求。

7. 福清核电 3 号机组核主泵

3 台核主泵已发货至现场并开展冷试工作。

8.CAP1400 核主泵样机

完成主泵电机定子铁芯初装配、定子铁芯终装配的壳法兰热套序，之后进行了电机转子终装配、转子最终加工及锥面精磨。

9. 福清核电 5、6 号机组及备件项目

预付款和两项进度款完成支付。设计评审会已通过。长周期材料完成采购并开工。

10. 昌江核电 1、2 号机组汽轮发电机组

昌江核电 1、2 号机组汽轮发电机组已经全部交货并调试完毕。

11. 田湾核电 3 号机组汽轮发电机组

主设备（除主汽阀外）将制造完工。

二、东方电气股份有限公司

（一）主要核设备制造企业概况

1. 东方汽轮机有限公司 (简称东方汽轮机)

东方汽轮机是我国从事电站动力设备和新能源领域开发与制造的国有大型骨干企业之一，在核设备制造方面主要制造核岛控制棒驱动机构及常规岛汽轮机。

2. 东方电机有限公司 (简称东方电机)

东方电机是国内发电设备制造大型骨干企业之一，主要从事水轮发电机组、热能发电机（燃煤、燃气、核能）、风力发电机（组）、交（直）流电机、电站控制系统及军工产品的研发、设计、制造和服务，在核设备制造方面主要制造常规岛发电机及核电主泵电机等。

3. 东方电气（广州）重型机器有限公司（简称东方重机）

东方重机是我国大型核承压设备国产化的专业制造基地之一，主要生产核电反应堆压力容器、蒸汽发生器、汽水分离再热器、非能动余热排出热交换器、稳压器等核电站核岛及常规岛主设备。

4. 东方锅炉股份有限公司 (简称东方锅炉)

东方锅炉是我国大型发电设备制造和出口基地之一，主要制造核电核岛稳压器、硼注箱、安注箱、重型支撑、堆顶结构等设备。

5. 东方阿海珐核泵有限责任公司 (简称东方阿海珐)

东方阿海珐是东方电气股份有限公司与法国阿海珐集团（AREVA GROUP）下属的热蒙股份有限公司（JSPM）共同出资组建的合资公司，主要从事核电站反应堆冷却剂泵及其驱动电机的设计、制造、检测、试验、销售及售后服务业务，并向

核电站提供备品、备件。

6. 东方电气（武汉）核设备有限公司（简称东方武核）

东方武核是民用核电堆内构件设备制造商，主要制造核电站等各种用途反应堆堆内构件、各种容器设备等。

2015 年，东方电气完成 RPV1 台（防城港 2 号）、SG3 台（福清 4 号）、发电机转子 2 根（台山 2 号、福清 4 号）、CRDM1 套（红沿河 6 号）、RVI1 套（防城港 2 号）、PRZ1 台（阳江 5 号）交货任务。国核示范项目 1 号机组（CAP1400 堆型）及福清 5 号机组（“华龙一号”堆型）TG 包设备均全面进入生产制造阶段。

加强各项目之间相同机型现场安装、调试工作的经验反馈，为保证机组顺利投运发挥了重要作用。由东方电气提供汽轮发电机组和部分核岛主设备的方家山 2 号、宁德 3 号、红沿河 3 号、福清 2 号投入商运，由东方电气提供部分核岛主设备的阳江 2 号投入商运。

（二）核设备制造能力、业绩

设备制造能力表（单位：台）

	设备名称	年产能（台）
核岛设备	反应堆压力容器（RPV）	4~6
	蒸汽发生器（SG）	12~18
	堆内构件（RVI）	4
	控制棒驱动机构（CRDM）	4~6
	一回路主泵（RCP）	12~18
	稳压器（PRZ）	6~8
	余排（PRHR）	6~8
常规岛设备	汽轮发电机组（TG Package）	6~8

东方电气核电业绩表（截至 2015 年 12 月 31 日）

堆型	出力范围	投运机组	东方电气供货
二代加	1000MW	岭澳二期 2 台	• 核岛主设备：2 号机组蒸汽发生器、反应堆压力容器、反应堆主冷却剂泵；1 号、2 号机组稳压器、安注箱、硼注箱、重型支撑等。 • 常规岛：1 号、2 号机组汽轮发电机组。
		红沿河一期 3 台	• 核岛主设备：2 号、3 号机组蒸汽发生器、反应堆压力容器；1 号、2 号、3 号机组反应堆主冷却剂泵、重型支撑；1 号、2 号机组稳压器、安注箱、硼注箱等。 • 常规岛：1 号、2 号、3 号机组汽轮发电机组。
		宁德一期 3 台	• 核岛主设备：1 号机组蒸汽发生器、反应堆压力容器；1 号、2 号机组稳压器；1 号、2 号、3 号机组反应堆主冷却剂泵、安注箱、硼注箱、重型支撑等。 • 常规岛：1 号、2 号、3 号机组汽轮发电机组。
		阳江 2 台	• 核岛主设备：1 号机组蒸汽发生器、反应堆主冷却剂泵；1 号、2 号机组主泵、稳压器、安注箱、硼注箱、重型支撑等。
		福清一期 2 台	• 核岛主设备：1 号、2 号机组蒸汽发生器、重型支撑等。 • 常规岛：1 号、2 号机组汽轮发电机组。
		方家山 2 台	• 常规岛：1 号、2 号机组汽轮发电机组。
共计		14 台	

（三）核能科研项目进展情况

2015 年，核电科研工作以蒸发器核一级设计取证试设计工作为契机，积极推进设计能力建设，同时按计划积极推动国家科技重大专项的设计和制造工作。

东方电气于 2015 年 11 月初向国家核安全局提交蒸汽发生器取证申请文件；12 月，国家核安全局受理文件并组织专家审查文件。

东方电气组织各子企业积极推进 CAP+ 核电站大型半速饱和蒸汽汽轮机技术方案及关键共性技术研究子课题工作，共性技术研究课题于 2015 年通过了国家能源局组织的验收。

东方电气承担了国家科技重大专项“CAP1400 蒸汽发生器研制”“CAP1400 控制棒驱动机构制造技术研究”“CAP1400 堆内构件制造技术研究”等专题；承担了 CAP1400 常规岛关键设备自主设计和制造课题子课题——“CAP1400 半速饱和

蒸汽汽轮机研制”“CAP1400半速汽轮发电机研制”的合同，共计20个专题合同。2015年7月，国家核电技术有限公司组织专家审查，同意CAP1400常规岛关键设备自主设计和制造课题延期一年结题。

CAP1400核岛设备制造各专题研究、CAP1400常规岛关键设备自主设计和制造课题各子课题及专题按合同计划有序推进。

三、上海电气（集团）总公司

（一）核设备制造能力及业绩

上海电气核电产业涵盖核岛的压力容器、蒸汽发生器、稳压器、堆内构件、控制棒驱动机构、主泵；核二、三级容器和装卸料机；常规岛的汽轮机、汽轮发电机等关键设备；大型铸锻件、仪控仪表和主要辅机等设备制造和供货。

上海电气的核电产品几乎覆盖了国内的所有核电站。在已投运的核电站中，包括秦山一期、二期、二期扩建，巴基斯坦恰希玛1、2号，清华大学高温气冷堆，大亚湾，岭澳一期、二期，宁德，红沿河，阳江，方家山，福清，昌江，防城港等。在在建的核电工程中，包括巴基斯坦恰希玛3、4号，田湾等二代加核电项目；三门、海阳等三代AP1000项目，台山三代EPR项目；高温气冷堆示范工程等。

上海电气建有临港和闵行两大核电制造专业化基地。临港基地是新建的特大、特重、超限的装备制造基地，聚焦核岛和常规岛组主设备的制造，一期工程于2008年投产，二期扩能工程于2011年完工，使上海电气的核电关键设备的制造满足年产10套堆内构件和控制棒驱动机构，6套压力容器和蒸汽发生器，8台核电主泵，50台/套核二、三级泵，6套常规岛半速汽轮发电机机组的能力。闵行基地以满足超大、超重、高技术发展的大型铸锻件需求为主，能提供最大铸锻件钢锭600吨、最大铸件450吨、最大锻件350吨，实现年产1000MW级核岛容器类重型设备（压力容器、蒸发器、稳压器和主管道）的配套锻件6套和1000MW反应堆堆内构件锻件10套的目标。

2015年，上海电气实际交付或完工的主设备有18台/套。虽然继续保持着高位运作的态势，但与前两年比较，出产略有下降。

项目执行的亮点是包括二代加，三代AP1000、EPR以及高温气冷堆在内的多种堆型核电主设备产品均有出产。在“首台业绩”中，2015年出产的有三项，包括首台AP1000堆内构件、首台EPR堆内构件及首台高温气冷堆压力容器。

1. 核岛主设备

共交付或完工17台/套核岛主设备，包括高温气冷堆压力容器1台、AP1000蒸汽发生器2台以及堆内构件5套、控制棒驱动机构6套、主泵2台、装卸料机1台。

在三代AP1000和EPR项目中，2015年年初，上海电气核电设备有限公司交付了首批AP1000依托项目（海阳2号）蒸汽发生器；年中，上海第一机床厂有限公司交付了AP1000首台堆内构件（三门2

号）及第二台堆内构件（海阳 2 号）；首台 EPR 堆内构件也在年中由该厂完工。

2015 年，上海电气核电设备有限公司还完工了首台高温气冷堆压力容器；首台高温堆堆内构件进入最终环焊缝焊接阶段。

CAP1400 湿绕组主泵样机试验第一阶段试验顺利完成。

另外，上海电气核电设备有限公司承制的南非 Koeberg 核电厂 6 台更换用蒸汽发生器已相继开工制造。

2. 常规岛主设备

上海汽轮机厂完工交付 1 台汽轮机（高温气冷堆）。

3. 其他

交付核二三级容器 7 台、常规岛辅机 6 套；交付各类核电大锻件 120 件约 1500 吨；完成或交付各类仪表和器件、接线盒、调节阀、电动执行机构共计约 8500 台 / 套。

（二）核设备研发情况

通过科研攻关和产品开发，上海电气的核电制造技术能力在近几年的批量供货中得到了初步验证。AP1000 核岛关键设备制造技术已全面掌握，包括压力容器、蒸汽发生器、堆内构件、控制棒驱动机构、稳压器、安注箱、装卸料机等均已实现了产品制造。

为使核电技术能适应未来市场需求，上海电气重点聚焦大型先进压水堆（自主三代技术）和高温气冷堆技术，积极参与快堆和钍基熔盐堆等堆型的前期研发。以国家重大专项及先进核能系统研发项目为抓手，以项目为导向（高温气冷堆项目的压力容器、金属堆内构件、控制棒驱动系统、主氦风机、汽轮机和仪表及主控盘台等；CAP1400 项目的蒸汽发生器、堆内构件、控制棒驱动机构、主泵和稳压器等），以技术瓶颈为突破口，设置了 7 个科研课题共 58 个子项，加大加快新技术的开发。2015 年，部分国家压水堆重大专项课题通过了相关部委办的验收。

四、中国第一重型机械集团公司

（一）主要核电设备生产情况

中国一重拥有铸锻件生产线、重型容器生产线和核电装备生产线，具备了百万千瓦级核反应堆压力容器和蒸汽发生器、容器类锻件、泵类锻件、支撑类锻件、泵类铸件、设备支承件、锻造主管道等制造资质，成为了国内能够承制二代加核电、三代核电、四代核电大型铸锻件和核岛成套装备的企业。

2015 年，中国一重完成了 2 台核电专项容器和 1 台阳江 5 号压力容器制造任务；完成了 3 台海阳 3 号、4 号机组堆芯补水箱的水压试验工作；完成了压力容器、蒸汽发生器、堆芯补水箱、泵壳等各类核电锻件 65 件，满足了用户的需求。目前，中国一重已形成年产 10 套核岛一回路大型铸锻件及相关设备、5 套常规岛设备所需大型铸锻件的生产制造能力。

中国一重形成了完善的质保体系——ISO9000 质量管理体系、压力容器产品制造质量保证体系、民用核安全机械设备制造质量保证体系和美国 ASME 产品质量保证体系，并先后取得了相关的“NPT”“N”和“NS”证书及钢印，有力地保障了核电产品的科研和生产。

（二）核设备技术提升情况

2015 年，中国一重在“华龙一号”核岛主设备的自主化研制工作中，先后攻克了高纯净钢水冶炼、超大截面压实锻造、超大型截面的细化晶粒热处理工艺等难关；完成了 6 台“华龙一号”反应堆压力容器锻件的研制。

2015 年，中国一重在新一代核电大型铸锻件的研发中取得了多项技术创新。针对超大型封头类锻件及特厚饼类锻件无法实现仿形锻造的世界性难题，中国一重突破传统成形方式，首创了“渐变拉伸锻造”等技术，全面实现了超大型实心锻件的“近净成形”。针对“覆盖式”成形方法存在的缺点，中国一重开发出双端不对称同步压下变截面筒体类锻件的成形技术，掌握了锻造过程中金属的变形规律、缺陷产生机理及坯料与模具的设计方法，解决了大型非对称筒体类锻件的成形难点，成功研制出第三代核电 RPV 接管段和 SG 锥形筒体近终成形锻件。针对超大异形锻件无法实现全截面均匀冷却的世界性难题，首创了“非能动”立式喷淬装置，实现了对工件内外表面近距离全覆盖淬火。针对超大壁厚锻件冷速无法达到要求的情况，首创了亚温淬火技术，使复杂形状的超大型厚壁锻件的性能合格率达到 98% 以上，锻件的性能指标高于国外同类产品。

为实现 CAP1400SG 大型水室封头一体化锻件制造，中国一重开发出旋转仿形整体制造技术。该项技术与传统制造方法相比不仅节约材料、降低成本、缩短制造周期、减小锻件的有效截面，而且保证了锻件纤维流线连续性，改善了锻件锻造成形中受力状态，使锻件各部位变形均匀，提高了锻件使用安全性。同时，为解决管板坯料尺寸大导致锻透性差、自由锻造后加工量大、工件局部镦粗变形、非金属夹杂物等诸多难题，中国一重开发了特厚大型管板胎模锻造技术，使上下端面及心部同时变形压实，减少了局部镦粗成形，改善了锻件中心部位的偏析现象，消除了锻件缺陷。

五、中国第二重型机械集团公司

（一）设备制造能力及产出

2015 年，中国二重以国机集团平台作为依托，把核电产品研发制造作为公司三大战略发展方向之一，取得了新的进展和业绩。

1. 通过与中国核动力研究设计院紧密合作，推进了 ACP1000 主管道的工艺技术评定工作。

2. 顺利完成“华龙一号”核岛蒸发器、稳压器锻件的工艺技术评定，并率先在国内实现全套锻件的批量交货。

3. 首套 CAP1400 堆芯补水箱设备制造工作顺利推进，进入最后总装阶段，标志着中国二重由铸锻件供应商向成台套设备供货商转变。

4. 在主泵设备国产化方面，中国二重

依托东方阿海珐核泵有限公司支持，持续推进国内首台 CPR1000 铸造泵壳体的研制，基本完成制造工序。此外，二重积极推进了“华龙一号”主泵技术评定工作。

5. 常规岛方面，中国二重制造的国内首支具有自主知识产权的 CAP1400 压水堆核电机组转子锻件顺利完工发货，中压排气缸、高压外缸生产突破瓶颈，顺利推进。

6. 中国二重已经形成核电核岛、常规岛铸锻件和设备的批量供货能力。

（二）核电产品科研开发

2015 年，中国二重先后有 4 项国家课题、2 项四川省课题取得成果。

中国二重依托福清核电 6 号机组和巴基斯坦 K3 核电项目，对“华龙一号”主管道和波动管立项进行专项研究，并以福清核电 6 号机组主管道产品为依托，开展了首件评定工作。“华龙一号”锻造主泵泵壳是我国自主化第三代核电的核岛关键部件，结构复杂，技术要求高，中国二重通过努力，掌握了主泵锻造泵壳的关键制造技术。此外，对于“华龙一号”蒸发器、稳压器设备大型锻件，中国二重确保实现了全套锻件的批量化制造，且锻件合格率达到了 100%。

在成台设备制造方面，中国二重承担制造的国核示范工程 CAP1400 堆芯补水箱在完成锻件制造后，进入设备制造阶段，零部件堆焊、部件组焊、热处理、机加工、尺寸控制、无损检测、质量控制、项目管理等各成台设备制造关键技术及管理经验均得到有效实施，中国二重已掌握并具备了成台设备的制造能力。

核电重型支撑是中国二重的传统长项。通过经验反馈和技术改进，各项制造技术进一步成熟。2015 年，中国二重与上海核工程研究设计院合作，推进了 CAP 系列稳压器支撑用拉杆的国产化研制工作。制造成功后，将打破国外的技术垄断，大幅降低稳压器支撑制造成本，缩短制造周期。

此外，结合未来市场需要，中国二重组织开展了 AP1000 反应堆压力容器、稳压器和高温气冷堆成台设备的制造技术研发，均已取得实质性进展。

核安全监管和核事故应急

核与辐射安全监管

一、综述

2015年，我国民用核设施的运行安全和建造质量均处于良好状态，运行核电厂、研究堆、核燃料循环设施、放射性废物贮存和处理处置设施以及放射性物品运输活动均未发生国际核事件分级表（INES）2级及以上的安全事件或事故，核设施的运行事件和建造事件得到了妥善处理。

2015年,全国辐射环境质量总体良好。环境电离辐射水平处于本底涨落范围内，核设施、核技术利用项目周围环境电离辐射水平总体无明显变化；环境电磁辐射水平总体情况较好，电磁辐射发射设施周围环境电磁辐射水平总体无明显变化。

优化行政许可。按照国务院统一部署，环境保护部（国家核安全局）在核材料、核设备、人员资质等领域调整、优化了6项行政许可；编制完成民用核安全设备无损检验人员、研究堆操纵人员资格管理等相关配套法规，初步形成辐射环境监测机构资质管理办法；合理降低或调整铀矿地质勘探及退役治理和部分核技术利用类项目的环评等级。

加强能力建设。国家核与辐射安全监管技术研发基地建设取得重大进展。环境保护部（国家核安全局）完成“国控21点”改造项目，印发《2015年全国辐射环境监测方案》，并对42个国家重点监管的核设施开展监督性监测。

强化安全监管。全年批准了8台核电机组的建造许可，6台机组首次装料投入运行，新受理12台机组选址审批申请文件。环境保护部（国家核安全局）推进落实福岛改进行动计划，加大监督检查的力度和频度，不断增强监管的规范性，法律法规、标准和规章制度的研究制定取得进展，依法从严开展核设施、核设备安全监管，建立健全科普宣传、信息公开、公众参与、舆情应对“四位一体”的公众沟通工作机制，针对核设施、核技术利用、核设备制造、铀矿冶设施开展核与辐射安全大检查，推进核安全文化宣贯推进专项行动。环境保护部（国家核安全局）协调推动中核四〇四厂相关设施抗震评估，促进“两厂三院”核设施退役与放射性废物治理总体规划落实，切实推进全国核基地与核设施辐射环境现状调查与评价专项工作，积极推动中低放废物处置场的选址和建设。

二、核安全文化建设

为贯彻落实习近平总书记“理性、协调、并进”的中国核安全观，进一步强化“严之又严、慎之又慎、细之又细、实之又实”的核安全监管理念，环境保护部（国家核安全局）于2014年9月至2015年10月，组织开展了核安全文化宣贯推进专项行动（简称专项行动）。专项行动覆盖了核能与核技术利用领域全体持证单位，覆盖了持证单位所有骨干人员，对隐瞒虚报、违规操作零容忍。

通过开展专项行动，环境保护部（国家核安全局）在全行业推进构建了安全至上的精神文化、规范的行为文化、完善的制度文化、坚实的物态文化，取得了丰硕成果：监管部门直接宣贯持证单位600余家，人数达到19300余人，全行业覆盖人数超过50万；发布了《核安全文化政策声明》，并得到各持证单位积极跟进；进一步完善了各持证单位的核质量保证体系；争取人员、设备等基础能力建设专项资金数百万元；推动消除安全隐患2000余项。

三、政策与法规

（一）核安全立法

召开核安全法立法研讨会，组织开展了核安全责任、核安全标准、核安保、核损害赔偿等4项专题研究。组织开展对国外核能管理和监管体制研究，完成国外核能管理和监管体制研究报告，并将其作为核安全法立法依据之一。协助全国人大环资委编制《中华人民共和国核安全法（草案）》（征求意见稿）。

（二）体制改革

加强核安全监管协作，国家核安全局与国防科工局签署了备忘录，明确监管范围，强化沟通协调，为共同履行国家核安全监管职责和保障核事业安全健康发展夯实基础；与国防科工局建立定期协调机制，加强信息共享和协同配合。

（三）政策研究

环境保护部（国家核安全局）组织开展了核安全政策体系研究，持续开展核与辐射安全理论体系创新研究，构建完善的《核与辐射安全监管体系和监管能力现代化》理论框架，丰富核与辐射安全监管体系的理论内涵。

（四）核安全规划

针对“十三五”规划相关的伴生矿放射性污染防治、乏燃料后处理、风险指引型核安全监管策略应用、核安全人才培养等10个方面，环境保护部（国家核安全局）开展专题研究，形成研究成果文件。成立由中国工程物理研究院、中核集团、中国广核集团、国家核电技术有限公司、中国核能行业协会、清华大学等13家单位组成的规划编制组，开展3次集中编写，形成《核安全与放射性污染防治“十三五”规划及2025年远景目标（征求意见稿）》。环境保护部（国家核安全局）积极参与《全国生态环境保护“十三五”规划》的编写；做好核安全“十二五”规划终期评估的技术准备，形成评估指导文件。

（五）法规标准制修订

环境保护部（国家核安全局）组织编制《核与辐射安全法规制修订五年规划（2016–2020）》，召开了4次核与辐射安全法规标准审查专家委员会会议，审议部门规章、标准、导则、技术文件等草案共46项；按季度发布了《核与辐射安全法规状态报告》。

推进能源行业核电标准的认可工作，环境保护部（国家核安全局）完成能源行业标准《压水堆核电厂反应堆冷却剂系统和主蒸汽系统超压分析要求》（NB/T 20100）的认可，并通过国核安函[2015]31号予以公布。进一步完善核与辐射安全标准体系，环境保护部（国家核安全局）编制形成核与辐射安全标准“十三五”规划初稿，梳理我国当前核与辐射安全相关的国家标准；完成《核技术利用建设项目环境影响评价文件的内容和格式》《电子直线加速器工业CT辐射安全技术规定》《低、中水平放射性废物高整体容器》和《低、中水平放射性固体废物包安全标准》4项标准的报批。

（六）核安全科研

环境保护部（国家核安全局）配合科技部完成国家重点研发计划下《核安全与先进核能技术重点实施方案》的编写，并积极配合和推动国家重点研发计划下核安全创新专项实施方案的编写；完成“十三五”科技计划核安全相关内容的编写；组织开展大型先进压水堆安全、模块化小型堆和四代先进堆型安全审评关键技术研究。

四、核材料管制和核设施实物保护

2015年，环境保护部（国家核安全局）依据《放射性污染防治法》《民用核设施安全监督管理条例》《核材料管制条例》等相关核安全法规，依法履行对我国民用核设施核材料管制和实物保护监督管理、技术审评、核材料许可证核准等职责，持续加强相关法规标准导则的制修订工作。

（一）核材料许可证核准

环境保护部（国家核安全局）对中国科学院的核材料许可证申请文件、国家原子能机构核材料管制办公室的评审意见进行了技术审核和现场检查，完成了核准程序。

（二）核设施实物保护审评和监督

环境保护部（国家核安全局）组织开展了对中国核动力研究设计院、中核建中核燃料元件有限公司核材料管制和实物保护系统的监督检查；完成了核安全导则《核设施实物保护（试行）》修订工作；启用《民用核材料许可证核准程序》内部工作程序。

五、民用核安全设备监管

（一）行政审批

2015年，环境保护部（国家核安全局）全年受理并立项审查的民用核安全设备许可证申请单位共86家，审查批准了43家单位的许可证申请，其中新取证单位4家、扩证单位9家、延续许可证单位30家；同时完成了持证单位活动场所和技术能力等方面变更申请的技术审查。截至2015年底，国内持有民用核安全设备设计、制造、安装和无损检验许可证的单位共计186家（其中有单位持有多证），其中核安全机械设备（设计、制造）持证单位 140 家、核安全电气设备（设计、制造）持证单位 43 家、无损检验单位 4 家、安装单位 13 家。

环境保护部（国家核安全局）受理并立项审查的进口民用核安全设备注册登记申请单位共 44 家，审查批准了 36 家单位的注册登记申请。截至 2015 年底，持有民用核安全设备设计、制造和无损检验注册登记确认书的单位共计 268 家，其中综合类注册登记单位 6 家、机械设备注册登记单位 184 家、电气设备注册登记单位 73 家、无损检验注册登记单位 5 家。

（二）进口设备安全检验

环境保护部（国家核安全局）依法开展了进口民用核安全设备的安全检验工作。口岸报检方面，共审查 796 批次进口设备口岸报检文件，其中机械设备 526 批次、电气设备 270 批次，审查放行 773 批次，退回 23 批次。开箱文件审查方面，共收到开箱报检文件 855 批次，其中机械设备 549 批次、电气设备 306 批次，审查放行 805 批次，退回 50 批次。参加开箱见证 121 批次。

（三）监督检查

依据监督检查大纲和工作计划，环境保护部（国家核安全局）共对国内单位实施了 20 次综合性检查和 26 次专项检查，对境外单位实施了 1 次综合性检查和 1 次专项检查。及时对监督检查中发现的问题提出整改要求，组织专家对影响核安全的重大不符合项进行了审评和专项检查。

2015 年，民用核安全设备的设计、制造、安装和无损检验活动的质量基本处于受控状态。

六、辐射环境监测及管理

（一）环境电离辐射

2015 年，全国环境电离辐射水平处于本底涨落范围内。辐射环境自动监测站实时连续空气吸收剂量率处于当地天然本底涨落范围内。气溶胶和沉降物中放射性核素活度浓度、空气中氚活度浓度未见异常。长江、黄河、珠江、松花江、淮河、海河、辽河、浙闽片河流、西南诸河、西北诸河、重点湖泊（水库）中天然放射性核素活度浓度与 1983–1990 年全国环境天然放射性水平调查结果处于同一水平；人工放射性核素活度浓度未见异常。城市集中式饮用水源地水及地下饮用水中总 α 和总 β 活度浓度低于《生活饮用水卫生标准》（GB5749–2006）规定的放射性指标指导值。近岸海域海水和海洋生物中天然放射性核素活度浓度处于本底水平，人工放射性核素活度浓度未见异常，其中海水中人工放射性核素锶 -90 和铯 -137 活度浓度低于《海水水质标准》（GB3097–1997）规定的限值。土壤中天然放射性核素活度浓度与 1983–1990 年全国环境天然放射性水平调查结果处于同一水平；人工放射性核素活度浓度未见异常。

（二）运行核电基地周围环境电离辐射

2015 年，运行核电基地周围辐射环境自动监测站实时连续空气吸收剂量率处于当地天然本底涨落范围内。核电基地周围空气、水、土壤、生物中除氚外的其他放射性核素活度浓度未见异常。秦山核电基地、大亚湾核电基地、阳江核电基地和田湾核电基地周围部分环境介质中氚活度浓度与核电厂运行前本底相比有所升高，评估结果表明，其对公众造成的辐射剂量远低于国家规定的剂量约束值。

（三）民用研究堆周围环境电离辐射

清华大学核能与新能源技术研究院和深圳大学微堆等研究设施周围环境 γ 辐射空气吸收剂量率，以及气溶胶、沉降物、水和土壤中放射性核素活度浓度未见异常。中国原子能科学研究院和中国核动力研究设计院周围部分环境介质中检出微量的碘 -131 等人工放射性核素，评估结果表明，其对公众造成的辐射剂量远低于国家规定的限值。

（四）核燃料循环设施和废物处置设施周围环境电离辐射

中核兰州铀浓缩有限公司、中核陕西铀浓缩有限公司、中核北方核燃料元件有限公司、中核建中核燃料元件有限公司和中核四〇四有限公司等核燃料循环设施，以及西北低中放固体废物处置场和广东低中放固体废物北龙处置场，周围环境 γ 辐射空气吸收剂量率处于当地天然本底涨落范围内，环境介质中与上述企业活动相关的放射性核素活度浓度未见异常。

（五）铀矿冶设施周围环境电离辐射

铀矿冶设施周围辐射环境质量总体稳定，周围环境 γ 辐射空气吸收剂量率、空气中氡活度浓度、气溶胶中总 α 活度浓度、地表水中总铀和镭 -226 浓度与历年处于同一水平，周边饮用水中总铀和镭 -226 浓度均低于《铀矿冶辐射防护和环境保护规定》（GB23727-2009）中规定的相应限值。

（六）辐射环境监测管理

环境保护部（国家核安全局）加强监测能力建设工作，完成“国控 21 点”改造项目，实现各站点监测数据稳定传输至国家数据汇总中心。印发《2015 年全国辐射环境监测方案》，并对 42 个国家重点监管的核设施开展监督性监测，基本实现对全国辐射环境质量和重要核设施的全方位监测和预警。提升监测队伍能力，组织开展监测骨干培训和各类监测技术操作培训。

七、核与辐射安全相关人员资质管理

环境保护部（国家核安全局）积极探索优化人员资质管理机制，进一步简化审批流程，完善审批环节，提高审批效率；依据相关规定对 7 名注册核安全工程师“挂靠”问题进行了处理；开展广泛调研，提出改进和完善我国核电厂操纵人员心理测评与心理健康管理的意见和建议；强化监管人员自身技术能力的培养，举办首次核安全系统无损检验专项培训班。

（一）民用核设施操纵人员资质管理

根据国务院有关精神，环境保护部（国家核安全局）统一负责研究堆操纵人员资格管理工作。为适应监管职责变化，明确培训、考核和执照管理等相关要求，组织制定《研究堆操纵人员执照管理办法》。

2015年，环境保护部（国家核安全局）共组织召开4次民用核设施反应堆操纵人员资格核准委员会会议，颁发6批民用核设施操纵人员执照，共计788人，其中核动力厂操纵人员684人、民用研究堆操纵人员104人。截至2015年12月，共有2075人持有核动力厂操纵人员执照，其中952人持有高级操纵员执照、1123人持有操纵员执照；共有517人持有研究堆操纵人员执照，其中251人持有高级操纵员执照、266人持有操纵员执照。

（二）民用核安全设备无损检验人员资质管理

为适应无损检验人员监管职责调整，贯彻落实国务院行政审批制度改革的有关精神，组织修订《民用核安全设备无损检验人员资格管理规定》（HAF602）。目前，环境保护部（国家核安全局）统一负责民用核安全设备无损检验人员资格管理。截至2015年12月，共有5991人持有12710个民用核安全设备无损检验资格证书，其中高级（Ⅲ级）证书258张、中级（Ⅱ级）证书9680张、初级（Ⅰ级）证书2772张。此外，环境保护部（国家核安全局）还负责核准境外单位无损检验人员资格。

发布了2批2015年民用核安全设备无损检验人员考核计划，组织全国5家无损检验人员考核中心举办90批次考核活动，全年颁发9批民用核安全设备无损检验人员资格证书，共批准2006人、2621项；核准2批境外单位民用核安全设备无损检验人员资格，共27人、32项。

依据监督检查大纲和工作计划，对5家民用核安全设备无损检验人员考核中心实施5次现场检查、4次见证点检查，对监督检查中发现的问题及时提出了整改要求。总体上，2015年民用核安全设备无损检验人员考核活动质量处于受控状态。

（三）民用核安全设备焊工焊接操作工资质管理

环境保护部（国家核安全局）统一负责民用核安全设备焊工焊接操作工资格管理。截至2015年12月，共有8001人持有17943个民用核安全设备焊工焊接操作工资格证书。

2015年发布1批民用核安全设备焊工焊接操作工理论考试计划，组织全国14家民用核安全设备焊工焊接操作工考核中心举办23批次基本理论知识考试、248批次项目考试，全年颁发14批民用核安全设备焊工焊接操作工资格证书，共批准3739人、6252项；发布11批民用核安全设备焊工焊接操作工理论考试合格人员名单及编号，共2058人；完成对12家民用核安全设备焊工焊接操作工考核中心的延续选定工作；批准3家单位关于开展Y类项目考试的申请，批准1家单位关于扩大项目考试范围的申请。

依据监督检查大纲和工作计划，对14家民用核安全设备焊工焊接操作工考核中心实施14次现场检查、36次见证点检查，对监督检查中发现的问题及时提出整改要求。总体上，2015年民用核安全设备焊工焊接操作工考核活动质量处于受控状态。

为持续推进核安全文化建设，环境保护部（国家核安全局）将焊工理论考试平台建成核安全文化宣贯的长久阵地，组织编制《民用核安全设备焊工焊接操作工理论考试培训手册》，修订焊工理论考试题库，增加了核安全文化试题的比例。

（四）注册核安全工程师资质管理

2015 年，共有 2331 人报名参加注册核安全工程师执业资格全国统一考试，1377 人参加考试，257 人取得注册核安全工程师执业资格。共批准 923 人的注册申请，其中新注册 433 人、延续注册 490 人。截至 2015 年 12 月，全国共有 3733 人获得注册核安全工程师执业资格证书，1905 名注册核安全工程师在 247 家单位执业。

环境保护部（国家核安全局）举办了 8 期注册核安全工程师继续教育培训班（含核安全专业技术培训班）。其中 3 期核质量保证与核安全文化培训班，358 人参加；3 期辐射防护培训班，391 人参加；2 期核应急与核安保培训班，105 人参加。

（五）核与辐射安全监督检查人员培训

环境保护部（国家核安全局）全年举办 3 期核与辐射安全监督检查人员资格培训班、64 期在岗培训班，参加培训人员共 3800 余人。

截至 2015 年 12 月，举办 8 期环境保护部（国家核安全局）核安全初任业务培训班，共 429 人参加培训并取得结业证书；举办 8 期核电培训班（核与辐射安全中级培训），共 257 人参加培训并取得结业证书；举办 4 期省级辐射安全监管人员高级培训班，共 116 人参加培训并取得结业证书；举办 1 期省级辐射安全监管人员初任培训班，共 126 人参加培训并取得结业证书；与清华大学联合举办 6 期核能与核技术工程领域辐射防护与环境保护方向工程硕士研究生班，学员共 162 人。

（本部分材料由国家核安全局提供）

核与辐射事故应急

2015年，各级核应急组织按照年度国家核应急工作要求，求真务实、开拓创新，取得了丰硕成果。发布第一部涉核领域的白皮书《中国的核应急》；组建我国第一支国家级核应急救援队，圆满完成“神盾-2015”国家核应急联合演习任务；健全核应急预案法规标准体系等，核应急工作展现出新的面貌。

一、重要事件与活动

8月13日，国家核应急办贯彻落实中央关于天津港“8.12”特别重大火灾爆炸事故指示要求，向各省（区、市）核应急管理机构和各涉核集团下发了关于加强核应急工作的紧急通知，对全国核应急工作进行了部署，要求各地区、各单位要进一步高度重视核应急工作，认真研究分析天津港“8•12”瑞海公司危险品仓库特别重大火灾爆炸事故的惨痛教训，有针对性地做好本地区、本单位核安全应急工作，扎实有效、全面充分做好应对可能发生事件的各项准备。

8月26日，广东/岭澳核电站事故场外应急事宜粤港合作2014年度年会暨代表团会议在香港特别行政区政府总部召开。会上，粤港双方签署了《粤港关于广东省境内新建核电站场区应急、场外应急状态事故信息交换的共识》《粤港关于广东省境内新建核电站厂房应急状态以下事故信息交换的共识》。

按照统一部署，圆满完成纪念抗日战争胜利70周年系列活动核与辐射应急安保备勤任务。

9月13–17日，国家核应急办副主任、国防科工局核应急安全司司长姚斌率团对香港进行了为期五天的交流访问。通过访问，代表团进一步了解了香港社会对内地核能事业的态度，以及香港特区政府、企业和民间团体在公众沟通、演习演练和人才培养等方面的良好做法。

9月24日，国家核安全局在国家电投烟台核应急支援基地召开了核电集团公司核事故应急支援工作联合工作组第十三次会议。此次会议的召开对进一步加强场内外核应急工作接口具有重要意义。

10月15–16日，闽、粤、桂、琼四省（区）核应急合作第二次联席会议在福建举行。会上，闽、粤、桂、琼四省（区）核应急办重点介绍了各自工作和实践经验，并就四省（区）核应急信息通报流程、应急救援实施细则、下一步合作议题等达成一致意见。

二、规划

按照国务院关于应急管理工作的统一部署和《2015年国家核应急工作要点》的要求，2015年我国核应急工作的总要求是：以习近平总书记关于总体国家安全观、中国核安全观等一系列重要思想为指导，认真贯彻落实国家核应急工作方针政策和决策部署，着力完善国家核应急法制体系、预案体系、技术体系、救援体系、指挥体系，着力加强对全国核事故应急准备与响应重大事项组织协调，着力提升各级应对处置核突发事件能力水平，强化法治意识，树立底线思维，努力攻坚克难，突出工作效果，为推进核能事业发展和保障国家安全提供坚强支撑。

三、核设施应急准备工作监督管理

环境保护部（国家核安全局）先后组织完成对海南昌江、广西防城港核电厂首次装料前核应急演习监督评估并印发检查报告，完成宁德核电厂、秦山核电基地、阳江核电基地应急演习监督评估并印发检查报告。

四、应急计划批复

环境保护部（国家核安全局）先后完成了海南核电有限公司、广西防城港核电有限公司、阳江核电有限公司、大亚湾核电运营管理有限责任公司、清华大学核能与新能源技术研究院、中核北方核燃料元件有限公司应急计划审评和批复。

五、预案

3 月 25 日，中核集团在北京组织召开了《福建福清核电厂场内应急计划》专家预审会，对《福建福清核电厂场内应急计划（第三版）》进行了审查。专家组一致认为，福清核电厂场内应急计划编写依据充分，格式规范，内容完整，支持材料翔实，符合国家相关法规、标准要求，满足福清核电应急准备与响应工作的需要。

4 月 17 日，国家核应急办在北京组织召开《江西省核应急预案（送审稿）》专家评审会。与会专家一致认为该预案编制目的明确、编制依据充分，立足于江西省核应急工作实际，明确了核应急管理体制、核应急组织工作和指挥机制、应急响应分级与行动、信息报告要求等内容，责任分工明确，内容符合国家核应急相关法律法规和国家核应急预案的要求。

经国家核事故应急协调委员会审核，江苏省人民政府于 2015 年 5 月 4 日正式发布实施新版《江苏省核应急预案》（苏政办发 [2015]44 号）。在该专项预案的基础上，江苏省核事故应急委员会于 5 月 11 日正式下发修订版《江苏省田湾核电站场外应急预案》。新版《江苏省核应急预案》充分体现了福岛核事故后国际、国内对于核应急工作的新要求，具有较好的针对性和可操作性。

11 月 24 日，江苏省核应急办在苏州组织开展了江苏省田湾核电站场外应急预案执行程序专家评审会。专家组认为，修编完成的江苏省田湾核电站场外应急预案执行程序，内容基本全面、流程合理、具有可操作性，符合技术要求。各执行程序充分考虑了江苏省场外核应急工作的实际，涵盖了场外各核应急组织在不同状态下的应急响应工作，与江苏省田湾核电站场外应急预案有良好的衔接，可为江苏省田湾核电站场外应急响应工作提供良好的基础。

六、组织机构

4 月，河南省人民政府办公厅印发了河南省国防科学技术工业局“三定”规定，在河南省国防科工局设立核事故应急管理机构——为加强对核能产业、反核与辐射恐怖袭击等监管工作职责，新设立核事故应急管理办公室。河南成立核应急管理机构，对于该省涉核产业发展尤其是下一步核电产业开发具有积极意义。

七、能力建设

4 月 28 日，国家核事故应急协调委员会在北京为首批国家级核应急专业救援力量和培训基地授牌授旗。这批力量包括 8 个国家级核应急专业技术支持中心、25 支救援分队和 3 个培训基地。建设这批力量，是构建我国核应急准备与响应国家能力体系、不断提高国家核应急综合能力的重要举措。

5 月 13 日，中国电力投资集团公司核电厂核事故应急场内支援队伍和支援基地在中电投烟台培训基地正式揭牌。中电投集团核事故应急支援基地是国内首家实体核事故应急支援基地；中电投集团核事故支援队伍是继中国广核集团和中核集团后建立的国内第三支应急支援队伍，将对全面提升中电投集团核事故应急能力和华北、东北区域邻近核电厂相互支援能力起到积极促进作用。

10 月 26 日，安徽省核应急专业技术支持中心在中科院核能安全技术研究所正式挂牌成立。该中心将围绕核应急准备、应急响应和前沿专题研究，开展核应急技术和装备研发，为安徽省核应急工作提供技术支持，为安徽省核应急工作储备技术和人才。

八、统筹指导省级环保部门加强辐射事故应急演练

在 2014 年省级辐射事故应急演习良好实践基础上，环境保护部（国家核安全局）协调指导地区监督站督导了北京、吉林、江苏、湖北、云南、甘肃六省市环保系统实施了辐射事故综合应急演习。通过演习促进了地方政府对辐射事故应急工作的重视，落实了地方政府辐射应急工作主体责任，锻炼了人员队伍，检验了应急预案和设施设备，提高了应急响应与处置能力，进一步推动了辐射安全监管工作。同时，通过现场和视频观摩，强化了各省间的应急经验交流，起到了以演代训、以点带面、示范引领、互学互鉴的效果，为今后辐射应急演练活动持续开展提供了范例和样板。

九、应急响应能力有效维持

环境保护部（国家核安全局）持续做好核与辐射事故应急响应工作，实行 24 小时应急值班制度。确保核与辐射应急响应体系有效运转、通讯渠道畅通。整合核与辐射事故应急决策支持与指挥调度系统和应急监测调度平台。科学开展环境保护

部核与辐射安全监管系统应急培训。

十、培训演习

1月13日，防城港核电厂首次装料前场内外联合应急演习在南宁、防城港、钦州、防城港核电厂四地同步举行。演习模拟核电站遭受强台风袭击，机组发生放射性泄漏事故，放射性物质向环境释放。自治区核应急指挥部按照自治区核应急预案实施应急响应行动，最终妥善处置核事故。

2月4日，江苏省核应急办组织省核应急委联络员演练。14时，在不预先通知的情况下，江苏省核应急办运用电话调度系统，群呼10名核应急委联络员，要求15分钟内回复所在位置，并于1小时内到达江苏省核应急指挥中心。呼叫成功率100%，到位率100%。通过演练，强化了省核应急委联络员的应急意识，确保了与联络员之间的通信畅通。

4月26日，海南省核应急委员会组织实施了海南昌江核电厂首次装料前场内外核事故应急联合演习。本次演习全面展示了海南省核应急能力建设的成果，检验了海南省核应急预案及相关应急程序的可行性和有效性，锻炼和考验了各级核应急组织和专业力量在核电厂严重事故时的应对能力，圆满实现了预定的演习目标，满足国家相关法规对核电厂首次装料前应急演习的要求。

6月12日，江苏省核应急委在省核应急指挥中心组织“TW-2015”核电站事故网上检验性演习。通过演习，进一步理顺了各级核应急组织指挥关系，提高了指挥决策、应急响应和协调联动的能力，实现了组织方法和科技运用上的创新，符合国家核应急办积极推广桌面推演的要求。

6月26日，我国举行了新版《国家核应急预案》发布后的第一次国家级核事故应急联合演习（代号“神盾-2015”）。此次演习由国家级、省级、核设施运营单位三级联动，军地协同，采取时空压缩、异地同步的方式展开。国家核应急协调委员会27家成员单位参加，同时，还动用了9个国家核应急专业技术支持中心、10支救援分队以及部队相关救援力量。广东省还组织了相应救援力量及部分公众参演。直接参演人数约1900人。此次演习模拟某核电站放射性物质向环境有限释放为情景，重点演练在发生核事故的紧急情况下，国家级核应急机构、省（区、市）级核应急机构、核设施营运单位组织实施指挥、开展会商研判、进行场外救援、信息发布、军地协同以及相应的应急响应行动。评估专家认为，此次演习方案设计科学，准备充分周密，组织指挥有力，协同配合得当，参演人员职责明确，作业规范，达到了演习的预期目标。

9月1日，中核建中核燃料元件有限公司开展了核燃料组件运输事故应急演习。演习模拟“运输途中（内江）发生列车追尾事故”，假定造成列车倾翻、人员重伤、运输容器破损、组件外露等事故情景。公司根据事故性质及后果严重程度，立即启动了辐射事故应急预案。

9月21–23日，2015年浙江省核与辐射应急处置及临床救治培训班在杭州举办。

10月13–14日，福建省核应急办举办了2015年福建省核应急联络员培训班。培训通过工作通报、专家授课、视频观看、现场踏勘、闽台交流等形式，促进各级各部门对当前核应急工作的认识和重视。

10月21–23日，海南省核应急办与湖北省核应急办在海口市联合举办为期三天的核应急联络员培训班。培训采取理论学习、现场考察与交流对接相结合的方式进行。

11月1–4日，甘肃省第一期核应急培训班在嘉峪关市举办。培训内容涵盖国家核应急科学发展的实践与体会，案例分析，核应急系统治理、依法治理、源头治理、综合治理的理念，预案体系与干预，轻重防护服试穿与演示，桌面推演检验等。

11月12日，福州市核应急办组织开展了应急辐射监测演练。福建省核应急办组织专家评估认为，演练总体符合预案和实施程序要求，达到了检验队伍和提升能力的效果，同时对完善应急岗位分工、保障监测数据传输、加强人员辐射防护等提出了具体改进建议。

11月23–27日，国家核应急响应技术支持中心与国家行政学院应急管理培训中心在国家行政学院联合举办了第二期涉核突发事件应急管理领导干部研修班。研修班以涉核事件公众沟通为主题，采用专题讲授、案例教学、模拟演练、论坛式教学、结构化研讨和交流微论坛等多种形式，深入学习和了解核能事业战略地位和发展形势以及当前国家核应急工作形势与任务，重点探讨涉核事件公众沟通存在的问题和有效应对方案。

11月，国家核应急航空监测技术支持中心在石家庄市举行了卫星实时传输系统演练。演练目的是训练分队各成员从命令下达到人员紧急集合、启动应急预案、采取应急措施这一系列动作的响应速度，提高组织的有效性、反应的快速性、响应的有序性、团队合作的协同性，同时检验实时传输装备的实用性。

12月18日，福建省福清市政府在福清核电厂周边的三山镇前薛村组织开展了核应急公众撤离演练。演练模拟核事故状态下组织核电厂周边公众进行预防性撤离，公安保卫、交通保障、医学救援等核应急行动组演练了交通管控、秩序维护、医学救护、碘片发放、交通运输保障等内容。福建省核应急办评估认为，本次演练情景设计合理，各部门配合过程顺畅，应对处置符合预案和实施程序要求。

十一、国际合作

3月30–31日，国家核应急响应技术支持中心在北京组织召开中欧JRODOS本地化项目阶段工作的技术研讨会和专题技术培训。本次技术研讨会是继项目启动会之后，中欧双方项目实施单位首次重要的项目管理及技术研讨会。

8月30日至9月19日，国家核应急办副主任、国家核应急响应技术支持中心主任胡金武率团赴法国进行了核应急公众防护行动专项技术培训。通过培训，各位学员比较系统地了解了法国核应急相关各方在公众防护行动中的职责、任务和工作机制，学习了法国开展核应急准备和响应工作的管理模式和成功经验，为建设符合我国国情的核应急工作体系开阔了思路、增加了理论和经验储备。

10月19–23日，国际原子能机构（IAEA）在维也纳召开首次全球核应急准备与响应国际大会。国家核应急办公室副主任姚斌率领中国代表团出席大会。大会围绕加强合作、提升标准、综合应对、推动核能的主题，就国际社会在核应急准备与响应领域普遍关注的国际合作、公众沟通、应急管理、历史经验教训、辐射防护策略、教育和培训、公众健康等问题进行了交流，并就“核安全与核安保在核应急状态下的界面与协同”“核应急、核安全的风险沟通”“核应急的未来展望”三个重点问题组织了圆桌会议。中国代表团积极参与了大会各议题及圆桌会议讨论；同时，积极与IAEA、国际粮农组织、美国、法国、巴基斯坦等国际组织和核能发展国家开展了双边交流。

10月26–30日，国家核应急办和美国能源部在江苏省苏州市联合举办了2015年中美核应急医学高级培训班。

11月26日，国家核应急响应技术支持中心与韩国核安全技术院在京签署在核应急响应领域技术合作谅解备忘录。中韩双方将在核应急技术研究、核应急技术支持平台、核应急演习和涉核公众沟通等领域开展全面合作。

（本部分材料由国家核安全局和国家核应急响应技术支持中心提供。）

核专业人才培养和职工培训

中国核工业集团公司

人事制度改革纵深推进。高层次专业人才队伍建设取得新成绩，徐銤当选中国工程院院士。“华龙一号”研发团队入选国防科工十大创新团队，总设计师邢继入选年度央视十大科技创新人物。12 人入选中央“千人计划”。技能人才队伍建设稳步推进。新员工入职培训实现常态化。

中国核工业建设集团公司

2015 年，中国核建领导班子和人才队伍建设有新局面。党组和各级领导班子认真履行抓班子带队伍职责，加强干部从严管理，通过加强学习、培训等方式，提高各级领导班子整体履职能力。推进了干部选拔任用的科学化、规范化、制度化。加强后备干部培养选拔力度。建立健全高级专业技术人才库，建立全方位的员工职业生涯发展机制，为技术人才和技能人才队伍建设提供制度保障。

人才培养方面。加强制度建设和干部监督，发布《领导干部选拔任用工作纪实暂行办法》等七项管理制度，推进了干部选拔任用的科学化、规范化、制度化。不断优化干部队伍结构，加强后备干部培养选拔力度，启动所属单位领导班子副职后备干部选拔工作。建立健全高级专业技术人才库，建立全方位的员工职业生涯发展机制，为技术人才和技能人才队伍建设提供制度保障。

中国广核集团有限公司

一、核电工程人才培训

（一）培训实施情况

2015 年，中广核工程有限公司（简称“工程公司”）全年面授课程开课 8115 期，累计培训 100944 人次，累计培训 343840 人时；全年网络课程学习累计 22974 人次，44761 人时。2015 年课堂教学与网络教学累计 388601 人时，占总工时比 3.16%。

（二）人才培养情况

1. 核电工程产业链培训

2015 年，工程公司继续致力于核电产业链企业培训能力提升与协同共赢，举办了 AE 培训联盟 2015 年“培训工作者能力提升训练营”系列活动，来自 AE 培训联盟及核电工程产业链的 21 家单位的 50 余位代表参加了本次训练营。

2. 管理者培养

工程公司在现有的白鹭系列管理培训基础上，向下延伸至高级主管层面，并制定了基层后备的专项培养项目。截至 2015 年底，共计开设 8 期高级主管转型培训、2 期干部年轻化培训，累计培养 225 人。

3. 新技术路线人才培养

为了更好地适应“小批量、多技术、三代技术”的核电发展新形势，支撑公司“技术立身”核电工程管理转型，围绕新技术路线构建工程人才培养体系，打造公司业务新优势，满足“华龙一号”/AP1000/CANDU 等新技术路线人才培养需求已经成为战略重点。2015 年完成新技术路线培训实施 80 余期，培训 2000 余人次，为新技术路线战略和实体项目业务快速推进提供人才保障。

4. 核电工程国际化人才培养

工程公司响应国家核电“走出去”战略，积极推进国际核电合作项目。为满足国际核电项目对国际化人才的需求，工程公司针对国际化人才建立了三级培养体系，通过建立集团、公司、部门三级差异化培训，做好基础人才储备、提升高管国际化能力、打造金字塔式的国际化人才培养体系，增强学员的英语水平和业务能力，把国际化人才的培养落在实处。2015 年，工程公司累计开展 8 期英语脱产培训，培养学员共计 203 人，动态国际化人才储备池入池累计 326 人。后续工程公司将进一步与国外先进企业开展人才培养合作，安排国际化储备人才海外实践，学习一流 EPC 企业方法和理念，提升国际化视野和国际化的业务实操能力。

二、核电运营人才培训

（一）培训实施情况

中广核所属各核电厂 2015 年组织实施培训课程 8562 门、26398 期、共计 3481482.93 人•时。全年网络课程学习累计 1362 门、共计 118702.05 人•时；2015 年课堂教学与网络教学累计 3600184.98 人•时。

（二）人才培养情况

1. 员工岗位授权培训

2015 年，运营培训领域继续坚持“培训 - 考核 - 授权 - 上岗”制度，根据各工作岗位的岗位培训大纲推动开展在岗培训，培训覆盖到 100% 的专业技术岗位。

2. 运行人员培养

2015 年，持续围绕维持并提升执照人员能力，以“操作员能力拓展及补强”、“运行高岗位人员能力培养与提升”开展运行人员培训工作。全年各电厂共计培养 224 名反应堆操纵员、198 名高级操纵员（到 2015 年底中广核已累计培养 RO1487 人，SRO841 人）。

2015 年，运营事业部培训中心借鉴 INPO 等国际经验，完成值长、安工以及隔离经理等运行高岗位培训体系的建设，并在各基地予以推广，全年各基地共计开展培训 14 期，覆盖运行高岗位人员 256 人，填补了中广核在运行高岗位培训与授权体系上的空白，改进了现有运行高岗位人员主要靠自学及传、帮、带的传统学习方式，规范和优化运行高岗位人员培养模式，有效确保其安全意识及技能水平。

3. 维修人员培养

全年运营事业部培训中心实施 1178 期技能培训，计 8969 人次参加。针对维修领域新进员工较多的情况，在完成日常维修人员培训工作的同时，继续采用“基础技能培训 + 现场实习 + 技能强化培训 + 现场实习 + 综合考核”的模式开展维修类新员工的培养。截至 2015 年底，2014 年报到的 417 名大修新员工已完成培训，并全部通过考核；2015 年报到的 110 名新员工也已全部完成基础技能培训。

此外，运营领域进一步完善了维修高端人才的培养机制，建立 18 类维修领域专家级设备专工资质认证制度，实现了维修高端人才资质认证首批管理制度的建立，为维修高端人才培养提供了更为规范化的通道。

4. 管理者培养

2015 年干部管理培训聚焦于干部带队伍能力提升、干部安全管理能力提升、项目及班组管理能力提升以及干部业务知识拓展四个维度开展。在原有的白鹭计划、《新任干部行政管理知识培训》等通用管理技能培训的基础上，在事业部层面开展组织实施了管理干部安全质量轮训，并结合公司管理干部能力特征开设了《安全领导力》《项目管理》《管理巡视》《管理者自我评估》以及《总经理谈质量》《总经理谈安全》等系列化专项管理者安全文化与技能拓展培训。

5. 新员工培养

2015 年的新员工培养，在重点关注新员工企业文化的导入和综合素养的提升的同时，着重强化基础技能及行为规范意识的培养。事业部运营培训中心年内共计完成订单 + 联合培养 2015 届及 2016 学员共计 661 名，外部岗前培训 210 名新员工统筹管理，此外还完成中山大学 130 名工程师的联合培养。

2015 年新员工及高技能联合培养岗前培训继续采用了跨部门联合项目运作的方式，对新员工入职阶段实行了全方位管理和培训的针对性设计，有效帮助新员工从角色认知、行为规范、基本技能、安全质量意识、企业文化融入等多个方面尽快完成从“学生”到“员工”的角色转变，为新员工正式承担岗位工作奠定了扎实的理论、技能以及思想基础。

6. 员工安全文化及行为规范培训

2015 年在持续提升员工安全技能，强化行为规范的同时，进一步强调了管理层率先垂范的作用、承包商安全意识及技能的强化以及防人因领域的研究和推广。全年，运营事业部培训中心在完成基本安全授权、全员安全文化震撼教育、企业文化培训以及防人因初复训的基础上，统一了六张防人因工具卡在各新基地的使用，并重点推进了防人因管理屏障（现场观察、保守决策、过错判定树）的研究和推广、承包商大修前安全技能强化培训（2273 人次）等工作，同时进一步完善了安全技能实操设施，完成辐射防护安全实景式实操训练平台的投用，至此，运营培训中心已建成了覆盖全类型安全技能实操设施及相应课程。

此外，国家能源核电人因工程技术研究所已于年内在运营事业部培训中心正式挂牌成立，将持续致力于降低核电厂人因失误风险，为提高机组运行安全性能提供重要的知识基础与科技支撑，进而推动我国核电厂防人因失误水平的提升。

7. 新基地及外单位关键岗位人才培养

截至2015年底，运营事业部培训中心已陆续为台山、红沿河、宁德、阳江、防城港等新核电基地累计培养运行、维修等领域关键技术岗位人才3332名。此外，还为集团外核电基地、国际核电同行培养中高级核电管理人才、关键技术岗位人才约760名。

国家电力投资集团公司

调整培训管理体系，组织实施好重点培训项目。圆满完成南非民用核能培训项目第一阶段工作，为来自南非政府部门、核电企业的50名学员进行了为期4个月的核电基础知识培训，培训工作得到了南非方面的高度评价，树立了国家核电良好的品牌形象。同时，也培养了一批具有较高国际化素质的讲师和培训项目管理人才，逐步搭建起核电国际培训课程体系，积累了宝贵的涉外培训经验。

认真组织实施好各项重点培训项目，组织选拔调整科技人才和国际化人才培养对象，确定重点培育对象，开展专项培训。其中科技人才重点培养确定科技领军人才39人、高级人才134人、骨干人才139人，完成科技力领军人才、骨干人才和青年人才5个班次的培训，共计培训156人次。

中国华能集团公司

华能集团高度重视核电人才队伍建设，采用自主培养为主、适当引进关键岗位人才相结合的方式，大力培育高素质核电人才，形成了一支800多人的专业化人才队伍，为建设运营高温气冷堆核电站示范工程、大型压水堆核电站以及后续核电项目开发提供了坚实的人才保障。

目前，高温气冷堆首批45名预备高级操纵员完成1000小时运行经历积累。压水堆工程首批10名值长全部通过秦山核电高级操纵员取照考试。2015年12月25日，高温气冷堆全范围模拟机顺利通过现场测试验收，标志着世界首台高温气冷堆全范围模拟机正式投运。

中国东方电气集团有限公司

东方电气坚持走人才引领、创新驱动、内在增长的发展道路。2015年，东方电气在核电人才队伍建设上加大人才发展投入，强化员工培训，努力提升核电人才队伍整体水平。核电员工培训紧紧围绕“完善机制、加强管理，提高素质”为中心开展工作，通过完善培训机制、优化培训开展流程、改进培训效果评估方法，重点在核安全文化、技术技能、核质保体系、核电ASME规范、核电纠正措施等方面开展培训。

中国第一重型机械集团公司

中国一重注重核安全文化建设和人才队伍的培养。首先从建设“凡事有章可循、凡事有人负责、凡事有人监督、凡事有据可查”的“四个凡事”核安全文化入手，对领导层、管理层、技术层和操作层进行分层次的培训。在培训计划中，突出了核法规、核质量保证手册及程序文件、核安全文化等方面的培训内容，加强法规、标准的贯彻执行，保证了培训质量和培训效果。其次在核电产品加工过程中实行“四个确认”（即机床精度确认、加工余量确认、程序输入确认、空刀运行确认）的基础上，又将此做法推广到炼钢、锻造和热处理等生产工序，严格执行“问责制”和质量问题“一票否决制”，使过程控制进一步得以落实。此外，积极开展经验反馈活动，坚持每周例会制度，每月进行质量趋势分析，每半年召开用户座谈会，注重公开透明，做好事前预防。2015 年，中国一重举办核体系责任人员培训班97期，参训员工达 7600 人次。

国际合作与两岸交流

政府方面

一、习近平出席气候变化巴黎大会并发表重要讲话

11月30日，国家主席习近平在巴黎出席气候变化巴黎大会开幕式并发表题为《携手构建合作共赢、公平合理的气候变化治理机制》的重要讲话，强调各方要展现诚意、坚定信心、齐心协力，推动建立公平有效的全球应对气候变化机制，实现更高水平全球可持续发展，构建合作共赢的国际关系。

二、《核安全公约》履约

2月9日，《核安全公约》缔约方外交大会在奥地利维也纳召开。环境保护部核安全总工程师、国家核安全局副局长刘华担任团长的中国政府代表团出席了大会。大会基于瑞士提出的修约提案，在协商一致的基础上通过了《维也纳核安全宣言》。中国代表团全程参与了外交大会筹备期间的一系列活动，在《宣言》的通过过程中发挥了中国作为核电大国的应有作用，为外交大会最终达成积极成果作出了重要贡献， 既确保了我国核电健康发展不受影响，也赢得了我国重视核安全的良好国际形象。环境保护部（国家核安全局）及时启动了《核安全公约》第七次履约周期的各项工作，包括国家报告编审委员会换届、国家报告编写、10月15日赴奥地利出席缔约方组织会议、11月14–20日赴阿根廷出席缔约方技术会议等。

三、《乏燃料管理安全和放射性废物管理安全联合公约》履约

5月11–22日，《乏燃料管理安全和放射性废物管理安全联合公约》缔约方第五次审议会议在维也纳召开。国家核安全局副局长、环境保护部辐射源安全监管司司长叶民率中国政府代表团出席会议并圆满完成履约工作，得到各缔约方高度评价。

四、多边领域

（一）与国际原子能机构合作

1. 环境保护部（国家核安全局）继续推进与国际原子能机构（IAEA）的固定机制活动，全年参加IAEA核安全标准委员会及其分委会、亚洲核安全网络、全球核安全与核安保网络等各项技术交流会议等活动共21次、42人次。

2. 继2010年IAEA对我国开展核与辐射安全监管综合评估（IRRS）后，环境保护部（国家核安全局）于2015年正式邀请IAEA组织国际评估团于2016年第二季度对我国开展IRRS跟踪评估（IRRS Follow-up），围绕涉及我国核与辐射安全监管体系的10个领域，同时关注福岛核事故后我国在核安全监管方面的响应行动和改进措施，审议我国对2010年IRRS评估报告中39条“建议”和40条“希望”的落实情况。4月30日，环境保护部核安全总工程师、国家核安全局副局长

刘华主持召开国际原子能机构核与辐射安全监管综合跟踪评估（IRRS-Follow up）筹备工作启动会暨领导小组办公室第一次会议。为做好IRRS跟踪评估的筹备工作，国家核安全局制定了IRRS跟踪评估筹备方案并组织编制了自评估报告草案，还邀请IAEA专家于6月29日至7月3日来华开展了为期一周的IRRS跟踪评估培训活动。

3. 邀请IAEA专家于3月30日至4月2日来华，协助环境保护部（国家核安全局）在全球核安全与保安网（GNSSN）框架下建立中国核安全监管门户网站。2015年已完成了该门户网站的基本建设，涵盖我国现有核安全监管体系、核与辐射设施及活动、法律法规体系、公约国家报告、同行评议报告、事件评价和经验反馈体系等核安全相关信息。GNSSN中国核安全门户网站不仅可作为信息共享的平台以及与其他核安全监管机构开展国际合作的窗口，还可传播我国核安全监管良好实践，宣传成就，展示形象。

4. 2015年，在国家原子能机构协调下，国际原子能机构为我国自主研发“华龙一号”、CAP1400、ACP100等技术进行了通用安全评审服务，为我国核电技术“走出去”、在更高层次上参与国际竞争奠定了坚实的基础。通过国家原子能机构平台，共推荐近300名国内专家和学员参加100多次国际原子能机构有关会议、培训、进修、科学访问以及专家服务等活动；技术合作项目执行率达到97%。

5. 与IAEA开展沟通交流活动。

4月10日，国防科工局局长、国家原子能机构主任许达哲在京会见国际原子能机构总干事天野之弥。双方就进一步推进中国与国际原子能机构在核能发展、核安保、核安全、核技术合作、国际职员等领域的合作深入交换意见。

6月1日，国防科工局局长、国家原子能机构主任许达哲会见国际原子能机构副总干事杨大助。

6月7–15日，国防科工局副局长、国家原子能机构副主任王毅韧率团访问奥地利。其间，王毅韧出席国际原子能机构六月理事会并与国际原子能机构总干事天野之弥举行会谈。

9月4–11日，国防科工局副局长、国家原子能机构副主任王毅韧率团访问比利时、奥地利。访问奥地利期间，王毅韧出席国际原子能机构九月理事会并发言。

9月14日，中国代表团团长、中国国家原子能机构主任许达哲出席国际原子能机构第59届大会，并在一般性辩论中发言。许达哲表示，中国一直本着“有取有予”的原则，与国际原子能机构在核能、核技术、核安全、核安保以及保障监督等领域开展全方位合作。中方始终支持国际原子能机构按照《规约》履行职责，将向核技术实验室改造项目提供额外捐款。许达哲强调，中国积极参与包括核安全峰会在内的国际核安保机制，并按照习近平主席提出的“发展与安全并重、权利和义务并重、自主与协作并重、治标与治本并重”的核安全观，努力履行自身义务，全面提升核安保能力。中美核安保示范中心建设进展顺利，投运后将成为促进亚太地区乃至全球核安保技术交流与培训的重要平台。在国际原子能机构大会期间，许达哲会见了伊朗副总统兼原子能机构主席萨利希、美国能源部部长莫尼兹，三方就落实伊核问题全面协议以及阿拉克重水堆改造项目后续工作交换了意见，并达成了广泛共识；会见了IAEA总干事天野之弥，就中国与机构合作、中国核能发展、中国籍国际职员以及伊朗核问题等深入交换意见；此外，还分别会见了法国、阿根廷、埃及、巴基斯坦、印度等国出席机构大会的代表。

（二）与经合组织核能署合作

我国充分利用与经合组织核能署（OECD/NEA）的合作机制，加强国际核技术交流与合作。

环境保护部副部长、国家核安全局局长李干杰分别会见了核能署总干事麦格伍德和前总干事埃查瓦里，就加强与NEA核安全合作事宜进行了交流。

11月25日，国防科工局副局长、国家原子能机构副主任王毅韧在京会见麦格伍德，双方就中国和世界核能发展，中国与核能机构合作等议题深入交换了意见。

我国牵头组织参加核电厂多国设计评价计划（MDEP）项目政策组和指导委员会会议，开展MDEP下各专业工作组的活动；积极参与NEA核监管活动委员会和核设施安全委员会的相关活动；编制并实施加强与NEA核安全合作的工作方案。

（三）中日韩合作

10月21–23日，环境保护部核安全总工程师、国家核安全局副局长刘华率团赴韩国出席了第八次中日韩核安全监管高官会和以“东北亚核安全国际论坛”名义召开的第三次高官会专题研讨会。中日韩三国交流了核安全监管工作最新进展，通过了高官会框架下人力资源开发和在线信息共享两个工作组的工作计划，批准成立了应急准备与响应工作组，并就乏燃料管理、福岛后核电厂安全改进、日本核电重启审查等议题进行了技术研讨。参加了第八次高官会视频会议、第四次高官会协调员会议和人力资源开发工作组会议，派员赴日本参加了三国联合核应急演习。

（四）其他多边合作

5月20–21日，国家能源局局长努尔•白克力率团出席在荷兰海牙举办的能源宪章部长级会议，并代表中国签署了新的《国际能源宪章宣言》。这标志着中国由受邀观察员国变为签约观察员国，在国际能源治理道路上迈出了新的一步。

10月，中、美、伊三国达成《关于联合全面行动计划中阿拉克重水研究堆改造项目的联合意向声明》。根据该声明，中国国家原子能机构和美国能源部将作为伊朗核问题六国工作组双组长，与伊朗共同推动阿拉克重水堆改造项目。

五、双边合作

（一）中美合作

3月9–14日，环境保护部（国家核安全局）派员赴美参加了第27届核管制合作大会。

4月9日，国防科工局局长、国家原子能机构主任许达哲在京会见美国西屋电气公司总裁兼首席执行官丹尼•罗睿德，双方就 AP1000 核电项目建设、和平利用核能合作协定续签等问题广泛交换了意见。

4 月 13 日，国家能源局局长努尔•白克力和美国驻华大使马克斯•鲍卡斯代表两国政府签署了《中华人民共和国政府和美利坚合众国政府和平利用核能合作协定》续约文本。该文本于当年 10 月 29 日正式生效，为两国未来 30 年核能领域合作奠定了法律基础。

5 月 6 日，中美和平利用核技术合作联合协调委员会第10次会议在成都举行。双方就该机制下核能技术、核保障与核安保、环境和放废管理、应急管理、放射源保安等领域合作进行了交流。

5 月 18 日，环境保护部核安全总工程师、国家核安全局副局长刘华出席2015年中美核安全合作指导委员会会议，并与美方共同签署了会议纪要。双方确定 AP1000 项目的设计变更、主泵和爆破阀的制造和鉴定以及首堆调试监督等工作为近期中美核安全合作的重点内容。

6 月 24 日，环境保护部副部长、国家核安全局局长李干杰在出席 2015 年中美战略经济对话期间访问美国核管会总部并会见了核管会主席史蒂芬•伯恩斯，就中美核安全合作进行了交流。

8 月 20 日，环境保护部副部长、国家核安全局局长李干杰在京会见了西屋电气公司总裁兼首席执行官丹尼•罗睿德。双方就共同关心的 AP1000 核电项目进展、中美核电及核安全合作等有关问题进行了交流和沟通。

11 月 12 日上午，环境保护部副部长、国家核安全局局长李干杰在京会见美国泰拉能源公司董事长比尔•盖茨。双方就共同关心的核电安全与核电发展等问题进行了交流。

（二）中俄合作

2015 年 9–10 月环境保护部（国家核安全局）与俄罗斯联邦环境、工业和核安全监督局签署《关于和平利用核能领域核与辐射安全监管合作协定》。

7 月 5–9 日，国务院副总理汪洋访问俄罗斯，并出席中俄总理定期会晤委员会双方主席会晤和第六届俄罗斯国际创新工业展。

9 月 11 日上午，中俄总理定期会晤委员会核问题分委会第 19 次会议在莫斯科召开。双方听取了核电、核燃料、快堆、核安全、军转民、核科技、浮动堆等工作组一年来合作进展情况的汇报，并就后续工作进行研究和部署。

12 月 16 日，国家原子能机构主任许达哲在中俄总理定期会晤委员会第十九次会议上，就中俄双方核领域合作等重点关切问题发言。

（三）中英合作

4 月 15–24 日，国防科工局副局长、国家原子能机构副主任王毅韧率团访问英国、德国和伊朗。访问英国期间，王毅韧与英国能源与气候变化部常务秘书长斯蒂芬•拉夫格罗夫举行会谈，并见证签署中英核工业燃料循环全产业链合作 2015-2016 年工作计划。其间，国家原子能机构、中核集团和英国能源与气候变化部、英国国际核服务公司在伦敦召开核工业全产业链合作“四方”年度会议。

7月30日，国家发展改革委副主任、国家能源局局长努尔•白克力在京会见了英国能源与气候变化国务大臣安布尔•拉德女士。双方就中英能源合作、中国核能企业参与英国核电项目及两国在新能源领域合作事宜深入交换了意见。

10月21日，国家能源局和英国能源与气候变化部在伦敦签署并发表《2015民用核能领域合作声明》。

（四）中法合作

1月30日，国防科工局副局长、国家原子能机构副主任王毅韧会见法国阿海珐集团董事会主席菲利普•瓦兰一行。

4月22日，环境保护部副部长、国家核安全局局长李干杰在京会见法国电力集团董事长兼首席执行官乐维一行，双方就共同关心的中法核电安全领域的合作交换了意见。24日，李干杰在京会见阿海珐集团亚太区总裁欧道博。双方就法国FA3核电项目压力容器问题和中法核电安全领域的合作等进行了交流。

5月22–25日，国家能源局局长努尔•白克力率团访问法国，就中法两国核能全面合作进行了交流，并达成多项共识。

6月30日–7月4日，国家原子能机构副主任王毅韧率团访问法国。其间，王毅韧与法国原子能与可替代能源委员会主席沃瓦尔德签署《中国国家原子能机构和法国原子能与可替代能源委员会关于在中国建设后处理/再循环工厂意向性声明》。

7月20–21日，中法核安全合作指导委员会会议在京召开。双方同意在EPR核电项目、运行电厂安全改进、人员培训、监督员交流、公众沟通、后处理项目等领域进一步加强核安全合作。中法双方还召开了核安全技术交流会。

7月21日，环境保护部核安全总工程师、国家核安全局副局长刘华会见了法国电力集团高级执行副总裁塞维尔•于尔萨，双方就共同关心的中法核电安全领域的合作交换了意见。

9月18日，国防科工局副局长、国家原子能机构副主任王毅韧会见了到访的法国阿海珐集团董事会主席菲利普•瓦兰一行，听取了阿海珐集团关于重组的情况介绍。双方就后处理厂、乏燃料运输和玻璃固化等中法核领域合作项目广泛交换了意见。

11月2日，《中国国家原子能机构与法国原子能与可替代能源委员会关于成立核燃料循环后端双边高级别委员会的备忘录》在京签署。3日，国防科工局局长、国家原子能机构主任许达哲，国防科工局副局长、国家原子能机构副主任王毅韧在京会见了法国原子能与可替代能源委员会主席沃瓦尔德、法国电力集团董事长兼首席执行官乐维。

（五）中欧合作

环境保护部（国家核安全局）负责组织实施的中欧核安全合作项目（一期200万欧元）进展顺利并接近完成。项目执行以来，共邀请欧方来华专家60余名、举办培训班10次、派中方人员14人赴欧培训50个月，共计500余人次参与一期项目执行。二期300万欧元项目即将启动。

（六）中阿合作

1月30日，国防科工局副局长、国家原子能机构副主任王毅韧在京会见阿根廷国家原子能委员会主席博埃罗，双方就两国核领域深入合作交换意见。

2月4日，《中华人民共和国政府和阿根廷共和国政府关于在阿根廷合作建设压水堆核电站的协议》在京签署。

2月10日，环境保护部核安全总工程师、国家核安全局副局长刘华于《核安全公约》外交大会期间在奥地利维也纳会见了阿根廷驻维也纳联合国及其他国际组织大使拉斐尔•格罗希，双方就中阿核安全监管合作进行了交流。

9月6日，国家原子能机构主任许达哲在京会见到访的核供应国集团现任主席、阿根廷驻维也纳联合国机构大使拉斐尔•格罗希。双方就加强中阿核领域合作、中国与核供应国集团的双边关系等广泛交换了意见。

（七）中韩合作

5月29日，第12届中韩核能合作联委会部长级会议在韩国首尔召开。会议由中国国家原子能机构主任许达哲与韩国未来科技创造部副部长李锡骏共同主持。会议总结回顾了双方在核安全、核安保、核科技、核燃料管理等领域一年来的合作进展，并就未来合作达成广泛共识，为进一步深化中韩核领域合作奠定了坚实基础。会后，中韩双方还签署了会议纪要。环境保护部核安全中心派员参加了部长级会议和工作组会议。

11月26日，环境保护部副部长、国家核安全局局长李干杰在京会见了韩国核安全与核安保委员会主席李银哲一行，双方签署了《中华人民共和国国家核安全局与大韩民国核安全与核安保委员会在核安全领域合作的谅解备忘录》和《中华人民共和国国家核安全局与大韩民国核安全与核安保委员会关于辐射环境监测的具体协议》。环境保护部核安全中心与韩国核安全研究院签署了《关于核安全领域技术合作备忘录》。

11月26日，国防科工局副局长、国家原子能机构副主任王毅韧会见韩国核安全技术研究院院长金武焕一行。

（八）其他双边合作

1月27日，国防科工局局长、国家原子能机构主任许达哲在京会见埃及电力和可再生能源部第一副部长哈桑，双方就两国核领域合作深入交换意见。

3月5日，环境保护部副部长、国家核安全局局长李干杰，国防科工局副局长、国家原子能机构副主任王毅韧在京分别会见巴基斯坦原子能委员会主席安萨尔•帕瓦兹一行，双方就共同关心的中巴核电与核安全合作、“华龙一号”核电技术等问题进行了交流。

4月27日，中国与阿尔及利亚和平利用核能合作高级指导委员会第二次会议在京召开，双方就比林项目升级改造、人才培养及核电等方面的合作进行了交流。

5月11–12日，第八次中巴核安全合

作指导委员会会议在华召开。环境保护部副部长、国家核安全局局长李干杰与巴核安全局局长哈比布共同主持了会议并签署了会议纪要。中巴双方商定就“华龙一号”核安全审评独立验证的监管实践、第三代核反应堆应急计划区的划定方法和人口统计的审评原则、无损检验机构资质许可的技术支持、核燃料循环前端的监管活动、联合研发等领域开展合作。

8 月 26 日，国家原子能机构主任许达哲会见了伊朗副总统兼国家原子能组织主席萨利希，双方就阿拉克重水堆改造、中伊核能合作等交换了意见。国家原子能机构副主任王毅韧参加了会见。

9 月 4–11 日，国防科工局副局长、国家原子能机构副主任王毅韧率团访问比利时、奥地利。访问比利时期间，王毅韧与比利时核能监管机构副总裁德赛拉埃举行会谈。

11 月 12 日，环境保护部副部长、国家核安全局局长李干杰在京会见南非核安全局局长贝斯曼•托贝卡，双方签署了中南（非）《关于在核监管领域信息交流和技术合作谅解备忘录》。中南双方还召开了中南核安全监管技术交流会。双方商定在核电厂和核设备现场监督、人员培训、核安全技术支持能力建设、研究堆许可流程、法规标准等领域开展合作。

11 月 24 日，在第四次中国 - 中东欧国家领导人会晤期间，国家原子能机构主任许达哲与斯洛伐克经济部部长胡达克签署了《中华人民共和国国家原子能机构和斯洛伐克共和国经济部关于民用核工业燃料循环供应链领域合作的谅解备忘录》，为两国核领域合作奠定了基础。

在 5 月联合公约第五次审议会议和 9 月 IAEA 第 59 届大会期间，我国代表团团长与加拿大代表团团长、加拿大核安全委员会执行副主席进行了双边会见，就中加两国核安全监管当局合作协议框架和核与辐射安全监管法规技术交流等合作议题交换了意见；完成中加核安全合作谅解备忘录文本磋商。

环境保护部（国家核安全局）完成了与罗马尼亚国家核管制委员会《关于核安全合作和技术信息交流协议》的文本磋商，双方同意以交换形式签署文件。

部分企业集团

一、中国核工业集团公司

积极适应市场化、国际化新形势，统筹面向两个市场、两种资源，是“十二五”期间中核集团确定的一项重大战略。5 年来，中核集团充分利用全产业链优势，走出去、引进来取得重大进展。

核电“走出去”成为中国高新技术和装备走向世界的新名片。巴基斯坦恰希玛 C2 提前 111 天竣工，C3、C4 建设顺利推进。“华龙一号”成为我国自主三代核电技术的主力出口堆型。与阿根廷签署了重水堆商务合同和压水堆框架合同。“华龙一号”全球技术推介和品牌推广有序推进。以核能全产业链助推“一带一路”建设，市场开发工作大力推进。与法、英、美、俄等国家的项目合作、研发合作和产能合作全方位展开。

二、中国核工业建设集团公司

4月21日，中国核建与南非核能公司签订《合作谅解备忘录》。

国际合作方面。海外核电市场开拓注重高层营销，稳固巴基斯坦市场，跟踪罗马尼亚、英国市场。工业与民用市场紧跟国家“一带一路”战略布局，深耕蒙古、巴基斯坦等市场，积极开拓中亚、东南亚市场。持续开展高温堆国际推广，与沙特、南非、迪拜等多国的组织和机构签订谅解备忘录。

三、中国广核集团有限公司

2015年，中广核借助劳斯莱斯（Rolls-Royce）在英国核能行业的权威地位、领先的核能研发经验，加速推动英国核电项目落地进程。此外，中广核与EDF、Areva签署了三方在核反应堆领域建立长期合作的意向协议书，三方将就百万千瓦级反应堆对全球市场的情况开展市场调查，并讨论在全球市场建立百万千瓦级反应堆长期合作的可能性。

苏州热工研究院与西班牙ENUSA、TECNATOM公司签署《苏州热工研究院有限公司、ENUSA、TECNATOM核燃料领域检测技术与服务合作框架协议》，深化三方在核燃料领域的检测技术研发、市场开拓、技术服务支持等方面的合作。

中广核与英国伯明翰大学签署了合作谅解备忘录，双方将在联合培养、实习培训、核能工程与物理研究、后续毕业生招聘以及员工培训等方面加强合作。

中广核与比利时SARENS集团签署战略合作协议，双方将在核电站设计、核电站建造技术研发与项目大型设备、工具的研发等方面进行合作，以及联合开展核电站退役项目的开发和退役技术的研发。

中广核工程有限公司与加拿大Candu能源公司签订了《罗马尼亚核电项目团队合作协议》，双方就罗马尼亚核电项目开展合作。

中广核与俄罗斯原子能集团海外公司（RAOS）签署了战略合作谅解备忘录，双方将在俄罗斯原子能集团已有的海外市场及中、俄两国国内市场进行核能相关合作。

此外，中广核还与法国原子能委员会（CEA），国际原子能机构（IAEA），世界经合组织（OECD），世界核电运营者协会（WANO），美国电力研究院（EPRI），法国材料老化研究院（MAI），美国机械工程师学会（ASME），法国核岛设备设计、建造及在役检查规则协会（AFCEN）等机构开展了广泛的合作。

四、国家电力投资集团公司

国家核电技术有限公司积极贯彻落实国家能源外交和“一带一路”战略，大力推动南非、土耳其、巴西等国家核电市场开发工作，取得了积极进展。

在南非市场，中国确定以CAP1400技术参与南非960万新建核电项目竞争。中南两国政府于2015年签署了两国核安全监管合作协议，CAP1400技术的安全性、经济性优势，以及中方“技术+投融资+本地化+人才培养”方案也获得南非政府和专家团队的肯定和高度评价。2015

年12月2日，国家核电与南非核能集团签署《CAP1400项目管理合作协议》。国家核电正在联合国内装备制造企业、金融机构全面开展备标工作，力争自主核电技术在南非落地。

在土耳其市场，国家核电和西屋公司于2014年11月24日与土耳其方签署了土耳其第三核电厂建设的排他性合作备忘录。根据备忘录，国家核电和西屋公司组成联队将为土耳其建造“2台AP1000+2台CAP1400”的核电项目。

五、中国华能集团公司

华能集团出席了世界核电运营者协会(WANO)的双年会、亚特兰大中心理事会、CEO闭门会议、政策战略研讨会，国际原子能机构全球核应急准备与响应大会等活动，探讨了WANO发展方向与会员需求的适应性、高温气冷堆核电站示范工程装料前评估工作；与中核集团等国内核电企业共同签署了《中国大陆核电WANO成员联合声明》，倡议成立世界核电运营者协会北京中心。

六、中国东方电气集团有限公司

1. 东方电气与中国中原对外工程有限公司、华东电力设计院等单位，合作参与CAREM小堆项目常规岛EPC投标。

2. 西屋电气继续就陆丰2号机组CRDM、RVI设备向东方电气提供技术支持服务。

3. 东方电气继续执行与EDF签订的法国电力R3低压加热器试订单合同，该订单是东方电气首个核电出口合同。截至2015年底，EDF低加锥筒体制造完工、管板与筒体对接焊、水室封头焊接进出水接管。

中国核能行业协会

一、积极做好政府部门委托的国际合作业务

（一）做好GIF联络办工作

1. 组织召开2015年度中国参与GIF工作会议，协助政府部门研究部署国内GIF相关工作。

2015年3月10日，在中科院上海应用物理研究所组织召开了2015年度中国参与第四代核能系统国际论坛（GIF）工作研讨会。来自科技部、国防科工局、国家核安全局等政府部门以及参与GIF活动的共15家单位的40多名代表参加了会议。GIF联络办公室在会上介绍了2014年我国参与GIF工作情况及2015年工作设想。

2. 参加GIF决策和政策文件的制（修）订，维护中方权益。

2015年GIF有关协议等法律文件相继进入延期、修订的高峰期。GIF联络办推动了《第四代核能系统研究开发国际合作框架协定》延长协议、GIF《钠冷快堆核能系统国际研发系统安排（SFR SA）》在国内的审批进程。

联络办在《执行机构参加项目安排(PA)政策声明》、《公开宣传GIF研发成果（适用于系统安排和项目安排文本）时保护非公开信息不被公开的政策声明》、GIF COP21声明文稿等文件的修改以及第四代核能系统钠冷快堆技术标准的制定等方面做了大量工作，提出了中方意见。

此外，联络办配合政府部门就澳大利亚加入GIF有关事项多次对GIF政策组的提议和相关文件进行研究，提出中方意见。

3. 研究落实中国加入GIF新的安排，适应GIF业务不断深化和快速扩展的要求。

GIF相继成立了可持续发展、先进反应堆安全、教育与培训等多个专项任务组。受政府部门委托，联络办开展相关研究工作，提出中国参与GIF新业务的意见。到2015年底，我国新加入的研发项目4个，参加GIF的研发项目达到7个，成为参加GIF核能系统最多的国家之一。

4. 编写GIF中方相关文件报告。

2015年，联络办先后完成了GIF 2015年度报告所需的《中国核能发展报告（国家报告）》（英文）、GIF第39届和40届政策组会议用《中国核能进展状态报告(国家报告)》（英文）和参会对案、《中国参与GIF概况》、《中国参与GIF概况与近期工作》、《中国加入第四代核能系统国际论坛（GIF）相关协议签署情况》等中英文报告的编写。

根据科技部国际合作司的要求，组织清华大学核研院、中国原子能科学研究院、中国核动力研究设计院等单位和专家编制《国家重点研发计划政府间科技合作专项"第四代核能系统"项目申报指南》和项目指南说明。

5. 组织举办或协调参加GIF相关会议，进一步扩大了中方影响和话语权，促进了研发合作项目不断扩展。

受政府部门委托，2015年GIF联络办共主办和协办会议7个，组织参加会议29个。

6. 进一步加强GIF信息的交流。

完成GIF 2014年年度报告中文稿的翻译和出版工作；组织安排VHTR、SFR、SCWR系统安排中文稿的翻译；及时更新并充实"GIF中国"专栏网页内容。

7. 完成多名GIF中方专家的遴选和提名。

截至2015年底，我国担任GIF相关项目的中方代表和专家已达到20名，比2012年增长了1.5倍。

（二）承办第二届东亚峰会清洁能源论坛核能分论坛

受国家能源局委托，11月19日，协会在海口承办第二届东亚峰会清洁能源论坛核能分论坛。本届分论坛以"创新发展、合作共赢"为主题，邀请了中国、印尼、越南、美国、韩国等国的代表，介绍本国核能发展的规划与面临的挑战。论坛共发表报告12篇，约有近30家单位70余名代表参加。

（三）承办国际会议

1. 中美核责任问题研讨会

受国家原子能机构委托，10月9日，协会承办了中美核责任问题研讨会。会议邀请美国国务院、能源部和美国驻华使馆的专家就核损害赔偿立法相关问题与中方代表进行交流。

2. 国际原子能机构技术合作项目设计逻辑框架方法研讨会

受国家原子能机构委托，11月2–6日，协会在京承办了国际原子能机构技术合作项目设计逻辑框架方法研讨会。通过邀请国际原子能机构专家对中国参与国际原子能机构技术合作的相关单位进行培训，以加强新周期内的中国技术合作项目的设计和管理。

3. 后福岛时代世界与中国核能发展研讨会

受国家原子能机构委托，11月23日，协会在京召开后福岛时代世界及中国核能发展研讨会。会议邀请了经合组织核能署总干事麦格伍德先生等4位专家就福岛核事故对世界核能发展的影响、核安全文化、核技术发展等议题进行交流和研讨。

4. 核领域国际职员队伍建设研讨会

受国防科工局委托，协会12月14日在京承办核领域国际职员队伍建设研讨会。会议介绍了加强国际职员队伍建设的相关政策，与会各单位分别介绍了国际职员的任职情况及后续工作考虑。

5. 亚太地区核科技合作协定项目协调员会议和国际原子能机构技术合作项目执行会

受国家原子能机构委托，协会12月29日在京承办了亚太地区核科技合作协定项目协调员会议和国际原子能机构技术合作项目执行会。中核集团、国家电投、中国科学院、中国农业科学院、国家海洋局等单位介绍了项目执行进展情况以及存在的问题，促进后续工作的顺利开展。

二、拓展双边合作

1. 与英国核工业协会签署谅解备忘录

4月22日，协会与英国核工业协会在京签署合作谅解备忘录，将在核能政策、核能技术、燃料循环、公众接受等领域开展交流与合作。

2. 与美国核电运行协会签署谅解备忘录

为加强协会与美国核电运行协会（INPO）核电厂同行评估与经验交流领域的合作，5月22日，中国核能行业协会与美国核电运行协会在伦敦签署《同行评估与信息交流谅解备忘录》，将在信息交流、人员互访、联合评估、共同办会等领域开展合作，从而为核电厂的安全可靠运行提供支持。

三、积极推进海峡两岸核能交流与合作

6月10–16日，由协会副理事长马鸿琳率领的中国核能行业大陆代表团，赴台参加第三届海峡两岸核能合作研讨会。这是继2012年9月首次组团赴台参访后，第二次组团会员单位赴台。来自两岸的70余位专家、代表参加了会议。会议就核电厂同行评估、核电厂设计与安全、中低放废物处理、关键设备管理、后福岛核电厂营运、安全与管理、核电厂营运维护及人才培训等方面进行了专题报告和研讨，共作报告9篇。

会议期间，协会与台湾核能科技协进会正式签署了《加强两岸核电厂营运管理技术交流专题合作备忘录》。

四、组织举办国际技术交流等活动

1. 第十一届中国国际核电工业展览会暨首届世界核能发展论坛

4月22–24日在中国国际展览中心举办第十一届中国国际核电工业展览会。展

会总面积为13000平方米，共有来自英国、法国、美国、德国、日本、韩国、西班牙等10个国家和地区的170多家企业参展，阿根廷、法国、日本、西班牙、英国等是以国家展团的形式参展。来自国际原子能机构（IAEA）、世界核电运行者协会（INPO）、英国、法国、日本、越南等有关机构负责人和部分驻华使馆高级官员出席展览开幕式并参观展览。本届展会参观展览的专业观众超过15000人次。

展会期间，协会首次主办了世界核能发展论坛，来自近10个国家的约290名代表参加。会议围绕世界核能可持续发展所面临的机遇和挑战、新兴国家核电市场、福岛核事故后核电安全运行状况、技术创新与经济性对核电可持续发展的影响等方面议题展开研讨。其间安排了5场双边会见。

2. 第九届世界核大学清华周培训研讨会

7月8日，由协会、世界核大学、清华大学共同主办，东方电气股份有限公司承办的第九届世界核大学清华周培训研讨会在成都举办。本次培训研讨会共邀请到5位外籍专家，分别就世界能源与核能、核电项目融资、核燃料、核能经济性、核安全、核事故、核运输等议题作了12篇报告。此外，会议还特邀3位国内专家作了报告。共有来自24家核能相关企事业单位及高等院校的120余名代表参加培训。

3. 中英民用核能合作论坛

4月22日，由英国贸易与投资总署主办、协会协办的中英民用核能合作论坛在京召开。论坛探讨了中英企业在中国、英国及国际市场合作中的机遇与挑战，并针对合作当中可能存在的问题提出解决方案。论坛还围绕核电厂退役、废物处理和第三方市场等问题展开讨论。

五、组织出席境（内）外国际会议等活动

2015年，协会派员参加国际会议共12个，包括英国核工业研讨会、日本原子力产业协会第48届年会、美国核电运行研究所国际代表论坛、中英核安保研讨会、美国核电运行协会首席执行官会议和国际会员论坛、第五届韩国国家核能日等，就中国核电发展规划、核安全监管、核电厂运行等多个专题进行广泛交流。

国际热核聚变实验堆（ITER）计划中方工作

2015年度，中国国际核聚变能源计划执行中心（ITER计划国内执行机构，简称中心）未与ITER国际组织（IO）签订新的采购包安排协议。已签订的采购包安排协议仍为17个，占实物贡献总额的96.2%。2015年度，中方承担的ITER采购包的研制及加工制造任务总体进展顺利，部分采购包已经进入物项（部件）交付阶段。

一、全面完成采购包年度目标任务

1. 维护中方权益，积极参与ITER组织高层协商

2015年，中心积极参加ITER组织

（IO）的顶层决策活动，参与关键（重大）事项的磋商，参与各项管理工作组和技术工作组的活动。中心筹备和组团参加了3次ITER理事会（IC）会议、2次管理咨询委员会（MAC）会议、2次科技咨询委员会（STAC）会议、2次财务审计咨询委员会会议、2次氚增殖包层项目委员会（TBM-PC）会议、10次联合工作组（United ITER Team，UIT）会议和18次执委会（Executive Project Board，EPB）会议。此外，还派员出席进度与计划、费用管理、核安全、设计变更（PCR）与系统集成控制（CCB）等会议。认真分析各方对重大问题的立场，积极利用各种机会与其他方交换意见，确保了中方在ITER计划中的各项权益。经过精心准备与积极争取，中方推荐的中国专家成功当选2015年管理评估员，在今后两年间负责对ITER组织的管理评估，使我方在ITER组织决策和管理中占据有利地位，发挥积极作用。

2. 加强过程管理，顺利完成采购包年度目标

2015年度，中方没有签署新的采购包安排协议。已签的采购包安排协议仍为17个。为严把质量和进度关，中心进一步加强了对合同项目的过程管理，在监造商的协助下严格监控合同执行，与ITER组织和国内供应商一道不断完善对采购包合同的管理和控制，确保了中方采购包年度进度目标和质量目标的如期完成。年内，交付超导导体31根，其中环向场（TF）导体8根、极向场（PF）导体13根、校正场线圈和磁体馈线（CC & Feeder）导体10根；交付高压变电站设备347箱（件），其中低压电缆56盘，避雷器设备9箱（包括400kV交流无间隙金属氧化物避雷器、66kV变压器侧交流无间隙金属氧化物避雷器、66kV母线侧交流无间隙金属氧化物避雷器和22.5kV交流无间隙金属氧化物避雷器等），接地开关和断路器177箱（包括72.5kV交流接地开关和420kV接地开关等），电压互感器及其附件105箱（包括420kV油浸式电压互感器和72.5kV油浸式电压互感器等）。这些设备（部件）均已顺利运抵目的地并全部通过现场交验检测，一次交验合格率达到100%。此外，通过落实采购包增值税减免，为31个采购包合同提供增值税减免优惠，涉及合同总金额约19亿元，有效降低了供应商经费负担。

3. 细化任务分解，氚增殖实验包层（TBM）取得进展

中国TBM团队密切合作，首家进行概念设计评审（CDR）并关闭设计评审活动，顺利进入初步工程设计阶段。年内出席了两次TBM项目委员会会议，认真履行中方的义务。确立TBM项目的工作任务范围并着手进行任务分解，为下一步通过竞争程序来确立承担单位创造条件。2015年度，中心对TBM项目实行采购包管理模式，顺利完成年度节点目标任务。

4. 加强交流合作，国际科技合作不断拓展深化

中心作为核聚变领域国内统筹协调单位，会同科技部相关司局和国内院所高校开展了一系列双边、多边国际科技合作，

在推动ITER计划顺利实施的同时，有力推动了我国核聚变能源技术的国际研发合作。中俄核聚变双边合作议定书谈判顺利推进；通过召开中日韩三方技术和管理层面的双多边合作会议、中欧核聚变分委会第五次会议、参与ITER供应商联合会、国际聚变核技术大会等，ITER及核聚变领域双多边国际合作得到进一步推进和加强。

5. 创新工作方式，中方职员数量持续增长

通过开展一系列积极有效的人才培养和推送工作，向ITER组织推荐和派遣人员工作取得持续进展。2015年成功获得11个新职位，ITER组织中方职员人数增至56名，比例提升至8.8%，位于欧盟外其余六方之首，并向ITER组织推荐了9名中方访问学者。

二、着力打造专业化项目管理团队

1. 创新管理思路，不断提升规范化管理水平

为切实将创新驱动发展贯彻到ITER计划管理过程中，中心不断完善专业化的大科学工程项目管理体系。1月，中心获得ISO9001质量体系认证，并通过内审、外审、管理评审等一系列优化改进，新编制、修订并升级更新了多项管理办法、工作流程图和各类质量记录。

中心加强制度建设，修订人事管理办法等制度。严格执行财务管理、文档管理、督查督办等25项规章制度，使文件流转、档案管理、会议组织、信息报送、政务综合等各项管理工作规范有序进行。

中心加强合同验收管理，形成采购包生产任务核心技术规范。

中心还制作了《ITER中国》宣传片，加强ITER计划的宣传力度。

2. 着眼未来发展，积极推动ITER项目过程资产积累

为统筹国际和国内两方面资源，中心以建设“未来核聚变能源指挥部”为目标，积极推动ITER计划过程资产积累。牵头编写我国核聚变能源发展战略和路线图，开展ITER技术的消化吸收工作。中心还通过ITER知识产权主题交流会等多种形式，开展ITER知识产权跟踪分析，策划建立ITER装置关键技术资料库。同时梳理ITER计划未涵盖的核聚变技术，为我国全面掌握和快速发展磁约束聚变技术提供支撑。

中心充分发挥标准化成果促进作用，利用ITER计划平台，部署标准化工作，梳理核安全要求，逐步形成中方ITER计划核安全管理规范。

3. 推动技术进步，实现国内产业的创新与跨越式发展

以ITER采购包制造任务为纽带，充分发挥中方采购包承担单位的优势，积极推动产学研结合。国内相关企业和院所通过参与ITER采购包任务，创新能力得到显著提高，不仅在技术实力方面得到长足的进步，更是通过学习和适应ITER组织的先进管理理念和方法，使管理能力快速提升。如西部超导材料科技股份有限公司，因其产品性能达到ITER要求，获得国际业界的高度肯定，并成功打入国际市场。

4. 注重员工培训，扎实推进专业化队伍建设

中心将基础理论学习、专业技能培训和业务能力提高贯穿于队伍建设的始终，坚持“每周一学”制度，对干部职工开展专题讲座。通过专题报告、集中学习和交流讨论等活动，扎实地推进专业化队伍建设，全体员工完成了科技部规定的培训指标。

2015 年，为了优化干部队伍结构，招聘 3 名应届高校毕业生。人力资源队伍的优化使中心规范化管理水平显著提升。目前，中心副高以上职称有 11 人，占职工人数的 39%；驻外后备干部 18 人，占 64%。中心在国际大科学计划管理、质量管理、核安全管理、核压力容器认证、国家安全法规培训、采购包合同验收、突发事件应急处理等方面开展业务培训，促进了中心人员素质的提升。

（本部分材料由中国国际核聚变能源计划执行中心提供）

核能骨干企业

中国核工业集团公司

2015年是中国核工业集团公司深化改革、创新发展的关键之年，各项任务全面完成，实现了集团公司“十二五”发展的圆满收官。2015年集团公司实现总产出1159亿元，实现营业总收入707亿元，利润总额123亿元，分别比上年增长18%、38%，实现经济增加值（EVA）69亿元，比上年改善39%，全面完成了预期目标，并确保完成了国资委的稳增长目标，连续第十年获得中央企业负责人业绩考核A级。

一、改革发展

“十二五”期间，集团公司按照“集团运作、专业经营”方针，启动了以三个中心管理模式为核心的流程再造，突出以产品为中心的市场化经营。经过“十二五”期间不断完善，明确了经营主体，理顺了生产关系，优化了产业布局，整合了资源能力，三个中心逐步落地。积极贯彻落实中央关于深化国有企业改革的精神，发布深化改革指导意见，推进法治中核建设，各项改革措施逐步落地。现代企业制度、市场化经营机制、人事管理及事业单位改革等全面推进。

开展董事会试点，完善现代企业制度，健全法人治理结构，形成了党组会、董事会、经理层分工履责、有效授权的顶层管理体系，提高了重大决策的科学性、系统性和规范性，有效防范了经营风险。分类推进股权多元化和资产证券化，中国核电成功上市，成为大陆纯核电第一股，集团公司资产证券化率达到58%。

围绕转型升级，推动非主业和低效、无效资产清理退出，173个三级及以下公司或独立项目实现工商注销。积极跟踪解决历史遗留问题，厂办大集体改革基本完成，“三供一业”分离移交取得积极进展。

5年来，中核集团以管理提升活动为契机，狠抓生产经营管理和制度体系建设，管理水平显著提高。在全集团范围实施JYK（计划-预算-考核）一体化，贯穿集团公司各项重点工作，实现了从总部到板块、成员单位的全覆盖，促进了执行力提升和责任落实。管理创新成果显著，69项管理创新成果在军工企协获奖，《大型军工企业基于内部控制的价值创造管理》成果获全国企业管理现代化创新成果一等奖。田湾核电、核动力院等单位获得国家质量奖。

财务管理全面向绩效财务转型。积极拓宽低成本融资渠道，5年来落实贷款1891亿元，发行债券248亿元，保障了集团发展的资金需求。采取多种措施降本增效，不断强化成本与“两金”控制。内控建设取得突出成绩，得到国资委、财政部肯定，作为优秀经验向国有大中型企业推广。

审计和风险管理专业化水平不断提升。审计力度不断加大，经济责任审计全覆盖，开展管理审计和制度审计。风险管理与业务有效融合，流程不断规范，责任得到落实。重大项目风险评估审查全面推进，内部控制评价规范开展，重大风险点处于受控状态。

人事制度改革纵深推进。高层次专业人才队伍建设取得新成绩：徐銤同志当选中国工程院院士；“华龙一号”研发团队入选国防科工十大创新团队，总设计师邢继入选年度央视十大科技创新人物；12人入选中央“千人计划”。技能人才队伍建设稳步推进。集团新员工入职培训实现常态化。

二、重大项目

2015年,具有完整自主知识产权的“华龙一号”首堆落地福清，福清核电5、6号机组，田湾核电5号机组开工建设。方家山核电2号机组、福清核电2号机组、昌江核电1号机组投运。中国核电成功上市，募集资金130亿元。我国首个规模化地浸铀矿蒙其古尔一期工程全面建成，在全球首次在自然界发现天然金属铀。国内首条高温气冷堆燃料元件生产线全面建成投产，沧州核燃料产业园部分项目开工，中法合作核燃料循环项目取得重大突破。海外核电市场开发加快，“华龙一号”国外首堆卡拉奇项目开工建设，阿根廷重水堆、压水堆项目签署合同，华龙国际核电技术公司成立。我国首套自主核电软件包和一体化软件集成平台研发成功。碘-125粒子治疗建立“互联网+”一站式服务平台。首个自主开发建设的风电项目成功并网。

核动力产业不断取得新成绩。积极推进自主三代核电技术研发和工程应用,“华龙一号”示范工程成功落地。方家山核电、昌江核电、田湾核电、三门核电、福清核电多个项目同步推进，工程总承包模式逐步完善，四大控制得到改进。

核电安全稳定运行。“十二五”期间，6台机组相继投运；至2015年底，在运核电机组达到14台，总装机容量1151万千瓦。核电机组运行水平不断提升，多台机组排名WANO年度第一。秦山核电基地全面建成。

核燃料产业全面升级。天然铀产业稳步转型，产能逐年提升。核环保产业化发展程度逐步提高。

核技术应用产业保持快速增长势头，营业总收入和利润年均增长超过20%。核医药网络布局加快推进，放射源及工业应用、辐照加工业务稳步发展。钴-60实现国产化，打破国外垄断。

核相关产业持续增长。打造核产业专业服务平台，完善营地建设和技术支持的商业模式。成立中核医疗产业集团，搭建医疗健康产业平台。

新能源初具规模，风光电总装机容量达到100万千瓦，储备风光电资源300万千瓦，掌握了行业规律，建立了一批合作关系，打下良好的发展基础。

三、走向海外

积极适应市场化、国际化新形势，统

筹面向两个市场、两种资源，是“十二五”期间中核集团确定的一项重大战略。5年来，集团公司充分利用全产业链优势，走出去、引进来取得重大进展。

核电“走出去”成为中国高新技术和装备走向世界的新名片。巴基斯坦恰希玛C2提前111天竣工，C3、C4建设顺利推进。“华龙一号”成为我国自主三代核电技术的主力出口堆型。

四、重大创新

“十二五”期间，集团公司启动“龙腾2020”科技创新计划，加大科技研发投入，5年累计达到100亿元，其中自主投入30亿元。科技创新工作力度不断加大，为提升集团公司核心竞争力奠定了基础。

“十二五”以来，集团公司获得国家科技进步二等奖8项，获省部级科技一等奖22项、二等奖82项、三等奖115项。专利数大幅增长，形成“华龙一号”、快堆等多个专利集群，获得国家授权专利3100件。

五、党建工作

集团公司始终坚持党的领导，继承和发扬核工业优良传统，反腐败、严监督、强党建，为集团发展改革提供了坚强有力的政治保证、组织保证和人才支撑。

认真贯彻落实全面从严治党要求，党的建设科学化水平有效提升。深入开展党的创先争优活动、群众路线教育实践活动和“三严三实”专题教育，不断加强党组织建设和党员管理，各级党组织和全体党员党的意识、党的观念得到加强。坚持问题导向，深化专项巡视整改和纪检监察体制改革，认真开展内部巡视，党风廉政建设和反腐败工作成效显著。

继承和弘扬核工业优良传统，隆重纪念核工业创建60周年，“中核梦助推中国梦”主题教育和社会主义核心价值观教育深入人心。围绕中心工作，加强对外宣传体制机制和能力建设，对外宣传、公众沟通和形象公关取得新成绩。以职工群众和青年创新创效活动为载体，群团工作切实得到强化。保卫保密、信访维稳、离退休工作进一步加强，“十二五”集团公司实施特困救助、送温暖共计3852万元，为集团公司发展创造了和谐稳定的良好环境。

六、安全环保

福岛核事故给全球核工业敲响了警钟，核安全问题上升到一个新高度。中核集团一直把核安全放在首位，所属核设施严格遵守核安全法规和标准规范进行建设和运行，自觉接受核安全监管，主动参加国际和国内核安全同行评估。全面落实了福岛核事故后的安全改进工作，三代核电技术成为新建核电项目的主力堆型，核设施本质安全度不断提高。健全安全生产责任制，加强安全环保管理体系建设，全面推行安全环保风险管理，积极推进安全生产标准化，安全管理体系有效提升，安全风险点不断减少。深入开展核安全文化建设，借鉴国外经验，建立核安全文化评估体系，发布“卓越核安全文化十大原则”。

5 年来，各类核设施保持安全稳定运行，在建核设施安全质量处于受控状态，核与辐射安全保持良好记录。环境安全受控，职业危害得到较好控制，工业安全生产形势平稳。

中国核工业建设集团公司

2015年，面对经济下行压力加大态势和严峻的形势，中国核工业建设集团公司迎难而上，采取加大市场开发力度、整合优化资源、全面深化改革等对策，聚焦公司治理、资源优化、降本减费、商业模式创新等关键环节，各项工作稳步积极开展，取得了一定的成绩。

一、2015年主要工作回顾

1. 重点工程建设业务稳步推进

军工工程进展安全有序，核电工程运行平稳，工程进度、质量、安全管理有效，总体受控。积极开展核电新项目的前期准备工作。工业与民用业务布局优化。海外营销体系逐步搭建。

专业化发展积极推进。加大内部专业化整合，积极开拓核电检修业务市场，实现了核电检修业务市场的全覆盖。吊装业务保持向好态势，海上风电市场实现新突破。核电工程价值链经营能力进一步提高。积极探索扩大剥离资产经营的有效途径，实现存量资产的集约化发展。

安全质量环保水平有效提高。积极宣贯并落实新《安全生产法》，加强安全生产绩效考核，发布安全工作要点，开展安全生产标准化建设，组织安全生产大检查，集中改善和解决安全生产中暴露出来的管理体系不贯通、安全风险控制能力弱及作业现场安全隐患多等问题。同时，建立并保持联合工作机制，强化工程质量监督管理，安全质量环保水平有效提高。

清洁能源业务稳步推进。高温堆产业化向纵深拓展，水电等业务扎实拓展。多元化业务稳步推进。节能环保业务增量项目储备及产业链延伸进展显著。

2. 管理提升与公司治理稳步推进

多措并举、降本减费有新成效。以核电工程物资清仓扫库、催收清欠等十项工作为重点，开展“两金”占用专项清理。成立核电项目工程结算领导小组，采取领导挂帅方式推动核电项目工程结算。加快推进集中采购，严守“八项规定”，严控履职待遇与业务支出，各种费用有效降低。

合规经营，降低风险有新思路。落实依法治企的工作要求和上市规范治理要求，发挥制度和体系的刚性作用，继续实施工程质量治理两年行动，杜绝违规经营。首次开展法律事务考核，完善重大合同中的合法合规性审查机制。探索创新审计监督工作机制，全面推进内控体系建设，深入开展内控评价工作，尝试改进风险评估方法，有效推进全面风险管理。

优化机制和手段，基础管理有新提升。发布“十三五”规划总体思路和三年滚动发展规划，完成“十三五”规划征求意见稿。始终把保增长放在突出位置，出台保增长的指导意见，全力保障年度稳增长任务。深化总部职能转变，召开首次年度经营指标质询会。制订“营改增”工作方案，组织“营改增”模拟运行，“营改增”前期准备工作逐步到位。按照新的投资管理机制，进一步理顺投资管理体系。逐步建立与经济效益指标紧密挂钩的收入分配机制，深化企业负责人薪酬制度改革。

3. 全面深化改革工作稳步推进

公司治理不断优化，上市工作取得重大突破。启动核电工程建设一体化管理模式。产融协同发展的创效水平逐步显现。商业模式创新初见成效。积极推进科技进步与创新，科技管理体系进一步完善，建立了重点项目知识产权专项监督管理模式。技术研发体系逐步完善。

4. 党的建设和企业文化建设稳步推进

党建工作有新进展。切实落实从严治党要求，以中央巡视为契机，在深化国企改革中加强和改进党的建设。进一步落实主体责任和监督责任，把党风廉政建设责任制纳入考核，加强问题整改和监督执纪问责。扎实开展“三严三实”专题教育，各级领导干部的党性修养和作风建设进一步提高，责任意识和担当意识普遍提升。

领导班子和人才队伍建设有新局面。中国核建党组和各级领导班子认真履行抓班子带队伍职责，加强干部从严管理，通过加强学习、培训等方式，提高各级领导班子整体履职能力。推进了干部选拔任用的科学化、规范化、制度化。加强后备干部培养选拔力度。建立健全高级专业技术人才库，建立全方位的员工职业生涯发展机制，为技术人才和技能人才队伍建设提供制度保障。

企业文化建设有新成果。媒体关系得到良好维护，成功策划了两次“媒体走进中国核建”活动，组织参加军民融合发展成果展等大型展览3次，文化宣传有声有色。优化宣传载体，成功开通官方微信平台、提升《中国核建》品质、集团公司官网社会访问量同比增加3倍。开展主题宣教和形势任务教育，“三型”总部创建有序开展，群团工会组织作用更好发挥。

二、2016年重点工作

2016年工作的总体要求是：解放思想，全面落实创新、协调、绿色、开放、共享的发展理念，落实“十三五”规划要求，实施结构性改革，打造“核”的竞争能力、加强培育期业务对战略的支撑作用，更加注重发展质量和效益、更加注重资源整合优化、更加注重科技和人才的创新驱动、更加注重集团化管控，充分调动各方面积极性，努力实现“十三五”时期集团公司改革发展的良好开局。

中国核建2016年重点工作，做到“两个确保”“八个突出”。

一是确保业绩目标如期实现。把提质增效、结构调整、改革创新作为发展重心，走内涵式发展之路；二是确保工程建设安全质量。贯彻执行新《安全生产法》，强化工程质量控制和安全生产责任制，加大问责力度。

全年突出抓好八方面工作：一是突出集团化集约化，启动核电一体化管理改革实施。贯彻“安全立命、质量立身、技术立本、成本立业”的核电建设理念，推进核电工程建设一体化管理。二是突出规范化，力争股份公司早日上市。三是突出质量和效益，保持各项业务稳定发展。巩固和扩大工程建设业务规模质量，形成清洁能源领域核心竞争力，保持环保地产业务良好发展态势，提升专业化公司创效能力。四是突出抓好运作模式研究，完善海外业务体系。五是突出市场化，在高起点上进行改革创新。要将落实《中国核建关于全面深化改革的实施方案》的督查考核内容纳入总部职能部门考核和子公司负责人经营业绩考核，坚定不移地推进改革。六是突出精细化，着力提升管理。规范公司治理，抓好合规经营，提高投资决策效率和水平，完善考核分配机制，打好降本增效“组合拳”，运用管理的信息化推动精细化管理。七是突出“三能”改革，优化人力资源管理。八是突出加强基层党建，增强企业文化软实力。坚决落实从严治党要求，驰而不息推进反腐倡廉，努力解决员工关切问题，增强员工幸福感。

中国广核集团有限公司

2015年，中国广核集团坚持“一次把事情做好”的核心价值观，发扬“三实两基”的工作作风，全力冲刺，强力执行，较好地完成了年度各项任务，圆满实现“十二五”收官，为“十三五”争取优质高效发展打下了坚实的基础。

截至2015年底，中国广核集团总资产达到4327亿元，在运装机容量3117万千瓦，实现营业收入507亿元，超额完成国务院国资委保增长目标。

2015年，中国广核集团新增在运核电机组5台、546万千瓦装机容量，核电总装机达到1709万千瓦，国内占比59.8%，保持国内第一，进入国际前五；新开工4台核电机组，装机容量460万千瓦（按核准口径），核电机组在建总装机1465万千瓦，占全国的一半，占全球的19.7%，保持全球最大核电建造商地位。新能源在运装机累计达到1408万千瓦，占中国广核集团在运装机的45.2%。其中，国内风电新增143万千瓦，累计达到833万千瓦；太阳能新增70万千瓦，累计达到127万千瓦。

一、核电安全生产

2015年，中国广核集团群厂运营业绩保持平稳。成熟机组（大亚湾6台机组）65.3%的WANO指标进入世界前1/10，新机组71.9%的WANO指标进入世界前1/4水平；在运机组能力因子持续提升，平均达到88.1%；全年实现上网电量883亿千瓦时，同比增长20.2%。全年共完成10次大修，其中4个十年大修，并在保障质量的前提下，实现了总工期节约19.8天。

二、核电工程建设

2015年，中国广核集团实现5台机组投产（红沿河3号机组，宁德3号机组，阳江2、3号机组，防城港1号机组），创造了国内核电建设新记录。在建工程整体进展顺利，宁德4号机组完成首次装料，红沿河4号机组具备装料条件，防城港2号机组完成热试，台山1号机组实现EPR全球首堆冷试；红沿河二期、华龙示范项目（防城港二期）正式开工，宁德二期以及陆丰、惠州、苍南等前期项目进展总体顺利。核电工程建设连续两年“零死亡”，并且安全业绩整体进入国际先进水平。

三、改革发展

2015年，中国广核集团积极贯彻国务院和国资委关于深化国有企业改革的精神，坚持国际一流清洁能源供应商和服务商的愿景和战略定位，坚持市场化方向，确立了集团总部管资本的核心定位，按照业务下沉、职能上移的原则，强化党的领导、战略决策、资源配置、资本运营、监督管控，同时做实做强产业板块，确保实现资产保值增值的目标。

组织管控方面，坚持战略导向、目标导向和问题导向，按照“三层架构、三类发展、两级管控”，加快打造定位清晰、责任明确、扁平高效的集团管控体制机制。

集团总部组织机构调整方面，以“支撑战略、符合定位，统分结合、以统为主，单边管理、精简高效”为原则，优化完善集团公司和核电股份公司的组织机构。

人事薪酬方面，继续推动内部人才市场建设（全年内部公开招聘 704 个岗位，参与员工数达到 1841 人）、员工帮助计划（EAP）和国际化人才引进工作，顺利实施中广核电力、中广核新能源股票增值权激励计划，市场化的中长期激励机制取得突破，继续完善企业负责人履职待遇、业务支出管理制度和人力资源管理信息系统，实现企业年金收益再创新高。

公司治理方面，以强化落实集团管控和战略意图、完善企业法人治理结构为目标，出台了板块董事会建设和优化方案，推进董事会分级管控，建立两级治理管控架构。

产权管理方面，继续完善全面的资产管理制度体系和产权管理信息系统，聚焦主业，在全集团首次开展低效资产全面梳理和评价认定，全集团共认定 72 项、账面净值约 63 亿元的低效资产，逐项制订限期改善或处置退出等管理方案；创新境外国有资产监管模式，实行分级监管、程序化管理和日常监督，境外投资聚焦主业，严禁个人名义注册或代持股权，有效防范风险。

资本运营方面，立足于做强做优主业，增强企业核心竞争力和价值创造能力，在国内实施了 6 个并购项目，投资金额超过 10 亿元人民币，涉及民用核技术应用的加速器、辐照改性材料，及天然气贮存运输及加气站运营和生物制气领域。

经营管理方面，实现 PBA “一级管一级，向下看一级”的管控原则和方法，在继承发展的思路下，确保改革稳步推进。

四、走向海外

2015 年，在国家“一带一路”战略指引下，在党和国家领导人以及国家各部委的关心和支持下，中国广核集团“走出去”取得新的重大突破。

一是英国核电项目签署投资协议。2015 年 10 月 21 日，在国家主席习近平和英国首相卡梅伦的见证下，中国广核集团与法国电力集团在伦敦正式签订了英国新建核电项目的投资协议。中国广核集团牵头的中方团队将参与投资英国欣克利角 C 和塞兹韦尔 C 核电项目，并在布拉德韦尔 B 项目厂址控股开发建设两台我国自主的“华龙一号”机组。

二是罗马尼亚核电项目签署全寿期框架协议。2015 年 11 月 9 日，中国广核集团与罗马尼亚国家核电公司正式签署罗核项目全寿期框架协议，并推动项目开发进入预投资决策阶段。

三是新能源国际开发迈出新步伐。2015年11月23日，在中马两国政府的支持下，中国广核集团与马来西亚埃德拉公司签署股权收购协议，获得以清洁气电为主的877万千瓦电力资产。另外，中国广核集团在欧洲的可再生能源在运在建装机超过20万千瓦，首个陆上风电绿地项目在英国开工建设。

五、重大创新

2015年，中国广核集团战略专项研发进展总体顺利。华龙技术研发进入项目实施阶段，并启动英国项目的通用设计审查（GDA）和欧洲用户要求（EUR）认证的准备工作；紧凑式海上小型堆进入初步设计阶段，并纳入国家能源科技创新规划，热电堆形成PSAR初稿；中国广核集团牵头的国家科技重大专项“事故容错燃料（ATF）关键技术研究”正式启动；12英尺先导燃料组件获得入堆许可；中国广核集团与中科院签署国家级重大科研项目合作协议，共同研发先进核能系统。

2015年，中国广核集团持续推动自主创新科技成果转化，成功孵化出燃料智能检修装备机器人、核电“神盾”应急平台系统产品等10项自主创新产品，实现转化收益4.9亿元。其中8项属于填补国内空白，2项达到国际先进水平。自主研发的多款反应堆专用机器人，成功在核电站实现首次国产化应用。其中，反应堆整体螺栓拉伸机于2015年8月首次成功应用于防城港核电2号机组，反应堆换料机器人于2015年9月顺利完成防城港核电1号机组装料。

2015年，中国广核集团共申请专利588项（其中发明专利342项），获得授权专利335项（其中发明专利108项）。北京广利核公司的“一种用于反应堆保护系统的组态系统”等3项专利获得国家知识产权局颁发的中国专利优秀奖。

六、党的建设

2015年，中国广核集团认真贯彻落实中央关于国有企业党建的重要精神，按照国资委党委的总体部署，把巡视作为重要契机，深入落实全面从严治党的主体责任和监督责任，加强党建促发展，廉洁从业保发展，不断把集团党的建设和党风廉政建设推向深入。

一是配合巡视工作，深入开展“自查自检自省”（“三自”）专项行动。行动中发现的问题，全部从严整改和处理。“三自”行动是中广核开展自我巡视、落实全面从严治党的创新做法，得到了国资委巡视组的充分肯定。

二是坚持思想建党与制度治党紧密结合，不断提高党建科学化水平。深入开展“三严三实”专题教育活动。同时，在全集团积极开展“学党章、守纪律、当先锋”系列主题教育，进一步深化思想认识、坚定广大干部员工的理想信念。不断加强制度建设，贯彻落实中央要求，结合企业实际，及时修订完善集团党组工作制度，印发集团党建工作指导意见，实现了与上级党组织的体制对接、机制对接、制度对接和工作对接。

三是坚持加强党管干部和群众工作，服务集团改革发展。干部队伍建设方面，配合“执行力年”的要求，开展高管的“狼性”文化教育；结合板块化发展需要，进一步完善党组管理后备干部队伍。青年工作方面，大力开展“强力执行”主题实践活动，并组织“领导与青年员工面对面”活动300多场次，7500多名青年员工参与；开展各级技能竞赛600多场次，2万多名员工参与。

七、信息化建设

2015年，中国广核集团完成了“十三五”信息化顶层设计任务，明确“拥抱互联网，打造数字化、移动化中广核”的建设目标，继续深化清洁能源ERP系统的推广应用。成立了国内首家核电信息安全联合实验室，完成中广核电子商务平台上线，建立了中广核IT系统监控中心、移动应用平台和核电三维协同设计平台。搭建了风电智能一体化平台，成为国内风电行业内首家利用智能化和移动化进行全流程检修的企业。

八、履行社会责任

2015年度，中国广核集团积极履行社会责任，搭建公众沟通交流平台，加大社区发展投入力度，帮助改善当地民生，常态化开展公益活动，致力于项目与周边社区的和谐共荣。

探索“安邻”模式，持续公开透明。2015年，各在运核电基地每月及时在网站公开运行指标、环境监测、三废管控、辐射防护等数据；核电科普教育课程在全国九大核电基地的近70所学校落地，覆盖学生超过15000人；新投入使用10个核电科普展厅，全年接待公众超过25万人次。

推进“暖邻”行动，与周边社区共成长。2015年，中国广核集团六大核电基地在社区建设方面的投入超过1500万元；为核电基地周边社区创造就业岗位超过8000个；员工全年参与志愿活动超过10000人次；深度参与广西乐业、凌云两县的定点扶贫工作，共援建两县15家县医院、乡和镇卫生院改造，15所小学和2所中学的修缮扩建，援建储水水窖16个，资助贫困学生11298人次。

国家电力投资集团公司

2015年6月，中国电力投资集团公司和国家核电技术有限公司联合重组组建国家电力投资集团公司。重组后，国家核电技术有限公司（简称“国家核电”）作为国家电力投资集团公司控股的产业集团公司，继续承担我国三代核电技术引进、消化、吸收、再创新的战略任务，专业从事核电及相关领域的投资运营、技术研发、工程服务以及电源、电网、新能源工程技术服务等业务。

2015年，国家核电全面完成了改革重组任务，超额完成了年度经营指标，围绕三条工作主线实现了重大突破，在科技研发、市场开发、“走出去”等诸多领域取得重大进展。

一、依托项目建设进展

世界关注的AP1000主泵问题全面解决。2015年完成了海阳1号机组主控室可用，三门2号机组蒸汽发生器到场、CVTH安装、倒送电、环吊可用，海阳2号机组蒸汽发生器到场、CVTH安装、环吊可用等里程碑节点。三门、海阳1号机组土建、安装工作全面结束，设备系统单体调试基本完成，安全壳试验各项参数满足设计要求。三门、海阳2号机组土建工程全部完成，设备和大宗材料安装进展迅速，正在进入单系统调试和移交阶段。

二、CAP1400研发与示范工程建设

经过近八年多艰苦努力，国家核电组织实施的CAP1400重大专项结出了丰硕成果：全部重大试验已经圆满结束，试验结果有效支撑了设计验证和安全评价；CAP1400安全分析报告通过国家核安全局审评，审评提出的19项安全改进要求已经全部完成；核电厂施工图纸已经完成92%以上，满足核电站开工建设的需要，可以支持项目开工后的连续施工；中咨公司对核准报告进行了全面审评，核准专家会认为示范工程满足国家的各项标准，具备核准条件。以上工作标志着CAP1400的研发设计已经全面完成，正进入工程实施阶段。中国专利保护协会组织国内专家对CAP1400的知识产权问题进行了专题评审，评审认为：CAP1400是依托“大型先进压水堆核电站重大专项”开发的三代先进核电技术，超越了AP1000技术引进合同设置的技术台阶，中方具有完全自主知识产权和出口权。CAP1400设备制造进度满足电厂建设需要，现场开工条件已经全部准备就绪。

三、CAP1000标准化、技转和关键设备国产化

CAP1000标准化设计已经完成，将

投入规模化建设。国家核电汲取了依托工程建设中的经验反馈，对AP1000进行了布局优化和设计完善，形成了中国标准化的CAP1000技术。上海核工院出版了CAP1000标准安全分析报告，并针对海阳二期、三门二期、陆丰一期向国家核安全局提交了厂址特性的安全分析报告，审评工作接近尾声。

2015年，公司全面完成了技转工作三个百分之百的既定目标（100%满足依托项目建设需要，100%保证技术转让完整性，100%实现关键设备国产化），国内13家集团近40家单位获得技术使用许可；三代核电屏蔽主泵、爆破阀、仪控系统、蒸汽发生器等关键设备、系统的研制工作取得了一系列重大成果，推动了我国基础工业和装备制造业的能力提升和产业升级，将有力地支持我国三代核电工程项目建设。

四、经营发展工作成果显著

经过改革重组，国家核电的总体实力进一步增强，成员单位整体经营业绩持续提升。

2015年，国家核电和各相关单位不断加大科技投入，强化技术研发，取得了重要的科研成果：核电厂安全分析与设计软件平台COSINE研制工作基本完成，发布公开测试版，软件自主化工作取得关键突破；CAP1400燃料原型组件成功下线，自主知识产权的核燃料技术正在形成；AP1000核级锆材生产线通过鉴定和验收，填补了核级锆材产业链国产化的空白；电站控制平台NuCON研制完成，并在平东电厂成功投运；反应堆保护平台NuPAC正按照计划推进，可保证示范工程需要；积极开发设计和评价软件，为核电工程和设备设计提供有力支撑。

常规电业务取得良好业绩。各单位注重技术、管理提升，行业内的竞争力、知名度不断提高，山东院在百万千瓦级超超临界火电、特高压输变电等领域位居行业领先地位；国核电力院获得特高压交直流最高设计技术的“双A”，成为国家发改委“委托投资咨询评估单位”；上海成套院700℃等级高温镍基合金、火电节能减排和准东煤燃烧技术取得了重大突破；中电投工程公司在工程建设领域影响力日益增强，国内外市场占有率不断提升。

五、国际市场开发与合作

核电海外市场开发积极推进。土耳其项目按照既定目标继续推进，开发报告已经提交，与土耳其发电公司就未来工作计划达成了一致；南非核电项目投标文件基本编制完毕，投标准备工作已经就绪。除此之外，公司正大力做好CAP1400技术的国际推广工作，积极推动英国、巴西等核电市场开发。

六、积极开展人才培养和职工培训

调整培训管理体系，组织实施好重点培训项目。圆满完成南非民用核能培训项目第一阶段工作，为来自南非政府部门、核电企业的50名学员进行了为期4个月的核电基础知识培训，培训工作得到了南非方面的高度评价，树立了国家核电良好的品牌形象。同时，也培养了一批具有较高国际化素质的讲师和培训项目管理人才，逐步搭建起核电国际培训课程体系，积累了宝贵的涉外培训经验。

认真组织实施好各项重点培训项目，组织选拔调整科技人才和国际化人才培养对象，确定重点培育对象，开展专项培训。

坚持抓好人才引进工作。加强高层次人才、智力引进和人才培养，推荐3名人才入选百千万人才工程。

七、企业党建和反腐倡廉工作全面推进

以“讲党性、讲责任、讲奋斗”为主题，以思想建党、组织建党、制度建党、作风建党为抓手，深入推进党建的各项工作；全体党员干部的党性原则和政治思想觉悟进一步提高，党组织的政治核心和党员干部的模范带头作用进一步强化。

扎实开展“三严三实”专题教育。公司党组、所属各单位党组织和全体党员干部深入学习领会习近平总书记系列讲话精神，对照检查自身存在的“不严不实”问题，组织召开以“勤政、廉政、干事、创业”为主题的“三严三实”民主生活会，制订整改措施，立行立改。

公司党组和各级党组织认真落实“两个责任”，坚决整改巡视发现的各种问题，着力加强制度建设，积极开展警示教育，党风廉政工作取得新的成效。

中国华能集团公司

2015年，中国华能集团公司圆满完成各项目标任务，合并利润、净利润、归属母公司净利润创历史最好水平，全面完成国资委考核指标和稳增长任务，被授予“2015年度中央企业经营业绩考核工作先进单位”。华能集团境内外全资及控股电厂装机容量达到16063万千瓦，装机规模持续位居世界第一，低碳清洁能源装机突破4600万千瓦，比重达到28.8%，同比提高1.7个百分点。

华能集团积极落实国家安全高效发展核电的方针，在高质量、高水平建设高温气冷堆核电站示范工程的基础上，稳步推进高温堆商业化推广，全力推进商用压水堆厂址及压水堆示范工程的开发建设，切实加强核安全管理能力建设，全面提升核电项目管理水平。

一、统筹开发山东石岛湾核电基地

华能山东石岛湾核电厂址规划建设1台20万千瓦高温气冷堆核电机组、2台大型先进压水堆CAP1400核电机组、4台百万千瓦级商用压水堆核电机组，总容量超过800万千瓦。

高温气冷堆核电站示范工程。2015年，示范工程各项建设工作顺利进行。核岛反应堆厂房、常规岛汽轮机厂房等主要厂房均已封顶。长周期主设备制造工作取得阶段性重要成果，进度基本满足工程二级计划要求。

压水堆扩建工程。华能集团积极开展石岛湾厂址4台CAP1000商用压水堆扩建工程的各项前期准备工作。2015年6月向国家能源局上报了项目建议书；厂址总平面、施工临建区规划基本调整完成。

二、有序推进核电项目前期工作

霞浦核电项目。霞浦核电厂址已列入国家核电中长期发展规划，与地方政府签订了征地收海框架协议，项目公司现已注册成立。厂址总平面布置图方案、可研专题论证工作有序开展。

辽宁普兰店核电项目。完成项目初可研报告的编制，为普兰店厂址列入国家规划奠定了基础。

高温气冷堆技术商业化推广。积极参与国家能源局高温气冷堆技术商业化推广软课题研究工作，联合国防科工局核技术支持中心和清华大学核研究院开展球床模块化高温气冷堆核电站核应急最小化研究，全面开展高温气冷堆技术推广研究论证基础工作。

三、积极参与核电产业链投资

华能集团参股了海南昌江（华能占股49%）、山东海阳（华能占股5%）、中核霞浦（华能占股 10%）等核电项目。为支持核电重大专项顺利实施，华能集团参股了宝银公司，扶持其攻关高温气冷堆和大型先进压水堆核电站蒸汽发生器的传热管国产化。参股的各项目均取得较大进展。海阳一期工程建设进展顺利，关键设备问题得到有效解决，1、2 号主泵完成发运；海南核电 1 号机组完成并网，并成功实现商运。

四、持续加强核安全管理和人才队伍建设

华能集团积极参加中国核能行业协会同行评估和世界核电运营者协会组织的各类专业交流活动，注重引入国内外核电行业良好实践，加强企业内部核安全文化建设，核安全管理能力得到显著提升。

2015 年华能集团开展了核电系统核安全文化建设年活动，宣传核安全文化，坚持文化引领，让核安全高于一切的安全理念成为全体员工的自觉行动；强化制度执行，规范工作行为，让制度保障一切的规范理念成为所有管理者的职业操守。组织全员签订年度安全生产目标责任承诺书。健全安全生产计划管理及监督机制。通过开展《安全生产法》、消防和交通安全知识、安全生产知识竞赛活动，以及安全生产管理人员上岗培训等多种途径，牢固树立依法治安理念，极大提升了安全管理能力。

华能集团高度重视核电人才队伍建设，采用自主培养为主、适当引进关键岗位人才相结合的方式，大力培育高素质核电人才，形成了一支 800 多人的专业化人才队伍，为建设运营高温气冷堆核电站示范工程、大型压水堆核电站以及后续核电项目开发提供坚实的人才保障。高温气冷堆首批 45 名预备高级操纵员完成了 1000 小时运行经验积累。压水堆工程首批 10 名值长全部通过了秦山核电高级操纵员取照考试。2015 年 12 月 25 日，高温气冷堆全范围模拟机顺利通过现场测试验收，标志着世界首台高温气冷堆全范围模拟机正式投运。

华能集团将继续以创建具有国际竞争力的世界一流企业为引领，按照“五位一体”总体布局和“四个全面”战略布局，践行五大发展理念，始终坚持以提高发展质量和效益为中心，以提升竞争力为总抓手，积极投身能源消费、供给、技术和体制革命，全方位加强国际合作，加快国际化发展步伐，为社会发展提供更加可靠、清洁、经济的能源保障。作为核电站的投资者和运营商，华能集团将全力以赴推进国家科技重大专项高温气冷堆示范工程项目的建设；争取尽快获得国家核准开工建设大型压水堆核电站；继续储备和开发新厂址，为国家实现核电中长期发展规划作出贡献。

中国大唐集团公司

2015年，中国大唐集团公司紧紧围绕“稳增长、调结构、促改革、降负债、保A级”奋斗目标，按照“两突出、两深化、两加强”总体工作思路，主动应对电力市场需求进一步下滑、市场竞争不断加剧等带来的挑战，积极把握电煤价格持续低位运行、融资成本持续下降等带来的机遇，开源节流，降本增效，主要经济指标创历史最好水平，结构调整稳步推进，各方面工作取得新的成绩，全面完成了与国资委年初签订的考核目标和稳增长目标，实现了“十二五”的圆满收官。

2015年，大唐集团核能发展工作在编制核电专项规划、开展核电管理程序体系外部评估、核电新厂址开发、庄河核电项目推进、资本运作等方面取得了积极进展。

一、组织开展并编制完成核电“十三五”专项规划

规划总体目标为：确保2017年全面具备核电业主资质条件，力争2019年控股项目开工建设。2020年底，控股权益容量达到250万千瓦，参股权益容量达到500万千瓦。

二、庄河项目取得积极进展

经过大唐集团上下多年的持续努力，辽宁省对庄河项目的态度已由过去几年的消极回避甚至不支持逐渐转变为肯定和比较积极地支持。2015年4月，辽宁省发改委正式向国家能源局上报《关于辽宁庄河市南尖核电厂址列入国家核电中长期发展规划厂址保护目录的请示》。2015年12月，国家能源局正式回文同意将庄河市南尖核电厂址列入厂址保护目录。这是大唐集团获得国家能源局批复的第一个核电项目，对于项目的保护和推进具有重要意义。

三、程序体系评估圆满完成

中国核能行业协会对大唐集团的核电管理程序体系评估工作于2015年11月25日结束，对该体系给予高度评价，认为核电管理程序体系内容完整，与国家相关法规和行业管理要求相一致，能够满足控股建设核电项目的管理要求。

四、前期项目开发有序推进

项目推进方面：组织有关单位按计划稳步开展了各前期项目的可研或初可研专题工作，完成了22项专题的招标工作，相关研究工作已逐步展开。此外，重点围绕政府公关开展了大量工作，先后与辽宁、广东、黑龙江、重庆、福建、江苏、安徽等省市发改委以及项目地方政府多次

沟通，争取支持。辽宁省、重庆市和江西省已向国家能源局上报文件，提出将庄河南尖厂址、重庆丰都厂址、江西峡江厂址列入规划保护名录，黑龙江省也拟同意上报相似文件，安徽省发改委也对宣城项目初可研报告审查事宜初步给予了相对正面的回应。

新厂址开发方面：重点完成了海南近海厂址的普选工作。

五、资本运作取得新进展

加强与大型核电企业的战略合作，资本运作取得新进展。与中广核在阳西项目成立公司上达成一致；与中核集团完成了中国核燃料有限公司股权多元化合作协议签署工作。

中国华电集团公司

2015年，中国华电集团公司积极应对经济下行压力加大、电量需求下滑、金融市场动荡、煤炭产能过剩等错综复杂的外部形势，紧紧围绕“改革创新调结构，做实强基稳增长”这条主线，着力转方式、调结构、推改革、提效益、抓整改，各项工作取得新的成绩。

2015年，中国华电实现利润256亿元，利税431亿元，完成销售收入2000亿元，资产负债率81.96%；生产原煤4805万吨，发电装机容量达到13476万千瓦，其中清洁能源装机占37%；在世界500强排名第345位，较上年提升23位。

中国华电贯彻落实国家能源战略，编制完成“十三五”发展规划，切实把发展的质量效益放在首位，紧跟政策走向，突出战略重点，推进各产业协调发展。中国华电电源结构布局不断优化，多个区位优势明显、高效环保的大型煤电项目获得核准，金上流域苏洼龙等水电项目获得核准，风电等新能源项目核准规模稳步提高，为公司进一步优化电源结构布局，推动可持续发展奠定了坚实的基础。煤炭、金融、科工等产业协同发展，国际业务和新兴产业有序拓展。

按照国资委保增长统一部署，全力应对经济下行压力，千方百计外拓市场，内强管理，降本增效，公司利润总额、净利润、归属母公司净利润、净资产收益率、保值增值率等主要经营指标稳居行业前列。强化运营协调，优化电量结构，主动争取市场，大力开展多层次电量优化，增加发电收益。实施规模化、集约化、精益化管控，燃料、物资、资金“大成本”管理取得明显成效。

按照中央和上级改革部署，公司改革工作深入推进，建立了以董事会为中心的法人治理结构，修订完善了公司党组会、董事会、董事长办公会、总经理办公会等议事规则，初步构建起权责对等、运转协调、有效制衡的现代企业法人治理体系。全面落实“抓总、做实、做优、强基”的管控体制，调整完善总部机构设置，加大对二级单位特别是区域公司的管理授权，完成对31家二级单位的授权以及定编定员调整、16家单位区域内新能源公司组建工作，区域公司投资多元化、管理一体化格局初步形成。

全年保持安全生产形势稳定，认真落实国家环保政策要求，提前超额完成“十二五”减排目标。加强企业文化和品牌建设，认真履行社会责任，发布《2015年社会责任报告》，公司入选十大责任国企，社会责任发展指数位列全国第二位。

2015年，中国华电继续积极参与并配合做好核电有关工作。一是加强与中核集团等单位的合作交流，共同推动有关核电项目早核准、早开工、早投产，在具体项目合作上发挥好股东方的支持、配合作用，为有关核电项目顺利开发奠定良好基础。利用公司参股的福清、三门核电项目平台，积极参与现场项目管理，学习核电开发建设流程，做好人员培训和储备工作。二是参加国家能源局组织的《核电管理条例》（送审稿）行政许可论证会暨专家审查会，积极反馈有关意见建议。三是配合完成国家能源局、中核集团组建“华龙一号”示范工程建设协调小组和福清项目办公室相关工作，并参加福清项目办公室首次会议。四是积极组织参加中国核能行业协会 2015 年年会、第十一届国际核电工业展览会、首届世界核能发展论坛等相关活动，加强与核电有关政府主管部门和业内专家的交流沟通，及时掌握核电发展的有关趋势和动态。

中国国电集团公司

2015年，中国国电集团公司坚决贯彻党中央、国务院的重大决策，全面落实“一五五”战略，深入推进“双提升”工作，准确把握形势，有效驾驭局面，保持了安全生产总体平稳、经营发展持续向好、职工队伍和谐稳定的良好态势。全年完成发电量4837亿千瓦时，装机容量达到1.35亿千瓦，资产总额7840亿元，营业收入1934亿元，利润227亿元，全面完成国资委考核指标和保增长任务。

一、坚持战略引领，结构调整取得新突破

以“一五五”战略为引领，突出质量效益，优化布局结构，超（超）临界机组占比49.1%，同比提高1.7个百分点；清洁可再生能源装机比重达29.9%，同比增加3.1个百分点。加强投资管控，投资重点向主业集中，电源投资占比81.2%，清洁能源占比68.4%。深化前期工作，一批重大项目取得突破性进展，宿迁二期、蚌埠二期、方家庄、准东五彩湾、安顺三期等1128万千瓦煤电项目获得核准。风电核准容量356万千瓦，其中海上风电90万千瓦。推进金沙江和大渡河干流水电开发，双江口项目获得核准。积极稳妥“走出去”，加拿大德芙琳项目投产实现盈利，南非德阿项目进入施工阶段。加快资产盘活优化，落实资产处置三年规划，完成17个项目资产转让。

深入推进基本建设“双提升”，加强关键环节控制，强化全过程管理，工程质量和效益全面提升。严格开工审查，落实投资条件，优化建设时序，邯郸、朝阳、蚌埠二期、方家庄等834万千瓦项目高标准开工。坚持“四高四优五控制”，落实生产运营准备，签订“3+1”责任书，高质量完成960万千瓦投产，火电、风电、水电均投产300万千瓦以上。国家能源示范项目、国家科技支撑项目泰州二期顺利投产，3号机组成为世界首台百万千瓦超超临界二次再热燃煤发电机组，综合指标世界最优，标志着我国火电发展技术水平达到世界领先水平。

二、深化“双提升”，经济效益实现新提升

紧紧抓住生产运营这个基础，深入开展安全生产标准化建设，扎实做好设备治理和节能减排改造，设备可靠性和能效水平不断提高。全年完成供电煤耗310.4克/千瓦时，同比降低2.4克/千瓦时；发电厂用电率4.54%，同比下降0.14个百分点。设备等效可用系数同比提高0.53个百分点，近2/3的火电企业实现零非停。在全国火电机组可靠性评价和能效对标竞赛中，5台机组获可靠性金牌机组，41台机组取得优胜，创历年最佳成绩。一批重

点治理企业生产运营管理、绩效指标显著提升。

突出抓好营销、燃料和成本资金三条防线，强化关键要素控制，主要技术经济指标持续提升。深化“三同”对标，煤电利用小时跃居可比企业第二，利用小时低于“三同”的单位从上年16家下降到7家，12个省份排名区域第一，达到近年最好水平。强化燃料管理，标煤单价及同比降幅均稳居行业第二，10个省区处于最低，13家电厂处于所在省区最低。加强成本资金管控，火电度电成本费用水平保持先进，负债总额和负债率实现“双降”。

落实新机生效策略，优化设计施工，加强生产准备，新投产机组增利22亿元，泰州、泰安、大岗山、枕头坝、江苏风电等新投项目运行稳定。落实治亏见效策略，推动三年治亏方案落地，31户重点治亏单位中27户实现减亏，同比减亏9.4亿元，6户扭亏为盈。落实降本增效策略，融资成本同比下降0.53%，成本费用同比压降42亿元，“两金”较年初压降153亿元，八项费用同比压降18.8%，三项费用占比在营业收入下降9.4%的情况下实现同比下降。成功发行集团公司债。

三、夯实管理基础，安全环保工作再上新台阶

认真贯彻《安全生产法》，全面落实各级安全责任，深入开展“三反四保”、应急演练、危险品和重点领域安全整治等专项工作，企业安全基础更加牢固。全系统未发生较大及以上人身死亡和设备事故，98%的企业安全生产无事故，256家企业实现连续安全生产1000天以上，火电企业实现零死亡、零重伤、零重大设备事故、零供热事故。

加快推进重点区域和企业环保治理，2126万千瓦机组实现超低排放，脱硫、脱硝装机占比均达到100%，全面完成年度治理目标和“十二五”环保改造任务。加强环保项目管理，完成155项环保技改工程，平均停机时间缩短30%以上。推动节能减排技术创新，“基于热能梯级利用原理的热电联产供热技术优化研究与应用”获得中国电力科学技术一等奖。

四、加强依法治企，体制机制建设取得新进展

高度重视、全力配合中央巡视，扎实推进整改落实。实施投资、财务、燃料、物资“四个集中管控”。做好国家审计署经济责任审计、监事会监督检查配合和整改工作。认真开展内部审计、监察和巡视工作，完成内部审计105项，完成32家单位“两个责任”落实专项检查，完成10家单位巡视和8家单位整改检查，有效堵塞管理漏洞。制定实施法制工作五年规划，开展合同审核11.6万件，分类指导处理重大案件。

贯彻国资国企和电力体制改革部署，统筹“四三三”管控体制和“四个集中管控”实施，优化组织结构。调整燃料、物资、科环、资本控股等公司业务和机构，推动

产业优化整合。健全计划、预算、对标、考核“四位一体”管控体系，完善结构化考核模式，修订星级企业评价办法，强化对标与先进性考核，进一步增强工作推进力和驱动力。落实中央巡视整改要求，完善集团决策监督制度体系，制定修订42项制度文件。

五、落实全面从严治党，党建思想政治工作取得新成效

巩固党的群众路线教育实践活动成果，扎实开展“三严三实”专题教育，持之以恒纠正“四风”。深入推进惠民工程，走访慰问老党员和老干部、劳动模范、困难职工、离退休职工5160户，筹集帮扶资金930余万元，补助困难职工2578名。拓宽职工职业通道，实施“首席制”。4名职工荣获全国劳动模范称号，12名职工被评为省级劳动模范；4家单位入选“全国文明单位”，1家单位荣获“全国模范职工之家”称号。高度重视信访维稳工作，“中国国电”品牌价值和影响力不断提升。

六、稳妥推进核电项目前期工作

一是重点做好漳州项目参股管理工作。5月完成项目可研审查，将前期费转为公司资本金，派驻高管，研究批复福建公司承担公司日常管理工作，组织调研参股项目管理模式和经验。与中核集团商议项目建设模式，争取中国国电集团负责常规岛建设，分析科环集团参与水处理、常规岛DCS、信息化系统可行性。研究建议审慎或暂缓开展抽水蓄能电站前期工作。与中核集团商讨拟调整项目已确定AP1000技术路线，按“华龙一号”路线开展前期工作，以及引进EDF公司参与项目的建议。赴甘肃中核集团企业现场，调研乏燃料后处理、核废料处置、铀浓缩等核电上下游产业链。

二是稳步开展核电前期研究以及相关业务。协调马鞍山政府和设计单位上海核工院，加快马鞍山核电项目前期工作，开展长周期专题研究，争取列入安徽省能源规划、国家中长期核电规划。参与跟踪中核集团小堆示范项目从莆田迁到昌江和南海浮动堆建设有关情况。与其他核电集团协商马鞍山、平顶山等前期项目合作事宜。完成山东核电有限公司资本金注入共组。参与中国核能行业协会、电机工程学会核能分会、电促会核电分会相关活动，获取资讯。

中国长江三峡集团公司

2015年，中国长江三峡集团公司紧紧围绕建设国际一流清洁能源集团的“新三峡梦”谋篇布局，全力以赴为“保增长”作贡献，开创了跨越式发展的新局面，各项工作取得了辉煌成绩。2015年，三峡集团可控装机规模和各项经营指标再创新高，乌东德水电站成功通过国家核准，三峡集团顺利完成与湖北能源的战略重组，成功中标巴西朱比亚和伊利亚水电站特许经营权，金沙江溪洛渡、向家坝电站资产证券化和长江电力重大资产重组工作稳步推进，新能源装机取得新突破，集团管控体系架构基本完成，三峡枢纽工程顺利通过竣工验收，党的建设和反腐倡廉工作开创新局面。

截至2015年底，三峡集团可控装机容量为5954万千瓦，参股权益装机1278万千瓦，在建装机3000万千瓦。公司经营业绩持续快速增长，2015年营业收入635亿元，利润总额346亿元，资产总额突破5620亿元。

一、积极与核电企业合作，加快领域布局

2015年三峡集团积极开展核电产业研究与投资工作，加强与中核集团、中广核等核电企业的战略合作，稳步推进在核电领域的投资和布局，取得有效进展。长江电力作为三峡集团核电投资的唯一平台，积极落实与中核集团战略合作有关内容，成功参股中核霞浦核电示范工程项目，实现参与第四代先进核电技术的研究和开发。此外，长江电力还积极争取传统核电项目的股权投资机会。

二、探索推动核电开发新路径

面对沿海核电厂址资源有限及内陆核电发展受限的实际情况，三峡集团正积极推进地下核电、海岛核电等前期研究工作，为国内核电开发探索新路径。

三、重视业内交流，扩大行业影响力

三峡集团以副理事长单位加入中国核能行业协会以来，积极参加核能行业协会组织的年会、核电展等活动，参与内陆核电相关研究，通过行业协会平台加强与政府机构及业内同行的交流和沟通，取得良好效果。

哈尔滨电气集团公司

2015年，哈尔滨电气集团公司全年实现营业收入274.1亿元，同比增长2.5%，为年计划的108.7%；利润总额1亿元，同比增长136.2%，为年计划的209.9%；正式合同签约额348.2亿元，同比增长38.8%，为年计划的87.1%；发电设备产量2097万千瓦，同比下降7.3%，为年计划的113.5%；电站锅炉1412万千瓦，同比增长0.5%，为年计划的100%；电站汽轮机1384万千瓦，同比下降21.3%，为年计划的105.8%。

在市场开发上，签订广西白龙核电常规岛汽轮发电机组项目合同，并在福清核电5、6号机组核主泵支撑上实现了突破；在推进科技创新上，建设了核主泵工程技术研究中心，完成中国第一台自主制造的300MW级核主泵；在提升核电设备核心生产能力上，对动装公司、汽轮机公司加大投入，总投资近14亿元，对哈电集团核电设计研究院进行了调整。

一、核设备制造方面取得的主要成绩

（一）市场开发

1. 中标广西白龙核电1、2号机组常规岛汽轮发电机项目。

该项目的中标进一步巩固了哈电集团在AP1000机型汽轮发电机组设备上的市场占有率。

2. 中标漳州核电1、2号机组常规岛汽轮发电机项目。

该项目采用AP1000和“华龙一号”两套技术方案，哈电集团中标AP1000技术方案。

3. 签订福清核电5、6号机组核岛容器（第四批）和非能动安全壳冷却系统汽水分离器供货合同。

核岛容器由重装公司制造，非能动安全壳冷却系统汽水分离器由锅炉公司制造。以上设备是哈电集团在核二、三级容器项目上实现的重大突破，也是锅炉公司重新获得核二、三级许可证后拿到的具有代表性的产品。

4. 中标福清核电5、6号机组核主泵支撑项目。

哈电集团首次中标核主泵支撑项目，扩大了核岛设备的供货范围，为后续同类型设备的市场开发打下了良好的开端。哈电集团已经具备百万千瓦级轴封式核主泵（含支撑等辅助设备）成套供货能力。

（二）项目管理

1. 陆丰核电1号机组蒸汽发生器项目

咸宁项目转移至陆丰项目的转移工作已基本完成。2台蒸汽发生器管束组件按计划进入清洁室进行管子管板穿、胀、焊工作。

2. 阳江核电4号机组蒸汽发生器项目

3台蒸汽发生器于2015年8月21日发运。重装公司在阳江核电4号机组蒸汽发生器制造过程中，突破多项技术难点，达到了管板打孔一次合格、管端密封焊一次合格率99.99%、水压试验一次合格等高目标，设备制造周期仅用时26个月，实现了业内同类产品首台制造周期最短、质量最优的目标。

3. 巴基斯坦K2、K3（“华龙一号”）蒸汽发生器项目

K2项目3台蒸汽发生器管板一次侧堆焊面探伤一次合格。K2-1管板组件顺利完成深孔加工，其余组件进展顺利。K3项目3台蒸汽发生器整体进展顺利。

4. 阳江核电4号机组稳压器项目

阳江4号机组稳压器于2015年4月16日发运，标志着重装公司的稳压器类产品的制造技术已成熟。

5. 高温气冷堆蒸汽发生器项目

壳体组件制造进展顺利，风机壳筒体及风机壳支承筒体制造完成。完成一个换热单元管子的盘管工作。清洁室完成验收。

6. 巴基斯坦C3、C4项目核主泵

C3的核主泵完成发货，进行现场安装调试。其中首台电机空载试验运行稳定，满足核电厂要求。

7. 福清核电3号机组核主泵

3台核主泵已发货至现场并开展冷试工作。

8.CAP1400核主泵样机

完成主泵电机定子铁芯初装配、定子铁芯终装配的壳法兰热套序，之后进行了电机转子终装配、转子最终加工及锥面精磨。

9. 福清核电5、6号机组及备件项目

预付款和两项进度款完成支付。设计评审会已通过。长周期材料完成采购并开工。

10. 昌江核电1、2号机组汽轮发电机组

昌江核电1、2号机组汽轮发电机组已经全部交货并调试完毕。

11. 田湾核电3号机组汽轮发电机组

主设备（除主汽阀外）将制造完工。

（三）质保监查及核安全文化建设

1. 各涉核单位外部监查情况

2015年，哈电集团对6个涉核单位完成了7次质保监查，覆盖了三门、海阳、田湾、陆丰、福清等核电项目。哈电集团组织各涉核单位对存在问题进行整改，大部分问题项已关闭。

2. 核安全文化建设情况

2015年，哈电集团组织各涉核单位开展了各具特色的核安全文化宣贯推进活动。8月31日，核电事业部组织各涉核单位召开了哈电集团核安全文化宣贯推进专项行动经验总结交流会。10月29日，董事长代表哈电集团参加了全国核安全文化宣贯推进专项行动经验总结视频会，重装公司在会上作为制造企业唯一代表进行了典型发言。

二、2016年工作思路和任务

一是以客户为导向，抢抓国际国内两个市场。要完善机制抓营销，要突出重点抓订货，要抓好交货提信誉。二是以质量为根本，不断提升竞争力。要加强质量管

理，要深入挖掘潜能，要改进服务机制。三是以效益为中心，打好扭亏脱困攻坚战。要完善运行管理体系，要降低集团亏损面，要充分发挥管控效能。四是强化科技创新，进一步释放发展新动力。要完善科技创新体系，要加快新产品、新技术开发，要加快高层次人才培养。五是加快推进体制机制转变，深化改革。要完善法人治理结构，要深化“三项制度”改革。六是抓好产业发展加减法，着力调整结构。要优化产业资源配置，理顺管理关系，确定核电等产业优化发展计划，解决经营管理分散的问题，核电产业要提升核心能力，完成好动装公司、汽轮机公司能力提升项目；深入推广核安全文化，进一步抓好产品交货，尤其要确保福清5、6号主泵，田湾4号机组汽轮发电机组的按计划执行；配合中核集团、中国广核集团、国家电投力争在核电“走出去”上取得突破。七是标本兼治，着力打好汽轮机公司转变翻身仗。八是着力防范风险，提升管控能力。

东方电气股份有限公司

2015年，是东方电气股份有限公司改革创新、加快推进“由注重规模扩张向注重效益增长转变、由注重产能提高向注重技术进步转变、由制造型企业向制造服务型企业转变”的重要一年。2015年，东方电气实现营业收入360.18亿元，新增订单370亿元，完成发电设备产量2817万千瓦，实现了公司总体平稳运行。

核电是东方电气“六电并举”——水电、火电、核电、风电、气电、太阳能发电的重要组成部分。在国内核电市场总体处于低迷复苏阶段，新招标项目价格竞争日趋激烈的情况下，2015年，东方电气实现新增订单28.5亿元；由东方电气供货汽轮发电机组的方家山2号、宁德3号、红沿河3号、福清2号、阳江2号共5台核电机组实现商运目标；核安全文化宣贯推进专项行动工作取得实效；国家科技重大专项课题设计和制造按计划稳步推进。

一、2015年工作回顾

1. 市场开拓

2015年，东方电气在重点项目、重点设备上，继续保持优势，获得了防城港3、4号机组（“华龙一号”），宁德5、6号机组（“华龙一号”），巴基斯坦K2、K3项目（“华龙一号”），陆丰项目（AP1000）等核岛和常规岛设备合同。

2. 项目管理

2015年，东方电气完成RPV1台（防城港2号）、SG3台（福清4号）、发电机转子2根（台山2号、福清4号）、CRDM1套（红沿河6号）、RVI1套（防城港2号）、PRZ1台（阳江5号）交货任务。国核示范项目1号机组（CAP1400堆型）及福清5号机组（“华龙一号”堆型）TG包设备均全面进入生产制造阶段。

加强各项目之间相同机型现场安装、调试工作的经验反馈，为保证机组顺利投运发挥了重要作用。由东方电气提供汽轮发电机组和部分核岛主设备的方家山2号、宁德3号、红沿河3号、福清2号投入商运，由东方电气提供部分核岛主设备的阳江2号投入商运。

3. 质量管理

2015年，东方电气核电质量管理以核安全文化宣贯推进专项行动为切入点，促进质量管理持续改进。认真策划核安全文化宣贯推进专项行动工作，召开核安全文化宣贯会，多种形式进行宣传，涉核子企业将核安全文化宣贯工作与日常生产、质量管理各项工作充分结合，取得了实效。

4. 科研管理

2015年，核电科研工作以蒸发器核一级设计取证试设计工作为契机，积极推进设计能力建设，同时按计划积极推动国家科技重大专项的设计和制造工作。

东方电气于2015年11月初向国家核安全局提交蒸汽发生器取证申请文件；12

月，国家核安全局受理文件并组织专家审查文件。

东方电气组织各子企业积极推进CAP+核电站大型半速饱和蒸汽汽轮机技术方案及关键共性技术研究子课题工作，共性技术研究课题于2015年通过了国家能源局组织的验收。

东方电气承担了国家科技重大专项“CAP1400蒸汽发生器研制”“CAP1400控制棒驱动机构制造技术研究”“CAP1400堆内构件制造技术研究”等专题；承担了CAP1400常规岛关键设备自主设计和制造课题子课题——“CAP1400半速饱和蒸汽汽轮机研制”“CAP1400半速汽轮发电机研制”的合同，共计20个专题合同。2015年7月，国家核电技术有限公司组织专家审查，同意CAP1400常规岛关键设备自主设计和制造课题延期一年结题。

CAP1400核岛设备制造各专题研究、CAP1400常规岛关键设备自主设计和制造课题各子课题及专题按合同计划有序推进。

二、今后发展目标

1. 提高质量管理的有效性，提升核电风险管控水平

进一步落实核安全文化建设和人才队伍建设，完善质量保证体系，加强经验反馈，强化技术验证，确保核电设备批量化生产的产品质量。建立健全核岛主设备集成供货质量管理体系，提高核电产品监管的有效性，保证产品质量的稳定。加强核电风险管理，推进风险管理体系建设，提高核电风险防控水平。

2. 加强自主研发，提升技术创新能力

加强核电技术创新的统筹规划与管理，完成与“华龙一号”、CAP1400、CAP1700、ACP100、钠冷示范快堆等堆型配套的汽轮发电机组的研制，建立具有自主知识产权的设计制造技术体系。加强AP1000、“华龙一号”、CAP1400蒸汽发生器的制造技术研究，确保首台套制造的顺利完成。加强核设备设计能力建设，提高核设备设计水平。

上海电气（集团）总公司

2015 年，多种类堆型产品、批量化生产的项目管理模式依旧是核电运作的特点。经过前两年出产高峰期的磨合和历练，项目管理更加重视科学计划、常态管理和刚性执行，以工程需求为底线，在多项目运作中寻找资源平衡和高效利用，既实现了当年必需项目的出产，又为今后几年的核电新发展打好基础。在质量管理方面，更加重视质量工作本身的技术含量，更加重视质量事故的预防，尤其是个别违规的预防。由于工作常态化，2015 年，上海电气的核电工作继续在淡定中创造新的业绩。

截至 2015 年底，上海电气累计承接包括二代加，AP1000、EPR、“华龙一号”和 CAP1400 等三代以及高温气冷堆等不同堆型的核电主设备（压力容器、蒸汽发生器、稳压器、堆内构件、控制棒驱动机构、主泵、汽轮机和汽轮发电机）共计 290 台 / 套；车间在制维持在 70–80 台 / 套水平，专业基地和产能效益得到发挥。

一、2015 年工作回顾

（一）核电项目管理

2015 年，实际交付或完工的主设备有 18 台 / 套。虽然继续保持着高位运作的态势，但与前两年比较，出产略有下降。

项目执行的亮点是包括二代加，三代 AP1000、EPR 以及高温气冷堆在内的多种堆型核电主设备产品均有出产。在“首台业绩”中，2015 年出产的有三项，包括首台 AP1000 堆内构件、首台 EPR 堆内构件及首台高温气冷堆压力容器。

1. 核岛主设备

共交付或完工 17 台 / 套核岛主设备，包括高温气冷堆压力容器 1 台、AP1000 蒸汽发生器 2 台以及堆内构件 5 套、控制棒驱动机构 6 套、主泵 2 台、装卸料机 1 台。

在三代 AP1000 和 EPR 项目中，2015 年年初，上海电气核电设备有限公司交付了首批 AP1000 依托项目（海阳 2 号）蒸汽发生器；年中，上海第一机床厂有限公司交付了 AP1000 首台堆内构件（三门 2 号）及第二台堆内构件（海阳 2 号）；首台 EPR 堆内构件也在年中由该厂完工。

2015 年，上海电气核电设备有限公司还完工了首台高温气冷堆压力容器；首台高温堆堆内构件进入最终环焊缝焊接阶段。

CAP1400 湿绕组主泵样机试验第一阶段试验顺利完成。

另外，上海电气核电设备有限公司承制的南非 Koeberg 核电厂 6 台更换用蒸汽发生器已相继开工制造。

2. 常规岛主设备

上海汽轮机厂完工交付 1 台汽轮机（高温气冷堆）。

3. 其他

交付核二三级容器 7 台、常规岛辅机 6 套；交付各类核电大锻件 120 件约 1500 吨；完成或交付各类仪表和器件、接线盒、调节阀、电动执行机构共计约8500台/套。

（二）核电质量管理

2015年，产业集团和核电企业注重并完善核电质量管理的经验反馈共享平台，做好质量案例分析工作，分享质量经验，起到举一反三、防患于未然的作用。

2015年，加强了核安全文化的新一轮培训，进一步深化全体员工的核安全意识，同时又重视提高核电专业技能水平，努力实现“两个全覆盖”和“两个零容忍”目标，并将学习成果自觉运用于工作中，提升核安全文化素养和工作能力。

质量管理工作的重点是提高体系管理水平；转变工作方式，提高监管的有效性和覆盖度；将工作重心从问题的处理转向风险的预防，转向个别违规的预防上。

质量管理总体得到相关方认可，在年底上海市核电办召开的2015年上海市核电设备制造质量工作会议上，上海汽轮机厂和上海第一机床厂有限公司获得年度“上海核电设备制造先进单位”的称号，并有6人获“上海核电设备制造质量先进个人”称号。

质量管理的工作抓手落在：

1. 定期评估质量管理体系的适宜性、充分性和有效性。

2. 完善并严格质量预警机制和处理机制；优化质量奖惩体系，完善质量考核问责制。

3. 开展专项监查，并进行量化评估。

4. 建立不符合项原因分析和损失统计制度。

5. 抓住典型案例，剖析根源，制订整改和规避措施。

（三）核电技术攻关

通过科研攻关和产品开发，上海电气的核电制造技术能力在近几年的批量供货中得到了初步验证。AP1000核岛关键设备制造技术已全面掌握，包括压力容器、蒸汽发生器、堆内构件、控制棒驱动机构、稳压器、安注箱、装卸料机等均已实现了产品制造。

为使核电技术能适应未来市场需求，上海电气重点聚焦大型先进压水堆（自主三代技术）和高温气冷堆技术，积极参与快堆和钍基熔盐堆等堆型的前期研发。以国家重大专项及先进核能系统研发项目为抓手，以项目为导向（高温气冷堆项目的压力容器、金属堆内构件、控制棒驱动系统、主氦风机、汽轮机和仪表及主控盘台等；CAP1400项目的蒸汽发生器、堆内构件、控制棒驱动机构、主泵和稳压器等），以技术瓶颈为突破口，设置了7个科研课题共58个子项，加大加快新技术的开发。2015年，部分国家重大专项课题通过了相关部委办的验收。

（四）核电市场开发

积极跟踪、开拓国内外市场。在激烈的竞争环境中，全年承接压力容器、蒸汽发生器、堆内构件和控制棒驱动机构共计11台/套。此外，2015年3月，还签订了南非Koeberg核电厂6台更换用蒸汽发生器的制造合同。

二、今后发展目标

（一）明确目标，苦练内功，适应新态势下核电技术装备产业的新态势

1. 打造三大愿景

打造核电制造业核安全文化示范基地；打造设备集成供货和综合服务的装备集团；打造国内领先、受行业尊敬的品牌供应商。

2. 落实四大目标

质量：稳定受控，安全可靠；项目：确保工程，树立口碑；市场：国内领先，国外突破；科研：瞄准主流，超前投入。

3. 强化核安全文化

行为准则：凡事有章可循；凡事有据可查；凡事有人负责；凡是有人监督。核心价值观：担当、诚信、透明、规范。

（二）巩固优势，加快转型，迎接新态势下核电技术装备产业的新发展

1. 技术升级：从三代技术（AP1000、EPR、CAP1400、“华龙一号”）到四代技术（高温气冷堆、快堆、钍基熔盐堆）；从主设备制造到核电站服务等多种产品供货等。

2. 系统集成：从单个、小批设备合同尽可能地扩大设备集成供应范围。

3. 业务链拓宽：从目前以核岛和常规岛主设备供应为主体的业务链，逐步向建立产品性能试验和电站运行服务等业务延伸。

4. 产业模式转变：通过研发合作平台，培育产业创新能力，从单纯设备销售向“设备集成+技术服务”的产业发展模式发展。

5. 智能化制造：搭建数字化制造协同管理平台，实现核电产品从“传统离散型制造”向“数字化高端装备制造”的生产模式转变。

中国第一重型机械集团公司

中国第一重型机械集团公司现拥有世界一流的铸锻件生产线、重型容器生产线和核电装备生产线，具备了百万千瓦级核反应堆压力容器和蒸汽发生器、容器类锻件、泵类锻件、支撑类锻件、泵类铸件、设备支承件、锻造主管道等制造资质，成为了国内能够承制二代加核电、三代核电、四代核电大型铸锻件和核岛成套装备的企业。

2015 年，中国一重完成了 2 台核电专项容器和 1 台阳江 5 号压力容器制造任务；完成了 3 台海阳 3 号、4 号机组堆芯补水箱的水压试验工作；完成了压力容器、蒸汽发生器、堆芯补水箱、泵壳等各类核电锻件 65 件，满足了用户的需求。

作为我国重型装备制造的领军企业，中国一重从事核反应堆压力容器制造已近 50 年，创造了多项国内第一。2015 年，在国家发改委、能源局等上级部门的大力支持下，中国一重按照国家调整能源结构、大力推进核电建设和核能装备国产化的战略部署，依托国家科技重大专项，积极投入到“华龙一号”核岛主设备的自主化研制工作中，先后攻克了高纯净钢水冶炼、超大截面压实锻造、超大型截面的细化晶粒热处理工艺等难关。在完成全部 6 台自用“华龙一号”反应堆压力容器锻件的研制外，又为兄弟单位研制了蒸汽发生器锻件以及稳压器锻件。目前，国内 80% 以上的核电锻件、70% 以上的核反应堆压力容器均由中国一重生产制造，中国一重已经成为世界最大的核岛主设备及其锻件制造商。

2015 年，中国一重在新一代核电大型铸锻件的研发中取得了多项技术创新。针对超大型封头类锻件及特厚饼类锻件无法实现仿形锻造的世界性难题，中国一重突破传统成形方式，首创了“渐变拉伸锻造”等技术，全面实现了超大型实心锻件的“近净成形”。针对“覆盖式”成形方法存在的缺点，中国一重开发出双端不对称同步压下变截面筒体类锻件的成形技术，掌握了锻造过程中金属的变形规律、缺陷产生机理及坯料与模具的设计方法，解决了大型非对称筒体类锻件的成形难点，成功研制出第三代核电 RPV 接管段和 SG 锥形筒体近终成形锻件。针对超大异形锻件无法实现全截面均匀冷却的世界性难题，首创了“非能动”立式喷淬装置，实现了对工件内外表面近距离全覆盖淬火。针对超大壁厚锻件冷速无法达到要求的情况，首创了亚温淬火技术，使复杂形状的超大型厚壁锻件的性能合格率达到 98% 以上，锻件的性能指标高于国外同类产品。

为实现 CAP1400SG 大型水室封头一体化锻件制造，中国一重开发出旋转仿形整体制造技术。该项技术与传统制造方法相比不仅节约材料、降低成本、缩短制造周期、减小锻件的有效截面，而且保证了锻件纤维流线连续性，改善了锻件锻造成形中受力状态，使锻件各部位变形均匀，提高了锻件使用安全性。同时，为解决管板坯料尺寸大导致锻透性差、自由锻造后加工量大、工件局部镦粗变形、非金属夹杂物等诸多难题，中国一重开发了特厚大型管板胎模锻造技术，使上下端面及心部同时变形压实，减少了局部镦粗成形，改善了锻件中心部位的偏析现象，消除了锻件缺陷。

中国一重打响核电设备制造品牌的同时，核电产品订货方面取得了积极进展。2014–2015 年签订了“华龙一号”的 6 个机组的主设备供货合同，涵盖了压力容器、稳压器、主泵泵壳、设备支承、蒸汽发生器锻件。同时，签订了中广核“华龙一号”防城港项目的主管道和稳压器的制造合同。这是中国一重首次承制百万千瓦核电机组该类型设备，进一步开拓了三代核电市场。此外，中国一重加快核电“走出去”步伐，加强国际合作与交流，经过与加拿大巴威公司的多轮谈判，承接了该公司的蒸汽发生器锻件制造合同，实现了三代核电蒸汽发生器锻件的出口。

核电产品技术要求高，制造难度大，质保要求严，安全是最高原则，需要不断完善和优化核质保体系和管理制度。所以，中国一重形成了完善的质保体系——ISO9000 质量管理体系、压力容器产品制造质量保证体系、民用核安全机械设备制造质量保证体系和美国 ASME 产品质量保证体系，并先后取得了相关的“NPT”“N”和“NS”证书及钢印，有力地保障了核电产品的科研和生产。

中国一重注重核文化建设和人才队伍的培养。首先从建设“凡事有章可循、凡事有人负责、凡事有人监督、凡事有据可查”的“四个凡事”核文化入手，对领导层、管理层、技术层和操作层进行分层次的培训。在培训计划中，突出了核法规、核质量保证手册及程序文件、核文化等方面的培训内容，加强法规、标准的贯彻执行，保证了培训质量和培训效果。其次在核电产品加工过程中实行“四个确认”（即：机床精度确认、加工余量确认、程序输入确认、空刀运行确认）的基础上，又将此做法推广到炼钢、锻造和热处理等生产工序，严格执行“问责制”和质量问题“一票否决制”，使过程控制进一步得以落实。此外，中国一重积极开展经验反馈活动，坚持每周例会制度，每月进行质量趋势分析，每半年召开用户座谈会，注重公开透明，做好事前预防。2015 年，中国一重举办核体系责任人员培训班 97 期，参训员工达 7600 人次。

国家“十三五”规划纲要进一步明确了安全高效发展核电等绿色能源的整体思路。中国一重把核电装备作为核心产品，既符合国家的能源发展战略，也会为企业创造巨大的经济价值。目前，中国一重已形成年产 10 套核岛一回路大型铸锻件及相关设备、5 套常规岛设备所需大型铸锻件的生产制造能力。中国一重将与国内核电企业在关键技术研发、质量管理控制、核安全文化建设等方面，继续开展广泛深入的合作，进一步扩大市场占有率，大力推进压力容器、蒸发器、稳压器、堆内构件、主管道等产品的市场、技术开发，实现核岛一回路设备的全覆盖，成为中国核岛装备的领导者、国际先进的核岛设备供应商和服务商，全面推进我国能源产业和能源装备制造业的持续健康发展，谱写核电自主化品牌新华章。

中国第二重型机械集团公司

2015年，中国第二重型机械集团公司以国机集团平台作为依托，把核电产品研发制造作为公司三大战略发展方向之一，提高内部工作效率和质量，加强新产品开发研制，取得了新的进展和业绩。

2015年，中国二重完善了体制运行模式，规范了工作流程，以核电“三人领导小组”为支撑，核电整体运行实现了“对内一条线”的短流程要求，运行效率得到进一步保障，重点项目进度得到有效控制，使中广核、中核集团、国家核电、东方重机等关键用户改变了对二重的原有印象，修复了与核电用户的关系。公司各项核电业务高效运行，用户的需求得到及时回应，关键产品按用户需求交货，自主研发的三代核电机型的首件不断取得突破，市场对中国二重的认可度得到有效提升。

一、核电产品生产取得的主要成绩和进展

1. 通过与中国核动力研究设计院紧密合作，推进了ACP1000主管道的工艺技术评定工作。

2. 顺利完成“华龙一号”核岛蒸发器、稳压器锻件的工艺技术评定，并率先在国内实现全套锻件的批量交货。

3. 首套CAP1400堆芯补水箱设备制造工作顺利推进，进入最后总装阶段，标志着中国二重由铸锻件供应商向成台套设备供货商转变。

4. 在主泵设备国产化方面，中国二重依托东方阿海珐核泵有限公司支持，持续推进国内首台CPR1000铸造泵壳体的研制，基本完成制造工序。此外，二重积极推进了“华龙一号”主泵技术评定工作。

5. 常规岛方面，中国二重制造的国内首支具有自主知识产权的CAP1400压水堆核电机组转子锻件顺利完工发货，中压排气缸、高压外缸生产突破瓶颈，顺利推进。

6. 中国二重已经形成核电核岛、常规岛铸锻件和设备的批量供货能力。

二、核电产品科研开发

围绕国家产业战略，中国二重立足于自主创新，加大科研投入，2015年先后有4项国家课题、2项四川省课题取得成果。

中国二重依托福清核电6号机组和巴基斯坦K3项目，对“华龙一号”主管道和波动管立项进行专项研究，并以福清核电6号机组主管道产品为依托，开展了首件评定工作。“华龙一号”锻造主泵泵壳是我国自主化第三代核电的核岛关键部件，结构复杂，技术要求高，中国二重通过努力，掌握了主泵锻造泵壳的关键制造技术。此外，对于“华龙一号”蒸发器、稳压器设备大型锻件，中国二重确保实现

了全套锻件的批量化制造，且锻件合格率达到了 100%。

在成台设备制造方面，中国二重承担制造的国核示范工程 CAP1400 堆芯补水箱在完成锻件制造后，进入设备制造阶段，零部件堆焊、部件组焊、热处理、机加工、尺寸控制、无损检测、质量控制、项目管理等各成台设备制造关键技术及管理经验均得到有效实施，中国二重已掌握并具备了成台设备的制造能力。

核电重型支撑是中国二重的传统长项。通过经验反馈和技术改进，各项制造技术进一步成熟。2015 年，中国二重与上海核工程研究设计院合作，推进了 CAP 系列稳压器支撑用拉杆的国产化研制工作。制造成功后，将打破国外的技术垄断，大幅降低稳压器支撑制造成本，缩短制造周期。

此外，结合未来市场需要，中国二重组织开展了 AP1000 反应堆压力容器、稳压器和高温气冷堆成台设备的制造技术研发，均已取得实质性进展。

经过多年不懈努力，中国二重已掌握了各种核电机型的核岛、常规岛大型铸锻件、锻造主管道、反应堆压力容器支撑及预埋件等多项核心制造技术。在今后的核电装备制造研发中，中国二重将精心组织各项目，加强科研开发，扎实推进人才队伍建设，全面提升管理水平，为我国的核电建设提供优良的设备。

行业协会与学会

中国核能行业协会

一、成功举办了2015年年会暨第十一届中国国际核电工业展览会等重大活动

1. 顺利召开了中国核能行业协会2015年年会。

4月22日，中国核能行业协会2015年年会在北京召开，210家会员单位的352名代表参加了会议。国家核安全局局长李干杰，国家能源局副局长刘琦，国防科工局党组成员王承文参会并讲话，张华祝理事长代表理事会作工作报告。

会上还向2014年度中国核能行业协会科学技术奖获奖项目颁发了获奖证书。

2. 成功举办第十一届中国国际核电工业展览会。

第十一届中国国际核电工业展览会于4月22–24日在北京国际展览中心举办，总面积为13000平方米。来自英国、法国、美国、德国、日本、韩国、西班牙等10个国家和地区的170多家企业参展，阿根廷、法国、日本、西班牙、英国等以国家展团形式参展；来自国际原子能机构（IAEA）、世界核电运行者协会（INPO）、英国、法国、日本、越南等有关机构负责人和部分驻华使馆高级官员出席开幕式并参观展览；参观展览的专业观众超过15000人次。

中共中央政治局委员、国务院副总理马凯亲临展会参观，对展会表示了充分肯定。

2015年，中国国际核电工业展览会入选商务部“引导支持展会名单”，同时被中国社会组织促进会评为“行业协会商会品牌服务项目”。

3. 成功举办首届世界核能发展论坛。

4月23日，由协会主办的首届世界核能发展论坛在京召开，来自近10个国家的290名代表参加。会议围绕世界核能发展所面临的机遇和挑战、新兴国家核电市场、福岛核事故后核电安全运行状况、技术创新与经济性对核电可持续发展的影响等议题展开研讨。

4. 成功举办内陆核电建设研究成果发布会。

4月24日协会举办了内陆核电建设研究成果发布会，重点向社会发布了内陆核电厂址安全和内陆核电应对事故的能力等研究成果。200余名各界代表参会。

二、为核电发展建言献策，为政府部门提供技术服务和决策支撑

2015年，协会积极开展行业需求调研，参加政府主管部门组织的会议及活动，在核能发展的相关问题上，提出协会的意见或建议，得到政府部门的重视。

（一）代表行业发声，为核电发展建言献策

（1）就核电发展问题向国家有关部

门建言献策。

2015年，协会就会员单位十分关心的核电新项目安排等问题，在组织中国核工业集团公司、中国广核集团有限公司、国家核电技术有限公司等单位的主管领导、部分专家座谈的基础上，形成了协会《关于近期核电新项目安排的若干意见》，表达了行业的共同呼声。该报告于5月以协会名义上报国家能源局，抄报国家核安全局、国防科工局，为2015年及今后一段时间核电新项目的重启起到了积极的推进作用。

（2）参加政府部门组织的“十三五”规划研讨活动。

参加了国家发改委基础产业司组织召开的“十三五”能源发展思路座谈会；国防科工局系统工程二司组织召开的核工业发展“十三五”规划专家研讨会、核燃料循环产业中长期发展规划咨询评审会，以及乏燃料管理战略研讨会、乏燃料贮运中长期发展规划研讨会等。

根据国家能源局的要求，协会对《能源技术革命战略行动计划(2016–2030年)》（征求意见稿）提出了书面反馈意见。

（3）回复国家核安全局2015年有关法规的征求意见。

国家核安全局先后就《核动力质量保证规定》《严重事故下设备可用性论证要求》《模块式小型压水堆核动力厂示范工程安全审评原则》《核电厂乏燃料干法贮存系统核安全审评原则》《核电厂运行许可证有效期限延续的技术政策》(以上均为征求意见稿）征求协会意见，协会组织专家认真研究后，予以回复。

（4）参加全国人大和政府部门组织的核法律法规咨询工作。

对《中华人民共和国核安全法(草案)》（征求意见稿）书面反馈了意见。派员参加了《原子能法（草案）》专家研讨会暨中国法学会2015年第6期立法专家咨询会、国家能源局组织召开的《核电管理条例》许可论证会、国防科工局组织召开的《核安保条例》许可论证会。

（5）配合国家知识产权局开展有关工作。

召开知识产权预警项目申报座谈会，完成了国家知识产权局2015年专利分析预警项目立项选题建议的推荐工作。为配合国家知识产权局开展的调研工作，召开了核电产业“走出去”知识产权风险座谈会。

（6）应邀参加有关单位组织的活动，提升协会的影响力。

协会领导先后参加国家发展和改革委员会、国家能源局、国防科工局、国家核安全局等部门举办的各种论坛、论证会、研讨会，并在会上作有关核能发展的报告。

（二）受政府部门的委托开展课题研究，为政府决策提供技术支持

2015年，协会共承担了16项政府部门委托的研究课题和技术咨询服务项目。

1.完成了《我国核燃料保障战略重大问题情报支撑研究》工作。

历时两年完成了《我国核燃料保障战略重大问题情报支撑研究》工作，包括《世界核燃料产业情况调研》《国内外铀资源勘查开发产业调研》《国内外铀转化产业调研》《国内外铀浓缩产业调研》《国内外核燃料元件产业调研》《国内外核电站乏燃料管理及后处理产业调研》《我国核燃料产业“十三五”规划思路研究》等7个专题报告，以及《我国核燃料保障战略重大问题情报支撑研究》总报告。

2. 完成了《核电厂核岛土建安装施工安全监管咨询报告》。

完成了《核电厂核岛土建安装施工安全监管咨询报告》，为国家核安全局编制核电厂核岛土建施工单位条件管理文件提供了技术支持。

3. 继续推进《原子能法》立法工作。

在《原子能法》立法方面，主要做了以下工作：一是按照国务院法制办提出的70多个问题，参与《原子能法》立法基础材料的编写工作，形成了近8万字的资料；二是将征求的《原子能法（草案）》（送审稿）554条反馈意见进行梳理、分类；三是根据反馈意见，对送审稿进行修改，形成了《原子能法（草案）》（送审稿）的修改稿及修改说明；四是编印了新版的《涉核法律和行政法规汇编》《涉核部门规章汇编》。

4. 完成《核燃料产业军民融合发展思路和意见》研究工作。

组织专家开展研究工作，提出了核燃料产业军民融合深度发展的目标、主要任务、政策建议。

5. 继续开展《我国铀资源勘查行业技术创新能力评价体系与模型研究》工作。

6. 完成了核电厂概率安全分析与严重事故管理同行评估课题研究。

编制和升版了《概率安全分析同行评估实施办法》《概率安全分析同行评估技术导则》《低功率和停堆工况内部事件一级概率安全分析同行评估实施办法》《低功率和停堆工况内部事件一级概率安全分析同行评估技术导则》。

2015年协会分别对田湾核电站1、2号机组概率安全分析工作的管理进行了系统评估，对方家山核电厂开展了严重事故管理同行评估。于12月18日召开了概率安全风险和严重事故管理同行评估研讨会。

7. 完成了核与辐射公众安全宣传与同行评估课题研究。

2015年承担了国家核安全局核与辐射公众安全宣传与同行评估课题研究工作，并召开核电科普公众宣传专题研讨会、核电公众沟通同行评估研讨会；组织专家对核电项目前期公众沟通同行评估体系文件进行评审；对桃花江核电有限公司公众沟通工作进行同行评估。

（三）做好政府部门委托的相关工作

2015年，协会受政府部门委托，承担了多项技术咨询和服务工作。做好第四代核能系统国际论坛（GIF）联络办工作，包括组织召开2015年度中国参与GIF工作会议；参与GIF有关政策文件的制（修）订；提出中国加入新业务的意见；编写GIF中方相关文件报告；组织举办或协调参加GIF相关会议等。承办各种重要会议或活动，如中美核责任问题研讨会、国际原子能机构技术合作项目设计逻辑框架方法研讨会、第二届东亚峰会清洁能源论坛核能分论坛、后福岛时代世界与中国核能发展研讨会、核能领域国际职员队伍建设研讨会、国际原子能机构技术合作项目执行会等；为国家核事故应急办公室提供技术服务。完成国际原子能机构动力堆信息系统数据报送工作。完成了《中华人民共和国年鉴》2015 年卷《工业》栏目 – 能源工业 – 核工业综述部分的编写工作等。

三、进一步提高三个核心业务工作质量，为会员单位服好务。

（一）核电厂同行评估及经验交流

圆满完成同行评估计划任务。编制了五年评估计划；实施了 5 场评估活动；初步建立了建设评估指标体系；研究开发了核电运行评估数据库系统和核电建设评估网络系统，开展了核电评估工作中长期发展规划的研究。

行业专题工作组工作进一步规范，对《专题工作组管理规范》进行了修订。

软课题研究项目更接地气。经修改的《核电厂同行评估及经验交流委员会软课题研究项目管理规范》发布后，各工作组全面介入 2014–2015 年度软课题研究工作，软课题的质量有了明显提升。

经验反馈与交流工作迈上新台阶。2015 年，运行核电厂月报实际提交率达到 100%。首次编写了《核电工程建设经验反馈报告》。全年按时发出 4 期面向社会公众的报告。同时，按时编制了生产季报、建设季报、年报、信息简报以及事件报告、WANO 指标报告等。

专项任务取得相应进展。启动了核电科普系统开发工作、核电厂常规岛设备附件安全现状与解决方案研究工作、委员会网站建设方案的编制和开发工作等三个专项任务。

（二）协会科学技术奖评审和科技成果鉴定

完成了 2014 年《中国科学技术奖励年鉴》协会科学技术奖的组稿工作和社会力量设奖工作报告的编写；召开了 2015 年度中国核能行业协会科学技术奖设奖者委员会会议，审议了 2014 年工作总结和 2015 年工作计划等事项；进一步完善协会科技奖管理信息系统；完成 2015 年协会科技奖评审工作，共有 80 项成果获奖；参与完成《国家奖励办关于社会科技奖励第三方评价》的定性与定量评价工作。

2015 年，协会组织的科技成果鉴定达到 122 项，同比增加 52.5%。

（三）行业培训

根据行业发展的需要，协会坚持高质量、严要求，规范操作，继续办好专业培训项目。全年举办质量保证培训、核电工程项目管理经理人培训、“华龙一号”技术知识培训、RCCE 和 RSEM 规范培训等各种培训班 12 期，参加培训人数 800 余人。

（四）适应会员单位和行业发展的需求，提供相关服务工作

1. 完成会员单位委托的课题研究工作。受中国广核集团研究中心委托，继续开展《核电体制与技术路线跟踪研究》工作。受中国核电工程公司的委托，开展

AP1000 设计可靠性保证大纲研究工作。受中银集团投资有限公司委托，完成了《中国核电产业分析报告》的编写工作。受中国广核集团委托，开展中广核苍南核电公司的公众宣传和沟通工作。受江苏核电公司的委托，为田湾核电 5、6 号机组有关课题研究提供服务工作。受秦山核电有限公司委托，为秦山科技馆项目提供专家咨询服务。

2. 信息化专业委员会工作按计划开展。2015 年，信息化专业委员会共举办会议、培训 8 场，技术评审会议 3 次，咨询科研项目 2 项。

3. 开展各种技术咨询和服务工作。协会专家委员会核燃料循环专业组工作会议对我国核燃料循环产业的发展提出了意见和建议；协会专家委员会铀资源专业组工作会议就广东省重要矿产区域成矿规律、地质勘查开发的固体废物对环境影响及治理等问题进行了研讨；组织专家研讨核电工程总承包模式下的质量管理；开展大亚湾核电运管公司资产报废技术鉴定工作；协办第十八届中国北京国际科技产业博览会绿色电力峰会；支持国际潜水打捞与海洋工程装备展览会。

四、扩大国际交流与两岸合作，积极推动中国核电走出国门

2015 年，协会主办和承办的国际与两岸会议（活动）14 个，应邀参加的国际会议 12 个；接待外事来访 26 次；对外签署合作协议 3 份。

（一）开拓新的双边合作渠道，加大已有合作协议的执行力度

2015 年，核能行业协会分别与英国核工业协会、美国核电运行协会（INPO）签署了合作备忘录；与法国核电规范标准协会（AFCEN）共同主办了第二届中法核电经验交流研讨会；参加了日本原子力产业协会（JAIF）第 48 届年会；与世界核大学、清华大学联合主办了 2015 年世界核大学清华周培训研讨会。

（二）推动海峡两岸核能技术交流与合作

举办第三届海峡两岸核能合作研讨会，第二次组团赴台参加该研讨会。与台湾核能科技协进会正式签署了《加强两岸核电厂营运管理技术交流专题合作备忘录》。

（三）启动第二届法国核工展参展工作

2015 年，协会继续牵头组织国内企业，以中国展团的形式参加第二届法国核工展。

五、加强核能宣传工作

随着核能行业的发展和公众宣传工作的深入开展，信息公开、公众参与、接受社会监督等机制逐步完善，对协会的宣传工作提出了新的、更高的要求。

协会会刊《中国核能》围绕我国核能发展成就、核电“走出去”战略的实施、“华龙一号”自主三代核电技术、核安全文化建设、协会和会员单位的重要活动等

内容进行宣传，策划完成了第十一届核电展、世界核能发展论坛等10个大的专题报道，还完成了对核电企业的专题采访；实现了电子版全本网上可阅。完成《中国核能年鉴》2015年卷的编辑出版。协会网站全年共上传新闻近3000条。微信发布信息214天、新闻800余条，总阅读人数达到112376人次，总浏览次数217953次；至2015年底，微信关注人数比2014年底时增加97%。微博共发新闻788条，比2014年增加127%；粉丝数较2014年增加90%。

积极做好2015年年会、核电展及世界核能发展论坛的宣传报道。32家国内外媒体（包括新华社、人民网、中央电视台、经济日报、中国国际广播电台、中新社等主流媒体，中国能源报、中国电力报等行业媒体，路透社、英国金融时报等国外媒体）的39名记者到现场采访。

和媒体建立良好沟通，针对核能领域热点向公众传递声音。协会领导主讲中国记协新闻茶座；与中国电力报共同举办"中国核电行"系列采访报道活动；发布中国核能行业2015年十大新闻等。

六、加强组织建设和秘书处建设，进一步提高办会能力和水平

（一）开展行业自律建设研究

2015年在实施行规行约的基础上，协会秘书处围绕建立健全与核能行业发展相适应的诚信自律建设体系问题开展调研。

（二）加强协会的组织建设

适时召开组织管理委员会、经费管理委员会和理事会会议。批准了41家单位的入会申请；批准调整副理事长3人、常务理事1人、理事8名；新增常务理事2人、理事2名；因年龄原因不再担任副理事长1人、常务理事1人；常务理事单位变更为一般会员单位1家；对两年不缴会费的19家单位按自动退会处理。

完成了协会社团登记证书的年检及财务审计工作。

（三）启动协会主要领导新老交替工作

理事会第五次会议审议通过了《协会主要领导新老交替和理事会提前换届工作计划》《中国核能行业协会理事长轮值管理办法（试行）》《中国核能行业协会秘书长任职管理办法（试行）》；批准因年龄原因，三名老同志不再担任理事以上领导职务。

（四）加强秘书处建设

对《中国核能行业协会工作规章和工作程序》《中国核能行业协会秘书处工作制度和工作程序》(2012年版）进行修改、补充、完善，完成了上述两个文件汇编（2015年版）的编印工作。

开展了对协会固定资产的全面清理并在此基础上建立固定资产管理信息库。

继续加强了协会秘书处党的组织建设和工会工作。

中国核学会

中国核学会抓住国家加强群团组织建设和政府职能转移的有利时机，深入贯彻党的群团工作会议精神，立足国家大力发展核科技事业的良好契机，着力做好学术工作、科普宣传、决策咨询及专题调研、民间国际交流与合作、组织建设和会员服务等各项工作。

一、学术工作

1. 中国核学会2015年学术年会于9月21–24日在绵阳市召开，20余位院士和1300余位专家学者参会。在会上评选发布了“2013–2015年度中国十大核科技进展”，签署了《关于积极推进我国核电建设的倡议书》，举办了“妇女论坛”和“青年论坛”。

2. 全年主办、联合主办或承办多个重要学术会议。

4月8–10日，第三届中国（国际）核电仪控技术大会在上海举办。国际原子能机构、国家原子能机构、国家核安全局等单位的300余名代表参会。

5月15日，中国核学会承办了中国工程院和国家能源局“第三届能源论坛”，39位院士和业界420余名核科技工作者参会。

其他重要学术会议有：首届反应堆应用技术学术交流会、首届中国氚科学技术学术交流会、第十届全国采矿学术会议、第四届军品防护与包装发展论坛暨成果展示等。

3. 实施“创新驱动助力工程”。与绵阳市政府和中国工程物理研究院共同主办了“核技术在医学领域应用高端论坛”；与德阳市人民政府共同主办了“中国核电装备高峰论坛”并签订《关于助力德阳核工业装备及核应用产业发展合作协议》；组织专家前往贵阳开展“助推贵州产业发展的科技帮扶之行”。

4.《核科学与工程》《核技术》获得“2015年度中国科协精品科技期刊工程科技期刊培育计划”支持。

5. 专业分会广泛深入地开展学术交流活动，全年举办学术会议50余次。

二、科学普及工作

2015年共举办各类科普活动150余场次，参与人数50余万人。连续第三年荣获中国科协年度“全国学会科普工作优秀单位”，首次获得“2015年全国科普日北京主场优秀活动组织单位”称号。王乃彦院士通过中国核学会推荐获得2015年“中国十大科普传播人”称号。“科普中国 - 百科词条项目”获得百度“2015年度公益科普奖”。

1. 在四川举办核科普展系列活动。开展了“核”我探秘核科学技术展览，核科普工作座谈会，以及核电、核装备、核军事和核聚变四场专题日活动，共计约6.7

万人次参观了展览。

2. 举办第三届“魅力之光”杯全国中学生核电科普知识竞赛及夏令营活动，总参赛人数达 25 万人。

3. 承办中核集团“核科普公众开放周”活动。邀请媒体记者走进 12 家核领域重点单位；参与人数 18 万人。

4.“院士行”活动走进山东。6 月 25–27 日，组织钱绍钧、胡思得、张金麟、陈念念、夏佳文院士赴山东，为在鲁涉核海军某基地、烟台大学、山东核电公司等单位作讲座。

5. 宣传“华龙一号”创新成果。参加中国科协主办的第一届中国创新科技成果交流会、全国科普日北京主场科普展、2015 年全国“大众创业万众创新”活动周等，宣传“华龙一号”成果。

6. 举办首届“全国核科普讲师培训班”，全国 40 家核工业单位的 60 余名代表参加培训并取得了结业证书。

7. 推荐“辽宁核电科普展厅”“三门核电公众展厅”获得“2015–2019 年度全国科普教育基地”认证。

8. 编辑出版核科普书籍《“核”我探秘——我们身边的核科学技术》《走近核科学技术》（第二版）等。

9. 积极推进“互联网 + 科普”工作。中国核学会微信公众号 2015 年荣登“科普中国 - 科普微信公众号潜力榜”。

三、决策咨询和智库建设

1. 分别受中国科协、国务院法制办、全国人大环境和资源保护委员会委托，组织专家对《国家安全法》《原子能法（送审稿）》《核安全法（草案）》进行了讨论，提交了修改建议。

2. 受全国人大办公厅委托，经与中宣部、教育部、环境保护部、中核集团等沟通，对郑砚国等 8 位人大代表关于加强核科普宣传的议案进行了回复。

3. 承担北京市科委“北京核电技术服务业发展研究”软课题。

4. 受国防科工局委托，召开了重水堆在中国燃料循环中的作用和定位专家论证会。

5. 完成《2014–2015 核科学技术学科发展研究报告》编写。

6. 首次发布《中国核技术仪器设备学科发展研究报告》。

7. 完成中国科协 2015 年度“科技文献信息加工”项目。

8. 完成中国科协科普中国 - 百科词条编写与应用工作，成功上传 1400 个词条到百度百科。

9. 承担全国科学技术名词审定委员会《核科学技术名词》审定工作。

10. 核工程类专业认证工作取得突破，秘书处确定设在中国核学会。

11. 积极开展中国核学会团体标准试点，组织专家制定《辐射加工用电子加速器装置运行维护管理通用规范》草稿。

12. 为国家有关部委专项工作提供咨询建议：《核与辐射安全科普宣传方案》建议；《核燃料技术发展战略总体规划》之“新技术预研”；组织编写《我国核电

专利战略研究报告》；支持山东省核学会编写关于山东省未来十年核电发展及厂址布局的建议。

四、国际交流与合作

1. 与世界核协会联合举办世界核能聚焦研讨会。

2. 与全球 39 家核学会签署核能应对气候变化声明。

3. 组织参加第23届国际核工程大会。雷增光副理事长代表中国核学会作大会报告。

4. 举办 2015 年中法核燃料循环后端研讨会。

5. 组织参加第 23 届世界核妇女组织（WiN）大会。

6. 接待来访的美国核学会、美国机械工程师学会、太平洋核理事会、国际青年核理事会、法国核学会、法国原子能委员会、日本机械师工程学会、香港核学会、香港工程师学会、美国驻华使馆商务处和中美能源合作项目等。

五、组织工作与会员服务

1.2015 年，学会组织召开了第八届理事会第七次、第八次常务理事会，第八届理事会第三次会议。会议审议通过成立中国核学会青年工作委员会，新增 1 个专业分会、6 个团体会员、2 个联系会员。

2. 召开第八届理事会妇女工作委员会第三次会议。

3. 支持山东省核学会于 6 月 26 日成立，国家电投山东核电有限公司作为理事长和秘书长单位。

4. 中国核学会与中国兵工学会、中国航空学会等 6 家全国国防科技社团组建“国防科技社团联盟”，通过联盟申请中国科协“青年人才托举工程”项目，成功推举 5 名会员成为培养对象。筹备“中国科协军民融合学会联合体”。

5. 组织两院院士推选工作。共推选出 6 位院士候选人，其中 5 人通过中国科协评审报送两院。

6. 开展专项技术培训，服务会员成长。举办中美核应急响应与安保一体化培训班、国内外典型核与辐射突发事件案例分析及其现场医学应急救援演练学习班。

7. 在专业分会中推广中国科协个人会员系统，进行会员的更新登记和发展工作。完成重新登记和新发展会员 4000 人。

8. 出版《中国核学会会刊》4 期。

中国核仪器行业协会

一、完成核仪器行业调研，发布调研报告

2014 年 4 月 23 日，协会第四届会员大会第二次常务理事会研究决定，充实完善第三届会员大会期间对核仪器行业的调研。为此，协会组成了中国核仪器行业调研报告编委会和编辑部。2014 年完成实地调研，2015 年完成了书面调研、实地调研材料整理，召开了初审、终审会，完成了印制、发布等工作。

2015 版报告在 2010 版报告的基础上，进一步扩大调研对象的覆盖面，挖掘了更多的第一手最新资料，并将调研成果进行细致的整理分析，同时综合多方面权威专家的意见，形成具有实际指导意义的行业发展建议和规划。

二、为会员服务，巩固扩展行业培训

2015 年，积极推进行业培训工作。6 月 23 日至 7 月 1 日，举办了第二期核仪器与核辐射探测技术培训班。参加培训共计 32 人。10 月 8–17 日，举办了第三期核仪器与核辐射探测技术培训班。参加培训共计 34 人。

培训班较系统地讲解了核电子学、核辐射探测、核仪器仪表、电离辐射剂量学、核数据采集与处理技术和实验课程。

三、召开行业交流会

协会召开行业交流会已成为重要的活动内容，是协会落实平台作用的具体体现。协会 2015 年在成都召开了行业交流会，对核仪器行业内的技术交流起到了良好的促进效果，涌现出一批具有高水准的学术论文。

四、配合政府部门调研，领会国家改革政策

9 月 11 日，国防科工局对中国核仪器行业协会进行了调研。调研组听取了协会工作汇报，着重介绍了国家对协会脱钩工作的实施意见和安排。调研组同时通知协会，经国防科工局研究，中国核仪器行业协会将作为第三批脱钩试点单位，在 2017 年进行脱钩试点工作。

五、开展产品鉴定、核仪器行业标准的前期工作

开展行业产品鉴定、制订核仪器行业标准是协会下一步重要工作内容之一。为做好这些工作，协会在各单位的支持下，已建立第一批核仪器协会专家库，今后还要继续扩大专家库。核仪器行业标准委员会和办公室也组建完毕，为下一步工作打下基础。行业产品鉴定的规定已印发执行。

六、按协会章程规定，召开理事会、常务理事会

根据协会章程规定，协会于 2015 年 5 月 15 日召开第三次常务理事会；11 月 30 日召开第四次理事会。

七、进一步办好协会常设办事机构

2015 年，协会继续完善和建设好协会的常设办事机构，秘书处按民政部要求设有一名专职工作人员，设 3 名副秘书长。协会逐渐建设和完善了秘书处的各部门，制订科学合理可操作的各项规章制度。

2015 年，国防科工局先后对协会进行了保密、干部聘用、廉政、是否违章收费等检查，协会通过了以上全部检查。

中国核工业教育学会

2015年，在完成理事会换届的基础上，根据学会四年工作规划，结合学会特点，开展了富有特色的活动，取得了一定成效。

一、组织召开学会换届大会和常务理事会

学会于2015年3月28日在北京顺利召开了换届大会和常务理事会。大会选举产生了新一届会员代表大会、理事会、常务理事会。常务理事会会议讨论了新一届理事会四年工作计划、2015年年度工作计划和学会会费标准的修改草案等事项。

二、首次开展主题研讨征文活动

为充分发挥学会在核教育和人才培养领域的平台优势，提升学会的社会认知度和影响力。学会组织策划了“思考•创新•提升，引领核工业教育培训及人才培养工作新常态”主题征文活动，共收到论文61篇。经过评选，共产生优秀论文28篇，其中一等奖3篇、二等奖6篇、三等奖9篇。

三、尝试开展教育培训咨询服务工作

为服务会员单位，积累教育培训咨询服务经验，学会牵头开展了中核集团新员工集中培训效果跟踪调查工作。调查结果显示，90%以上的新员工对集中入职培训的效果表示满意，对教学水平、教学内容、教学方法和教学效果都给予了很高的评价。咨询服务成果准确反映了中核集团新员工集中入职培训的效果，并在之后的讲师培训中得以应用，为提高讲师授课水平、完善培训方案提供了专业支撑。

四、召开了2015年理事会主题年会

12月25日，中国核工业教育学会、核工业人才专业委员会联合在北京召开了“思考•创新•提升，引领核工业教育培训及人才培养工作新常态”理事会主题年会。会议表彰了年会征文获奖作者和单位，对学会会费的修改和个别理事更换推荐进行了表决；进行了优秀论文的大会交流和4个专业组研讨交流。

中国核工业档案学会

1. 开展2015年核工业档案学会档案学术论文的征集及优秀论文评选工作，共征集论文101篇，评选出25篇档案优秀论文；4个单位获档案学术论文征集优秀组织奖。

2. 2015年5–6月在四川成都市举办核工业第十六期档案人员上岗培训班，邀请四川大学文秘档案学院5位教授授课，共有中核集团、中国核建、中国工程物理研究院的112人参加了为期20天的培训，完成了5门课程的学习。

3. 2015年5月在湖南长沙市举办核工业档案管理制度宣贯业务培训班，邀请国家档案局、中国铁路总公司的有关专家授课。共有中核集团系统的80人参加了培训。

4. 继续开展核电文档系统标准建设工作。

5. 完成学会2014年年检工作；接受国防科工局对档案学会清理、治理小金库的专项检查和保密工作检查。

6. 召开核燃料及安防系统（第五协作组）两个工作会和核工业核电系统（第六协作组）档案工作交流会。

中国辐射防护学会

中国辐射防护学会成立于2014年3月18日，是经民政部批准成立的全国性的非营利性社会组织，是国际辐射防护协会（IRPA）的成员国学术团体，由工业和信息化部作为业务主管单位，国家国防科工局作为业务指导单位承担日常监管工作，是国家一级学会。学会的前身是中国核学会辐射防护分会，成立于1980年。

学会挂靠在中国辐射防护研究院，日常管理机构设有综合行政部、学术与国际交流部、公众沟通部和财务部四个部门。

学会现任理事长、法定代表人为中国核工业集团公司副总经理杨长利，秘书长杨华庭。学会现有会员单位80余个。

学会主要业务范围为：学术交流、业务培训、科技展览、技术咨询服务、国际合作。

学会自成立以来，主要开展以下各项工作：

一、开展学术交流，打造精品期刊

2014年6月29日–7月4日，《国际电离辐射防护和辐射源安全的基本安全标准》（BSS）研讨会暨“21世纪初辐射防护论坛”第12次会议在山东烟台举办。此次活动使我国辐射防护领域工作人员深入了解了BSS修订背景、主要修订内容以及采纳过程中需要重点关注的问题，针对我国的具体实践与IAEA专家共同讨论交流BSS在我国的应用情况，从而整体提高了辐射防护水平。

2014年11月24–28日，2014年学术年会在安徽合肥召开。近300名领导、专家出席了会议。会议共收到投稿238篇，论文集收录182篇，其中79篇被选作优秀论文，在“放射医学、生物效应与剂量学”“辐射测量与防护”“环境监测与评价”以及“核安全、核应急及三废治理”等4个分会场进行了交流研讨。

2015年6月10–13日，“21世纪初辐射防护论坛”第13次会议——核设施环境影响评价研讨会在北京召开。来自科研院所，设计、建造、运行单位，高校和政府管理部门等的近170名领导、专家出席了会议。论坛会议收到投稿147篇，论文集收录84篇；《辐射防护》杂志从中筛选出28篇，编辑整理成《辐射防护增刊》。

2015年10月12–16日，中国辐射防护学会2015年学术年会在湖南衡阳召开。来自高校，科研院所，设计、建造、运行单位和政府管理部门等300多名领导、专家出席了会议。本次会议共征集论文投稿227篇，论文集收录论文202篇，其中79篇被选作优秀论文，在会议设立的4个分会场开展了学术研讨。

《辐射防护》杂志是学会主办的核心期刊，创刊于1978年，原名《核防护》，

1981年改刊名为《辐射防护》，双月刊，每年6期，刊登文章70篇左右。多年来坚持办刊宗旨，注重刊物内在质量，在国内外具有较大影响，在读者中享有较高声誉。

二、丰富网站内容，开通微信公众号，打造特色服务平台

完善网站建设，建立了信息通讯员档案，主要发挥了以下功能：一是发布学会各类会议、活动通知；二是及时发布国内外重大科技进展、产业新闻、重要文件；三是及时发布各会员单位的重要动态，共建共享；四是充实了学会网站"科普园地"内容，收集整理了国内外科普资料，建立了科普知识发布平台。

开通了学会微信公众平台订阅号，借助新媒体加强学会的宣传和会员服务工作。

三、加强学会间的沟通交流，创建和谐发展氛围

进一步加强了与国际辐射防护协会（IRPA）、美国保健物理学会（HPS）、日本保健物理学会（JHPS）等国外组织，以及中国核学会等其他社会团体之间的学习和交流，取长补短，为学会发展获取更多可以借鉴的经验；同时也为会员提供更多参加国际学术交流的机会。

2015年7月12–16日，学会应美国保健物理学会（HPS）的特别邀请，参加了在美国举行的第60届年会，并作报告。

2015年9月21–25日，学会协助中国核学会在四川绵阳举办了辐射防护分会场会议。会议收到投稿73篇，推荐优秀报告3篇，推荐口头报告18篇。

2015年，学会协助中国核学会完成了由中国科协主编的《核科学技术学科发展报告》（2009–2014年）中的辐射防护学科发展报告。

企业风采

中国核工业建设集团公司

中国核工业建设集团公司（简称“中国核建”）于1999年在原中国核工业总公司所属部分企事业单位基础上组建而成，是中央直接管理的国有重要骨干企业，是经国务院批准的国家授权投资机构和资产经营主体。2004年国务院国资委批准中国核建主业为“军工工程，核电工程、核能利用，核工程技术研究、服务”。

中国核建坚持“以核为本、两业并重、适度多元”的发展方针，即：以核军工、核电建设、核能利用为立足之本，承担国家级核事故应急救援任务，拓宽核技术应用领域；同步发展工程建设服务业务及清洁能源开发利用业务；选择与主业相关的领域进行适度拓展。

在核电工程建造领域，中国核建连续30余年不间断从事核电建造，安全优质高效地完成了我国压水堆、实验快中子反应堆、重水堆等多种不同堆型核电站的建造，具有30万、60万、70万、100万千瓦级各个系列机组的建造能力与业绩，具备同时承担40台核电机组的建造能力，形成了具有国际先进水平的核电建造管理模式。

中国核建坚持秉承“责任、安全、品质、卓越”的企业核心价值观和“创新发展、勇当国任”的企业精神，在党中央、国务院和国资委的正确领导下，中国核建领导班子带领全体员工，积极应对经济环境和市场环境的变化，审时度势、抢抓机遇，把核能产业化进程、转型升级、结构调整、战略重组和企业发展紧密结合起来，生产经营保持了平稳较快发展，国有资产保值增值得到较好体现。

展望“十三五”，中国核建将认真贯彻落实党和国家关于国民经济建设和国防科技工业改革发展的一系列重要指示精神，以履行国防安全责任为前提，以可持续发展为主线，以规范管理为基础，以市场化为核心，以体制机制改革、资源整合、产融互动、创新发展为重点，紧紧抓住国家实施“一带一路”和核电“走出去”战略的宝贵机遇，立志谱写我国核工业新的辉煌篇章。

2014年10月16日，国际原子能机构总干事天野之弥参观中国核建球床模块式60万千瓦高温气冷堆商用电站3D成像模型

2015年4月21日，中国核工业建设集团公司与南非核能公司签订《合作谅解备忘录》

2015年9月26日，田湾核电站4号机组穹顶吊装顺利完成。它是目前全球范围内外形尺寸最大、重量最重的薄壳钢衬里穹顶

2016年3月20日，全球首座具有第四代核能系统安全特征的20万千瓦高温气冷堆核电站——山东荣成石岛湾高温气冷堆核电站示范工程，反应堆压力容器成功吊装就位

中国广核集团

中国广核集团（简称“中广核”，原中国广东核电集团），是由核心企业中国广核集团有限公司及40多家主要成员公司组成的特大型企业集团。1994年9月，中国广东核电集团有限公司正式注册成立，注册资本102亿元人民币。截至2016年9月总资产达5029亿元。

中国广核集团以“安全第一，质量第一，追求卓越”为基本原则，以“一次把事情做好”为核心价值观。自成立以来，中国广核集团建立了与国际接轨的、专业化的核电生产、工程建设、科技研发、核燃料供应保障体系，拥有8个国家级研发中心和1个国家级重点实验室，具备了在确保安全的基础上面向全国、跨地区、多基地同时建设和运营管理多个核电、风电、水电、太阳能及其他清洁能源项目的能力。截至2016年9月，拥有在运的核电机组19台，装机容量为2037万千瓦（国内占比63%），在建核电机组9台，装机容量为1136万千瓦（国内占比45%），是中国最大的核电运营商、全球在建规模最大的核电建造商；拥有风电投运装机容量达910万千瓦，太阳能光伏发电项目发电装机容量173万千瓦，水电控股在运装机容量158万千瓦；同时在分布式能源、核技术应用、节能技术服务等领域也取得了良好发展。

中国广核集团布局全球，着眼未来，致力于推进中国制造“走出去”。中国自主三代核电技术“华龙一号”是我国核电“走出去”的首选机型，具有广阔的市场前景。2016年9月15日，英国政府正式批准中广核与法国电力公司合作建设欣克利角C等新建核电站，并共同推进塞兹维尔C和布拉德维尔B两大后续核电项目，其中布拉德维尔B项目拟采用“华龙一号”，由中方控股，实现了我国自主核电技术向西方发达国家出口的突破，成为国家名片。广西防城港核电3、4号机组成为“华龙一号”示范机组，3号机组已于2015年12月24日正式开工。

2015年12月24日，“华龙一号”示范机组——防城港核电3号机组浇筑第一罐混凝土

2016年7月21日，宁德核电一期项目4台机组全部投产

2016年9月15日，英国政府正式批准中广核与法国电力公司合作建设欣克利角C（HPC）等新建核电站

全球第三的纳米比亚湖山铀矿已在矿建阶段，2017年投产后年产量将位居世界第二

国家核电技术有限公司

国家核电技术有限公司(简称"国家核电")成立于2007年5月，承担着通过第三代核电技术AP1000引进、消化、吸收和再创新，形成我国核电技术品牌，推动我国三代核电自主化发展的国家使命。

2015年5月，国家核电与中电投集团联合重组。重组后，国家核电作为国家电力投资集团公司的控股产业集团，继续全面承担我国三代核电自主化的战略任务，专业从事核电及相关领域的投资运营、技术研发、工程服务以及电源、电网、新能源工程技术服务等业务。

作为我国三大核电投资运营商之一，国家核电秉持"安全第一"原则，积极推广应用先进安全的核电技术切实推进我国三代核电自主化、专业化、国际化发展；开发了具有自主知识产权的CAP1400技术，该技术满足世界当前最高核电安全标准，也是国家科技重大专项之一；拥有集核电工程设计、设备采购、项目管理、安装调试等于一体的核电工程总承包能力。

国家核电拥有全资、控股、参股企业34家，资产总额1077亿元。目前，境外业务范围拓展至全球近40个国家和地区，海外分支机构达13个。

山东荣成CAP1400示范工程现场

山东海阳核电项目 1 号机组将于 2017 年上半年并网发电

浙江三门核电项目 1 号机组将于 2017 年初并网发电

总承包建设的湄洲湾第二发电厂 2×1000MW 机组工程

承担设计的江苏大丰 200MW 风电场

目前，国家核电正在参与南非 960 万千瓦核电项目市场开发工作。图为国家主席习近平与南非总统祖马在国家电投展台听取汇报

目前，国家核电正与西屋公司合作开发土耳其第三核电站项目。图为国家核电董事长王炳华会见土耳其能源和自然资源部部长

中国核能电力股份有限公司

中国核能电力股份有限公司(简称“中国核电”；股票代码：601985)，由中国核工业集团公司作为控股股东，联合中国长江三峡集团公司、中国远洋运输（集团）总公司和航天投资控股有限公司共同出资设立。

中国核能电力股份有限公司经营范围涵盖核电项目的开发、投资、建设、运营与管理，核电运行安全技术研究及相关技术服务与咨询业务等领域。

2015年6月10日，中国核电作为A股第一家纯核电企业成功上市。截至2016年8月，中国核电拥有控股子公司16家、合营公司1家、参股公司2家；控股在役核电机组15台，装机容量1216.2万千瓦；控股在建核电机组10台，装机容量1141.8万千瓦，总资产规模超过2600亿元，员工总数超过1万人。

目前控股核电机组包括：

我国第一座自主设计、建造、运营、管理，被誉为“国之光荣”的秦山核电厂；

我国第一座自主设计、建造、运营、管理的大型商用核电站——秦山第二核电厂；

我国第一座实现核电工程管理与国际接轨的重水堆核电站——秦山第三核电厂；

我国最先进的在役核电站——江苏田湾核电厂；

全球首台三代核电AP1000——浙江三门核电工程；

我国自主三代核电“华龙一号”首堆示范工程——福建福清核电工程；

海南省能源建设一号工程——海南昌江核电工程等。

按照国家“安全发展核电”的方针，本着对国家、对核事业高度负责的精神，中国核能电力股份有限公司始终坚持安全第一、质量第一，将安全生产作为公司发展的生命线，创造了超过110堆年安全无事故的核电运行业绩。

在核工业全产业链体系的支撑下，中国核能电力股份有限公司将秉承“事业高于一切、责任重于一切、严细融入一切、进取成就一切”的核工业精神，践行“开放、包容、合作、共赢”的理念和“追求卓越、超越自我”的价值观，致力于为企业创造价值、为股东创造利润、为员工创造幸福、为社会创造财富，树立安全清洁、高效环保、勇担责任的核电企业形象。

秦山核电

田湾核电

福清核电

海南核电夜景

三门核电一期全景

华能核电开发有限公司

华能核电开发有限公司（简称“华能核电公司”）是中国华能集团公司设立的全资子公司。作为华能集团专门负责核电产业的专业化公司，主要从事核电的投资、开发、生产、上网送电，以及核电相关领域的科技研发和技术服务等。

华能核电公司始终致力于核电开发，积极开展核电产业链投资。高温气冷堆核电站示范工程已在山东石岛湾开工建设。山东石岛湾核电厂址、福建霞浦核电厂址列入国家核电中长期发展规划。辽宁普兰店、安徽铜陵、江西鹰潭核电厂址完成初可研审查，具备厂址列入国家核电规划的条件。参股的海南昌江核电项目一期工程已全面建成投产。

华能核电公司在高质量、高水平建设高温气冷堆核电站示范工程的基础上，抓住国家推动沿海核电建设的机遇，稳步推进高温气冷堆商业化推广，积极开展核电新项目开发，全力打造高效、科学、规范的核电建设运营管理体系和高素质的人才队伍，为华能集团公司优化能源结构、实现绿色发展、保持行业领先作出贡献。

大楼外景

福建长表岛

高温气冷堆示范工程

中核北方核燃料元件有限公司

中核北方核燃料元件有限公司（二〇二厂），创建于1958年，地处内蒙古包头市，是我国核材料、核燃料元件研制和生产的重点军工企业，是我国核燃料元件主要的生产科研基地，为我国“两弹一艇”的研制以及和平利用原子能作出了重要贡献。

作为国内核燃料元件种类最多的生产商、供应商、服务商，公司拥有核工业新型材料重点实验室、国防工业企业技术中心、博士后工作站和内蒙古自治区钍基燃料研究工程技术中心、院士工作站等科研机构，是我国主要的核燃料元件和铀金属研发生产基地。在核材料、核燃料元件研发方面积累了雄厚的技术和丰富的制造经验，研制和生产了我国绝大多数各类生产堆、动力堆、研究实验堆燃料元件，取得了一大批具有自主知识产权的科技成果和专利技术。

新世纪以来，公司大力拓展核电燃料元件制造和核技术应用领域，已形成了CANDU-6型重水堆、AFA3G型压水堆、AP1000型压水堆和高温气冷堆燃料元件等产品多元化、产能规模化的产业新格局，为秦山二期、秦山三期、方家山等核电机组提供了可靠、安全、稳定的燃料元件。在研发方面，研制完成了CAP1400自主化燃料定型组件、中国铅基研究堆CLEAR-Ⅰ原型件等新型燃料元件，并正在开展中科院“创新2020”专项钍基熔盐堆燃料元件、ADS嬗变堆用燃料元件、海上浮动平台燃料元件、小堆燃料元件、环形燃料元件等新型燃料组件的研发。公司生产的航天器用测高仪屏蔽体、医院中子照射器燃料元件、民用放射源屏蔽体等产品取得了很好的成效，为促进国家核电事业的发展和核技术应用的进步作出了新的贡献。

“十三五”期间，随着我国核能的快速发展，公司将充分发挥生产科研优势，坚持创新、协调、绿色、开放、共享发展理念，以市场为导向，以军品生产科研为核心，以核电燃料元件生产科研为主体，进一步完善产品研发体系，打造面向全球、国际一流的核材料和核燃料元件生产科研基地。

高温气冷堆核电燃料元件

海洋核动力平台燃料组件

CANDU-6 重水堆核电燃料元件

中国核工业二三建设有限公司

中国核工业二三建设有限公司（简称“中核二三”），是中国核工业建设股份有限公司所属重要成员单位，创立于1958年，是中国具有一定规模的核工程综合安装企业，连续30余年不间断从事核电站核岛安装建设，是经国家住房与城乡建设部核定的施工总承包一级企业，拥有国际原子能机构（IAEA）授权的全球唯一的“核电建设国际培训中心”。作为国家高新技术企业，中核二三还设有北京市博士后（青年英才）创新实践基地工作站。

在新中国核工业开创之初，中核二三作为核工业的骨干力量，完成了“两弹一艇”的建设任务。在经济建设时期，中核二三作为核电建设主力军，完成了国内几乎全部核电机组的安装建设。当前，中核二三积极践行转型升级战略，加强技术研发及知识产权保护，强化人才队伍建设，努力拓展产业链，形成了集设计、建造、培训于一体的国际化核电建设体系。同时，积极拓展军工、民用市场，扩大市场份额，形成同步发展的新格局，正朝着建设管理型国际工程公司的目标迈进。

近60年来，中核二三承担了中国大陆全部核军工，以及绝大部分核电站核岛、核科研安装工程，在军工工程、石油化工、航空航天、环保、建材、汽车、火电、轻工纺织、电子等领域中创造了多项优良纪录，先后6次荣获中国建筑行业工程质量最高奖——鲁班奖，100余次荣获省部级奖项，多次被党和国家领导人誉为重大工程建设的“国家队”“铁军”。

中核二三承建的全球首台完成冷试的EPR堆型核电台山核电站全景（2015年）

中核二三自主研发的主回路管道窄间隙自动焊技术在核电施工现场成功应用

2016年3月20日，中核二三承建的世界首座高温气冷堆压力容器吊装就位

2016年4月1日，中核二三承建的红沿河核电一期4台机组全部并网发电

三门核电有限公司

三门核电有限公司成立于2005年4月17日，由中国核能电力股份有限公司控股，全面负责三门核电工程的建造、调试、运营和管理。

三门核电站地处中国东部沿海经济高速发展地区，位于浙江省台州市三门县境内，坐落在健跳镇猫头山半岛上。

三门核电工程采用美国西屋公司开发的第三代核电技术AP1000，总投资超过1000亿人民币，规划建设6台125万千瓦的核电机组，总装机容量750万千瓦，分三期建设。一期工程总投资超过400亿元人民币，于2009年4月19日正式开工，是浙江省有史以来投资最大的单项工程。作为我国首个三代核电自主化依托项目，也是中美两国最大的能源合作项目，1号机组更是全球首台AP1000核电机组。

AP1000与二代压水堆相比的最大优点在于使用非能动的安全系统来减缓设计工况中预期有可能发生的意外事故，提高核电站的安全性。非能动的安全系统依靠重力、温差和膨胀等自然力来驱动，并通过蒸发、冷凝、对流、自然循环来带走热量。在全厂失电的情况下，AP1000核电机组在72小时内可以通过非能动专设安全设施维持堆芯冷却、安全壳密闭等安全相关功能，无须操纵员干预即可实现，不需厂外支持；72小时之后，也只需要有限的厂外支持。

三门核电一期工程建成后将能提供250万千瓦供电能力、年均175亿千瓦时发电量。与建设相同发电能力的火力发电厂相比，可以每年减少500万吨优质动力煤的运输量、11000多吨二氧化硫排放量、19000多吨氮氧化物排放量、1000多吨烟尘排放量，是浙江满足新增电力需求、调整电力结构、达到节能减排目标的重大举措。

我国将通过三门核电依托项目的建设，掌握三代核电技术工程设计和设备制造技术，建立健全核电技术标准体系，具备自主开发和建设中国品牌三代技术核电站的能力。

三门核电南区全景

三门核电安全理念：
安全永远作为工作的重中之重
安全永远视为工作的薄弱环节

三门核电工作场景

三门核电主厂址全景

山东核电有限公司

山东核电有限公司成立于2004年9月，隶属于国家电力投资集团公司，由国家核电技术有限公司控股，是国家引进第三代核电技术AP1000自主化依托项目——山东海阳核电项目的业主单位，全面负责项目前期开发、设计建造和运营管理，肩负着引进、消化、吸收三代核电AP1000，推进中国核电发展的时代重任和历史使命。

海阳核电项目位于烟台市辖海阳市，厂址三面环海，地理位置优越，项目规划建设6台百万千万级核电机组，并预留两台扩建场地。一期工程1、2号机组为1250兆瓦AP1000核电机组，1号机组已进入主系统调试阶段，2号机组与1号机组保持10个月的间隔工期。3、4号机组“两评报告”已经获批，项目申请报告已上报国家发改委，现场具备开工条件。

海阳核电项目是山东省第一座核电站，也是山东省建国以来单体投资最大的项目，在经济、社会效应和环保方面均具有明显优势。海阳核电落地以来带动了当地的发展，海阳市成立了国内首个核电装备产业园区，形成了以海阳核电为中心、辐射全省的集研发、设计、设备制造和运营服务于一体的核电产业集群，对山东省产业结构升级、综合实力提升具有重要意义。

海阳核电一期工程两台机组投产后，年发电约175亿千瓦时。单台核电机组与同等规模的燃煤电厂相比，每年少消耗燃煤300万吨，每年减少排放二氧化碳约675万吨、二氧化硫约2.5万吨、氮氧化物约1.5万吨、煤灰约30万吨，环境效益显著。

海阳核电项目一期工程

海阳核电1号机组汽轮机平台

山东核电有限公司

海南核电有限公司

海南核电有限公司作为海南昌江核电项目业主单位，由中国核能电力股份有限公司（股比 51%）、华能核电开发有限公司（股比 19%）、华能国际电力股份有限公司（股比 30%）共同出资组建，全面负责海南昌江核电厂的建造、调试与运营管理。

海南昌江核电厂位于海南省昌江县海尾镇塘兴村，濒临北部湾，厂址规划建设四台大型核电机组。2010 年 4 月 25 日项目整体开工建设，一期建设两台机组，总投资约 249.1 亿元。目前，一期工程 1 号机组于 2015 年 12 月 25 日正式商运，2 号机组于 2016 年 8 月 12 日具备商运条件。二期工程 3、4 号机组正有序开展前期工作。

海南昌江核电一期工程以我国自行设计和建造的第一个标准化商用核电站——秦山核电二期扩建工程为参考电站，采用中核集团自主研发的具有我国自主知识产权的 CNP650 压水堆核电技术，综合国产化率达到 82% 以上。未来，3、4 号机组计划采用中国拥有自主知识产权的融合后的“华龙一号”三代压水堆核电技术，经济性与安全运行水平将进一步提升。

在海南昌江核电工程 1 号机组开工之际，时任中共中央政治局委员、国务院副总理李克强亲自批示：祝贺海南昌江核电工程正式开工并向全体建设者致以诚挚的问候！积极发展核电是从我国国情出发，优化能源结构，保障能源安全的重大决策，也是发展清洁能源和绿色经济的重要举措。希望中核集团等单位坚持安全第一，质量第一，依靠科学管理和人才优势，高起点建设，高水平施工，把昌江核电工程建成一流优质工程，为海南生态省和国际旅游岛建设、为我国能源可持续发展做出新的贡献。作为海南省能源建设一号工程，海南昌江核电厂也得到了海南省委、省政府及昌江县委、县政府的大力支持。

海南昌江核电有利于优化海南电源结构，改善电源布局，促进产业结构调整，增加地方劳动就业，带动旅游产业发展，对于改善海南能源发展结构、提升综合竞争力，推动海南经济社会可持续、跨越式发展具有深远的影响。未来，海南昌江核电厂将为海南省实现“生态立省”“绿色崛起”，打造“国际旅游岛”的宏伟蓝图，为海南省的可持续发展提供强劲的绿色能源保障。

2015 年 8 月 28 日，海南昌江核电项目 1 号机组装料成功

2015 年 12 月 8 日，海南昌江核电工程 2 号汽轮发电机组非核蒸汽冲转成功

2015 年 12 月 25 日，海南昌江核电工程 1 号机组完成 168 小时示范运行，正式投入商业运行

2016 年 8 月 12 日，海南昌江核电工程 2 号机组正式商运

上海自动化仪表有限公司

上海自动化仪表有限公司其历史可以追溯到1925年。经过90余年的历练、嬗变，目前是中国工业自动化领域中同时具有控制系统、检测仪表和执行器（包括调节阀和执行机构）等产品，和系统成套综合制造能力的大型工业企业，是上海高新技术企业。

公司拥有众多单位，包括中国历史上首家仪器仪表制造单位——大华仪表厂，还拥有国家级企业技术中心，并与国家核电、英国IMI、日本千野、日本横河等知名企业合作，投资控股及参股十余家合资企业。

长期以来，公司秉承“用户的自动化需求就是我们的追求”理念，形成了强大而配套齐全的产品集群和门类，可为工业过程及其他领域的用户提供完备的仪控和集成服务，满足从现场仪表到解决方案各层次用户的不同需求。

公司是我国核电仪表和控制系统国产化的主要基地。从我国第一个核电项目——秦山核电站，到今天最先进的AP1000第三代核电依托项目三门与海阳核电站，公司已经为国内已建和在建核电站的核岛、常规岛供应仪控产品。

公司拥有民用核安全电气、机械设备的设计和制造许可证，是国内商业堆及出口商业堆的合格供应商，国内最主要的核电仪控技术和配套产品供货商。成功研制了大型先进压水堆核电全数字化仪控系统、保护系统、核级检测仪表与调节阀、主控盘台及其专用控制装置，填补了国内空白。

战略合作签约

产品应用在海外项目

公司阀门生产流水线

中国科学院核用材料与安全评价重点实验室

中国科学院金属研究所成立于1953年，是新中国成立后建立的首批国立研究机构。涉及材料设计、制备、加工、性能、检测、回收、标准、数据库等全过程，是我国早期从事核用材料研发的单位，且长期开展相关研究。2010年建立了辽宁省核电材料安全与评价技术重点实验室，2014年建立了中国科学院核用材料与安全评价重点实验室。

中国科学院核用材料与安全评价重点实验室在核用材料的研制、核电关键结构部件的制备、模拟核电高温高压水实验设备设计、制造与试验研究方面有独特的优势和基础，同时在核电装备运行安全评价方面有长期的积累。近年来，实验室在核用金属结构材料研发、核电材料的环境损伤行为研究、核电构件安全评价与寿命评估等三个重要方面取得了突出进展，2016年，“压水堆核电高温高压水环境材料损伤关键测试技术装备与应用”项目获得中国核能行业协会科学技术奖一等奖。同时还与国内各主要核电材料研究单位，国内核电研究、设计、材料制备、装备制造、运营等单位展开了密切合作。先后主持了涉及核电材料的国家重点基础研究发展计划（“973”计划）项目、我国核电重大专项课题、国家科技支撑计划、国家基金委重大项目和重点项目、国家“杰出青年科学基金”、中国科学院“百人计划”等项目，参与了中国科学院科技创新先导项目；承担了中核集团、中国广核集团、国家核电等集团的核电材料相关科研项目。部分研究结果已经成功用于解决我国现役核电站和在建核电项目的制造中，包括制造工艺优化、运行水化学参数优化、新焊材研发、核岛内关键部件的安全评价与寿命预测等。实验室是中国核能行业协会理事单位、中国核学会材料分会常务理事单位。

实验室积极开展国际交流活动，与美国麻省理工学院、密执根大学、日本东北大学等签署了长期合作协议。承担了美国、欧共体、韩国等项目，研究结果在国际上产生了重要影响。2011年国际腐蚀工程师协会（NACE International）向实验室依托单位中国科学院金属研究所颁发了杰出机构奖。实验室研究人员先后被美国核管会（NRC）牵头成立的“核电设备老化前瞻管理国际组织 IFRAM”聘为国际执委会成员（IFRAM Global Steering Committee）；被“环境促进开裂国际合作组织（ICG-EAC）”聘为理事会成员；被日本核与工业安全局“核电设施安全与老化管理”项目聘为国际专家委员会的专家。

目前，实验室有院士2名，已经形成了一批以中青年科技骨干为主的120余人的科研团队。实验室的公用技术支持平台建设突出，例如有动水试验回路20余套，形成了核用材料研究制备平台、核电高温高压水材料行为（腐蚀、应力腐蚀、腐蚀疲劳、磨损等）测试平台、超临界水腐蚀测试平台、材料模拟计算平台。许多检测设备在国际与国内核电金属结构材料的研发和环境服役行为研究与安全评价方面占有重要地位，形成了较强的具有自主知识产权的核心竞争力。该实验室也是中国科学院内专门从事核用材料与使役行为评价研究的核心单位。

高温高压水腐蚀疲劳试验装置

核电高温高压循环水应力腐蚀试验装置

中广核核技术应用有限公司

中广核核技术应用有限公司成立于2011年6月23日，注册资本金74890万元，拥有26家独立法人企业，是中国广核集团发展非动力核技术应用战略性新产业的产业化平台。目前已实现电子加速器制造、辐照加工服务、改性高分子材料三大核心业务单元的国内布局，已成为国内领先的包括电子加速器、辐照服务以及辐照改性材料在内的一揽子解决方案提供商，正积极推动核仪器仪表、核医学等储备业务，致力于成为全球核技术应用的领跑者。

公司是全国领先的工业电子加速器研发制造企业，产品范围覆盖高频高压型电子加速器、谐振变压器型电子加速器、高能直线加速器及其束下传输系统，已在巴基斯坦、印度、韩国、美国等国际市场实现销售突破。

改性高分子材料

公司是全国领先的环保光缆护套材料生产商，以及全国领先的特种线缆材料、改性工程塑料生产商之一。产品包括线缆用高分子材料、高性能工程塑料、环保再生材料等，广泛应用于电力、汽车、通信、电器、轨道交通、海工装备、核电及新能源等领域，部分产品已实现国际市场销售。

公司是全国领先的电子束辐照服务运营商，可提供电线电缆、热塑材料、发泡材料、电子元器件等辐照改性服务，食品、药品、医疗用品、化妆品等消毒灭菌服务，并已建成国内唯一一家通过CNAS认可的能够开展电子束辐照灭菌验证的专业实验室。

公司可为客户提供业内先进的核技术仪器装备整体解决方案，包括反应堆专用仪控系统、在线辐照监控系统、核辐射防护与环境监测设备、通道式辐射监测设备、放射性去污产品、放射源供应、可移动式中子成像仪等产品及服务。

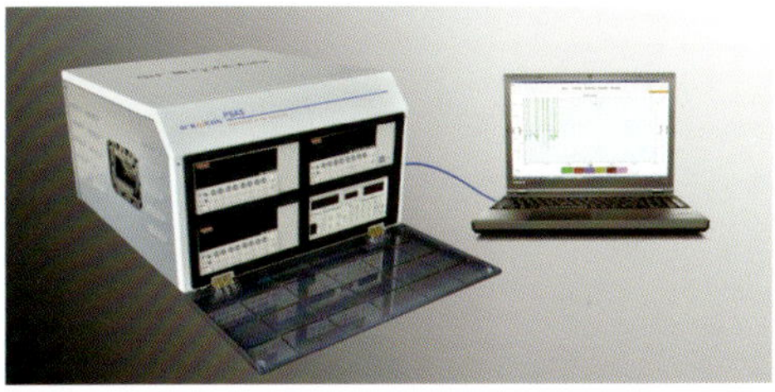

核电站用反应性仪

公司始终坚持把科技研发作为发展的核心驱动力之一，以创新促产业进步，现拥有1个院士工作站，4个国家级、省级博士后科研工作站，2个国家级第三方认证实验室，13个地方科研中心，11家高新技术企业，累计取得专利200多项，技术秘密2000多项。

立式

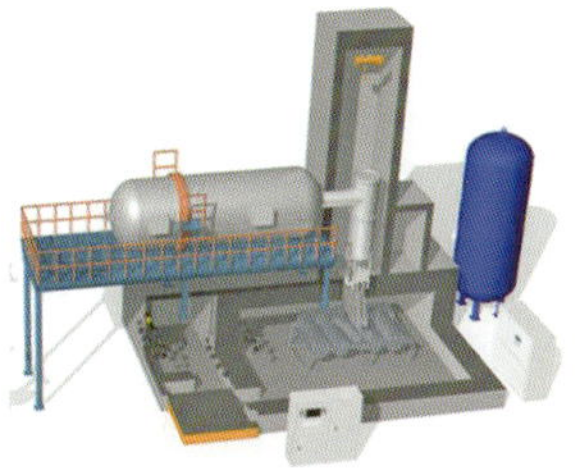

卧式

自屏蔽型

高频高压型电子加速器

西陇科学股份有限公司

西陇科学股份有限公司，创立于1983年，2011年6月在深圳证券交易所挂牌上市，是国内率先上市的化学试剂公司。公司目前主要生产及经营通用试剂、超净高纯溶剂、PCB电子化学品、生物试剂、原料药、食品添加剂、实验室产品及化工原料，是国内位居前列的化学试剂专业制造商和全球化工原料品牌集成供应商。

经过30多年的发展，公司拥有6个生产基地和1个技术研发中心，同时拥有院士工作站、博士后工作站，获评广东省企业技术中心、广东省精细化学品工程技术研发中心、广东省级重点实验室、广东省教育部产学研示范基地、精细化学品研发基地等，并获得多项省市级科技进步奖。2005年以来，公司承担国家"火炬计划"项目、"星火计划"项目和重点新产品等项目5项，省级"火炬计划"项目、重点新产品项目3项，省部级以上科技、创新、技改项目35项；拥有自主知识产权的专利33项，其中发明专利14项。公司先后被评为"国家科技创新型企业""国家火炬计划重点高新技术企业""国家高新技术企业""广东省创新型企业""广东省优秀民营科技企业"等，连续十多年荣获"重合同守信用企业"等多项荣誉称号。

随着公司发展战略的变化，在保持化学试剂主业快速发展的同时，投资进入医疗健康领域，同时实施"互联网+"战略，以"模式创新+技术创新"建立电子商务平台，强势打造西陇科学的二次腾飞。

公司在2000年先后被中国核工业集团公司和中国广核集团有限公司评为合格供应商，并与旗下多家核电企业合作。合作产品包括：核电用氨水、35%联氨溶液、40%联氨溶液、70%联氨溶液、硼酸、硝酸、盐酸、富集硼酸、四硼酸钠、磷酸三钠、30%氢氧化钠溶液、32%氢氧化钠溶液、无水亚硫酸钠、亚硫酸氢钠、醋酸锌等产品。

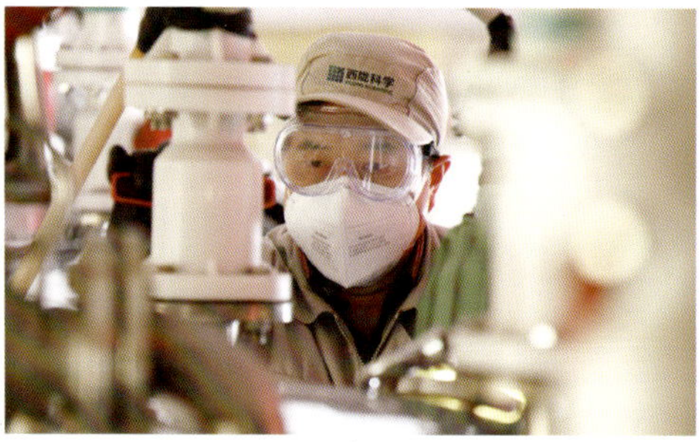

硝酸银车间细节

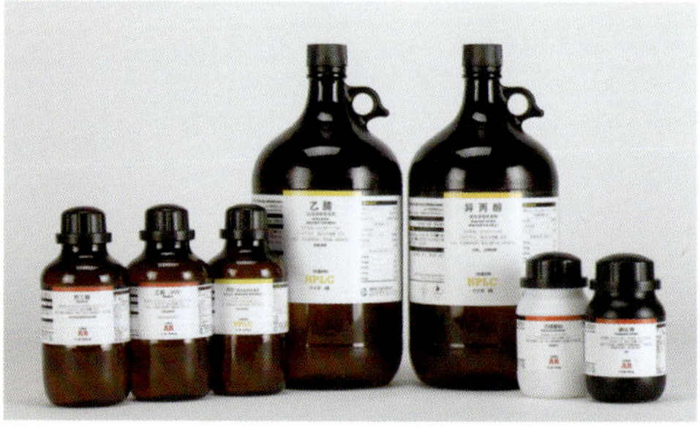

医药行业用化学试剂

中核华兴达丰机械工程有限公司

中核华兴达丰机械工程有限公司是中国塔式起重机专业租赁与施工服务企业中具有品牌影响力的公司，2006–2016年连续六届（十二年）荣获“全国建筑机械租赁品牌”十强企业称号和“全国建筑机械施工租赁50强企业”荣誉，是行业中获得“全国建筑AAA级信用企业”认证的租赁企业。公司由新加坡上市公司达丰控股集团控股，注册资本金2.3亿元人民币，具有建设部起重设备安装一级资质及国家质量监督检验检疫总局颁发的塔式起重机安装维修A级资质。

公司以“厚德立业，精细致远”为核心理念，以“以匠人之心做品牌企业”为经营理念，以“做中国最有品质的塔机租赁与施工服务公司”为企业愿景，经过十余年的努力，不断提升管理与服务品质，跻身国内业界领先行列。

公司在塔式起重机租赁与施工服务行业历经十六年，业绩涵盖核电工程、电力工程、超高层建筑、交通枢纽、桥梁道路、基础建设、LNG储罐等各行业各种难度和体量的大型工程项目，积累了各种工程项目塔式起重机应用与管理经验，具有各种塔式起重机各种安装方式（包括内爬、外挂、特殊附着等）的技术能力，具有丰富的高、精、尖工程现场塔式起重机现场管理经验。

公司自2001年开始先后承接了秦山核电三期工程、广东岭澳核电二期工程、辽宁红沿河核电一期和二期工程、广东阳江核电工程、广东台山核电工程、福建宁德核电工程以及江苏田湾核电三期工程等一大批核电建设塔机安拆施工服务业务，具有丰富的塔机核电领域应用经验，保持着非常优秀的安全记录。公司于2011年8月正式获准加入中国核能行业协会。

中核华兴建设有限公司红沿河核电项目经理部授予我公司2823天零事故安全业绩证明

中广核工程有限公司岭澳二期项目部授予我公司1945天零事故安全业绩证明

中核华兴建设有限公司宁德核电项目部授予我公司3272天零事故安全业绩证明

中核华兴建设有限公司阳江核电项目部授予我公司2346天零事故安全业绩证明

浙江创想节能科技有限公司

浙江创想节能科技有限公司，前身为桐庐县特种耐火材料厂，始建于1986年，是国内早期研制推广异型保温产品厂家，现已成为一家专业生产阀门保温套、金属双壁保温套、软质可拆式保温套、汽轮机保温仓、燃机保温层、组合式模压保温管套、金属反射型保温层等异型保温产品的高新技术企业，其产品适用于核电、火电、石化、炼油、冶金、军工、船舶等行业。在工程项目上采用现场实测、标准化生产及售后安装全过程服务。技术水平在同行业中处于领先行列。

企业坚持科技创新，注重科研投入，与清华大学、浙江大学等高校进行科研合作。目前已取得包括7项发明专利在内的国家专利58项。公司不仅是上海电气、哈尔滨电气、神华集团、中石油、中石化等集团的合格供应商，而且自2008年开始，连续5年被中核集团核电供应商评价委员会认定为核电合格供应商；2010年被华电集团认定为集团级供应商会员；2011年被沪东中华造船集团有限公司认定为合格供方；2013年被批准为军队总装备物资供应商。2010年9月，公司与上海核工程研究设计院签订“非能动系列反应堆（AP1000）压力容器金属反射型保温层”开发协议，成为世界第三代核电技术（AP1000）配套金属反射保温产品的国内供应商。

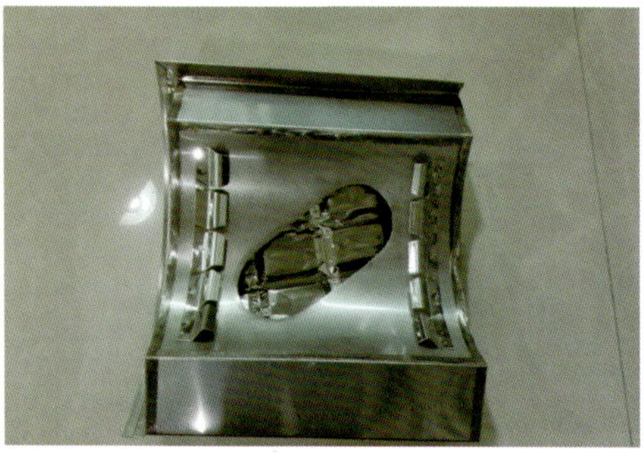

金属反射性保温层样块

金属反射型保温层模拟核电回路实验装置

SMC组合式保温管壳在秦山核电站的应用

软质可拆式保温套主要用于汽轮机、各种容器、燃机的保温，保温效果好，方便检维修

大事记

中国核能行业 2015 年十大新闻

一、习近平、李克强对核工业创建 60 周年作出重要批示

1 月 15 日，在我国核工业创建 60 周年之际，中共中央总书记、国家主席、中央军委主席习近平作出重要批示：“60 年来，几代核工业人艰苦创业、开拓创新，推动我国核工业从无到有、从小到大，取得了世人瞩目的成就，为国家安全和经济建设作出了突出贡献。核工业是高科技战略产业，是国家安全重要基石。要坚持安全发展、创新发展，坚持和平利用核能，全面提升核工业的核心竞争力，续写我国核工业新的辉煌篇章。”

中共中央政治局常委、国务院总理李克强也作出重要批示：“希望弘扬传统，聚焦前沿，全面提升核工业竞争优势，推动核电装备‘走出去’，确保核安全万无一失，为把我国建成核工业强国而继续奋斗。”

二、国家三部门联合发布《核安全文化政策声明》

1 月 14 日，国家核安全局、国家能源局和国家国防科工局联合发布《核安全文化政策声明》。这是三部门联合推动全行业核安全文化培育与发展的重大举措。[1]

三、“华龙一号”示范工程等 6 台核电机组开工，我国在建核电规模继续保持全球领先

红沿河核电 5 号机组（3 月 29 日）、福清核电 5 号机组（5 月 7 日）、红沿河核电 6 号机组（7 月 24 日）、福清核电 6 号机组（12 月 22 日）、防城港核电 3 号机组（12 月 24 日）、田湾核电 5 号机组（12 月 27 日）等 6 台核电机组先后开工建设（其中福清 5/6 号、防城港 3 号核电机组采用的是我国自主研究设计的三代机型“华龙一号”技术）。截至 2015 年 12 月底，我国在建的核电机组数为 24 台，我国在建核电规模继续保持全球领先。

四、方家山核电 2 号机组等 8 台核电机组先后投入运行

秦山核电厂扩建项目——方家山核电 2 号机组（2 月 12 日）、阳江核电 2 号机组（6 月 5 日）、宁德核电 3 号机组（6 月 10 日）、红沿河核电 3 号机组（8 月 16 日）、福清核电 2 号机组（10 月 16 日）、昌江核电 1 号机组 (12 月 26 日) 等 6 台核电机组先后投入商业运行。截至 2015 年 12 月底，我国投入运行的核电机组数为

1 “核安全文化”是指各有关组织和个人，以“安全第一”为根本方针，以维护公众健康和环境安全为最终目标，达成共识并付诸实践的价值观、行为准则和特性的总和。

30台（其中28台正式投入商业运行，防城港1号机组、阳江核电3号机组投入运行）。

五、我国百万千瓦级核电机组关键设备和材料国产化率已达 85%

我国核电机组关键设备和材料自主化、国产化水平稳步提高，自主研发的“华龙一号”国产化率已达85%。国内已形成每年8套左右核电主设备制造硬件能力，建设安装力量能满足同时开工30台以上核电机组的需求。

六、大亚湾中微子项目获“基础物理学突破奖”

11月9日，2016年“突破奖”颁奖仪式在美国加州圣何塞举行。中国科学家王贻芳作为大亚湾中微子项目的首席科学家获得“基础物理学突破奖”。这是中国科学家首次获得该奖项。[2]

七、实施“走出去”战略，国际核能合作取得丰硕成果

——中巴合作。8月20日，采用中国“华龙一号”技术的巴基斯坦卡拉奇核电项目2号机组第一罐混凝土浇筑庆典活动在卡拉奇K2、K3核电项目现场举行。

——中英合作。英国伦敦时间10月21日，在中国国家主席习近平与英国首相戴维•卡梅伦的见证下，中国广核集团（CGN）与法国电力集团（EDF）在伦敦签署关于建设和运营英国欣克利角C核电站的《英国核电项目投资协议》。

——中罗合作。罗马尼亚当地时间11月9日，中广核罗马尼亚核电公司（筹）与罗马尼亚国家核电公司在罗马尼亚签署了《切尔纳沃德核电3、4号机组项目开发、建设、运营及退役谅解备忘录》。

——中阿合作。土耳其当地时间11月15日，中国核工业集团公司与阿根廷核电公司正式签署了阿根廷重水堆核电站商务合同及压水堆核电站框架合同，标志着中国“华龙一号”核电技术落地阿根廷。

八、国家电力投资集团公司在京挂牌成立

7月15日，由中国电力投资集团公司和国家核电技术有限公司重组后的国家电力投资集团公司在北京挂牌成立。新组建的国家电力投资集团公司，将成为我国惟一同时拥有火电、水电、核电、新能源资源的综合能源集团。

九、A股第一家纯核电上市企业——中国核能电力股份有限公司“中国核电”在上交所成功挂牌上市

6月10日，中国核能电力股份有限

2 大亚湾核电站反应堆中微子实验位于深圳市大亚湾核电基地，为中国广核集团与中科院合作开展的世界级物理研究项目。大亚湾合作组由来自世界上7个国家和地区200多位科学家组成。

公司“中国核电”正式在上交所成功挂牌上市，这标志着“中国核电”成为A股第一家纯核电上市企业。

十、第十一届中国国际核电工业展览会在北京举办

4月22日，中国核能行业协会主办的第11届中国国际核电工业展览会在北京开幕，来自中国、美国、法国等10个国家的近200家核电工业企业、科研院所等单位参展。国务院副总理马凯参观了展览。展会期间，中国核能行业协会举办了内陆核电建设研究成果发布会和“华龙一号”信息发布会。

2015 年中国核能行业大事记

1 月 3 日，国内首台 AP1000 蒸汽发生器——三门核电 2 号机组蒸汽发生器在上海电气核电设备有限公司发运。

1 月 9 日，2014 年度国家科学技术奖励大会举行。中核集团核工业北京化工冶金研究院等单位的“CO_2 和 O_2 原地浸出采铀工艺技术研究与工程应用”项目获得国家科技进步二等奖。“两弹一星”元勋于敏院士获 2014 年度国家最高科学技术奖。

1 月 12 日，秦山核电厂扩建项目——方家山核电工程 2 号机组首次并网发电成功。

1 月 12 日，中国核工业建设集团公司“60 万千瓦级球床模块式高温气冷堆核电站”总体方案通过以中国工程院叶奇蓁院士为组长的专家组的评审。

1 月 13 日上午，广西举行“红沙 -2014”核事故应急联合演习。自治区 42 个部门和单位、广州军区、武警广西总队等参加，动用约 1800 名人员以及 150 余台车辆、船舶、大型装备等，组成 11 个专业组按照预案和实施程序开展应急响应和处置。

1 月 14 日，国家核安全局、国家能源局和国家国防科工局联合发布《核安全文化政策声明》。这是三部门联合推动全行业核安全文化培育与发展的重大举措。

1 月 14 日，环境保护部在北京首次面向社会发布全国辐射环境质量报告。报告称，中国历年来的监测结果表明，全国辐射环境水平没有明显变化。

1 月 15 日，我国核工业创建 60 周年。中共中央总书记、国家主席、中央军委主席习近平和中共中央政治局常委、国务院总理李克强分别作出重要批示。

1 月 15 日，福清 4 号核反应堆压力容器在中国一重制造成功并发运用户。至此，4 年间，中国一重承制的 4 台福清核电站 M310 堆型压力容器全部交付用户。

1 月 18 日，国家能源局发布《国家能源局关于取消新建机组进入商业运营审批有关事项的通知》，以简政放权，取消新建机组商业运营审批手续。

1 月 19–26 日，WANO 到福清核电现场开展 2 号机组启动前同行评估活动。

1 月 22–23 日，国家核电承担的大型先进压水堆核电站重大专项“AP1000 核岛工程管理技术研究”课题、“AP1000 核岛运行和维护技术”课题通过国家能源局组织的验收。

1 月 28 日，国务院总理李克强主持召开国务院常务会议，部署加快铁路、核电、建材生产线等中国装备“走出去”，推进国际产能合作、提升合作层次。

1 月 28 日，国核锆业 AP1000 核级锆材生产线通过美国西屋电气公司的产品质量鉴定后，获得其颁发的合格性鉴定证书 (LQC)。

1 月 29 日，国务院总理李克强在人

民大会堂同法国总理瓦尔斯举行会谈。在两国总理见证下，中国广核集团与法国电力公司签署了双方在核电站设计领域的有关合作协议。

2月4日，在国家主席习近平和阿根廷总统克里斯蒂娜的共同见证下，国家能源局局长努尔•白克力与阿根廷联邦计划、公共投资与服务部部长胡里奥•德维多签署了《中华人民共和国政府和阿根廷共和国政府关于在阿根廷合作建设压水堆核电站的协议》。2月3日，努尔•白克力与胡里奥•德维多还共同签署了《中华人民共和国政府和阿根廷共和国政府关于合作在阿根廷建设重水堆核电站的谅解备忘录》。

2月5日，国务院总理李克强在人民大会堂会见阿根廷总统克里斯蒂娜。双方表示希望开展核能技术开发合作，让两国关系得到更好发展。

2月10日，福清核电4号机组反应堆厂房穹顶P层顺利完成混凝土浇筑，标志着该机组反应堆厂房主体施工圆满完成。

2月10日，由中核建中核燃料元件有限公司生产的海南昌江核电站1号机组首炉125组燃料组件、126组相关组件顺利运抵海南昌江核电站燃料厂房。这是我国首次国内核燃料组件的跨海运输。

2月12日，秦山核电厂扩建项目——方家山核电2号机组投入商业运行。至此，秦山核电基地9台机组全部建成投产，成为我国核电机组数量最多、堆型最丰富、装机最大的核电基地。

2月13日，由中核控制系统工程有限公司与法国AREVA NP公司合资组建的中核阿海珐安全仪控工程有限公司（CASI）在北京正式挂牌成立。CASI的成立，将打破国内核电站安全级数字化控制系统（DCS）被国外产品垄断的局面，实现DCS的本地化、国产化。

3月10日，国家发展改革委正式核准红沿河二期两台核电机组，这是日本福岛核事故后四年来我国真正意义上获批的核电项目。

3月10日，阳江核电2号机组首次并网发电。

3月12日，我国首个核电厂退役工程技术研发中心正式揭牌成立。该中心由中核核电运行管理有限公司和中国核动力研究设计院联合成立。

3月14日，海南昌江核电厂组织装料前首次应急演习，持续6个多小时，联动人数达400人以上。

3月17日，上海电气核电设备有限公司与法国AREVA正式签订南非KOEBERG核电站6台蒸发器更换项目的分包合同。

3月21日，宁德核电3号机组首次并网发电。

3月22日，核电火灾安全联合实验室在广州揭牌成立，这是我国国内核电领域首个热灾害研究专业平台。实验室是由中广核工程有限公司、中国科学技术大学先进技术研究院和广州中国科学院工业技术研究院三方共建。

3月23日，红沿河核电3号机组首次并网发电。

3 月 24–26 日，国家核安全局对福清核电 2 号机组首次装料前综合核安全工作进行检查。本次检查是首次装料前国家核安全局组织的最后一次检查。

3 月 25 日，由上海电气核电设备有限公司承制的首批国产 AP1000 蒸汽发生器——海阳核电 2 号机组两台蒸汽发生器顺利完工、交付并同时发运。

3 月 26 日，在巴黎举行的法国电力公司（EDF）2014 年度安全业绩挑战赛上，大亚湾核电站连续第七年荣获“能力因子”第一名。

3 月 29 日，红沿河核电站 5 号机组正式开工建设，采用 ACPR1000 技术方案，单机容量为 111.879 万千瓦。

3 月 31 日，秦山第三核电厂 1 号机组的第一个十年大修——第八次换料大修正式开始。这是国内重水堆机组的第一个十年大修。

4 月 1–2 日，中国核地质创建 60 周年系列活动举办。60 年来，我国建立了完整的放射性矿产资源勘查工作体系，累计探明 350 多个铀矿床，铀资源分布形成南北并重的格局，为我国核工业发展奠定了坚实基础。

4 月 3 日，国务院总理李克强主持召开中国装备“走出去”和推进国际产能合作座谈会并作重要讲话。中广核董事长贺禹参加座谈会并发言，提出核电“走出去”有关建议。

4 月 10 日，中国外交部长王毅在北京会见来华访问的国际原子能机构总干事天野之弥。双方就和平利用核能，加强合作等问题进行了交流。同日，国防科工局局长、国家原子能机构主任许达哲在京会见天野之弥。双方就进一步推进中国与国际原子能机构在核能发展、核安保、核安全、核技术合作、国际职员等领域的合作深入交换意见。

4 月 13 日，国家能源局局长努尔•白克力和美国驻华大使马克斯•鲍卡斯代表两国政府签署了《中华人民共和国政府和美利坚合众国政府和平利用核能合作协定》续约文本。该文本于当年 10 月 29 日正式生效，为两国未来 30 年核能领域合作奠定了法律基础。

4 月 13–23 日，WANO 东京中心对海南昌江核电 1 号机组进行启动前同行评估活动。

4 月 15 日，在由国务院总理李克强主持召开的国务院常务会议上，决定核准建设“华龙一号”三代核电技术示范机组。

4 月 15 日，国家能源局在北京组织召开内陆核电厂安全专题研讨会，主要讨论内陆核电厂严重事故工况下确保水资源安全的兜底方案。

4 月 16 日，中核集团与国际原子能机构在奥地利维也纳签署 ACP100 通用反应堆安全审查协议，为 ACP100 国际市场开拓和工程应用打下基础。

4 月 20–21 日，国家主席习近平访问巴基斯坦。双方同意在国际原子能机构保障监督下，并在符合各自双多边义务的前提下，继续保持在民用核能领域双边合作。其间，在国家主席习近平和巴基斯坦总理谢里夫的见证下，中核集团与巴基斯坦原委会签署《中国核工业集团公司与巴基斯坦原子能委员会关于在巴基斯坦未来核电（ACP1000/华龙一号）合作的框架协议》。

4月21日，由中广核牵头的中方联合体与法国电力公司共同举办的第二届英国新建核电项目供应链大会在北京举行。在中方联合体的推荐下，有10家中国企业进入资格审查流程，其中4家进入招投标流程。

4月22日，中国核能行业协会主办的第十一届中国国际核电工业展览会在北京开幕，来自中国、美国、法国等10个国家的近200家核电工业企业、科研院所等单位参展。国务院副总理马凯参观了展览。展会期间，中国核能行业协会主办世界核能发展论坛，中外核能界近300名代表参加了论坛；举办内陆核电建设研究成果发布会，重点向社会发布内陆核电厂址安全和内陆核电应对事故的能力等研究成果。

4月22日，由国家核电技术有限公司主办的南非民用核能培训项目基础培训在清华大学举行开班启动会，标志着两国核电合作迈出实质性的一步。

4月25日，大型先进压水堆核电站重大专项CAP1400示范工程1号常规岛汽轮机厂房第一罐混凝土开始浇筑。

4月27日，中国与阿尔及利亚和平利用核能合作高级指导委员会第二次会议在北京召开。双方就比林项目升级改造、人才培养及核电等方面的合作进行了交流。

4月29日，国防科工局主办的核安保工作座谈会暨核安保重要系统设备国产化展示活动在北京举行。会议要求，核工业相关单位要做好核安保工作，加快推动核安保系统设备国产化进程。

4月29日，在国务院总理李克强和阿尔及利亚总理萨拉勒共同见证下，中核集团与阿尔及利亚原子能署在人民大会堂签署了《中国核工业集团公司与阿尔及利亚原子能署核能全面战略合作协议》。

5月4日，中国原子能科学研究院自主研发的100兆电子伏质子回旋加速器和在线同位素分离器成功实现联合调试，放射性核束首次出束成功。

5月6日，中美和平利用核技术合作联合协调委员会第10次会议在成都举行。双方就该机制下核能技术、核保障与核安保、环境和放废管理、应急管理、放射源保安等领域合作进行了交流。

5月7日，中国自主三代核电技术“华龙一号”示范工程福清核电5号机组正式开工建设。

5月11–12日，第八次中巴核安全合作指导委员会会议在山东荣成召开。环境保护部副部长、国家核安全局局长李干杰与巴基斯坦核管局主席安瓦尔•哈比布共同出席了会议。双方回顾了过去一年中巴核安全合作取得的成果，确定了下一阶段的合作活动，并签署了第八次中巴核安全合作指导委员会会议纪要。

5月13日，全球首条、我国完全拥有自主知识产权的高温气冷堆核燃料元件生产线由建设阶段转入带料联动试车调试阶段。

5月13日，第四次核电集团核事故

应急支援工作高层座谈会在山东烟台召开。

5月15日，由中国工程院、国家能源局主办的以“核能与安全”为主题的第三届能源论坛在京召开。

5月17日，福清核电2号机组首次装料完成。

5月19日，在国务院总理李克强和巴西总统迪尔玛•罗赛夫的见证下，中核集团与巴西核电公司签署了《关于在巴西进行全面核能合作的谅解备忘录》。

5月19日，全国人大常委、全国人大环资委主任委员陆浩到红沿河核电调研。

5月20日，由美国EMD公司设计和制造的AP1000反应堆屏蔽电机主泵重新工程与耐久试验顺利完成。

5月20–21日，国家发展改革委副主任、国家能源局局长努尔•白克力代表中国在荷兰海牙举办的能源宪章部长级会议上签署了新的《国际能源宪章宣言》。这标志着中国由受邀观察员国变为签约观察员国，在国际能源治理道路上迈出了新的一步。

5月21–23日，中核集团访问埃及，并与埃及核电管理委员会（NPPA）签署了《CNNC与NPPA核能合作谅解备忘录》。

5月24日，大亚湾核电站1号机组首次20年大修暨第17次换料大修顺利完成，实际工期75.30天。

5月28–29日，由中广核牵头的国家“863”计划核反应堆专用机器人技术与应用课题在广西防城港通过国家科技部组织的技术验收。

6月1日，国家能源核电人因工程技术研究所在大亚湾核电基地运营培训中心正式挂牌成立。

6月5日，阳江核电2号机组投入商业运行。

6月10日，中国核能电力股份有限公司“中国核电”正式在上交所成功挂牌上市。这标志着“中国核电”成为A股第一家纯核电上市企业。

6月10日，宁德核电3号机组投入商业运行。

6月11–12日，由中国核能行业协会、法国核电规范标准协会（AFCEN）共同主办的第二届中法核电经验交流研讨会在苏州举行。

6月11日，由中国核能行业协会和台湾核能科技协进会共同主办的第三届海峡两岸核能合作研讨会在台北市举行。

6月13日，由上海第一机床厂有限公司承制的首台国产AP1000核电站堆内构件——三门2号机组堆内构件发运。

6月15日，国务院总理李克强到中国核电工程公司考察，寄语中国核电：你们在铸“国之重器”，提出了“核电开发安全大于天”“中国核电走出去‘五个指头要攥成拳’”，同时表示，“‘华龙一号’为我撑腰，我去国际舞台为你们扬名。”在与中国一重等核电装备制造企业及机组建设现场视频连线中，李克强总理了解了核电产品的制造情况。

6月16日，中核集团在福建组织召开“华龙一号”技术全球推介会，推介中国“华龙一号”技术，以及中国装备制造能力和融资优势，向全球提供核电一体化方案。

6月16日，国家能源示范工程——“核电站应急高容量蓄电池蓄能系统研发”项目在大亚湾核电基地通过技术验收。

6月23日，在国家主席习近平与比利时国王菲利普共同见证下，中核集团董事长孙勤与比利时核研究中心董事会主席Derrick Gosselin分别代表双方企业在人民大会堂签署了《中国核工业集团公司与比利时核研究中心关于混合氧化物燃料合作的谅解备忘录》。根据该谅解备忘录，双方将在MOX燃料领域开展合作。

6月26日，“神盾-2015”国家核事故应急联合演习成功举行。这是继“神盾-2009”国家核应急演习之后，我国第二次、同时也是福岛核事故后首次开展的国家级核应急联合演习，也是自2013年6月新版《国家核应急预案》发布后第一次国家级的核事故应急联合演习。

6月30日，在国务院总理李克强首次访问法国期间，双方共同发表了《中法两国深化民用核能合作的联合声明》。在李克强与法国总理瓦尔斯共同见证下，中国国家原子能机构和法国原子能与可替代能源委员会签署了《关于在中国建设后处理/再循环工厂的意向性声明》；中核集团与法国电力公司和阿海珐集团签署了《阿海珐集团、中国核工业集团公司与法国电力公司落实中法国家联合声明的全球合作实施方案》、与阿海珐集团签署了《中国核工业集团公司与阿海珐集团关于后处理/再循环工厂项目合同商务谈判工作路线图的谅解备忘录》；中广核与法国电力公司、阿海珐集团签署了三方在核反应堆领域建立长期合作的意向协议书。

7月1日，十二届全国人大常委会第十五次会议通过了国家安全法，该法将自公布之日起正式生效。这是核政策首次写入法律：国家坚持和平用核能和核技术，加强国际合作，防止核扩散，完善防扩散机制，加强对核设施、核材料、核活动和核废料处置的安全管理、监管和保护，加强核事故应急体系和应急能力建设，防止、控制和消除核事故对公民生命健康和生态环境的危害，不断增强有效应对和防范核威胁、核攻击的能力。

7月15日，中国电力投资集团公司与国家核电技术有限公司重组后的国家电力投资集团公司在京举行揭牌仪式，宣布正式成立。

7月20–21日，2015年中法核安全合作指导委员会会议在京召开。会议回顾了自上次指导委员会会议召开以来中法核安全合作取得的成果，确定了下一阶段的合作重点，还就中国核电发展与核安全监管等问题交换了意见。

7月24日，红沿河核电6号机组正式开工建设。该机组采用ACPR1000技术方案。

7月底–8月7日，首届“全国核行业公众开放日”活动全面展开。活动期间，我国大陆在运、在建核电基地和部分核工业产业链单位集中面向公众开放。

8月，中国原子能科学研究院林承键

研究员获中国物理学会“2014–2015 年度吴有训物理奖”。

8–11 月，环保部在全国集中开展针对核设施、核技术利用、核设备制造、铀矿冶设施的核与辐射安全大检查及综合督查。

8 月 4 日，海阳核电 2 号机组核岛钢制安全壳顶封头（CVTH）成功吊装就位。2 号核岛由土建施工全面转入主设备及大宗材料安装阶段。

8 月 6 日，福清核电 2 号机组首次并网成功。

8 月 16 日，红沿河核电 3 号机组投入商业运行。

8 月 20 日，采用中国“华龙一号”技术的巴基斯坦卡拉奇项目 2 号机组第一罐混凝土浇筑仪式在卡拉奇核电项目现场举行。

8 月 21 日，环境保护部（国家核安全局）在京召开“加强核安全监管国际合作支撑核电‘走出去’”座谈会。会上介绍了《加强核安全监管国际合作支撑核电“走出去”工作方案》。国家能源局、国防科工局、有关集团公司和主要核电装备企业负责人出席座谈会。

8 月 28 日，科技部在合肥组织召开国家磁约束核聚变能发展研究专项“聚变堆总体设计研究”项目验收会。专家组认为：项目组按任务书要求圆满完成了中国聚变工程实验堆（CFETR）的工程概念设计。

9 月 1 日，中国原子能科学研究院新建核燃料后处理放化实验设施开展首次热试验，标志着我国首座动力堆核燃料后处理技术研发设施启用。10 月 25 日，首次热试验顺利完成。

9 月 7 日，中广核与肯尼亚核电局在大亚湾核电基地正式签署《中国广核集团有限公司与肯尼亚核电局关于肯尼亚核电开发合作的谅解备忘录》。

9 月 8 日（美国当地时间），海阳核电 1 号机组保护与安全监测系统（PMS）主体设备顺利出厂发运，并于 9 月 15 日到达海阳现场。

9 月 9 日，福清核电 2 号机组首次实现满功率运行。

9 月 11 日，中俄总理定期会晤委员会核问题分委会第 19 次会议在莫斯科召开。分委会中方主席、中国国家原子能机构主任许达哲与俄方主席、俄罗斯国家原子能集团公司总经理基里延科共同主持会议。

9 月 12 日，海阳核电 2 号机组核岛穹顶成功吊装就位。2 号核岛主厂房结构基本完工。

9 月 15 日（维也纳当地时间），中核集团在奥地利维也纳国际原子能机构举办中国自主三代核电品牌“华龙一号”技术边会。这是中核集团首次在国外向国际社会推广“华龙一号”品牌。

9 月 19 日，“华龙一号”首堆示范工程——福清核电 5 号机组整体筏基的最后一段施工完成，核岛区域全面进入上部主体结构施工阶段。

9 月 22 日（美国当地时间），中核集团与美国泰拉能源公司签署了行波堆合作文件。该文件的签署是双方在中美两国政府的指导和支持下，开展行波堆合作交流的重要里程碑，为双方开展深入合作奠定了基础。

9月26日，田湾核电4号机组穹顶吊装成功。田湾核电二期工程全面进入设备安装阶段。

9月28日，在俄罗斯核工业成立70周年暨俄罗斯国家“核工作者日”之际，俄罗斯驻华大使杰尼索夫在北京为孙勤等4人颁发了“核领域国际合作”荣誉勋章。

10月，地质学报（英文版）刊载封面文章介绍，中核集团核工业北京地质研究院研究团队在世界上首次发现自然界存在金属铀。这是我国基础地质研究领域重大的原创性突破，为推进人类继续探索研究铀元素迈出了新的重要一步。

10月16日，福清核电2号机组具备投入商业运行条件。

10月18日，阳江核电3号机组首次并网发电成功。

10月19日（英国当地时间），在国家能源局局长努尔·白克力和英国能源与气候变化大臣安布尔·拉德的见证下，中核集团公司副总经理俞培根与英国国家核实验室主席理查德·莫兹利签署了《成立中英联合研究与创新中心联合声明》。同日，中广核通用核能国际有限公司（GNI）在英国伦敦揭牌。

10月21日，国家能源局和英国能源与气候变化部在伦敦签署并发表《2015民用核能领域合作声明》。

10月21日（英国伦敦当地时间），在国家主席习近平与英国首相戴维·卡梅伦的见证下，中国广核集团与法国电力集团在伦敦签署关于建设和运营英国欣克利角C核电站的《英国核电项目投资协议》。

10月22日，福清核电3号机组一回路水压试验完成，标志该机组由安装阶段全面转入调试阶段。

10月25日，防城港核电1号机组首次并网发电。

10月25日，中国原子能科学研究院核燃料后处理放化实验设施首次热试验顺利完成，首批辐照过的核燃料成功处理完毕，顺利拿到铀钚产品。

10月26日，国家核安全局在北京召开核安全专家委员会会议，就AP1000依托项目屏蔽主泵在设计、制造、试验过程出现问题的处理，主泵试验验证结果进行了专业审查。

10月28日，全国政协副主席、国家科技部部长万钢一行到上海核工院调研大型先进压水堆核电站项目实施情况。

10月30日，“华龙一号”首堆示范工程福清核电5号机组常规岛底板1号筏基开始混凝土浇筑。

11月2日，在国家主席习近平和法国总统奥朗德的见证下，国防科工局局长、国家原子能机构主任许达哲与法国原子能与可替代能源委员会主席沃瓦尔德在京签署了《中国国家原子能机构和法国原子能与可替代能源委员会关于成立核燃料循环后端双边高级别委员会的备忘录》；中核集团与法国阿海珐集团签署了《中核集团与阿海珐集团关于资本和产业联盟的谅解备忘录》、与法国电力集团签署了《中核集团与法电集团关于中法国家联合声明的实施计划》。

11月4日，三门核电1号机组安全壳结构完整性和整体泄漏率试验完成。

11月6日，“华龙一号”示范工程——福清核电5、6号机组联合泵房正式浇筑第一罐混凝土。

11月6日，《中国核技术仪器设备学科发展研究报告》正式发布。该报告第一次比较全面、概括地勾勒了我国核技术仪器领域60年来学科、产业和应用情况概貌，重点反映了我国核仪器设备与国外的差距以及我国核仪器设备与国内应用需求的差距。

11月7日，海南昌江核电1号机组首次并网成功。

11月7日，三门核电1号机组CV筒体密封性试验成功。

11月8日，环保部发布《环保部(国家核安全局)核与辐射安全公众沟通方案》。

11月9日（罗马尼亚当地时间），中广核罗马尼亚核电公司（筹）与罗马尼亚国家核电公司在罗马尼亚签署了《切尔纳沃德核电3、4号机组项目开发、建设、运营及退役谅解备忘录》。

11月9日，国内首个核电工程安全体验馆——中国核建所属成员单位中核华兴的核电工程安全体验馆在防城港核电项目部建成并正式启用。

11月11日，三门核电1号机组首批两台AP1000主泵在美国宾夕法尼亚州的柯蒂斯•怀特公司EMD工厂发运。

11月15日，海阳核电2号机组最后一个大型结构模块CB20结构模块顺利完成吊装。至此，2号机组所有大型结构模块全部就位。

11月15日（土耳其当地时间），中核集团与阿根廷核电公司正式签署了阿根廷重水堆核电站商务合同及压水堆核电站框架合同。

11月19日，中核阿海珐（上海）锆合金管材有限公司（CAST）举行CAST首批本土化M5包壳管发运庆典仪式。这标志着国内AFA3G型核燃料组件生产的重要原材料——M5锆合金管材实现了本土化生产和交运，保证了重要材料的安全供应。

11月19日，由国家能源局和东盟能源中心共同主办、中国核能行业协会承办的第二届东亚峰会清洁能源论坛核能分论坛在海口召开。

11月21日，海阳核电1号机组首批燃料组件接收工作顺利结束。

11月21日，全国政协副主席陈元一行到华能山东石岛湾核电厂调研。

11月23日，由国家原子能机构、世界经济合作与发展组织核能署共同主办，中国核能行业协会承办的后福岛时代世界及中国核能发展研讨会在京召开。

11月24日，第四次中国 - 中东欧领导人会晤在苏州举行。会晤期间，国家原子能机构与斯洛伐克经济部签署了《中华人民共和国国家原子能机构和斯洛伐克共和国经济部关于民用核工业燃料循环供应链领域合作的谅解备忘录》。中核集团与斯洛伐克 VUJE 公司签署了《关于在核燃料循环产业链开展全面合作的谅解备忘录》。

11 月 24 日，根据《中华人民共和国核出口管制条例》，国家原子能机构、商务部、外交部和海关总署联合发布了新修订的《核出口管制清单》，将于 2016 年 1 月 1 日起实施。

12 月，中国国内首件 CPR1000 铸造泵壳体完成制造和水压试验。

12 月 2 日，从中科院合肥物质科学研究院了解到，国际热核聚变实验堆计划（ITER）纵场线圈导体采购包最后一根导体成型和收绕工作已顺利完成。这标志着中方承担的首个 ITER 计划采购包生产圆满完成。

12 月 2 日（南非当地时间），在习近平主席与南非总统祖马共同见证下，国家核电技术有限公司与南非核能集团在南非签署《CAP1400 项目管理合作协议》。根据协议，国家电投将为南非培养 CAP1400 技术的高级项目管理人才。

12 月 3 日，国家重大核事故应急救援方案编制座谈会在红沿河现场举行。经审核，会议原则通过红沿河核电站重大核事故应急救援方案，这也是我国首个通过评审的重大核事故应急救援方案。

12 月 3 日，国家能源核电工程建设技术研发（实验）中心项目通过国家能源局的验收评审。

12 月 4 日（南非当地时间），习近平主席在南非总统祖马的陪同下，参观了在由中国商务部与南非贸易和工业部共同主办的中非装备制造业展上的中国核电企业展台。在观看中核集团展台“华龙一号”3D 模型时，习近平主席向祖马总统介绍说“这是我们自己的技术，我们要把它推向非洲和全世界。”

12 月 8 日，大亚湾核电基地举行 2015 年度核事故场内综合应急演习。

12 月 9 日，海阳核电 1 号机组安全壳结构完整性和整体泄漏率试验顺利完成。

12 月 14 日，在国务院总理李克强、哈萨克斯坦总理马西莫夫的共同见证下，中国广核集团有限公司与哈萨克斯坦国家原子能工业公司在北京人民大会堂签署了《关于在哈萨克斯坦设计和建设燃料组件制造厂和在哈萨克斯坦共同开发铀矿的商业协议》。

12 月 16 日，国务院总理李克强主持召开国务院常务会议。会议核准 4 台新核电机组，分别为田湾 5、6 号机组和防城港 3、4 号机组。

12 月 17 日，中核集团研发的我国首套自主核电软件包和一体化软件集成平台（NESTOR）在京正式发布。

12 月 17 日（美国东部时间），三门核电 1 号机组 3、4 号主泵从美国柯蒂斯•怀特工厂（EMD）出厂发运。至此，三门 1 号机组 4 台主泵已全部顺利出厂。

12 月 20 日，由上海电气制造的首台高温堆压力容器完成全部制造工作。

12 月 21 日，由国家电投中央研究院自主研发的中国首套具备完全自主知识产权的核电关键设计与安全分析软件包（COSINE）公开测试版正式发布。

12月22日，福清核电6号机组核岛底板浇筑第一罐混凝土，机组正式开工建设。

12月23日，海阳核电1号机组汽轮机组具备进汽冲转条件。至此，1号机组常规岛系统调试工作基本结束。

12月23日，中国核工业报报道，由中国核动力研究设计院和中核控制系统工程有限公司联合研制的"华龙一号"先进堆芯测量系统顺利通过技术验收，标志着我国首个具有完整自主知识产权的三代核电站堆芯测量系统自主研制成功。

12月24日，防城港核电3号机组浇筑第一罐混凝土，正式开工建设。该机组使用我国自主三代核电技术方案"华龙一号"。

12月25日，国家科技重大专项——大型先进压水堆"自主知识产权的核电站数字化仪控系统平台研制"通过国家能源局组织的验收。

12月26日，海南昌江核电1号机组正式投入商业运行。

12月27日，田湾核电5号机组浇筑核岛底板第一罐混凝土。田湾核电站扩建工程5、6号机组正式开工建设。

12月27日，三门核电2号机组CB20模块成功吊装就位。至此，AP1000依托项目结构模块吊装任务全部圆满完成。

12月30日，中核集团和中国广核集团在京签订协议，共同投资设立华龙国际核电技术有限公司。根据协议，华龙公司将致力于持续融合与发展"华龙一号"自主三代核电技术，统一管理并实施华龙技术、品牌、知识产权等相关资产在国内外的经营，推动"华龙一号"成为中国核电"走出去"的主力品牌。华龙公司注册资本为5亿元人民币，中核集团和中国广核集团各占50%的股权。

12月30日，台山核电1号机组冷态功能试验工作正式开始。台山核电由此成为世界首台开始冷试的三代压水堆核电机组。

12月30日，三门核电1号机组前两台反应堆冷却剂泵到达三门核电现场。

12月31日，由上海核工院自主设计并主持研发的CAP1400自主化燃料原型组件在包头顺利下线。这是国内首个使用全新锆合金骨架、具有完全自主知识产权、满足14英尺堆芯的高性能燃料组件。

附　录

中国核能行业协会 2015 年年会

基本情况

2015 年 4 月 22 日，中国核能行业协会 2015 年年会在京召开。中国核能行业协会理事长张华祝在理事会工作报告中总结了协会过去一年的工作，部署 2015 年协会主要工作和任务，分析了在我国核电发展的重要战略机遇期核能行业面临的机遇和挑战。

国家核安全局局长李干杰、国家能源局副局长刘琦、国家国防科工局党组成员王承文参加年会并讲话。

工作报告

中国核能行业协会理事会工作报告

张华祝

一、过去一年我国核能行业发展回顾

过去的一年，是我国核能行业创新发展进程中不平凡的一年。党中央、国务院高度重视核能行业，习近平总书记、李克强总理等中央领导多次主持召开会议，作出一系列重要指示，为核能行业的发展和改革提出了明确的行动纲领和具体的工作要求。核能行业在国家“安全高效发展核电”方针的指引下，坚持改革创新，锐意进取，攻坚克难，稳步推进各方面的工作，取得了一系列新的成绩、新的进展，为优化能源结构、增加清洁能源供给、促进经济社会发展作出了新的贡献。

党中央、国务院高度重视核能行业的发展。2014 年 3 月 24 日，习近平主席在海牙核安全峰会上发表讲话，首次提出以“发展和安全并重、权利和义务并重、自主和协作并重、治标和治本并重”为主要内容的中国核安全观。在习近平总书记主持召开的中央财经领导小组第 6 次会议、李克强总理主持召开的新一届国家能源委员会首次会议上，都明确提出了适时重启沿海地区新的核电项目建设的要求。2015 年 1 月 15 日，在我国核工业创建 60 周年之际，习近平总书记作出重要批示：“60 年来，几代核工业人艰苦创业、开拓创新，推动我国核工业从无到有、从小到大，取得了世人瞩目的成就，为国家安全和经济建设作出了突出贡献。核工业是高科技战略产业，是国家安全重要基石。要坚持安全发展、创新发展，坚持和平利用核能，全面提升核工业的核心竞争力，续写我国核工业新的辉煌篇章。”李克强总理批示指出：“希望弘扬传统，聚焦前沿，全面提升核工业竞争优势，推动核电装备‘走出去’，确保核安全万无一失，为把我国建成核工业强国而继续奋斗。”

中央领导作出的一系列重要指示，充分体现了党中央、国务院对我国核能行业的高度重视和殷切希望。

在役核电机组突破 2000 万千瓦。2014 年，先后有广东阳江 1 号、福建宁德 2 号、辽宁红沿河 2 号、福建福清 1 号、浙江秦山核电站扩建工程——方家山 1 号等 5 台机组投入商业运行。2015 年 2 月方家山 2 号机组投入商业运行，阳江 2 号、宁德 3 号、红沿河 3 号机组也先后并网发电。目前，我国大陆投入商业运行的核电机组达 23 台，总装机容量为 2138.6 万千瓦。截至 2014 年底，核电总装机容量为 2030.6 万千瓦，占全国电力总装机容量的 1.49%；全年累计核发电量为 1305.8 亿千瓦时，占全国电力总发电量的 2.39%，同比增加了 18.89%。各运行核电厂坚持“安全第一、质量第一”的方针，确保了机组安全稳定运行，全年没有发生国际核事件分级表界定的 1 级和 1 级以上运行事件，人员个人剂量和集体剂量均保持较低水平，核电厂放射性流出物排放指标远低于国家标准限值，环境空气吸收剂量率控制在当地本底辐射水平涨落范围之内。2014 年 22 台机组核电设备平均利用小时数为 7561.42，核电设备平均利用率为 86.32 %。与世界核电运营者协会（WANO）规定的性能指标对照，在全球 400 余台运行机组中，我国在役核电机组总体处于中等偏上水平，部分机组和安全指标达到世界先进水平。

在建核电规模继续保持世界第一。2015 年 4 月 15 日，李克强总理主持召开国务院常务会议，决定核准建设“华龙一号”三代核电技术示范机组。要求通过实施示范工程，形成拥有自主知识产权的关键装备与核心技术，为核电装备“走出去”开展第三方合作创造有利条件。此前， 辽宁红沿河 5、6 号机组获准建设，其中 5 号机组已于 3 月 29 日开工。目前我国在建核电机组共 26 台，总装机容量为 2850 万千瓦，在建规模继续保持世界第一。2014 年共完成核电工程建设投资 569 亿元，同比下降 6.6%。其中，核电自主化依托项目——世界首批 4 台 AP1000 核电机组，在不断克服各种挑战中积极推进，首台机组——三门 1 号已进入系统移交和调试阶段。EPR 项目台山 1 号机组调试工作正全面展开， 2 号机组开始主管道焊接。为适应核电发展的新形势，各核电工程公司积极推进专业化管理，多项目、多机组工程建设管理水平不断提升，工程总承包能力进一步增强。核电工程建设企业不断推进科技创新和管理创新，增强核电工程建设核心竞争力，确保了在建核电工程项目安全质量得到较好控制。

核电装备国产化取得积极进展。2015 年 1 月 28 日，李克强总理主持召开国务院常务会议，部署加快包括核电装备在内的中国装备“走出去”，推进国际产能合作、提升合作层次。在政府推动和工程建设的带动下，核电装备制造企业积极应对市场变化，加大技改和研发力度，努力完善核安全文化和质量保障体系，核电装备自主化水平和产品质量不断提高，较好地满足了在建核电工程建设的需要。AP1000 设备国产化和高温气冷堆、CAP1400设备自主化研制工作取得重要进展，华龙一号设备自主研制也相继展开。

核燃料保障能力持续提升。铀矿山大基地建设取得重要进展，采用国际领先水平的三代铀矿开采技术的蒙其古尔铀矿山项目一期工程提前一年竣工，成为建设新型铀矿山的样板和示范工程。中核建中400吨核燃料元件生产线扩建技改工程正式投料批量生产，实现了产能从400吨到800吨的大幅提升，跻身世界前列。中核北方AP1000和高温气冷堆燃料元件生产线建设取得重要进展。铀资源、核燃料保障能力的持续提升，为我国核电安全高效发展提供了重要支撑。

核能科技创新取得新突破。国家科技重大专项《大型先进压水堆和高温气冷堆核电站》研发和示范工程建设进展良好。国家科技重大专项——具有自主知识产权的大型先进压水堆CAP1400，初步设计通过国家审查，已具备核准开工的条件。高温气冷堆核电站示范工程项目——山东石岛湾核电站建设已全面转入核岛主体结构施工阶段。由中核集团与中国广核集团联合研发的具有自主知识产权的“华龙一号”落地福建福清和广西防城港。除此以外，中国实验快堆首次实现72小时满功率稳定运行；国产先进核燃料元件CF3进入随堆运行考验阶段；二氧化碳加氧气地浸提铀技术取得突破；我国首套自主核安全级DCS产品通过德国独立第三方权威认证，完成了工程样机的制造和鉴定。

核电“走出去”取得实质性进展。在中央领导的亲自推动下，核电“走出去”取得实质性进展。2014年，与巴基斯坦签署了再建三台ACP1000核电机组的合作框架协议；与罗马尼亚、阿根廷分别签订政府间核能合作协议，重水堆核电项目基本敲定，双方正在就商务合同进行谈判；签署了中英政府间民用核能合作联合声明，积极推进欣克利角及后续核电项目；与南非、土耳其、捷克、沙特等国家核电合作也在务实推进。进入2015年，又与阿根廷签署了在阿根廷合作建设压水堆核电站的协议，力推“华龙一号”在阿根廷落地。

在海外铀资源开发方面，与纳米比亚、哈萨克斯坦、乌兹别克斯坦、尼日尔、澳大利亚等国的合作稳步推进。

核行业管理进一步加强。一年来，有关政府部门大力加强核能行业管理和核安全监管工作。根据党中央、国务院的部署，转职能，改作风，切实提高履职尽责的能力和水平。贯彻依法治国方略，积极推进《原子能法》《核安全法》和《核电管理条例》的立法工作。发布了《能源发展战略行动计划（2014–2020年）》《能源行业加强大气污染防治工作方案》《核安全文化政策声明》等，为核能行业安全、健康、可持续发展保驾护航，将核电行业管理、核工业行业管理和核安全监管工作提高到一个新的水平。

各位代表，我们深切体会到，党中央、国务院对核能行业的高度重视和殷切期望，核能行业在能源生产和消费革命中肩负的重要历史使命。2014年6月13日，习近平总书记在中央财经领导小组第 6 次会议上，明确提出了我国能源安全发展的“四个革命、一个合作”的战略思想，强调要抓紧制定 2030 年能源生产和消费革命战略，研究“十三五”能源规划。要求在采取国际最高安全标准、确保安全的前提下，抓紧启动东部沿海地区新的核电项目建设。在 2014 年 11 月 APEC 会议期间，中美签订了《中美气候变化联合声明》，宣布中国计划 2030 年左右二氧化碳排放达到峰值，非化石能源占一次能源消费比重提高到 20% 左右。在十二届全国人大第三次会议《政府工作报告》中，李克强总理提出：“能源生产和消费革命，关乎发展与民生。要大力发展风电、光伏发电、生物质能，积极发展水电，安全发展核电……”推进能源生产和消费革命，提高非化石能源占一次能源消费中的比重，都离不开核电的贡献。2030 年前，将是我国核电发展的一个重要战略机遇期。

在看到机遇的同时，我们更要看到核能行业面临的阶段性的挑战。在发展节奏上，未来 10 年我国核电必须保持较快的发展速度，才能保证《能源发展战略行动计划 (2014–2020 年)》关于核电发展目标的实现，才能为优化能源结构、减少温室气体排放作出应有的贡献；在项目推进上，AP1000 核电自主化依托项目需要尽快解决首台机组建设中遇到的问题，重启沿海地区新的核电项目建设的要求需要抓紧落实，内陆核电建设需要加快研究论证，只有这样才能为“十三五”期间核电稳步发展提供有力支撑；在落实创新驱动战略上，突破核电技术瓶颈，提高核电技术自主创新能力，实现三代核电机型的国产化、自主化，才能为核电“走出去”、实现由核电大国向核电强国的转变奠定坚实基础；在核电产业链的协调发展上，核电装备制造企业既存在生产能力过剩、开工不足的问题，也面临核电装备制造能力和水平的持续提升的问题；在加强公众宣传与沟通方面，政府、企业和社会团体仍需付出更大的努力，进一步为核电发展营造良好的社会舆论环境；在体制机制创新上，核电产业体制还存在一些突出问题，需要通过深化改革进一步完善。

面对难得的历史性机遇和阶段性挑战，核能行业的任务艰巨而光荣。在新的形势面前，我们要在政府有关部门的指导下，按照党中央、国务院的要求，适应新常态，抓住新机遇，迎接新挑战，力争在新的一年中实现新的更大的发展。

二、2014 年协会开展的主要工作

在政府有关部门的关心指导下，在会员单位的共同努力下，中国核能行业协会认真贯彻党的十八大和十八届三中、四中全会精神，认真落实党中央、国务院的重要指示精神，积极发挥桥梁和纽带作用，努力做好行业自律和各项服务工作，促进核能行业安全高效发展，作出了新的成绩，取得了新的进展。

（一）围绕行业发展重大问题开展课题研究

2014年，协会承担了国家国防科工局、

国家能源局、国家核安全局和会员单位委托的10余项课题研究任务。其中包括：

根据国防科工局的要求，完成了对《原子能法（草案）》送审稿的修订工作，经国防科工局审定后上报国务院，取得了《原子能法》立法工作的重大突破。组织开展了我国核燃料保障战略重大问题研究，完成了部分专题报告的编写工作。受国家能源局委托，与中国广核集团、国家发改委能源所合作完成了《“十三五”及中长期核电安全高效发展问题研究》课题，于2014年10月通过了国家能源局组织的验收。

受国家核安全局委托，完成了《核电厂公众宣传同行评估》《核电厂周边核与辐射安全公众宣传活动》《核电厂概率安全评价和严重事故管理同行评估》《内陆核电安全要求研究》《核安全知识管理》《质保监查人员培训和资质管理》《核安全文化研讨》等7个课题的研究。

在2013年完成《内陆核电厂环境影响评估研究》课题的基础上，在9家会员单位支持下，组织80多位专家，对内陆核电业内外关注的主要问题，开展了《内陆核电建设中几个重要问题的再研究》。先后召开了6场专业研讨会，组织了2次调研，其中在武汉举办的内陆核电水资源保护研讨会，受到政府有关部门的高度关注。

（二）核电厂同行评估及经验交流委员会的工作有序推进

2014年5月，核电厂同行评估及经验交流委员会三届二次会议审议通过了《核电厂同行评估及经验交流委员会工作报告（2013–2014）》，以及《中国核能行业协会专题工作组管理规范》《中国核电营运信息网经验反馈工作制度》《CINNO网升级改造方案》等文件，标志着委员会工作在制度化、规范化管理方面迈上了新台阶。

进一步完善了《运行核电厂和核电建设项目同行评估计划（2014–2018年）》，组织完成了对田湾和秦山核电基地的运行评估、福清核电项目的建设评估等7场同行评估（或评估回访）。其中，与WANO联合开展对大亚湾核电基地的评估回访和田湾核电的运行评估，进一步扩大了中国同行评估的影响。

召开了第一次核电厂经验交流工作研讨会，启动了中国核电营运信息网（CINNO）网站的升级改造工作，进一步完善了核电厂信息反馈体系。编制完成了《中国核电项目建设信息季报》《核电厂生产季报》《2013年中国核电厂关键业绩指标报告》《2013年中国核电事件报告》和《中国核电建设与运行年度报告（2013年度）》等各类经验反馈报告。按季度、年度公布我国《核电运行情况报告》，发布首期《世界核电综述》，受到公众关注。

专题工作组管理进一步规范。一年来，16个专题工作组召开了14场各类技术、经验交流研讨会，1500余人（次）与会。其中，第四届核能行业概率安全分析（PSA）应用研讨会，吸引了200余位业内专家和代表参加，对推动PSA方法在我国核能行业的应用起到了推动作用。

（三）提供多种形式的技术咨询服务

在为政府部门提供技术咨询服务方面。受国家核事故应急办公室的委托，组织国家核应急协调委专家对福清、方家山、防城港 3 家核电厂进行了应急演习综合评估工作。对《核安全与放射性污染防治“十二五”规划及 2020 年远景目标》的中期评估、《核安全文化政策声明》、《核电管理条例（送审稿）》、阿海珐核能与中核控制设立合营企业的经营者集中反垄断审查等，协会组织有关专家认真研究，向政府有关部门报送了书面意见。协助政府有关部门策划承办了中国参加国际原子能机构 30 周年研讨会、东亚峰会清洁能源论坛 - 核电专业论坛、防核扩散及核进出口管理政策法规宣贯会、核损害赔偿立法研讨会等活动。完成了向国际原子能机构报送《中国国家核电综述（2013）》报告、2013 年核动力堆信息系统（PRIS）的工作。

在为会员单位提供技术咨询服务方面。协会组织 22 位院士、专家，对中核集团联合加拿大坎杜能源公司研发的先进燃料重水堆进行了技术审查。为配合中广核集团公司在香港上市编写招股说明书的需要，完成了行业顾问报告的编写工作。受中国广核集团委托，对中广核工程公司智能电站总体技术方案进行了审评，组织召开了两次乏燃料干式贮存技术及中广核示范工程方案研讨会，对浙江苍南四套班子进行核电科普讲座。受中国核能电力股份公司的委托，对该公司编写的核电项目建设业主管理规范进行了评审，完成了中国核电工程公司建立核安全文化体系的策划工作。受中核集团中国核燃料有限公司委托，为核燃料产业园选址办法提供了专家咨询意见。

（四）加强安全培训、质量培训和信息化工作

坚持高质量、严要求，各项培训工作按计划推进。2014 年共举办各类培训班 15 期，参加培训学员共 1052 名。其中，质量保证监查员培训 4 期，参加培训单位 160 家，学员 423 名；质量保证监查员再培训 3 期，参加培训单位 74 家，学员 155 名；高级管理人员质量保证培训 1 期，参加培训单位 34 家，学员 67 名。其他业务培训 7 期，包括核电工程项目管理项目经理 B 级培训班、核电工程项目管理助理项目经理 C 级培训班、核电工程项目设备管理经理人 B 级培训班、AP1000 核电技术知识强化培训班、压水堆核电站核岛机械设备设计与建造法则（RCCM）培训班、AP1000 仪控仪表培训班及概率安全分析 (PSA) 技术培训班等，共 407 人参加。

信息化专业委员会自 2013 年成立以来，积极主动开展工作。2014 年 6 月，召开了第二届中国核能行业信息化工作交流会议，对多维数字化核电站、集团公司 IT 治理结构优化以及云计算、物联网、移动互联网、大数据在智慧核电的应用等专题进行了交流讨论。组织 11 位行业内知名专家，召开了 7 次专业模块评审会，为会员单位提供技术咨询与专项技术服务。在国内率先启动了核电站低空飞行器应急安全管控体系的课题研究。举办了国内首次核能行业标识系统编码标准培训，6家集团公司近50名学员参加培训。积极与国外相关协会核能信息化机构建立联系，促进了双向交流与合作。

（五）做好科技奖励工作

2014年度中国核能行业协会科学技术奖共收到申报成果177项，同比增加33%。经过形式审查，174项成果进入评审程序。经过网络评审、专业组初评和评委会终评，共有83个项目获奖。

为适应科技奖励工作的新情况，对核能科技奖管理信息系统进一步作了调整和完善，召开了首次核能科技奖励工作培训会，编辑出版了《中国核能行业协会科学技术奖公报（2012–2013年）》。在总结经验的基础上，对《中国核能行业协会科技成果鉴定暂行办法》进行了修订。2014年共组织科技成果鉴定80项。

（六）加强媒体宣传和公众宣传

完成了2014年6期《中国核能》会刊、12期《核能新闻》电子月刊、《中国核能年鉴-2014年卷》的编辑出版工作，确保了刊期和质量。对协会网站栏目进行了整合优化，制定了网站管理补充规定，确保网站的安全运行和规范管理。

开通了协会微信和微博，利用新媒体手段发布核能行业有关信息、传递国内外有关核能动态、宣传核电科普知识、提高公众对核电的可接受性，并逐步成为协会与各界联系、沟通的有效方式。

邀请媒体采访协会2014年会和核能发展论坛，共18家媒体到会采访，刊发稿件20余篇；协会领导接受中国电力报、南方能源观察、中日韩三国媒体联合采访，获得了较好的社会效果。

（七）深化国际合作与两岸交流

2014年，协会根据行业发展需要，积极拓展国际合作。与法国核电规范标准协会（AFCEN）签署了合作谅解备忘录；与世界核电运营者协会（WANO）就双方合作交换了意见；与美国核电运行协会（INPO）就核电厂同行评估、经验交流等领域合作达成了一致；积极推进与英国核工业协会（NIA）建立合作关系，为国内企业参与英国核能建设搭建平台。

组织会员单位参加境（内）外国际会议13场，149人（次）参加相关活动；接待来访外宾21批，95人（次），进一步推动了协会对外交流与合作。结合行业发展热点问题，组织相关国际技术交流活动12场，其中协会与法国电力公司、阿海珐公司、法国核电规范标准协会在北京首次举办了“中法核电经验交流研讨会”，67家单位的180多名代表参加了会议；与世界核协会、清华大学在北京联合举办了“2014年世界核大学清华周培训研讨会”，170多名代表参加了活动。

深化海峡两岸核能技术交流与合作。组织华能集团核电系统第二批人员赴台湾电力公司进行核电厂综合管理培训。组织台湾《为何害怕核能与辐射》一书在大陆地区的再版。完成了台湾核能产业发展协会（TNA）来访的组织接待工作。开展了在台举办“第三届海峡两岸核能合作研讨会”有关前期准备工作。

为贯彻核电“走出去”战略，加强与

法国核能合作关系，协会牵头组织中核集团、中国广核集团有限公司、中电投集团、国家核电技术有限公司、华能集团公司等 9 家单位赴巴黎参加了首届世界核工业展览会（WNE）。

在国防科工局和国家科技部的指导下，作为第四代核能系统国际论坛（GIF）联络办公室，一年来，协会积极推动中国参与 GIF 钠冷快堆、超高温气冷堆有关研发项目的合作；协助完成中国加入 GIF 超临界水冷堆系统安排；参与相关标准规范文件的制定；完成对 GIF 相关文件的修改，研究并提出了对 GIF 框架协议延期、政策声明等文件的中方意见；组织协调国内相关单位积极参与 GIF 相关活动，承办或协办有关的专业会议；组织出席 GIF 政策组、专家组等各类会议，反映了中方的关切，提升了中方话语权；完成了《GIF 防扩散》《GIF 路线图更新研究》等课题研究任务和《GIF 技术路线图》修订版等文件的翻译出版；完成了《2013 年中国核能进展国家报告》等多份文件的编写；对 GIF 中国专栏网页进行维护与更新，以及特定用户授权，强化了 GIF 信息的分享。

（八）促进行业自律和诚信建设

一年来，按照协会章程，进一步规范了理事会、常务理事会、会员代表大会，以及组织管理委员会、经费管理委员会等的运作。

根据民政部有关要求和核能行业发展需要，制定并发布了《中国核能行业协会行规行约》，进一步促进了行业自律和诚信建设。

对协会专家委员会的组成进行了调整，新设了厂址与环境专业组，专家委员会成员增至 225 名。

批准了 34 家单位的入会申请，调整了部分副理事长、常务理事、理事人选，会员单位由成立之初的 160 家增至 383 家。为了解联系会员单位的业务情况及服务需求，召开了联系会员单位座谈会。

继续加强秘书处队伍建设、思想建设和制度建设，提高了秘书处工作人员的办事能力和工作效率。

各位代表，过去一年，在政府有关部门的指导下，在广大会员单位共同努力和热情参与下，协会继续发挥桥梁纽带作用，努力做好各项服务，为促进核电发展尽心尽力，取得了一点成绩。但是，我们深知，协会的工作与核能行业发展的要求相比，与政府有关部门和广大会员单位的期盼相比，还存在许多差距和不足。我们必须进一步树立大局意识、责任意识、服务意识，切实提高服务政府部门、服务行业发展、服务会员单位的能力和水平，争取在新的一年取得更大的进步，作出更大的贡献。

三、2015 年协会的重点工作

2015 年，是全面深化改革的关键之年，是全面推进依法治国的开局之年，也是“十二五”规划的收官之年。对于核能行业来说，预计年内将有 8 台核电机组投入商运，有 6-8 台机组开工建设，将成为投入商运机组最多的一年，成为核电重启的关键之年。为适应核能行业发展的新形势，协会要在有关政府部门的指导下，深入贯彻党的十八大和十八届三中、四中全会精神，认真落实全国能源工作会议、国防科技工业工作会议和环境保护工作会议精神，进一步发挥桥梁纽带作用，努力提高服务水平，不断加强行业自律和秘书处自身建设，为我国核能行业安全高效发展作出新的贡献。

（一）进一步加强核能行业重大问题研究

促进发展，是协会一切工作的出发点和落脚点。加强核能行业重大问题研究，凝聚行业共识，反映行业诉求，为政府有关部门管理和决策建言献策，是促进核能行业健康有序发展的重要途径。

协会于3月31日召开了核电发展问题座谈会。来自有关集团公司的领导、专家，围绕如何实现2020年建成5800万千瓦、在建3000万千瓦的核电发展目标进行了研讨，提出了许多建设性的意见和建议。把这些行业诉求反映给政府有关部门，是协会2015年的一项重点工作。

按照国家能源局关于“研究论证内陆核电建设”的要求，完成《内陆核电建设中几个重要问题的再研究》，协会将召开研究成果发布会；同时积极参与中国工程院组织的相关研究工作，努力促进“十三五”期间启动内陆核电建设项目。

面对电力市场改革的新形势和局部区域核电发电负荷受限的新问题，适时开展相关课题研究。

同时，要认真做好政府有关部门和会员单位委托的其他课题研究，包括继续按照国防科工局的要求，做好《原子能法》立法的相关工作，开展《我国核燃料保障战略重大问题研究》等。

（二）促进核能行业安全发展

核安全是核能行业的生命线。秉持“为发展求安全、以安全促发展”的理念，让发展和安全两个目标有机融合，促进核能行业安全发展，始终是协会工作的重中之重。

要积极配合政府有关部门，做好核安全文化政策声明的宣贯工作。

做好国家核安全局委托的《核电厂PSA同行评估》《核电厂严重事故管理同行评估》《公众沟通同行评估》《核安全法立法技术支持》《核电厂核岛土建施工总承包单位资格条件》等课题研究工作。与中国广核集团合作，开展《核电站低空飞行器应急安全管控体系》课题研究。与中国核电工程有限公司合作，完成《AP1000设计可靠性保证大纲》课题研究。

受国家核事故应急办公室的委托，组织专家对核电厂的应急演习评估提供技术支持，包括：广西防城港核电厂的应急演习，海南昌江核电厂装料前的应急演习，以及代号为“神盾”的国家核应急演习。

继续推进核电同行评估及经验交流。2015年计划开展6场核电同行评估。其中包括国核示范CAP1400工程等3场核电建设项目评估；田湾、海阳等3场运行核电厂专项评估。修订与完善核电同行评估标准，做好《核电工程建设业绩目标与准则》《运行核电厂同行评估业绩目标和评估准则》的升版工作。进一步加强委员会自身建设，规范专题工作组和软课题研究的各项工作，做好核电经验反馈和交流工作。

围绕加强安全管理与质量管理，2015 年计划开办各类培训班 14 期，其中质量保证监查员培训班 7 期，核电工程项目管理培训班 2 期，核电厂概率安全评价（PSA）技术、"华龙一号"核电技术等培训班 5 期。

（三）助力中国核电"走出去"

核电"走出去"已上升至国家战略。习近平总书记、李克强总理在外交活动中亲自推销中国核电，为中国核电"走出去"提供了强大动力。助力核电"走出去"是协会的一项重要工作。

根据世界核电发展的形势和会员单位的需求，继续推进与加强与世界核电运营者协会（WANO）、美国核电运行协会（INPO）、英国核工业协会（NIA）等的双边合作关系，协调与法国核电标准规范协会（AFCEN）、美国机械工程师学会 (ASME) 等合作谅解备忘录的实施，为企业"走出去"积极创造条件。

组织会员单位参加在境外举办的有关技术交流活动，跟踪全球核能发展的动态。组织好第二届中法核电经验交流会、第三届海峡两岸核能合作研讨会，促进国际和两岸的技术交流与合作。继续做好科技部、国防科工局委托的 GIF 联络办公室的工作。启动会员单位参加 2016 年第二届法国核工展的筹备工作，为中国核电走向国际市场搭建平台。

实现核电"走出去"，关键是贯彻创新驱动战略，掌握具有自主知识产权的核心技术。2015 年，协会要继续做好核能科技奖的评审工作，激励广大科技人员发挥聪明才智，取得更多的科技创新成果。

中国核能行业协会主办的第十一届国际核电展即将开幕，这是一次国际核电界的盛会，来自国内外的厂商带来了他们的最新技术、最新产品，也为中国核电"走出去"搭建了一个展示平台。展会期间，还将举办世界核能发展论坛，并举行一系列信息发布活动。

（四）进一步做好公众宣传与沟通工作

福岛核事故后，核电可接受性成为影响核电发展的重要因素。加强公众宣传与沟通，为核电发展创造良好的环境，不仅是政府、企业的责任，也是协会的一项重要工作。

2015 年，要继续做好《中国核能》会刊、《核能新闻》电子月刊和《中国核能年鉴 -2015 年卷》的编辑出版工作，使其真正成为宣传行业业绩、发表真知灼见、传递核能发展信息的重要窗口。

要进一步加强协会网站建设，整合栏目，拓展功能，提高新闻信息采集质量，发挥网站平台作用，为会员单位提供更多更好的服务。

继续深化与浙江苍南核电公司的合作，为浙江苍南核电项目开展公众沟通工作提供技术支持。

（五）大力加强协会自身建设

2014 年 10 月，民政部、中央编办、发展改革委、工业和信息化部、商务部、人民银行、工商总局、全国工商联联合印发了《关于推进行业协会商会诚信自律建设工作的意见》。协会秘书处要在实施“行规行约”的基础上，认真贯彻落实，积极探索建立健全与核能行业发展相适应、覆盖全面、运行有效、作用明显的诚信自律建设体系。

要进一步加强协会自身建设，完善法人治理，实行信息公开，开展诚信服务，不断提高办会能力和水平，努力打造提供服务、反映诉求、规范行为的主体，真正成为促进行业发展的重要力量。

各位代表，核能行业在推进能源供给革命、实现温室气体减排目标中肩负着重要使命。我们要在政府有关部门的指导下，认真贯彻党中央、国务院的一系列指示精神，凝心聚力，开拓创新，奋发有为，扎实工作，为促进核电安全高效发展、促进能源结构优化和经济社会发展作出新的更大的贡献！

领导讲话

时任国家环保部副部长、国家核安全局局长李干杰：

保持良好的安全业绩，既要有政府部门加强监管、大力推动、督促落实，更要有全行业落实责任、严格自律、积极参与。当前党和国家对核安全要求更严，人民群众对核安全期待更高，全行业要行动起来，高效组织、协同推进、共同努力，致力于长期保持高水平的核安全工作，共同推进和实现六个“进一步”。

第一，进一步提高对核安全的认识。核安全有其自有规律，具有技术的复杂性、事故的突发性、影响的难以感知性、污染后果的难以消除性和公众的极度敏感性等特点。因此我们要进一步统一思想，强化认识。一要从国家安全战略高度来定位核安全，认识到核安全是国家安全的重要组成部分；二要从践行中国核安全观的角度来把握核安全；三要从保障人民群众的根本利益要求提升核安全；四要从全面加强生态文明建设的高度来强化核安全；五要推动核能事业健康持续安全的发展；六要从履行国际义务的视野落实核安全，为提升核安全贡献力量。

第二，进一步重视核设施关键问题的把握和解决。一要强化核设施调试和运行的管理。运行安全始终是核安全的重中之重，今后一段时期，我们将有多台机组进入调试阶段，对此我们一定要深刻认识，同时要做好充分的准备，确保万无一失；二要加强核设施建造质量的管理。良好的建造质量是核设施安全性的先天优势，如果先天不足，后天就很难弥补。核设施建造承包方一定要切实把好质量关，为国家民族的未来负责，同时也是为企业的前途以及自己的身家性命负责；三要努力消除新建核电厂大规模放射性物质释放的可能性，这方面更是核能发展的立身之本；四要把握形势，转变观念，扎实工作，练好内功，切实加强公众对核安全的信心。同时我们还要积极推动历史遗留放射性废物的处理处置，着力消除一些重大的环境风险。我个人感觉到，现在我们的心态不是很平和，普遍对新的东西比较感兴趣，对老的东西不是特别的在意，动力有所欠缺。

但是核能发展，一定不能喜新厌旧，一定要同步并重，均衡发展，否则哪条线、哪个方面出了问题都会影响巨大，都是致命的问题。新的也好，老的也好，切不可偏颇，不可偏废。

第三，进一步加强建造经验处理和反馈工作。科学分析，深入总结，剖析原因，做到事前预防、事中控制、事后缓解，查明安全管理环节存在的深层次的问题，要在业界深入研讨，充分交流，广泛共享。在核安全方面没有一个人可以独善其身，没有一家单位可以自扫门前雪，城门失火殃及池鱼，我们既要保证自己不出事，还要保证别人不出事。因此大家一定要相互理解，相互支持，相互帮助，共同努力，共同保障，共同发展，共同进步。

第四，进一步履行社会责任，做好公众沟通。核安全关系国计民生、环境安全和公众健康，广受关注。为此，核行业的相关企业、单位一定要切实履行承担社会责任，着力做好公众沟通工作，有效推进科普宣传，大力增进公众对核能、核安全问题的了解和理解。要广泛开展信息公开，以公开为原则，以不公开为意外，构建清澈透明的信息传递机制。要扎实做好公众参与，在安全重大决策过程中进一步提升公众参与的广度和深度，主动回应公众的呼声，切实保障公众的权益。同时，还要着力做好舆情的应对工作，做好相关的引导。公众沟通这项工作的好坏，直接关系到我们当前以及未来的核能事业能否顺利长远持续的发展。从某种意义上来讲，这个问题已经成为核能发展的一个瓶颈性问题，如果你不重视、不破解，核能发展一定是走不顺，也走不远。因此我们必须把相关的公众沟通工作做好，把科普宣传做好，把信息公开做好，把公众参与做好，把舆情应对做好。通过做好公众沟通工作，切实保障公众的监督权、参与权、知情权、收益权，同时也为我们核电的发展创造一个良好的氛围、良好的条件。

第五，进一步强化核安全的基础能力建设，做好统筹规划，加强学科建设和人才培养。用学科建设推动人才培养、技术能力和安全素养的提升，做到扩大规模与确保质量并进，理论学习与实践锻炼并举，积极培养创新型人才。要加大资源投入，不断强化核安全的技术能力，以核安全技术研究为重点，提升核设施抵御极端外部事件和环境严重事故的能力，提升核设备关键工艺的掌控能力，提升核设施响应的能力。

第六，进一步强化核安全文化的培育。要加强核安全文化的建设，把文化培育的重点放在建立健全安全管理规章制度上来，放到培养保守决策、持续改进的行为习惯上来。领导层要巩固安全第一的价值观，做好表率，杜绝为一己之利，在安全问题上走纲丝、踩红线。全体员工要提高安全意识，自觉遵规守纪，提倡对安全问题管得宽，对安全隐患防得住，做到人人都是一道安全防线。要“以评促建”，国家核安全局将形成核安全文化评估体系的文件，为推动核安全文化建设提供支撑和保障。

一花独放不是春，百花齐放春满园。

8年前伴随核电蓬勃发展的大潮形势，核能行业协会应运而生，这是生产关系持续优化的有效举措，是核能行业兴旺发达的一个重要特征，是行业科学发展的组织保障。8年来，协会积极贯彻国家关于核能发展的方针政策，推动行业自主创新和技术进步，为提高核能利用的安全性、可靠性和经济性，促进核能行业健康可持续发展作出了突出的贡献。

当前核能尤其是核电再次进入了快速发展的轨道，希望核能行业协会乘势而上，顺势而为，敢于担当，发挥更大、更好、更多的作用。

时任国家能源局副局长刘琦：

随着工业化、信息化、城镇化进程加快，我国能源需求仍将保持较快增长。十八大提出建设生态文明和美丽中国，需要我们更加强调绿色、低碳发展，研究推动能源生产和消费革命，加快转变能源发展方式。

目前，我国能源结构中化石能源比重依然偏高，特别是煤炭消费比重高达66%，高出世界平均水平35.8个百分点。非化石能源占能源消费总量的比重仅为11.2%。要实现2030年碳排放达到峰值，2020年非化石能源占比20%的目标，任务十分艰巨。当前，我国环境保护的形势十分严峻，我国能源要向绿色低碳转型。

必须大力发展新能源与可再生能源，在确保安全的基础上实现可持续、规模化发展核电。核电是稳定、清洁、高能量密度的能源，发展核电对保障电力供应、调整能源结构、保护生态环境、带动核工业及相关产业发展、促进科技进步和增强综合国力具有重要意义。

2015年是全面深化改革的关键之年，是全面推进依法治国的开局之年，也是“十二五”规划的收官之年。面对难得的历史性机遇和挑战，核能行业的任务光荣而又艰巨。

希望协会继续发挥专家资源的优势，立足国家和行业的长远发展，深入分析核能发展中出现的新情况、新问题，积极参与国家有关法律法规、方针政策、发展规划和标准规范的研究制定，为政府建言献策。

希望协会继续发挥好桥梁和纽带作用。协会目前拥有380多家会员单位，为政府与行业、国内与国外的交流沟通搭建了一个良好的平台。协会要进一步加强政府与行业、国内与国外的交流与沟通，广泛联系企业院所和专家学者，集中全行业的智慧向政府反映行业与企业的建议和需求，及时向行业企业传达国家的规划、方针政策、管理措施和要求，做好公众宣传与沟通，进一步促进政府、企业、公众之间的良性沟通。

希望协会继续发挥好对行业发展的支撑作用，着眼长远，以促进行业发展、适应改革和发展需求为目标，不断加强自身建设，完善内部管理制度，积极探索协会的工作方法及运行机制，建设一支精干、高效、富有活力的队伍，认真履行职责，扎扎实实做好工作，努力提高服务水平，积极维护行业发展大局。

国家能源局将一如既往地大力支持协会的工作，为协会更好地履行职责创造有利的条件。

国防科工局党组成员王承文：

过去的一年，协会把促进行业发展作为重点工作来抓，开展了多种形式的技术咨询服务，加强了安全质量培训工作，推进了行业信息化工作的交流与合作。利用协会会刊和网站加强宣传工作，为发展营造了良好的氛围。特别是协会承担了《原子能法》起草工作，对推动该法的出台发挥了非常重要的作用。

当前我国核事业发展正面临前所未有的新形势，一是党中央、国务院高度重视。2014 年以来，习总书记等中央领导同志对核战略力量建设和核工业发展多次作出重要批示，对核工业今后的发展提出了明确的要求；二是在维护国家安全方面的地位更加突出，核工业作为国家安全重要基石的地位更加凸显；三是核能快速发展面临更多的机遇，核电“走出去”已上升为国家战略，核技术应用产业也将快速发展；四是安全发展对核工业提出更高要求，国际社会和公众对核工业安全管理水平和技术水平更加关注。面对难得的历史性机遇和挑战，协会工作大有文章可做。

第一，主动作为，继续发挥好桥梁和纽带作用。协会要充分发挥桥梁与纽带作用，进一步加强政府、公众的沟通与协调。一是针对核能行业快速与规模发展的新态势，要做好国家方针政策、发展规划宣贯工作。同时集全行业智慧向政府反馈行业的建设发展需求，为企业会员办实事、办好事，使协会真正成为会员之家；二是要充分发挥平台优势，做好核科普工作，加强公众宣传与沟通，为核能事业创造良好的发展环境；三是要充分利用国家“一带一路”建设的伟大战略机遇，加强与国际组织的合作，为企业“走出去”搭建桥梁与平台。

第二，敢于担当，继续发挥好参谋与助手作用。协会要充分发挥专家资源优势，为政府科学决策和行业跨越发展提供参考依据和技术支持。一是遵照习总书记关于确保核事业安全有序发展等一系列重要指示，继续做好涉核法律法规、方针政策和标准规范的研究工作；二是要针对核能行业发展面临的新形势、新任务、新要求，加强行业发展、体制机制改革、人才建设等重大政策和问题的研究。

第三，不断加强自身建设，不断完善行业自律。

世界核能发展论坛

基本情况

2015年4月23日,世界主要核能国家、国际核能机构的代表，参加了由中国核能行业协会举办的首届世界核能发展论坛。中国国家原子能机构、国家能源局、国家核安全局，国际原子能机构、世界核电运营者协会、英国核能与气候变化部、美国能源部、美国机械工程师学会、法国原子能委员会、日本原子力产业协会、中国核工业集团公司的代表分别在论坛上作了报告。

报告内容涉及中国核电发展、强化核电安全监管，世界核能可持续发展所面临的机遇与挑战，新兴国家核电市场，福岛核事故后核电安全运行状况，技术创新与经济性对核电可持续发展的影响，英国、美国、法国、日本等国核能发展战略等。

中外核能界近300名代表参加了论坛。

论坛声音

国家能源局核电司司长刘宝华：和平安全利用核能，促进世界核能发展

面向未来，中国核电发展有几个关键词。

一是安全发展，把安全放在首位，贯彻始终。

二是可持续发展，注重产业配套和产业链，协调配套避免大起大落，合作发展，共享发展机遇。

三是创新发展，注重新技术的研发和应用，由学习中发展转向创新中发展，基础创新，原始创新，重大工程创新，实现由中国制造向中国创造发展。

国家核安全局核电安全监管司核电运行处处长侯伟：我国在建、在运核电厂安全状态良好

目前国家核安全局监管的核电机组总计50台，其中27台在建，23台运行。尽管在国产化、设备制造过程中遇到一些问题,但是总体建造、安装、运行比较顺利。

对在建核电厂，国家核安全局主要是着重在几个方面加强监管：一是加强设备质量的监管；二是加强建造和安装中的经验反馈，包括国际间的经验反馈；三是建造过程中重大问题的解决。

我国运行机组安全业绩是非常良好的，没有发生过二级及以上的运行事件，三道屏障完整，厂区整个监测指标都在正常掌握范围之内。

对于运行核电厂我们有一个非常重要的监管手段，就是性能指标监控。对23项涉及安全的系统性能定期收集数据，定期分析,并把所有数据处理之后分为绿灯、白灯、黄灯、红灯。绿灯是运行良好，白灯是正常，黄灯有一点问题，红灯是有问题。去年在运核电厂大部分指标都处于绿灯状态。

国际原子能机构核能司项目官员 Anne Starz：新兴核电国家面临的挑战

能源是可持续发展重要的一个环节，福岛事件 4 年之后，大家仍然认为核电是一种可持续发展的新能源，很多国家开始建设他们的核电厂。

新兴核电国家最初面临的挑战是相似的。面临的主要挑战，包括国家的立场和政策、法律法规、预算或者融资、培养人才、各方参与、公众意识的培养，以及管理。

新兴核电国家开启核电建设的时候如何以一种创新的方式来解决这些问题?

首先，如何作出国家决策来建设核电。核电发展的成功要取决于一开始有一个明确的政策，使社区、政府、从政的人以及这个行业的人都有共识。同时，确保核电的安全、安保和不扩散。

其次，各方都要参与，并且支持核电的发展。利用这样一个平台，让公众参与对核电发展的讨论。

核电立法的工作。立法是非常重要的，因为它能够规定这个行业的规则，并且明确责任。

还有一个重要的因素，就是如何融资。土耳其所采取的方法是 BOO 项目，是和俄罗斯合作，是核电行业第一次的 BOO 项目，就是建设拥有运营模式。

人才培养也是很关键的。在这方面最重要的目标就是有信心的、有能力的人才培养。例如阿联酋，他们聘请了外国的专家来到国内的机构工作，并且聘用了国际咨询公司，来弥补人才或者经验方面的不足。阿联酋让他们自己的人和外国的专家肩并肩工作，来完成从规划、施工到设计整个流程。这样就可以很好地进行技术转让，以及确保他们自己人才的可持续发展。

美国机械工程师学会理事长 J.Robert Sims：跟上新的发展步伐，为新的技术制订标准

我们适应全球工业创新和技术进步的需求，我们支持安全性和可靠性、经济性，从而让核电更受欢迎。

美国机械工程师学会非常支持安全的部署，包括高温气冷堆、小型模块化反应堆。我们的标准是能够跟上新的发展步伐的。为这些新的技术制订标准，要考虑整个生命周期，从建造、运营到维护。实现整个生命周期的管理。

我们制订标准时会积极应对需求，同时也需要更好地吸取过去的教训。在大数据的时代，我们可以整合所有全球正在运营的核电站数据，让我们进行很好的分析，看看怎么去更好地改进核电厂的运营。

我们要倡导技术良好性政策的选择，需要进行国际合作，去作出正确的决定、合理的决定。

积极进行全球核电领域标准的制订，加强工程安全文化也是很重要的。安全怎么强调都不为过，我们制订标准的时候非常重视这点。

WANO 伦敦中心副局长 Joel Bohlmann：世界核电运营者协会的责任和关注点

世界核电运营者协会（WANO）这个

组织是核事故发生之后才产生的。我以前就职的公司INPO(美国核电运行研究所),也是三哩岛核事故发生之后才成立的。这就揭示我们这个行业和其他行业不一样,一旦发生核事故,公众就会认为是核技术有问题,而不是一个具体的运营商、一个具体的国家有问题。由于有这样一种公众认知,就使得我们意识到全球核电从业人员都要捍卫这个行业的安全,因为一个地方出现了核事故,人们对所有核设施的信心都会受到影响。

WANO 不是宣传核能的机构,而是一个非盈利的组织,是全球核电商业运营者协会。WANO 的目的就是和成员国一起促进核电的安全性和可靠性。

作为一个运营商的组织,我们着眼点要影响运营商,使他们接受我们的理念。这些运营者肩负着特别的责任,就是要确保他们的运营是安全的。对他们施加影响,WANO 有一些方式,就是对他们做得怎么样要进行检查,提高他们的标准。

我们是怎么做到的呢?我们有 4 个基础性的项目,首先是同行评估,会派一支国际专家小组到核电运营厂收集第一手资料,检查运营得如何,看看他们作出的决策、每日的工作生产是不是合规;还有是通过一系列的绩效指标衡量他们的绩效,这样他们可以在全世界范围内进行对比,看看自己的表现到底怎么样。

其次是专业培训领域方面的工作,努力帮助每一个电厂改善员工的绩效。

最后还有一个项目,就是运营经验方面的反馈。我们的成员有一个义务,就是报告核电厂发生的事件,这个事件不仅仅是所有达到报告标准的事件,更多的是希望这种报告能够涵盖越来越低级的事件。这样使我们能够跟踪核电厂的运营表现,并且能够提前预知会发生哪些事件,并且在这个过程中帮助我们的会员来改进自己的绩效,使之不成为某一个高级别的事件。

福岛核事故对我们这个组织有非常深刻的影响。协会成立了福岛核事故后委员会,来研究我们的绩效,来研究为什么我们没能阻止这场事故的发生。所建立的这个委员会仔细研究了我们的做法,以及相关的评估核电厂的标准,提出了一些建议。他们根据运营者协会内部的情况提出了 5 项建议。这些建议又转化为 12 个非常具体的项目。自福岛核事故以来,我们一直在努力加强世界核电运营者协会的工作,使我们更为有效。

最后我们也认识到,必须从内部加强世界核电运营者协会人力资源和能力建设。为此,我们已经撰写了一个具有前瞻性的战略,指明了未来 5 年的方向。这个计划有 4 个关注点。

第一个关注点:继续支持运营核电厂推动自福岛核事故以来的改进措施。

第二个关注点:继续增强并且改进评估团的专业能力。

第三个关注点:建立一个强有力的世界核电运营者协会,要有一些前后一贯的可信项目和产品,并且希望和新一代核电行业工作者建立联系。

第四个关注点:应该为新的核电厂树立高的标准,帮他们建立一个强有力的有效团队。

英国能源与气候变化部核能开发办公室主任 Hergen Haye：英国需要合作伙伴

未来核能工业的发展将由伙伴关系来确定，比如说国家供应事业，融资实体等。通过伙伴关系让我们找到了解决方案。

我给大家介绍一下英国的经验，希望大家能够意识到最重要的事情就是结成伙伴关系。我们需要其他的伙伴关系进入英国核能行业新阶段。这就是为什么我们把中国视为一个值得信赖的新兴合作伙伴，进入到我们未来的新建项目当中的原因。

现在，英国面临一些挑战、困难和机遇。到 2020 年，现有的电力装机容量有 20% 会退役，这其中大部分是燃煤的，有一些是核电，我们需要更多的装机容量。根据我们的预测，电力的需求也有可能到 2050 年的时候要翻一番。假设 30% 到 60% 的家庭供暖都是通过电力供应，70% 至 80% 的里程是通过电动车来实现，这样的话，只能是新建电厂。

我们需要能源供应的安全，而且这个能源是人们能够用得起的。如果电力成为富人才能用得起的东西，那不是我们希望看到的未来。我们也面临气候变化的问题，需要更好的解决方案满足未来的需求。如何在几个挑战之间形成共识，我们认为核电可以应对这几个挑战，因为它是低碳的，也是可以负担得起的。

从 2025 年开始，一直到 2050 年，我们每年平均要建一个新的核电站，一年要新建 1000 台新的风力发电机，还有 12% 的耕地需要种上生物能源作物。25 年建 25 个核电站，在英国可能做不到。这个挑战意味着我们要结成强大的伙伴关系，单枪匹马不可能成功。

现在我们有了三个联合体，已经制订了积极的规划，要建 4 个核电站。我们正在跟中广核进行谈判，希望他们参与到核电新建项目当中，把中国的反应堆技术引入到英国。英国政府对伙伴关系持非常开放的态度，如果中国能把安全可靠的设计带入我们国家，而且具有成本竞争优势，我们是欢迎的。

今天最大的问题是怎么为核电进行融资。因为数十亿美元大多数是前期的投资，人们有一种恐惧和担心，投资建了核电，5 年后新的政府上台了，说我们不喜欢核电，一边去吧，德国就是做了这样的事情，一下子钱全打水漂了。

所以我们现在要做的事情就是要确保核电、风电、太阳能发电等低碳技术的价格是稳定的。如果市场的价格低于并网的价格，我们会支付这个差价。消费者、运营者要签订一个合同，要有追加的付款，我们称之为差价合同，这样可以确保核电投资者的收入。关键是这个合同并不是一个公共法的合同，而是私立法的合同，是一个可以通过强制执行的法律。如果政府改变主意，我们可以诉诸法院，不会让我们的钱打水漂，确保在英国的投资未来会得到保障。

核电行业也应该认真思考一下，怎么尽可能降低成本，继续跟可再生能源竞争。

从英国、法国、芬兰的情况看，好像竞争优势不是那么明显。秦山、三门，还有一些新建的中国核电项目，在开发成本和控制成本方面更为优异。

核电发展的成功取决于我们是不是能够很好地进行经济上的干预。我们不但需要核电，而且还要使它的价格有竞争性。

千里之行始于足下，我们现在需要的是像中国那样，迈出坚实的一步，这样才会带来信心。为了这一步，我们需要像法国、美国、日本、中国这样的合作者。

美国能源部驻华官员 Heather Bell：核电是美国重要的清洁能源之一

发展清洁能源是美国能源政策的重要组成部分。从美国能源部角度来讲，我们要实现清洁能源战略，必须包括太阳能、风能、天然气、核能，我们支持所有这些项目规划和发展，所有技术在清洁能源的未来中都拥有一席之地。我们在中国有清洁能源方面的合作，其中包括 24 个美国公司，和中国合作伙伴一道寻找新的清洁能源技术。

在清洁能源解决方案范围中，核电的作用怎么强调也不过分，它是一个非常重要的能源来源，为数百万计的美国人提供能源。

核电占美国电力生产的 19%，美国五个灯泡当中就有一个是核电点亮的。在美国的清洁能源中，无排放电力有 61% 来自于核电。

美国能源消费预计在未来将会增加，而我们的目标是减少二氧化碳排放。一方面要增加能源的供应，另一方面要减少二氧化碳的排放，发展清洁能源是非常重要的路径，核电是其中一个重要的手段。

我们在核能方面存在挑战，很多核电厂许可证即将到期。自从三哩岛核事故之后，美国很长时间内没有批准新的执照，目前正在运行的核电机组也需要更新执照，以便能够继续发电，弥补过去一二十年减少建机组的缺口。

美国政府 1995 年就注意到这一点，对执照更新的过程进行简化，2000 年进行了执照更新，总共批准了 42 个更新执照，其中有 70 个反应堆，还有 11 个执照的更新或者延期将得到批准，这表明现有的核电厂可以继续安全运转下去。

美国政府和能源部支持了轻水堆可持续项目，希望现有的核电厂能够安全并且经济性地运行，尽可能长时间的运行。我们有 60 年或者 80 年的执照延长，同时也需要有一个科学的基础支持这种执照的延长，确保经济上是可行的，同时减少技术上的不确定性。

我们正在建设30年来第一批核电厂，我们未来还有更多的反应堆在建。建设反应堆有很多的投入，市场条件非常波动。有些时候能源供应的需求会降低，美国天然气的价格也在下降，很多人会选择天然气作为自己的能源来源。但不管怎么说，核电还是有自己的未来发展。

在美国，越来越关注小型模块化反应堆，认为它是新一代安全可靠的反应堆技术。小型模块化反应堆比较小，有些反应堆甚至可以通过卡车或者铁路运到相关的建造地点。能源部还启动了小型模块化反应堆的相应技术项目，希望未来可以投入使用。小型堆的使用也需要相关的基础设施，但它可以在孤立的地点进行，另外它还可以有一些独特的工业应用。这种反应堆是非常有吸引力的，可以减轻化石燃料的压力。同时也有助于减少财务方面的压力，非常容易增加更多的机组。

先进反应堆技术是另外一个我们非常关注的领域，包括快堆技术、高温气冷堆技术。我们正在投入资金开发先进反应堆的通用技术、监管框架以及系统研究，以便支持他们的工业化或者商业化。

核电是美国清洁能源未来的重要组成部分，现有核电厂和正在发展的反应堆是我们核电基础设施重要组成部分，美国政府将继续支持这两个领域的发展。

法国原子能委员会核能部主任 Christophe Behar：法国核能的未来

我想讲的主要是 4 点：

一是简单谈一下法国核能的发展，眼下核电站有多少，现在燃料循环是什么样的。二是谈一下短期、中期和长期的规划。短期和中期主要是对现有的轻水堆进行优化，以及对燃料循环进行优化，长期是要为第四代的反应堆尤其是快堆做准备。三是谈一下钠冷却快中子堆。四是谈一下如何由轻水堆向快堆过渡，形成一个组合的核能结构。

法国的第一个反应堆是1977年建的，最后一个是 1999 年建的。核电站在法国全国都有。现在法国使用的是不同时代的各种反应堆型，有轻水堆，有三代 EPR 反应堆，正在筹建快堆。

为什么我们觉得乏燃料后处理是最重要的，因为首先可以节约铀资源。现在铀虽然不是稀缺的资源，但是今后肯定会越来越少。再有我们要掌握钚存量的增长。我们每年处理的乏燃料里面的钚达到 1000 吨，后处理成 MOX 燃料，再进入轻水堆使用。

法国也进行了能源转型的讨论，希望在 2025 年实现能源转型。今年年底之前会通过能源转型法案，有可能会作出一个决定，减少核电的比例，2025 年的时候这个比例会降到 50%。现在做什么样的工作呢？首先增加轻水堆寿命，其次是继续进行闭式燃料循环，再就是希望今后能够发展快中子反应堆，以及和快堆联系的闭式核燃料循环。

在福岛核事故之后，安全的问题已经是非常凸显了，应该从设计的环节就开始重视安全。从燃料循环的角度来讲，要满足业界的需求，特别是前端的燃料循环。我们特别重视乏燃料后处理，可以通过它为轻水反应堆制造 MOX 燃料，就是钚和铀化合物混合燃料，2025 年法国也会有废料处置厂。

为什么要建快中子反应堆？这个政策在 2008 年的时候法国政府就定下来了，有三个原因：首先是对钚的管理，只有快堆才能使用各种品质的钚；第二是铀资源以后会越来越少，现在就需要为此做好准备；第三就是公众的接受程度。公众要求我们能够更好地处理废料。2008 年的时候，我们就决定要发展快堆。同时还要开发相应的反应堆和后端燃料循环。

我们希望能够发展第四代反应堆，加强反应堆的安全性。为了做到这点，我们做了许多研究，开发了一个特别的堆芯，来解决相关的问题，同时也在开展反应堆燃料循环研究。如果能够成功，不一定非使用天然铀，可以一直使用钚。我们与研发机构、企业伙伴和一些国家进行合作，希望在本世纪结束的时候，法国的核电80%来自于轻水堆，20%来自于快中子堆。

我们已经决定逐步推出快中子堆。第一个步骤大概是在2040至2050年，使用轻水堆的混合燃料。混合燃料包含大量的钚，它可以在快中子堆中作为燃料。第二个步骤，是对所有燃料进行多重循环，包括轻水堆和快堆。第三个步骤，就是不再使用天然铀了。

对法国来说，核能仍然是法国低碳能源结构中的一个重要支柱，闭式核燃料循环是实现可持续的核电发展的关键，快中子堆的开发是支持这个战略的重要因素。

最后一点就是与其他国家的合作，对我们来说特别重要。

日本原子力产业协会理事长 Takuya Hattori：日本仍将致力于核电发展

日本是一个多山的小岛国，70%的领土是山地，人口密集。国家工业化的程度很高。但我们没有本土的自然能源资源，所有化石燃料都要进口。能源供应自给率只有6%。另外作为一个岛国，我们没有和邻国联起来的电网或者是油气管道。

日本政府2012年颁布了《基本能源法》。其基本原则就是同时实现三个E，即能源安全、环境保护、经济上的竞争力。这三者同时实现，是非常困难的。这个法律还规定我们要有战略能源计划，这个计划要每三年制订一次。同时每年要向国会作能源白皮书的报告。

2011年3月发生的福岛核事故对日本产生了非常深远的影响，其中最严重的就是公众对核电失去了信心，害怕辐射对他们造成影响。这使我们不得不重新评估核电安全性以及重新评估我们的能源政策。

福岛事故之后，为了增强核电厂安全性，除了设立了更高的海墙，还采取了各种防御措施，比如自动通风、更多的储水罐等等。我们对所有补救措施费用进行了估算，但还没有向公众公布，大概能达到2.3万亿美元。

福岛事故的后果是所有核电厂不得不停产进行安全评估，自2011年3月以来还没有一个核电厂运营，一些已经老化的化石燃料厂重新开始运营，以确保提供电力。火电或者热电所占的比例2014年达到90%，我们不得不在海外购买化石燃料，费用达到每天100亿日元。对企业来说电费增加了30%，对家庭来说增加了20%。对于中东能源的依赖大大增加，原油依赖性达到83%，天然气达到30%。二氧化碳排放增加数量也非常大。更为严重的问题是丧失了公众对于核电的信心，这是最严重的问题。

根据福岛核事故，我们重建了核能政策，重新评估了核能计划，2014年4月获得批准。我们首先要验证基本能源政策的概念,在三个E的基础上,又加了一个S。S就是安全,3E+S,不管从安全和经济角度来说都是非常重要的。

在我们的能源计划当中,提出了4个重要的政策。第一就是把核电作为一个重要的电力来源使用;第二就是在监管机构评估之后重新启动核电厂;第三,对核电尽可能降低依赖度,增加可再生能源的比例;第四,对未来核电的量将会进行审慎的审查,会从供应的安全性、成本、二氧化碳排放以及核电技术能力维持性等方面来考虑。

日本核电什么时候会重启?现在NRA(日本核监管当局)正在对23个反应堆进行审查,获得基础安全设计的批准之后,还要获得详细的设计,进行投入运营前的检查和评估,这是监管进程的一部分,然后才能重启。核电厂重启需要当地政府许可。23个反应堆已经有4个获得基础安全设计的批准,仙台1号、2号机组已经获得本地政府同意,但是还需要几个月才能重启。

关于未来的能源构成,我们还在讨论,据说核电将会是15%到25%的区间,可再生能源比例会超过20%。这个构成是非常具有挑战性的。

日本是致力于核电发展的,不仅仅致力于国内核电业的发展,也希望促进全球核电业发展。日本希望进一步参加到全球核电开发活动中来。

(本部分材料来源于世界核能发展论坛演讲材料)

第十一届中国国际核电工业展览会

概况

2015 年 4 月 22 日，为期三天的由中国核能行业协会主办的第十一届中国国际核电工业展览会在北京中国国际展览中心开幕。来自中国、美国、法国等 10 个国家的近 200 家核电工业企业、科研院所齐聚，集中展示了反应堆、核燃料循环技术与产品、输变电技术与设备、核事故应急通信器材、核电科普等内容。4 月 23 日下午，中共中央政治局委员、国务院副总理马凯来到展会现场参观。

国家环保部副部长、国家核安全局局长李干杰，国家国防科工局党组成员王承文，中国核能行业协会理事长张华祝，国家能源局核电司领导等出席开幕式。

张华祝在展会开幕式上说，作为核电领域最具发展活力的国家之一，中国受到了世界核电业界的广泛关注。举办展览会，并同期举行各类活动，一方面有助于进一步促进中外核电业界的沟通、交流与互动，另一方面也有助于社会公众进一步了解、认识和支持核电。中国核电必将为国内外优秀核电供应商提供广阔的市场空间，必将为中国核电“走出去”创造更加有利的条件。

当天下午，中国核工业集团公司、中国广核集团有限公司、中国核工业建设集团公司、国家核电技术有限公司、中国华能集团公司、东方电气集团的代表分别作报告，对“华龙一号”、高温气冷堆示范工程等当前核能领域的热点问题进行了介绍。

中国国际核电工业展览会自 1995 年以来已成功举办十届，成为世界核能界具有较高知名度和较大影响的专业展会。展会的举办对于我国政府决策机构、国内核能管理者及科研人员了解国外核能先进技术与管理经验，促进中外核能合作与交流，进一步向世界展示中国核电行业水平，推进核电“走出去”发挥了积极作用。

本届展会得到了国家原子能机构、国家能源局、国家核安全局的指导，由国防科工局新闻宣传中心和海岸国际展览有限公司（香港）共同承办。

2015 年，中国国际核电工业展览会入选商务部“引导支持展会名单”，同时被中国社会组织促进会评为“行业协会商会品牌服务项目”。

展会全景

高水平：新技术、新产品，彰显中国“力量”

看点一：“华龙一号”

在十一届核电展上，最抢眼的“明星”当属“华龙一号”。“华龙一号”是由中核集团和中国广核集团联合打造的“纯中华血统”的自主三代百万千瓦级核电技术，肩负着中国核电“走出去”的重任。

此次展出的“华龙一号”模型是1比50的模型。模型通过系统的模拟运行，使观众更加直观地了解“华龙一号”的技术性、安全性。

看点二：中广核和睦系统——我国首套自主核安全级DCS产品

核级DCS被称为核电站的“大脑”和“中枢神经”。目前和睦系统通过德国独立第三方权威认证，并在阳江核电5、6号机组的应用中，完成了核级DCS工程样机制造和鉴定，打破了国外在此项技术上的垄断。

看点三：600MW高温气冷堆

中国核建的展区最主要的陈列就是600MW高温气冷堆的模型，这也从另一个角度表明了，未来一段时间内，中国核建希望业务拓展的突破口就在此。

数字化：“交互设计”体验，别具特色

看点四：国家核电CAP1400

国家核电展出的CAP1400，是在AP1000第三代核电技术引进、消化的基础上，创新开发的具有自主知识产权的第三代非能动压水堆核电技术。它可满足全球核电最新标准要求，在安全性、经济性和环境相容性方面达到世界先进水平。

而此次国家核电展览最大的亮点是，现场观众可以自己操作模型，体验设备运行的全过程，并且配有三维动画讲解。观众可以通过简单易懂的方式，自己了解其中的技术特点。

看点五：中电投视频交互体验

在中电投的展厅，有两块交互体验的大屏，观众可以通过点击屏幕，全方位地了解到中电投近年来的业务发展情况，特别是清洁能源发展和核电项目进展。

看点六：华能中国风

华能展台最吸引人眼球的就是循环播放的中国风特色宣传片的大屏幕和图片墙。华能是在建的山东石岛湾高温气冷堆示范工程的大股东，该项目也是华能目前唯一控股在建的核电项目。作为五大发电集团之一，华能寄希望于通过高温气冷堆，踏入核电开发领域。

国际范：在这里，走进世界核能前沿

看点七：CEA展台依然耀眼

法国原子能委员会（CEA）的展台，其设计风格让人眼前一亮。CEA是隶属于法国国防部的公共研究机构，每年从法国政府获得拨款作为研究经费。CEA也是中法核能合作的重要机构。知名的国际聚变堆研究计划（ITER）落地的厂址Caradache就是CEA的研究中心。

看点八：阿根廷来了

阿根廷是中核集团“华龙一号”走出去的重要目标国家，中核集团计划先在阿根廷建设一个重水堆，然后出口“华龙一号”压水堆。

看点九：英国抱团参展

英国展团由数家英国核电企业联合组成：包括Atkins、AMEC、Delta Controls、Rolls Royce等。这些英国本土核电供应链的企业都将在英国核电项目的开发中扮演重要角色。

“大PARTY”：“全面、高端、和睦、贴心、风趣”使这次的展会更具时代气息

全面：核电供应链各端企业齐参与

上海电气受关注的原因，不仅是因为其拥有强大的核电设备制造能力，更是因为其核电龙头股的优异表现。

高端：中核集团“核反应堆家谱”，展现历史传承

核反应堆研发是核工业发展之魂，此次中核集团的“核反应堆家谱”以“看血脉、看文化、看实力、看家谱”为主题，展示了核工业创建60年来陆续建设的20多个核反应堆。这些反应堆不仅是“华龙一号”的史前篇，更浓缩了中国核工业的历史。

和睦：国家核电和中电投集团的距离仅有“一道之隔”

此次核电展，国家核电和中电投集团的展区相对而设，仅隔一条过道，亲如一家。从整体的设计风格来看，中间的过道一拆，就是一家。

风趣：“核电小苹果”赢得关注

如果说，此次展会有一个地方，让几乎所有参展大众都驻足观望一下的话，首选无疑是“核电小苹果”。毫不夸张地说，融合了时代气息的“核电小苹果”让现场人员都不禁为之点赞。

贴心：用通俗易懂的方式普及核能知识

在核电展的科普体验区，参观人员足不出户就可以走进“核能的世界”。

在这里，你可以在动画视频中跟着铀矿石去旅行，跟着湖南卫视“村长”李锐去大亚湾核电基地探秘；在这里，你还可以通过酷炫的触摸屏畅游防城港核电站；在这里，你可以一网打尽核裂变、辐射、核技术等核知识。在这里，核能变得生动有趣。

核能行业信息发布会

4月22日下午，在第十一届中国国际核电工业展览会期间，一场别开生面的行业信息发布会在北京中国国际展览中心举行。

在这次发布会上，中国核工业集团公司、中国广核集团有限公司、中国核工业建设集团公司、国家核电技术有限公司、中国华能集团公司、东方电气集团六家单位的代表分别作了报告，对“华龙一号”、高温气冷堆示范工程等当前核能领域的热点问题进行了介绍。

由此可见中国核能企业为积极落实创新驱动战略，突破核电技术的瓶颈，提高核电技术自主创新能力，实现三代核电国产化、自主化，积极探索四代核电技术所做的努力。这次的发布会也为促进中外核能合作与交流、我国核电产业走向国际市场搭建了平台。发布会吸引了众多听众。

中核集团、中国广核集团：“华龙一号”惹关注

在这场发布会上，最惹人关注的莫过于中核集团与中国广核集团联合发布的我国自主三代核电技术“华龙一号”的相关内容。

中国广核集团“华龙一号”总设计师咸春宇表示，作为我国具有完整自主知识产权三代核电品牌，“华龙一号”成熟性、安全性和经济性可满足三代核电技术要

求，设计技术、设备制造和运行维护技术等领域的核心技术具有自主知识产权，是目前国内可自主出口的核电机型。其中，在设备成熟性及国产化方面，“华龙一号”首堆建设国产化率不低于85%。中核集团“华龙一号”总设计师邢继补充说，批量化建造后设备国产化率不低于95%。

2015年4月15日，国务院常务会议核准“华龙一号”三代核电技术示范工程建设，为核电装备“走出去”开展第三方合作创造有利条件。邢继介绍，“华龙一号”示范工程落地福清二期项目后，福清5、6号机组近期通过了国家核安全局组织的最后一次专家审核会，首堆工程设计、设备采购、现场施工准备、执照申请等各方面工作按计划稳步推进，进展良好，满足2015年4月底或5月初FCD（浇筑第一罐混凝土）条件，2020年7月“华龙一号”首堆计划实现商业化运营。

邢继表示，“华龙一号”示范工程落地福清二期项目，对落实国家核电发展规划、保障能源安全、改善环境、推动我国核电产业化和“走出去”均具有战略意义。

2014年12月，国家能源局在批复同意福清二期工程调整为“华龙一号”技术方案后，又批复同意中广核广西防城港核电二期工程按2台机组论证，采用“华龙一号”技术方案。

据咸春宇介绍，目前，“华龙一号”示范项目防城港核电二期3、4号机组设计文件、设备采购及供货、现场施工准备、项目核准与执照申请等各方面工作按计划稳步推进，进展良好，2015年7月底将开工建设，预计将于2020年投入商业运营。

值得关注的是，“华龙一号”除了在国内建设以外，它还将出口到海外。据了解，“华龙一号”计划出口到英国，初步锁定一个参股项目和一个控股项目。据媒体报道，巴基斯坦新建的核电项目也将使用“华龙一号”，涉及金额约为150亿美元，计划5月底前开工。阿根廷项目进展顺利。与埃及核电站合作项目取得很大进展，签署了谅解备忘录，正在加快推进相关合作事宜；此外，中核集团在沙特、南非、新加坡、苏丹等多国洽谈合作事宜，中国广核集团正在南非、罗马尼亚、土耳其、捷克、波兰等多国推动核电“走出去”。

中国核建：高温气冷堆产业化推广

“目前，中国核建已经形成了高温气冷堆推广、投资、设计、采购、建造和运营管理的能力。”中国核建总经济师舒卫国在发布会上说。

高温气冷堆技术是我国完全自主知识产权的第四代先进核能技术，固有安全性是高温堆最重要的特征。据介绍，在任何情况下，高温堆都不会发生堆芯融化事故和大量放射性释放事故，不会对人类的健康和环境造成影响。

2003年，中国核建与清华大学合作成立了高温气冷堆工程EPC总承包平台（中核能源科技有限公司）。2014年3月，中国核建与清华大学正式签订了《关于进一步深化高温气冷堆技术产业推广的合作协议》以及相关技术支持合同。中国核建取得了高温气冷堆技术的推广许可。2014

年4月，中国核建联合清华大学提出了60万千瓦高温气冷堆技术方案。60万千瓦商用高温气冷堆工程是以20万千瓦高温气冷堆示范工程的系统及设备设计为基础，在保证安全性、功能性和冗余性等高温气冷堆安全特性的前提下，利用模块化的设计理念形成的高温气冷堆群堆技术。2015年1月，《60万千瓦级球床模块式高温气冷堆核电站总体方案》通过专家评审。目前，正在进行60万千瓦商用高温气冷堆标准设计工作。

历时10余年，高温堆技术从实验堆技术不断走向成熟。通过产学研结合，中国核建在国内外市场大力推广高温气冷堆技术。

在国内，中国核建先后在江西、湖南、广东、福建、山东、湖北等多个省市开展了高温气冷堆项目的前期工作，先后完成了厂址踏勘和普选以及初可研等工作。其中，重点以推进江西项目为主。

据舒卫国介绍，江西项目位于江西省瑞金市，该项目厂址前期工作进展顺利。商用60万千瓦高温堆江西瑞金核电项目初步可行性研究报告已通过专家评审。这是中国核建在60万千瓦高温堆商业化推广道路上迈出的重要一步，为我国第一座商用高温堆电站项目的顺利开展奠定了坚实基础。

在获得国家核准，并获得国家核安全局颁发的建造许可证后，江西瑞金高温堆核电项目一期工程2台机组，计划于2017年开工，并在中国共产党成立100周年之际并网发电。

舒卫国介绍，中国核建作为全球最具经验的核电站建造企业，在沙特、南非等国家或地区推进高温气冷堆产业化工作，下一步将加快高温气冷堆技术“走出去”步伐。

舒卫国表示，中国核建核能产业化的下一步重点工作是加快启动江西瑞金60万千瓦高温气冷堆核电站项目建设，推进我国第四代核电产业的可持续发展；加大推动高温气冷堆技术“走出去”的工作力度，提升我国在世界核能领域的战略地位；启动高温气冷堆综合利用的相关科研工作，择机建设高温气冷堆综合利用示范项目，抢占战略性清洁能源发展的制高点；推动高温气冷堆相关核安全法规和导则的制订工作，充分发挥四代核电技术的优势。

国家核电：试验CAP1400

CAP1400压水堆核电机组是在消化、吸收、全面掌握我国引进的第三代先进核电AP1000非能动技术的基础上，通过再创新开发出的具有我国自主知识产权、功率更大的非能动大型先进压水堆核电机组。其示范电站位于山东省威海市荣成石岛湾厂址，拟建设2台CAP1400压水堆核电机组，设计寿命60年，单机容量140万千瓦。

“目前，CAP1400项目所有的实验都已经完成，荣成石岛湾项目已经具备开工条件。”上海核工程研究设计院院长助理王勇介绍，上海核工程研究设计院通过设计研发、试验验证、设备研制、安全审评、工程建设等各方面研究，自主研发国际领先的CAP1400，带动了核电技术基础和高端装备制造能力整体提升。通过建立先进标准、培养高素质人才、搭建研究平台，实现了核电自主创新和可持续发展。

为了确保CAP1400开发成功，上海核工程研究设计院科学论证CAP1400完整的验证试验体系，包括非能动安全系统性能试验和关键设备性能试验、CAP1400非能动堆芯冷却系统性能研究及试验、CAP1400熔融物堆内滞留（IVR）研究及试验、CAP1400非能动安全壳冷却系统性能试验、CAP1400反应堆结构水力模拟试验研究、CAP1400堆内构件流致振动试验研究、CAP1400蒸汽发生器及关键部件性能试验等试验课题，包括17项试验任务。

要满足CAP1400的验证要求，就要高质量完成COSINE软件的工作。国核软件中心牵头承担该软件开发任务。国核北京科学技术研究院副院长、国核软件中心主任杨燕华介绍，2015年2月28日，大型先进压水堆核电站重大专项核电关键设计软件自主化研发的核心任务——COSINE软件包的工程验证版在北京顺利发布，这标志着我国核电软件自主化工作取得里程碑式的进展。

“核电关键设计软件自主化技术研究”课题于2011年6月获批立项，是为了填补国内核电核心软件空白、解决“受制于人”而采取的重大举措。该软件开发的进展受到核电行业的广泛关注。在重大专项支持下，国核软件通过技术消化吸收、自主创新、多方合作，系统有序推进核电软件自主化工作，并在相关关键领域取得突破性进展。

COSINE软件包由热工安全、物理屏蔽以及运行平台三大子系统构成，涵盖核电厂核设计、热工设计、燃料管理及系统安全分析等功能。在2013年推出内部测试版的基础上，经过系统完整的工程方案验证及改进优化，正式推出COSINE工程验证版，覆盖了压水堆电厂核心工程应用需求，模型正确、结果合理、平台界面友好，标志着我国已经具备核电厂实际工程应用的计算能力。

华能集团公司：以高温气冷堆示范为契机

山东石岛湾已成为华能集团公司开发建设的第一个核电基地。这里建设高温气冷堆核电站示范工程。

高温气冷堆核电站示范工程是以清华大学10MW（热功率）高温气冷实验堆为参考堆型，充分借鉴了国际上高温气冷堆技术的经验，由清华大学自主研发设计。

中国华能集团公司核电事业部主任、华能核电开发有限公司总经理王永福介绍，高温气冷堆核电站示范工程电功率为200MW，由2座反应堆、2台蒸汽发生器、1台汽轮发电机组和其他附属系统组成。每个反应堆热功率为250MW，以石墨作为慢化剂，氦气作为一回路冷却剂，采用球形陶瓷包覆燃料元件和球床流动堆芯，可实现不停堆换料。

高温气冷堆核电站示范工程于2012年12月9日正式开工。目前，主体工程建设按计划进行，设计、技术研发和试验验证基本完成，设备研发制造取得突破，核燃料供应全面落实，调试和生产准备按计划开展，各领域工作均取得了预期进展。

截至 2015 年 3 月底，核岛关键路径反应堆厂房舱室墙体 23.28~26.05m 模板支设完成。乏燃料厂房 14.45~20.20m 外墙混凝土浇筑完成，核辅助厂房完成封顶。常规岛主厂房 0~6m 框架柱正在进行模板支设。土建施工进度满足二级进度计划及年度工程目标计划要求，安全质量状态控制情况良好，未发生安全、质量事件或事故。

除了高温气冷堆核电站示范工程外，在山东石岛湾，华能集团公司还与国家核电共同投资 2 台 CAP1400 机组，并规划了后续 4 台百万千瓦级核电机组扩建工程。核岛关键技术的研发、试验工作已基本完成，试验验证工作取得阶段性进展。燃料元件生产线关键设备全部到货，设备和系统安装完成，计划 2015 年 9 月正式生产。

以建设高温气冷堆核电站示范工程为契机，自 2004 年至今，华能集团公司已先后在山东、海南、福建、辽宁、江苏、江西、安徽、浙江、广西、河北等省广泛开展了核电厂选址工作，与此同时，按照国家“5 基 2 带”的能源布局，优先开发山东石岛湾、福建霞浦、辽宁普兰店以及海南昌江二期等沿海厂址，稳步开展江西鹰潭、安徽安庆等内陆厂址的前期工作，并继续开展核电规划选址，做好厂址资源的储备工作。

为确保核安全、向社会提供清洁和高效电力，华能集团公司以国家核安全法律法规和国际原子能机构标准为依据，建立了具有华能特色的核电产业管理体系。以高温气冷堆核电站示范工程为依托，在充分发挥常规电站建设、运营管理优势的基础上，采用外部引进和自主培养相结合的方式，通过在西安交通大学设立核电班，在国内外优秀核电企业开展核电建设、运行管理培训等措施，大力培育核电人才队伍，已经形成了一支 800 多人的核电专业人才队伍。

东方电气：核电设备国产化

能源装备国产化、产业化对于保障能源安全、优化能源结构、转变能源生产与消费方式具有重要意义。作为中央确定的涉及国家安全和国民经济命脉的 53 家国有重点骨干企业之一，东方电气提出核电设备国产化战略发展规划，并将核电作为重点发展的战略性产业。

东方电气于 1996 年进入民用核电设备制造领域，目前已形成广州、自贡、德阳、武汉四个核电设备制造基地。据东方汽轮机有限公司副总经理、总工程师王建录介绍，目前，东方电气已具备批量化生产核电站核岛主设备和常规岛汽轮发电机组能力，成为同时拥有二代加、三代 (AP1000、EPR、CAP1400、“华龙一号”) 核电技术核岛主设备和常规岛汽轮发电机组批量订单的制造企业。

由东方电气制造核岛主设备和常规岛汽轮发电机组的岭澳核电站二期、红沿河核电站一期、宁德核电站一期、福清核电站一期、阳江核电站一期、方家山核电站等二代加项目已进入机组设备安装、调试和投运的高峰期，在 2013 年和 2014 年分别有3台和4台机组投入商运，运行良好。

东方电气具备完整的核岛主设备成套供货能力，已成功制造了中国首台国产化百万千瓦级核电站反应堆压力容器、蒸汽发生器、稳压器、主泵、安注箱、硼注箱等核岛主设备和世界最大容量台山1750MW EPR核电站的反应堆压力容器、蒸汽发生器等核岛主设备；为红沿河核电站制造的首台套控制棒驱动机构、为防城港核电站制造的首台套堆内构件已经交货；目前正在执行红沿河、宁德、福清、阳江、防城港、台山、三门、海阳、国核示范CAP1400、徐大堡、陆丰等项目的核岛主设备供货合同。

随着中国核电技术装备“走出去”的逐步推进，海外核电项目市场成为东方电气核电发展的重要领域。东方电气积极参与中核集团、中国广核集团和国家核电对阿根廷重水堆、阿根廷压水堆、罗马尼亚重水堆、巴基斯坦压水堆、英国HPC、南非压水堆等海外核电项目的市场开拓工作。

对于核安全来说，设备的安全至关重要。东方电气高度重视核安全文化的建设，倡导“透明”的核安全文化；坚持“安全第一、质量第一”的核安全质量工作方针；坚持“一次把事情做好”的工作理念；坚持“凡事有章可循、凡事有人负责、凡事有人监督、凡事有据可查”的工作原则；按照国家核安全局的要求，积极推进核安全文化宣贯专项行动，加强全员的核安全文化理念和核安全法规的培训，不断提高核安全文化水平。

中国核能行业协会内陆核电建设研究成果发布会

继沿海核电重启后，内陆核电再次被提上议事日程。呼吁重启内陆核电和反对发展内陆核电的声音交织，在一些反对发展内陆核电的人看来，地震灾害、水资源短缺、空气扩散条件不理想等都将可能成为内陆核电发展的安全隐患，这些质疑再度引发社会的关注和担忧。

为了消除公众对内陆核电的疑问，2015年4月24日，中国核能行业协会在京举行了内陆核电建设研究成果发布会，重点向社会发布内陆核电厂址安全和内陆核电应对事故的能力等研究成果，以科学和严谨的态度，介绍内陆核电环境和安全相关的结论。

日本福岛核事故之后，社会公众对于核电建设，特别是内陆核电建设的疑虑明显增加，尤其关心核电厂运行对下游水质的影响以及严重事故对水资源安全的影响。我国政府对内陆核电建设采取了稳妥和慎重的态度。2012年10月24日国务院常务会作出了“十二五”时期不安排内陆核电项目的决定，2014年12月国务院办公厅印发的《能源发展战略行动计划（2014–2020年）》中，要求研究论证内陆核电建设。

为深入研究内陆核电有关的环境和安全相关的重大课题，自2008年以来，中国核能行业协会一直在开展内陆核电厂“环境与安全”的课题研究。几年来，先后组织了来自中国核工业集团公司、中国广核集团有限公司、中国电力投资集团公司、国家核电技术有限公司、中国华能集团公司、中国大唐集团公司、环保部核与辐射安全中心的近100名专家和技术工程人员完成了《内陆核电厂址需要关注的问题及不同类型机组适宜性分析》《内陆核电厂水环境影响的研究》《内陆核电厂环境影响的评估》《内陆核电厂环境风险的评估与管理》《内陆核电厂安全要求研究》《内陆核电建设中几个重要问题的再研究》等课题，取得了积极成果。这些研究旨在通过对内陆核电进行科学、客观的研究和评估，回答社会公众对内陆核电建设关注的问题，为政府有关部门启动内陆核电建设提供科学决策的依据。

2013年4月2日，中国核能行业协会在京主持召开了《内陆核电厂环境影响的评估》课题专家评审会。2013年5月31日，在湖南益阳召开发布会，向社会发布了“内陆核电厂环境影响的评估课题”的多项研究成果，在社会各界引起了广泛关注和反响，并得到高度的肯定。

为进一步研究内陆核电相关的环境和安全的重要问题，中国核能行业协会于2014年再次组织专家继续开展了内陆核电几个重要问题的再研究，在前几年有关内陆核电相关问题研究的基础上，重点完成了内陆核电厂放射性液态流出物排放的控制与评估、内陆核电厂放射性气载流出物排放的控制与评估、内陆核电厂地下水途径有关的环境影响评估、我国内陆核电厂的安全性、内陆核电厂严重事故工况下确保水资源安全的应急预案，以及内陆核电公众沟通和社会稳定风险评价等相关课题，从而较为全面和深入地完成了内陆核电环境和安全相关问题的研究，并得出相关结论。

在此次发布会上，专家指出，从国际上的成功经验看，半个多世纪的实践表明，内陆核电厂和沿海核电厂不存在重要差异。但由于内陆核电厂所处的环境和沿海核电厂有所不同，因而为达到安全要求所采取的工程技术措施会有所差别。世界各国运行的核电机组一半以上建在内陆，如法国内陆核电占69%，美国内陆核电占61.5%，其中密西西比河流域建有21个核电厂，总装机容量3000多万千瓦。世界内陆核电安全运行50余年的事实说明：内陆核电厂安全是有保障的，对公众和环境未造成影响。

我国的核安全法规与标准体系在建立之初，就全面参照国际原子能机构的标准，同时参考核能先进国家的法规标准体系，具备了系统性与先进性的双重特点，我国已建立了一套与国际最新规范和标准相接轨的法规体系。内陆核电厂与沿海核电厂安全法规和标准一致，但为了充分考虑内陆核电厂放射性流出物排放对环境、当地生态系统和公众影响，内陆核电的放射性液态流出物排放要求严于沿海核电10倍，是目前国际上最严格的要求，实现了“近零”排放。

内陆核电厂址选择所依据的法规标准体系是系统、完善的，选址的工作过程是科学、严谨、细致、充分的，符合当前国际先进标准的要求。针对社会所关注的对内陆厂址洪水泛滥、地震、取水安全、水力弥散、气体弥散、人口分布、散热系统的影响而进行的专题研究和分析表明，尽管我国沿海地区和内陆地区自然与社会环境存在一定的差异，但是通过科学合理的厂址选择与科学布局，能够把外部极端事件对核电厂的影响，以及核电厂对外部环境的影响降低到极低的水平。

会上，专家还对核电厂厂址要求作了简要介绍："在选址过程中需要充分调查厂址可接受性和与设计基准有关的可能影响到核电厂安全的所有厂址特征，全面分析评估厂址外部事件（包括外部自然事件和外部人为事件）对核电厂安全可能产生的影响。"

外部自然事件包括地震和地表断层作用（地震，地表断层），气象学事件（极端气象极值，罕见气象学事件），洪水泛滥（因降雨及其他原因导致的洪水，地震引发的波浪或其他地质学现象，水流控制构造破坏导致的洪水和波浪），岩土工程危害（边坡不稳定性，厂址地表坍塌、沉降或隆起，地基性能）等因素，在评定中尤其关注上述因素可能引发的各种极端的自然灾害。

外部人为事件包括各种因素引起的爆炸、气云漂移、火灾、有毒有害物质的释放、飞机坠毁、船只对取水构筑物的碰撞、电磁干扰、采矿采石导致的地面振动和塌陷等。

专家指出，在核电厂的选址过程中还需要充分评价厂址与环境的相容性，如用地与当地土地利用规划相容性、用水与当地水资源利用发展规划的相容性、厂址建设与当地生态和环境功能区划相容性等。在相容性分析的过程中会开展对一系列因素的评价工作，这些因素包括但不限于散热系统运行的影响，正常运行期间气态、液态流出物排放的影响，事故工况下的放射性后果，人口分布与实施应急计划，公众接受度的可行性等。

专家介绍，沿海与内陆核电的主要差异表现在厂址选择地理位置的不同带来的与环境相关的影响因素及评价方法的不同。由于我国滨海地区和内陆地区自然社会环境存在很大差异，同时考虑到我国人口较多、人均环境资源相对匮乏，因而内陆地区核电厂选址工作也更加复杂并且倍受关注。核能行业协会自 2008 年以来，特别是在日本福岛事故后，结合我国《"十二五"期间新建核电厂安全要求》（报批稿）的要求，组织业内相关部门的专家、学者针对内陆核电所关注的重要问题进行了较为广泛深入的研究，主要包括 7 个方面：洪水泛滥、地震问题、取水安全、水力弥散、气体弥散、人口分布、散热系统的影响。

专家特别指出，内陆核电厂设计通常采取循环用水模式，日补水量仅为冷却用水蒸发量，排污量，典型的二次循环冷却塔 4 台机组运行的用水量约为 5~6m^3/s。通过厂址的合理布局，我国内陆核电厂主要位于长江流域以及其他水资源丰富的地区，并因地制宜，采用降低核电厂的用水量和耗水量的水冷却方案（如二次循环冷却、空冷和中水再利用等），完全可以满足核电厂各种用水保证率的要求，消除与其他水用户的用水矛盾。

发布会上，有关专家对我国内陆核电厂应对事故的能力着重作了介绍。

按照我国核安全法规的要求，我国的核电厂反应堆配置有保证正常运行的配套辅助系统，对事故工况有相应的安全保障系统，确保反应堆的冷却和安全壳的完整性。对于严重事故建立了完善的预防和缓解措施，保证安全壳最终的完整性，有效控制放射性向环境的释放。我国核电厂具备应对各种事故的能力。

对此，专家进一步介绍说，我国核安全导则对新建核电厂提出了堆芯的损伤概率（CDF）小于 10^{-5}/ 堆年、大量放射性释放的概率（LRF）小于 10^{-6}/ 堆年的指标，这意味着电厂运行 10 万堆年才可能发生 1 次堆芯损伤事故，运行 100 万堆年才可能发生 1 次大量放射性释放的事故。而国内在建核电厂比该指标还要低 1 到 2 个数量级，其中第三代非能动核电厂的大量放射性释放概率可降至一亿堆年才发生一次。因此，类似于福岛的严重事故在我国运行和在建核电厂不会发生。

专家还指出，我国新建的三代核电厂设有双层安全壳，安全壳具有高抗震、事故后承压和高置信度保持完整性的性能，在事故工况下，是核电厂放射性废液最佳的包容场所。

国际核能界在总结福岛核事故教训后，对于核电厂可信的严重事故风险已经作了深入的评估，均未提及内陆核电厂有危及水资源安全的风险。可以认为，内陆核电厂对水资源安全的风险属于比各种可信严重事故风险概率更低的剩余风险。然而，考虑到水资源安全的重要性以及社会公众的关切，中国核能行业协会牵头内陆核电建设单位针对这种剩余风险的缓解措施，进行了应急预案的研究工作，包括如何使严重事故过程中可能产生的放射性污水实现“可封堵”“可贮存”“可隔离”和“可处理”，以保证电厂周边的环境安全。

我国内陆核电厂采用第三代压水堆技术，采纳了福岛核事故后提出的各种改进行动要求，加上我国内陆核电厂有良好的厂址条件，因此，能有效防止类似福岛核电厂核事故在我国发生，我国内陆核电厂的安全性是有保障的。即使发生了置信度很低严重事故，通过采取的安全保障措施与应急预案，可以确保严重事故下水资源安全以及公众健康，对公众的健康风险要小于人类其他活动。

发布会由中国核能行业协会副理事长赵成昆主持。“内陆核电环境与安全”课题研究团队的部分专家参加了会议。

2015 年度中国核能行业协会科学技术奖获奖项目

一等奖项目 2 项

序号	项目名称	主要完成单位	主要完成人
1	基于六关节机械手的核反应堆压力容器检查三维控制系统研制	核动力运行研究所 中核武汉核电运行技术股份有限公司 哈尔滨工业大学	黄晓锋 闫继宏 李 戈 文 斌 樊继壮 何秀权 张志义 许远欢 王俊涛 尹 鹏
2	首台国产AP1000蒸汽发生器研制	哈电集团（秦皇岛）重型装备有限公司	杨 松 王晓辉 孙国辉 王守革 马东华 杨圆明 谢彦武 高 峰 于均刚 韩 君 赛 鹏 李 远 周建波 周海波 肖振海 王 莉 王 悦 张建磊 杨明伟 扈继成

二等奖项目 22 项

序号	项目名称	主要完成单位	主要完成人
3	百万千瓦等级核电汽轮发电机组研制及产业化	上海电气电站设备有限公司	袁建华 周一工 何阿平 阳 虹 王庭山 刘志祥 蒋浦宁 胡建波 刘晓强 余 炎 吴春燕 徐龙晴 周大伟 黄建华 梁 娟
4	福岛事故后在役在建二代加核电站安全性能改进技术方案研发与应用	深圳中广核工程设计有限公司 中广核工程有限公司 环境保护部核与辐射安全中心 中科华核电技术研究院有限公司 苏州热工研究院有限公司	毛 庆 柴国旱 蒋达进 郭建林 高 峰 牛文华 乔丕业 赵 海 彭华清 林继铭 郭建兵 杨佰军 王忠秋 李 春 范立明
5	核级管道设计核心技术CNPIPE/CAPS程序开发与应用	中国核电工程有限公司	刘树斌 宁庆坤 田金梅 陈 丽 王元珠 于凤云 张双旺 弓振邦 吴 明 王艳苹 郑修鹏 施 勣 盛 锋 刘嘉一 于 勇

续表

序号	项目名称	主要完成单位	主要完成人
6	中国先进研究堆板型燃料组件制造与工程化	中核北方核燃料元件有限公司	王玉岭 李冠兴 马文军 任永岗 刘锡霖 邹本慧 田春雨 房淑英 布仁扎力根 魏东波 庄丽萍 郑绪华 宋君武 辛秀广
7	核电主管道奥氏体不锈钢焊缝相控阵超声检测技术	核工业工程研究设计有限公司 大连理工大学 中国核工业二三建设有限公司	杨会敏 林 莉 张东辉 雷明凯 刘丽丽 范 凯 罗忠兵 赵天伟 金士杰 房云龙 张晓峰 李喜孟 贾金廷 陈 军 张树潇
8	AMX 型主给水泵的研制及工程应用	上海阿波罗机械股份有限公司 大亚湾核电运营管理有限责任公司 中广核核电运营有限公司	明国卿 黎志政 朱 健 石树智 刘 凯 赵旭光 马惠萍 王晓峰 张文琢 严晋宁
9	低承压水条件下地浸采铀工艺技术	核工业北京化工冶金研究院	谭亚辉 郭忠德 胡柏石 陈国贞 王海峰 肖作学 刘乃忠 张 勇 肖碧泉 钟平汝 向秋林 张 芩 霍建党
10	氙同位素分离技术研究	核工业理化工程研究院	王黎明 吴建军 耿冰霜 谢全新 李大勇 邱志恒 周永胜 丛艺坤 牟 宏 李文泊 杨 坤 赵文忠 于 滨 黄玲丽 贾艳辉
11	ACP1000 气液态流出物排放源项估算模式及程序研究	中国核电工程有限公司	魏国强 郑 伟 王晓亮 刘 耸 周耀权 高瑞发 龙 亮 王炳衡 薛 娜 毛亚蔚 邱 林 陈 诚 张君南 李凤菊 白晓平
12	百万千瓦级核电厂反应堆压力容器自主化设计	中国核动力研究设计院	邱 天 罗 英 杨 敏 钟元章 周高斌 马姝丽 李红鹰 李海颖 吕勇波 张亚斌 王小彬 陈海波 王 眉 米小琴 郑连纲

续表

序号	项目名称	主要完成单位	主要完成人
13	核电厂标准PSA监管模型的创建与应用	环境保护部核与辐射安全中心 苏州热工研究院有限公司 中国核电工程有限公司	依　岩　裴　亮　孙金龙 黄志超　李　春　彭鹏祎 柴国旱　汤　搏　侯　伟 韦　力　邓　伟　冯丙辰 邱艳荣　李虎伟　初永越
14	全自动数控装卸料机	中国核电工程有限公司 西安核设备有限公司 中核控制系统工程有限公司 秦山核电有限公司	常宗虎　李　均　唐兴贵 杨绍石　张　鹏　陈　熹 王丛杰　夏丹阳　张　磊 叶阳春　许　莹　徐思敏 李　晴　张嘉斌　耿　勇
15	压水堆核电站热态功能试验技术创新与应用	中广核工程有限公司 中科华核电技术研究院有限公司	周创彬　陈　军　禹　阳 赵春光　郭　均　张　剑 汲大朋　刘青松　周利华 李百涛　宋子龙　李西安 刘国强　田　阔　张烨亮
16	中国实验快堆辐射监测和燃料破损探测系统设计和调试	中国原子能科学研究院	姜满才　戎永华　刘浩杰 张　杭　马　强　刘玉璞 赵郁森　潘君艳　于立英 仇春华　段天英　唐基本 齐　屏　熊文彬　李十洲
17	CAP1400非能动安全壳冷却系统壳壁冷凝水膜耦合试验	国核华清（北京）核电技术研发中心有限公司 上海核工程研究设计院	杨　林　李　成　常华健 韦胜杰　杜王芳　李洪森 倪陈宵　赵　维　鲁仰辉 扈本学　周　姗　李慧慧 高　崭　王国栋　张　迪
18	核岛一回路安装专用工具和关键工艺开发与应用	中广核工程有限公司	王　东　马立民　刘以亮 李付良　霍亚邦　聂　岩 王玉旭　赵文灿　朱德才 章　科　张国平　苏　斌 彭　杰　谢　静　燕芯弘
19	内陆核电厂址大气扩散模拟分析技术	上海核工程研究设计院	杜风雷　王　炫　罗兰英 王　雪　黄晓冬　王茹静 印舒蔚　鲍文杰　裴　娟 朱雪强

续表

序号	项目名称	主要完成单位	主要完成人
20	红沿河核电工程反应堆堆内构件自主化设计	中国核动力研究设计院	许　斌　何大明　胡朝威 李　燕　李　娜　张　翼 曹　锐　李红鹰　余志伟 张丽屏　王庆田　蒋兴钧 夏　欣　陈训刚　何培峰
21	CAP1400PCS水分配设计、分析及试验相关技术	上海核工程研究设计院 国核华清（北京）核电技术研发中心有限公司	王　勇　宋春景　常华健 潘新新　邱　健　鲁仰辉 徐　进　王彦之　周　彬 赵瑞昌　蔡友强　王　妍 刘　冰　王　欢　樊焕然 李　成　高　崭　李洪森
22	核电厂非均质、非硬质岩地基勘察和抗震适应性研究	中国能源建设集团广东省电力设计研究院有限公司 广东科诺勘测工程有限公司	马海毅　郑文棠　徐晓斌 熊　雄　王小明　丁金伟 张　敏　易树平　覃建波 王　艳　尹谦钧　肖　波 周　玉　张润明　程小久
23	核电预应力自密实混凝土关键施工技术的研发与应用	中广核工程有限公司 华南理工大学 中国核工业华兴建设有限公司	李　靖　王辉诚　韦江雄 余　兵　裴新意　陈李华 李　豪　吴绍炜　赵喜泉 吕光晔　朱伟忠　董占发 柱玉林　沈　刚　杨宏波
24	核电厂建筑物隔震技术开发及应用	中广核工程有限公司 广州大学 柳州东方工程橡胶制品有限公司	李忠诚　张　涛　许波涛 黎鹏飞　郑志刚　宋远齐 李松奇　谭　平　马玉宏 何家荣　沈朝勇　杨　杰 牛　奇　王　锋

三等奖项目 56 项

序号	项目名称	主要完成单位	主要完成人
25	ACP1000 核电厂冷却塔环境影响技术研究	中国核电工程有限公司	侯燕鸿　李　奇　吕志锋 王东海　赵云驰　杨若冰 李　京

续表

序号	项目名称	主要完成单位	主要完成人
26	反应堆压力容器螺纹孔带自动超声技术检验系统的研制	核动力运行研究所 中核武汉核电运行技术股份有限公司	吴东栋 尹 鹏 王俊涛 秦华容 柯 涛 陈 姝 张志义 许远欢 刘 云 张 军
27	重水堆机组24个月长大修周期的研究与应用	中核核电运行管理有限公司 秦山第三核电有限公司	徐利根 郑永祥 陈明军 刘玉杰 曾 春 吴志刚 朱 磊 彭晓春 宋 林 郁光廷
28	田湾核电站核级蒸汽发生器一回路集流管密封面技术改造	江苏核电有限公司	严巍峰 任 苹 彭 辉 卜 俊 赵忠伟 刘建民 吴 军
29	离心级联大厅空调系统设计创新	中核新能核工业工程有限责任公司	续 颖 王 凯 李 侃 赵高峰 赵大誉 曹甜甜 徐 娜 胡国梅 李永香 申亚东
30	核电站厚壁铸钢部件穿透性缺陷焊接修复技术开发与工程应用	西安热工研究院有限公司 中核核电运行管理有限公司	李 巍 李太江 张 维 李 勇 李聚涛 梁青松 林卫峰 忻 勇 赵冬冬 刘 刚
31	一回路压力边界止回阀在线密封性能测试研究	中核核电运行管理有限公司 秦山核电有限公司	杨云斐 黄志军 陈 梁 黄慧敏 赵志德 付荣真 胡 强 李旭宁 王 源 孟 波
32	报废空气过滤器金属框架清洁解控技术研发	中核核电运行管理有限公司 中国辐射防护研究院	康云鼎 邬 强 姚 翀 张涛革 刘志勇 杨永亮 任 军 熊扣红 朱 琨 张 晶
33	大亚湾核电发电机出口封闭母线闪络放电研究与处理	大亚湾核电运营管理有限责任公司 中广核核电运营有限公司 苏州热工研究院有限公司	于庆斌 夏玉秋 邓长喜 张士朋 张小重 张冬辉 刘凌风 宋 波 刘志强 田新华

续表

序号	项目名称	主要完成单位	主要完成人
34	汽轮机转子部件超声波相控阵检测技术及检测装置研究	国核电站运行服务技术有限公司 中核核电运行管理有限公司	汪明辉 袁建中 郑子昂 陆 琦 杨 敏 王 伟 石 欢 李 斌 王国圈 肖爱武
35	田湾 VVER 核电厂严重事故管理导则开发与应用	江苏核电有限公司 中国核动力研究设计院	申彦锋 姚 刚 余红星 曲 勇 卢毅力 鲍振利 黄代顺 罗 涛 孔翔程 孙峰平
36	核电厂辐射监测系统结构及信息管理系统研究	中国核电工程有限公司 中核控制系统工程有限公司	王 勇 王 平 赵卫军 王旭辰 章爱平 申万义 丁世海 崔泽朋 肖代云
37	核电厂生物辐射影响评价技术	上海核工程研究设计院	杜风雷 傅小城 罗兰英 王茹静 鲍文杰 黄晓冬 邱志靓 裴 娟 王 雪 杨 帆
38	核电站废气活性炭延迟处理装置	上海核工程研究设计院 江苏宝宸净化设备有限公司	倪依雨 王 鑫 陈 斌 伊成龙 朱来叶 梁袁平 谈遗海 储志军 刘 兵
39	核设施大直径承压设备焊缝检查系统研制	核动力运行研究所 中核武汉核电运行技术股份有限公司	丁冬平 杨 勇 葛 亮 胡 啸 项 萍 朱性利 蔡家藩 聂 勇 陈 姝 杨崇安
40	CAP1400 非能动安全壳冷却系统壳内冷凝试验	国核华清（北京）核电技术研发中心有限公司 上海核工程研究设计院	韩立勇 常华健 张 迪 王国栋 周 姗 杨 林 王 燊 王 喆 赵 维 王章立
41	约旦次临界装置设计、建造和实验	中国原子能科学研究院	刘振华 姚成志 骆志文 孙志勇 贾玉文 梁淑红 罗皇达 徐西安 范月容 李义国
42	高温气冷堆核电站三维协同设计技术及数字电站模型	中核能源科技有限公司	石 琦 袁 琳 郑海波 李俊男 宋元鑫 张盛渝 张作鹏 杨 俊 高 旭 代红宇

续表

序号	项目名称	主要完成单位	主要完成人
43	缺乏受纳水体区域核电厂液态流出物液转气排放研究	环境保护部核与辐射安全中心 中国核电工程有限公司 中核辽宁核电有限公司	刘新华 张爱玲 张志银 王晓亮 邓治国 刘建辉 熊章辉 叶欣楠 徐春艳 姚沛林
44	海南核电工程主控制室设计验证平台开发和应用	中国核电工程有限公司 中核武汉核电运行技术股份有限公司	张玉峰 吕冬宝 曲 鸣 张立群 邱建利 姜兴伟 刘 颖 尹继超 周 彧 祈 蔚
45	安全系统配置及设计技术研究	中国核电工程有限公司	赵 侠 信天民 于 勇 袁 霞 张雪霜 孙金龙 尚 臣 范 黎 赵 斌 田卫卫
46	双层安全壳燃料转运通道热工水力研究	中国核电工程有限公司	郭 强 王 辉 陈巧艳 雷宁博 杨长江 刘建平 韩晓峰 詹经祥 毛喜道 王世民
47	非能动安全先进压水堆安全壳及氢气风险分析CFD程序的开发	国核华清（北京）核电技术研发中心有限公司	徐 红 徐沾杰 杨燕宁 常华健 周志伟 赵瑞昌 常 磊 陈 炼 陈 颖 张银广
48	百万千瓦级核电厂稳压器自主化设计	中国核动力研究设计院	余 平 康志彬 黄 伟 邓 丰 张意翼 刘宏斌 黄 燕 周 永 郑 斌 李焕鸣
49	CPR1000机组T7温度过高的对策研究	中广核工程有限公司	肖 伟 张艳娥 李增芬 王 鑫 牛文华
50	CAP1000土结构相互作用分析技术	上海核工程研究设计院	葛鸿辉 黄小林 丁振坤 杨 杰 马云飞 褚 濛 袁 芳 程书剑 勾鸿量
51	EPR核电站环吊重型牛腿制作与安装施工技术	中国核工业华兴建设有限公司	陈明国 卢俊生 宁卫木 秦亚林 许开勋 聂 俊 刘苏楠 周井磊 李 琴 徐 涛

续表

序号	项目名称	主要完成单位	主要完成人
52	AP1000 主蒸汽套管—钢筋组件等土建工厂化施工研究与应用	中国核工业二四建设有限公司	吴钢磊 赵 永 张仕兵 张 益 夏光照 张炳畅 刘 涌 武 刚 胡晓攀 李 志
53	4D 模拟技术在 EPR 核电站主设备吊装中的应用	核工业工程研究设计有限公司	陈 异 郑 威 贺金甲 张 勇 崔存杰 曹冬巍 常海军 谢安丽 贺 波 杨远松
54	AP1000 环吊安装技术	中国核工业第五建设有限公司	黄 昊 杨凯淇 苟 锐 甘 锐 谢 军 李 建 孔丽朵 王泽锋 张发奇 张文余
55	ACP1000 核岛厂房基础大底板设计研究	中国核电工程有限公司	李玉民 王黎丽 张卫国 孙晓颖 熊 俊 孟 剑 姚 迪 刘玉林 张艺萱 李鹏飞
56	AP1000 主蒸汽管道安装技术	中国核工业第五建设有限公司	刘世界 王兴华 徐付奎 李星文 李俊明 姜 帆 石立萍 吴 巍 曹 帅 王 冲
57	预应力锚固系统国产化研究及在方家山核电工程的应用	中国核工业第二二建设有限公司 柳州欧维姆机械股份有限公司	胡胜光 李 军 梅 刚 杨倍铸 季钊徐 苏 强 张 皓
58	凝结水泵与调节阀联合选型软件开发	国核电力规划设计研究院	李志凯 张桂英 席学章 于 涛 杨文泽
59	核电引气型混凝土减水剂应用与研究	中核建材有限公司	杜增强 韩红良 卢德华 王 星 高 铀 宋永良
60	核电站反应堆压力容器“O”形密封环国产化研究	中国核动力研究设计院 中国中原对外工程有限公司	左 国 李朋洲 赵海江 裴立明 罗 英 罗世洪 范海平 王 琰 郝小红 康鹏程

续表

序号	项目名称	主要完成单位	主要完成人
61	CNFC-3G 新燃料运输容器研制	中国核电工程有限公司 中核建中核燃料元件有限公司	李晓明 孙毓宝 王 庆 谢 亮 姚 琳 吴 明 袁 坤 张洪军 盛 锋 向丘林
62	多级压力减压调节阀研制	中国核电工程有限公司 浙江三方控制阀股份有限公司	吕冬宝 张瑞萍 郭 林 闫桂银 李俭秋 孙 健 林 锋 裘叶琴
63	混凝土蜗壳循环水泵	中国核电工程有限公司 上海阿波罗机械股份有限公司	金明军 宋建军 姜 宏 王东海 李海珠 赵 迪 张超琦 王宝树 彭 超 陆金琪
64	HADS 型主给水泵的研制及工程应用	上海阿波罗机械股份有限公司 中国核电工程有限公司 江苏核电工程有限公司	陆金琪 于 勇 黄 潜 张吉来 张福海 彭学龙 张 毅 王成飞 张 微 孙忠志
65	核聚变装置用 PF 导体 316L 不锈钢方圆管	浙江久立特材科技股份有限公司 中国科学院等离子体物理研究所	苏 诚 王 坤 武 玉 秦经刚 涂正平 张 杰 沈诚飞 陈国强 于安华 金 环
66	FS-L 防火硅酮泡沫	江苏海龙核科技股份有限公司	戴金华 徐 斌 严 玉 段佳巍 徐殿邦 施吉慧 于文杰
67	CAP 系列核电站涂料国产化研究与开发	上海核工程研究设计院 中海油常州涂料化工研究院有限公司	徐雪莲 刘晓强 王留方 朱亚君 孟凡江 倪维良 石秀强 顾国兴 景 益 张 睿
68	CPR1000 项目一次仪表国产化研发与应用	中广核工程有限公司 开封仪表有限公司 上海自动化仪表股份有限公司 上海瑞勃思能源科技有限公司 深圳市行健自动化股份有限公司 合肥精大仪表股份有限公司	刘 琢 吴 斌 麻金娜 李晓涛 钟立平 郝秀元 李 奇 赵知渊 马国强 刘 杰

续表

序号	项目名称	主要完成单位	主要完成人
69	百万千瓦级核电机组反应堆和蒸汽发生器动力分析技术的创新和改进	中广核工程有限公司	金　挺　尚尔涛　刘　攀 章贵和　毛　庆　段远刚 邓小云　谢洪虎　徐　晓 周　鹏
70	我国核电“十三五”及中长期安全高效发展若干重大问题研究	中国广核集团有限公司	周卫红　彭　旭　陈　荣 肖新建　杨　波　苏广莉 钟　响　王武耀　王西坡 尹向勇
71	国内首台反应堆操纵员运行技能自助式训练平台自主开发及应用	中广核核电运营有限公司	马德有　崔建春　谢开明 李劲光　谢光辉　臧　鹏 黄超武　卢嘉宁　闻振江 何桂波
72	核电厂化学管理系统	核动力运行研究所 中核核电运行管理有限公司 江苏核电有限公司 福建福清核电有限公司	田　军　刘新福　王旭初 吴忠良　白　喆　范炜玮 秦建华　张志强　聂伟元 常朋朋
73	专用变频器研制	核工业理化工程研究院	王黎明　韩山岭　彭树文 于民东　赵武玲　李玉宾 王伟强　赵秋毅　何　滢 宋　涛
74	核电厂核事故场外辐射后果评价方法的研究	江苏核电有限公司	过　毅　李　晨　沈大伟 李　冰　孙开斌　丁长龙 王志兵
75	核燃料元件格架弹簧夹持力测量仪及测量方法的研究	中核北方核燃料元件有限公司	俞东宝　李洪刚　冯海宁 朱永利　李小娜　王安平 姚文涛　张　进　马晨曲 段德龙
76	田湾核电站一号机组装入TVS-2M型先导燃料组件的研究及应用	江苏核电有限公司	黄　潜　欧阳钦　姚进国 王建瑜　杨晓强　李友谊 李载鹏　董　超　王　汗 李宝库

续表

序号	项目名称	主要完成单位	主要完成人
77	核燃料棒多功能全自动TIG焊接装置	中核建中核燃料元件有限公司	兰智彬　邓昌义　郭旭林　钟　泽　钟　毅
78	中国INIS网上协作平台研究与建设	中国核科技信息与经济研究院	薛恩杰　赵红哲　张淑凤　马　恩　匡燕玲　原慧斌　蒲　杨　曹伟宁　高金玉　郭向阳
79	放射性废旧过滤器整备技术研究	中核建中核燃料元件有限公司	黄永春　周立勇　孙毓宝　张文庆　简旭宏
80	地球化学元素示踪技术在铀资源勘查中的研究与应用	核工业北京地质研究院	尹金双　葛祥坤　范　光　李子颖　秦明宽　张建锋　金贵善　张彦辉　张良圣　常　阳

2015 年中国核能行业协会主要活动报道

核电科普公众宣传专题研讨会

1 月 16 日，由中国核能行业协会主办、国核示范电站有限责任公司承办的核电科普公众宣传专题研讨会在山东荣成召开。中国工程院院士彭先觉、中国核能行业协会副理事长赵成昆，以及国家能源局、国家核安全局、环保部核与辐射安全中心、相关地方政府部门及部分核电企业近 80 名代表出席了会议。会上，环保部核与辐射安全中心、秦山核电集团筹备组等 8 家单位的代表介绍了本单位开展核电科普公众宣传和沟通的经验与体会。与会人员就核电科普宣传、公众沟通、公众参与、舆情应对、核电企业与地方融合发展等进行了交流研讨。本次会议总结了国内核电公众沟通工作的经验，深入探讨了核电公众沟通工作的新方法、新思路，为进一步开展核电公众沟通提供有价值的方法和指导。

成立核电厂根本原因分析行业专题工作组

1 月 22 日，中国核能行业协会在深圳召开了核电厂根本原因分析行业（RCA）专题工作组成立大会和首次研讨会。来自核电研究设计、制造、运行和维护的 30 余家单位的 70 多名代表参加了会议。会议审议了根本原因分析行业专题工作组筹备情况，讨论通过了工作组组织机构、章程、工作规划及 2015 年工作计划、根本原因分析培训大纲等文件，大家一致同意 RCA 工作组组长、副组长、执行秘书单位及人选建议。在随后举行的核电厂根本原因分析经验交流研讨会议上，来自环保部核与辐射安全中心、苏州热工研究院、大亚湾核电运营管理有限责任公司、中核核电运行管理有限公司、中广核工程有限公司等单位的专家，分别就在建核电项目经验反馈工作、根本原因分析技术发展与应用、根本原因分析管理体系及实践、非计划停堆事件分析、工程质量事件管理与根本原因分析等议题作了报告。

核电厂控制棒驱动系统行业专题工作组会议

1 月 23 日，由中国核能行业协会主办、中科华核电技术研究院承办的核电厂控制棒驱动系统行业专题工作组会议在深圳召开。会议分别就工作组组织机构调整、专家组增设常务专家、2015 年工作计划、软课题研究情况进行了审议和讨论。会议同意增加东方电气股份公司作为工作组副组长单位，并增补该公司核电部副总经理唐伟为工作组副组长；会议讨论了软课题成果过程管理等 2015 年重点工作。

《核电工程建设业绩目标与准则》修订研讨会

1 月 28 日，中国核能行业协会在北京召开了《核电工程建设业绩目标与准则》（简称《目标与准则》）修订研讨会。

来自中国广核集团、宁德核电有限公司、三门核电有限公司、中科华核电技术研究院、中广核工程有限公司、中核核电运行管理有限公司、山东核电有限公司、环保部核与辐射安全中心、华能石岛湾核电有限公司等单位的 20 余名专家参加了会议。会议总结了协会建设核电厂同行评估工作，对专家提出的《目标与准则》修改意见进行了讨论。会议决定 2015 年出版《目标与准则》升级版，并继续组织专家适时编写核电工程项目开工阶段和装料启动前阶段的业绩目标与准则，考虑建立工程建设阶段评价指标体系。

中国核能行业协会核电厂建设同行评估起步于 2009 年，并在 2011 年为此编制了《目标与准则》。本次《目标与准则》的修订与升版，将更加有效指导业内同行评估工作的开展。

中国核能行业协会首次发布全球核电综述报告

为方便公众了解全球核动力堆基本情况和发展动态，中国核能行业协会组织编制了《2014 年全球核电综述》，并通过协会网站发布。该报告首次按年度公布了全球运行和在建核动力堆情况、主要核电国家发展动态等内容。

第二届核电厂经验反馈工作研讨会

3 月 12 日，由中国核能行业协会核电厂同行评估及经验交流委员会主办、苏州热工研究院有限公司承办的第二届核电厂经验反馈工作研讨会在深圳举行。来自委员会成员单位，以及环保部核与辐射安全中心等单位的 60 名主管经验反馈工作的人员参加了会议。中国核能行业协会理事长、委员会主任委员张华祝出席会议并作会议总结。

会上，委员会秘书处介绍了 2014 年运行核电厂经验反馈和核电工程建设经验反馈的工作情况，汇报了中国核电营运信息网（CINNO 网）的运行维护情况；部分参会单位汇报了本单位经验反馈工作的开展情况；会议还进行了介绍美国核电运行研究所（INPO）的专题报告。

核能行业信息技术领域“十三五”规划工作交流会

3 月 13 日，核能行业信息技术领域“十三五”规划工作交流会暨中国核能行业协会信息化专业委员会全体会议在南京召开。来自中国核工业集团公司、中国核工业建设集团公司、中国电力投资集团公司、国家核电技术有限公司、中国华能集团公司、中国广核电力股份有限公司等单位代表参加了会议。

会议交流了各企业信息技术领域“十三五”规划编制工作情况，学习了规划编制的理论和方法。会议审议了协会信息化专业委员会秘书处2015年工作报告。会议提出，2015年是核能行业信息技术领域的“规划年”“技术年”“价值年”和“安全年”，信息化专业委员会要积极协助各企业做好有关工作。

中国核能行业协会第二届理事会第四次会议

3月18日，中国核能行业协会第二届理事会第四次会议在北京召开。

会议审议并通过了《2014年协会工作总结和2015年协会主要工作安排意见》报告、《关于修订中国核能行业协会常务理事会工作规则有关条款的议案》；

审议并同意《关于2014年财务预算执行情况和2015年财务预算的报告》《关于申请入会单位资格审查及理事人选调整等情况的报告》、徐玉明为中国核能行业协会第二届专家委员会副主任的建议、秘书处国际合作部主任调整的意见。

会议听取了协会秘书处作的《关于核电厂同行评估及经验交流委员会2014年工作情况的报告》、《关于开展核电基地公众沟通同行评估工作情况的汇报》、《关于中国核能行业协会信息化专业委员会工作情况的报告》、《中国核能》编辑部2014年工作总结与2015年工作安排的汇报。

2015年核能行业质保培训工作会

3月22日，由中国核能行业协会主办的2015年核能行业质量保证培训工作会在无锡召开。来自环保部核安全中心、国家核电技术有限公司、中核秦山核电集团（筹）、中广核核电运营有限公司、大亚湾核电运营管理有限责任公司、中国核电工程有限公司、核动力运行研究所、苏州热工研究院有限公司等单位的15名专家和代表参加了会议。

协会副理事长赵成昆在讲话中表示，质保培训自2009年试点以来，经不断总结、改进和提高，树立了品牌，得到了行业的认可。协会将认真听取各方面的建议和意见，继续关注和重视会员单位的实际需求，进一步改进和完善基础培训，切实抓好再培训，提高培训的实效性、适用性，促进行业质量管理水平的整体提高。

核能行业专题工作组组长会议

3月26日，由中国核能行业协会主办、海南核电有限公司承办的2015年核能行业专题工作组组长会议在海口召开。各专题工作组组长、执行秘书等参加了会议。中国核能行业协会理事长张华祝出席会议。

会上，中国核能行业协会副秘书长兼核电厂同行评估及经验交流委员会秘书长龙茂雄简要报告了去年委员会的工作情况，16个专题工作组组长/执行秘书（或代表）汇报了本工作组 2014 年工作情况和 2015 年工作安排。委员会秘书处宣布了 2014 年优秀专题工作组的评选结果。与会代表认真讨论了《中国核能行业协会行业专题工作组管理规范（修订稿）》，提出了意见和建议；还围绕专题工作组今后的重点工作，如何进一步发挥工作组对行业发展的支持作用，以及开展年度经验反馈专刊编制工作等进行了讨论。

张华祝充分肯定了专题工作组在技术研讨、经验交流、课题研究、人员培训等方面开展的工作。他希望工作组成员单位能够将工作组的工作与本单位工作相结合，同时踊跃参与国际交流与合作，对行业专题领域的发展起到积极的推动作用。他还强调，要积极发挥优秀工作组的导向作用，激励各专题工作组发挥各自优势，开展好各项工作。

核电发展问题座谈会

3 月 31 日，中国核能行业协会在京召开了我国核电发展问题座谈会，对影响我国核电发展，特别是2015年和“十三五”核电发展的瓶颈问题进行了深入研讨。出席会议的有中国核工业集团公司、中国核工业建设集团公司、中国广核集团有限公司、中国电力投资集团公司、国家核电技术有限公司、中国华能集团公司的领导和有关人员，协会理事长张华祝，副理事长赵成昆，副秘书长徐玉明、龙茂雄，以及特邀专家周大地、黄峰等 20 余人。

与会代表就我国能源供给与消费总体形势、核电在我国能源革命中的地位和作用、AP1000 国产化依托项目进展情况、“华龙一号”新项目准备工作情况，以及 2015 年和“十三五”期间我国核电新项目安排建议等，进行了广泛交流和深入讨论，提出了意见和建议。

会议代表一致认为，发展核电是我国“能源消费、能源供给、能源技术、能源体制”革命的重要组成部分，是实现我国能源结构调整和节能减排的战略选择。党和国家领导人对核电发展极为重视，多次提出加快我国核电建设和核电“走出去”的要求。核电行业全体同仁要加倍珍惜难得的历史机遇，努力奋斗，团结协作，积极营造良好的行业生态和核电发展环境，着力克服影响和制约我国核电发展的瓶颈问题，安全、高效地完成核电中长期规划所确定的各项任务。

第三届核电厂同行评估及经验交流委员会第三次会议

4 月 9 日，由中国核能行业协会主办、中广核工程有限公司防城港项目部承办的第三届核电厂同行评估及经验交流委员会第三次会议在南宁召开。相关集团公司、核电营运单位、工程公司、研究设计院所等委员会的委员、协调员及代表共 70 多人参加了会议。协会理事长、委员会主任委员张华祝主持会议并作会议总结，协会副秘书长兼委员会秘书长龙茂雄代表委员会秘书处作主题报告。

会议审议通过了《核电厂同行评估及

经验交流委员会工作报告（2014-2015）》、委员会2014年经费决算、2015年工作安排及经费预算，以及《中国核能行业协会专题工作组管理规范（修订稿）》《中国核电营运信息网经验反馈工作制度（修订稿）》《中国核能行业协会软课题研究项目管理规范（送审稿）》等3份管理文件；此外，还听取了秘书处《关于开展设备制造同行评估工作的说明》的汇报。

会议批准核能行业质量管理专题工作组、核电厂调试启动专题工作组、核风险管理专题工作组为2014年优秀专题工作组。

会上，接受过委员会核电工程建设同行评估的7家成员单位，针对核电建设同行评估进行了报告与交流。

张华祝在总结中指出，我国核电发展面临的形势不容乐观，委员会要适应行业发展，提升服务能力，不断满足行业对同行评估及经验反馈工作的深度需求，促进核电管理能力与业绩水平的不断提升，在促进我国核电安全、可靠、持续发展方面有所作为。

中国核能行业协会2015年年会

4月22日，中国核能行业协会2015年年会在京召开。国家核安全局局长李干杰、国家能源局副局长刘琦、国家国防科工局党组成员王承文参加年会并讲话。中国核能行业协会理事长张华祝在理事会工作报告中总结了核能协会过去一年的工作，部署2015年协会主要工作和任务，分析了在我国核电发展的重要战略机遇期核能行业面临的机遇和挑战。

“华龙一号”信息发布会

4月22日下午，中国核能行业协会在北京中国国际展览中心举办“华龙一号”信息发布会。

中国核工业集团公司“华龙一号”总设计师邢继、中国广核集团有限公司“华龙一号”总设计师咸春宇联合发布了“华龙一号”相关信息。中国核工业建设集团公司总经济师舒卫国，上海核工程研究设计院院长助理、副总工程师王勇，国核北京科学技术研究院副院长、国核软件中心主任杨燕华，中国华能集团公司核电事业部主任、华能核电开发有限公司总经理王永福，东方汽轮机有限公司副总经理、总工程师王建录等，分别发布了60万千瓦高温气冷堆产业化推广进展情况、重大专项CAP1400试验验证体系、COSINE自主核心软件开发进展、高温气冷堆示范工程建设情况、华能集团核电发展战略、核电站汽轮发电机组自主创新等信息。

核能协会各会员单位的代表，以及来自北京大学、清华大学、北京航空航天大学、北京科技大学、华北电力大学等高等院校的大学生，共400多人参加了发布会。

世界核能发展论坛

4月23日，中国核能行业协会在京举办首届世界核能发展论坛。

中国国家原子能机构、国家能源局、国家核安全局，国际原子能机构、世界核电运营者协会、英国核能与气候变化部、美国能源部、美国机械工程师学会、法国原子能委员会、日本原子力产业协会、中国核工业集团公司的代表分别在论坛上作了报告，内容涉及中国核电发展、强化核电安全监管，世界核能可持续发展所面临的机遇与挑战，英国、美国、法国、日本等国核能发展战略等。

中外核能界近 300 名代表参加了论坛。

内陆核电建设研究成果发布会

4 月 24 日，中国核能行业协会在京举办内陆核电建设研究成果发布会，重点向社会发布内陆核电厂址安全和内陆核电应对事故的能力等研究成果。中国核能行业协会副理事长赵成昆主持发布会。200 余名听众参加了发布会。发布会上，核能协会课题专家回答了现场听众关于厂址选择、水资源安全等的提问。

日本福岛核事故之后，社会公众对于核电建设，特别是内陆核电建设的疑虑明显增加，尤其关心核电厂运行对下游水质的影响以及严重事故对水资源安全的影响。我国政府对内陆核电建设采取了稳妥和慎重的态度。2012 年 10 月 24 日国务院常务会作出了“十二五”时期不安排内陆核电项目的决定，2014 年 12 月国务院办公厅印发的《能源发展战略行动计划（2014–2020 年）》中，要求研究论证内陆核电建设。

自 2008 年以来，中国核能行业协会组织开展了内陆核电有关的课题研究，先后组织来自中国核工业集团公司、中国广核集团有限公司、中国电力投资集团公司、国家核电技术有限公司、中国华能集团公司、中国大唐集团公司、环保部核与辐射安全中心的近 100 名专家和技术工程人员完成了相关课题，取得了积极成果。这些研究结果旨在通过对内陆核电进行科学、客观的研究和评估，科学回答社会公众对内陆核电建设关注的问题，为政府有关部门启动内陆核电建设提供科学决策的依据。

2013 年 5 月 31 日，中国核能行业协会在湖南益阳召开发布会，向社会发布了“内陆核电厂环境影响的评估课题”的多项研究成果，在社会各界引起了广泛关注和反响，并得到充分肯定。

为进一步研究内陆核电相关的环境和安全的重要问题，中国核能行业协会于 2014 年再次组织专家继续开展了内陆核电几个重要问题的再研究，在前几年有关内陆核电相关问题研究的基础上，重点完成了内陆核电厂放射性液态流出物排放的控制与评估、内陆核电厂放射性气载流出物排放的控制与评估、内陆核电厂地下水途径有关的环境影响评估、我国内陆核电厂的安全性、内陆核电厂严重事故工况下确保水资源安全的应急预案，以及内陆核电公众沟通和社会稳定风险评价等相关课题，从而较为全面和深入地完成了内陆核电环境和安全相关问题的研究，并得出相关结论。

研究认为，内陆核电厂与沿海核电厂安全法规和标准一致，但为了充分考虑内陆核电厂放射性流出物排放对环境、当地生态系统和公众影响，内陆核电的放射性液态流出物排放要求严于沿海核电10倍，是目前国际上最严格的要求，实现了“近零”排放。内陆核电厂选址符合当前国际先进标准的要求。

针对社会所关注的对内陆厂址洪水泛滥、地震、取水安全、水力弥散、气体弥散、人口分布、散热系统的影响而进行的专题研究和分析表明，尽管我国沿海地区和内陆地区自然与社会环境存在一定的差异，但是通过科学合理的厂址选择与科学布局，能够把外部极端事件对核电厂的影响，以及核电厂对外部环境的影响降低到极低的水平。与此同时，按照我国核安全法规的要求，我国的核电厂反应堆配置有保证止常运行的配套辅助系统，对事故工况有相应的安全保障系统，确保反应堆的冷却和安全壳的完整性。对于严重事故建立了完善的预防和缓解措施，保证安全壳最终的完整性，有效控制放射性向环境的释放。我国核电厂具备应对各种事故的能力。

国际核能界在总结福岛核事故教训后，对于核电厂可信的严重事故风险已经作了深入的评估，均未提及内陆核电厂有危及水资源安全的风险。课题研究认为，内陆核电厂对水资源安全的风险属于比各种可信严重事故风险概率更低的剩余风险。然而，考虑到水资源安全的重要性以及社会公众的关切，中国核能行业协会牵头内陆核电建设单位针对这种剩余风险的缓解措施，进行了应急预案的研究工作，包括如何使严重事故过程中可能产生的放射性污水实现“可封堵”“可贮存”“可隔离”和“可处理”，以保证电厂周边的环境安全。我国内陆核电厂采用第三代压水堆技术，采纳了福岛核事故后提出的各种改进行动要求，加上我国内陆核电厂有良好的厂址条件，因此，能有效防止类似福岛核事故在我国发生，我国内陆核电厂的安全性是有保障的。即使发生了置信度很低严重事故，通过采取的安全保障措施与应急预案，可以确保严重事故下水资源安全以及公众健康，对公众的健康风险要小于人类其他活动。

发布 2015 年 1–3 月我国核电运行情况

至 2015 年 3 月底，我国投入商业运行的核电机组数量共 23 台，额定装机容量为 21395MWe。1–3 月全国累计发电量为 13102.7 亿千瓦时，其中核电累计发电量为 350.69 亿千瓦时，约占全国累计发电量的 2.68%。与燃煤发电相比，核能发电相当于减少燃烧标准煤 1115.19 万吨，减少排放二氧化碳 2921.81 万吨，减少排放二氧化硫 9.48 万吨，减少排放氮氧化物 8.25 万吨。

1–3 月，各运行核电厂严格控制机组的运行风险，继续保持安全、稳定运行，未发生国际核事件分级（INES）一级及以上的运行事件。各运行核电厂未发生较大及以上安全生产事件、环境事件、辐射污染事件，未发生火灾爆炸事故，未发生职业健康安全危害事故。环境监测结果表明，各运行核电厂放射性排出流的排放量均远低于国家标准限值，所测出的环境空气吸收剂量率在当地本底辐射水平涨落范围之内。

核能协会与美国核电运行协会签署合作备忘录

5月22日，在由美国核电运行协会（INPO）主办、法国电力能源公司（英国）承办的INPO国际会员论坛期间，协会副秘书长兼核电厂同行评估与经验交流委员会秘书长龙茂雄与INPO副总裁Dave Garchow分别代表双方，签署了中国核能行业协会与美国核电运行协会《关于核电评估与信息交流的合作备忘录》。

双方相信，《合作备忘录》的签定，是加强双方合作的良好开端，将有利于提升两国核电厂安全运行水平。

核能行业质量管理工作组工作会

5月27日，中国核能行业协会在烟台召开了2015年核能行业质量管理工作组工作会。

来自环保部核与辐射安全中心、机械科学研究总院中机生产力促进中心、中国电力投资集团公司、国家核电技术有限公司、中国核能电力股份有限公司、中广核核电运营有限公司、大亚湾核电运营管理有限责任公司、华能核电开发有限公司、中国核电工程有限公司、中广核工程有限公司的13名专家和代表参加了会议。

会议审议了工作组2014年工作报告和2016–2018年工作计划；增补华能集团为工作组副组长单位；对软课题《国内核电站关键敏感设备质保分级管理状况分析》报告进行了初审。

核电工程总承包模式下的质量管理研讨会

5月27–29日，由中国核能行业协会主办、中国电力投资集团公司承办，山东核电有限公司协办的2015核电工程总承包模式下的质量管理研讨会在烟台市山东核电技术培训中心举办。

国家核安全局等政府有关监管部门，中国核建、中电投等集团，以及核安全、核燃料、铀业、核电、工程、研究设计、建安、设备制造等56家企事业单位的120多名专家和代表参加了会议。与会者围绕着工程总承包模式下的质量管理、监督管理，产业链各环节的质量管控，业主、总包单位、分包商和供应商、施工单位、监理等的责任和管理深度广度，设计接口控制等议题展开了讨论。

本次研讨会共收到投稿161篇，其中31篇进行了大会交流。

核能行业防人因失误研讨会

5月28日，由中国核能行业协会主办、中核核电运行管理有限公司承办的第三届核能行业防人因失误研讨会在杭州举行。

中核核电运行管理有限公司、宁德核电有限公司、阳江核电有限公司、山东核电有限公司、三门核电有限公司、中广核运营有限公司、核动力运行研究所、红沿河核电有限公司的9名专家，围绕核电厂防人因失误工具、人因失误分析以及最新的防人因失误措施等进行了汇报，并与参会代表进行了讨论、交流。

来自有关集团公司、核电业主公司、核电运营公司、科研院所和核能协会等28家单位的50余名代表参加了研讨会。

5月27日，防人因工作组还举行了组长会议，就工作组工作计划、重点工作等进行了讨论，审议了核动力运行研究所承担的软课题项目。

第二届中法核电经验交流研讨会

6月11–12日，由中国核能行业协会、法国核电规范标准协会（AFCEN）共同主办的第二届中法核电经验交流研讨会在苏州举行。中国核能行业协会理事长张华祝、AFCEN编写委员会副主席Claude DUVAL等出席会议并致辞。

本次中法核电经验交流研讨会分为全体会议及在役检查和设备鉴定两个专题会议。全体会议上，中法两国的专家报告了两国核电标准的最新进展情况。专题会议上，来自中国环保部核与辐射安全中心、AFCEN、中法两国集团公司、核电厂、设备供货商、科研院所等单位的33名专家作了报告。

第三届海峡两岸核能合作研讨会

6月11日，由中国核能行业协会和台湾核能科技协进会共同主办的第三届海峡两岸核能合作研讨会在台北市举行。

来自两岸核能界的60余位专家参加了研讨会。中国核能行业协会副理事长兼秘书长马鸿琳，副理事长魏锁、杨岐，副秘书长徐玉明、龙茂雄等14人组成代表团，应邀参加第三届海峡两岸核能合作研讨会。两岸9名专家分别就两岸核能发展、合作实践、核电同行评估、大陆核电国产化概况、“华龙一号”设计安全特性、低放废物处置回填材料以及AP1000在建现况等作了专题报告。

马鸿琳和台湾核能科技协进会董事长欧阳敏盛分别代表各自组织签署了《关于加强两岸核电厂运营管理技术交流的专项合作备忘录》。

会议前后，大陆代表团应邀赴台湾核能研究所、台湾电力公司总部、核二厂、核三厂、俊鼎机械公司等单位进行了专项交流和参访，深入探讨进一步合作的途径。

第三届核能行业信息化工作交流会

6月11–12日，第三届中国核能行业

信息化工作交流会在大连召开。会议以“加强顶层设计，深化两化融合，探索智慧核电”为宗旨，开设了信息化规划与智慧核电、核电设计与工程信息化两个主题分会场，以及核电产业链信息化建设经验分享论坛。

本次大会邀请嘉宾与专家作了19场专题交流报告，组织了一个主题论坛。专题报告涉及新一代信息技术对央企创新发展的影响、工业4.0在能源行业的应用、智慧核电运营的初步设想与实践、智慧核电解决方案、智慧核电建设实例等内容。会议达到了技术交流和经验分享、寻求科技合作的目的。

第三届核电厂数字化仪控系统技术研讨会

6月16日，由中国核能行业协会主办、中核武汉核电运行技术股份有限公司承办的第三届核电厂数字化仪控系统技术研讨会在武汉市举行。

会上，环保部核与辐射安全中心、中核武汉核电运行技术股份有限公司、红沿河核电有限公司、深圳中广核工程设计有限公司、中核辽宁核电有限公司、中国核电工程有限公司、福清核电有限公司、国核自仪系统工程有限公司、中国原子能科学研究院、上海自动化仪表股份有限公司等单位的15名专家，围绕核电厂数字化仪控系统人机界面作了报告。

研讨会后，中国核能行业协会数字化仪控系统专题工作组召开了组长会议，会议就组织机构调整、工作组工作计划等进行了讨论，并审议了相关软课题项目研究的进展。

第五届核电厂调试启动研讨会

6月17–19日，由中国核能行业协会主办、山东核电有限公司承办的第五届核电厂调试启动研讨会在烟台召开。

会上，核电厂调试启动工作组成员单位的专家（代表）就核电厂调试启动经验反馈和良好实践作了报告，内容包括核岛类、电仪类、常规岛类等领域的调试经验反馈。山东核电有限公司介绍了山东核电现场建安及调试进展情况。

研讨会期间，核电厂调试启动专题工作组召开了工作组组长会议和有关调试标准的审查会。组长会议回顾了2014年工作开展情况，调整了组织机构，讨论了换届工作安排和下一阶段的重点任务。

核级泵专题工作组组长会议

6月24–25日，核电厂同行评估委员会核级泵专题工作组组长会议在红沿河核电站召开。

会议总结了核级泵专题工作组工作开展的情况，讨论了今后的重点工作安排，并对中广核核电运营公司承担的委员会软课题《核电厂100型主泵关键部件维修策略研究》阶段性成果进行了审查。

福清核电工程建设同行评估回访活动

7月3日，福清核电工程建设同行评估回访活动离场会在现场举行，为期一周的福清核电工程建设同行评估回访活动宣告结束。中国核能行业协会理事长、核电厂同行评估及经验交流委员会主任委员张华祝出席会议并作总结发言。

评估队分别就评估回访背景、回访总体情况、各领域回访结果、总体评价等进行了汇报。

张华祝指出，此次评估及回访活动，规模大、范围广、整改时间短，双方坦诚开放、精诚合作，共同为福清核电工程项目管理把脉，保证了整个活动的成功。他说，从评估回访结果来看，整改活动是非常彻底和成功的，这首先归功于受评方对评估结果的高度重视。中核集团总经理钱智民亲自参与评估，亲自部署整改计划的制定与督促实施。中核集团公司以及中国核能电力股份公司、中国核电工程有限公司、分包院、承包商以及福清核电，根据评估结果，制定了详细的整改计划；整改计划和整改过程系统性强，执行力度大，与去年评估时相比，无论是工程现场管理、人员行为，还是制度程序的完善与落实等，各方面都发生了明显的变化。

世界核大学清华周培训研讨会

7月8日，由中国核能行业协会、世界核大学、清华大学共同主办，东方电气股份有限公司承办的2015世界核大学清华周培训研讨会在成都召开。本次世界核大学清华周培训研讨会为期3天，共邀请到5位外籍专家，分别就世界能源与核能、核电项目融资、核燃料、核能经济性、核安全、核事故、核运输等议题作了12篇报告。此外，会议还特邀3位国内专家，分别就核电厂同行评估、“华龙一号”核电技术、核电设备制造国产化情况作了报告。

中国加入GIF第四代核能可持续发展工作组专题研讨会

7月21日，中国核能行业协会GIF联络办公室在京组织召开了中国加入GIF第四代核能可持续发展工作组专题研讨会。

会议听取了第四代核能系统可持续发展专项任务组情况介绍、对可持续发展工作组任务大纲的建议的报告。会议充分肯定了我国加入第四代核能可持续发展临时任务组（ISTF）的必要性，讨论了如何加入ISTF及国内工作机制等问题。

会议认为，ISTF的工作有助于促成第四代核能系统的可持续发展研究与评价，对第四代核能系统可持续发展目标取得共识、推动成立正式的可持续发展评价工作组，对进一步认识资源的利用、废物最小化等有很大的借鉴意义，对我国先进核能开发具有积极的推动作用。因此，会议建议：加入GIF-ISTF，并积极承担相关的研究和交流工作，在国家科技部和国防科工局的领导下，由中国 GIF 联络办公室协调建立 GIF 可持续发展国内专家组，并确定牵头支持单位。

发布 2015 年 1–6 月我国核电运行情况

至 2015 年 6 月底，我国投入商业运行的核电机组共 25 台，总装机容量为 23570 MW（额定装机容量）。各运行核电厂严格控制机组的运行风险，继续保持机组安全、稳定运行。1–6 月全国总发电量为 27090.5 亿千瓦时，其中核能发电量为 753.57 亿千瓦时，约占全国总发电量的 2.78%。与燃煤发电相比，核能发电相当于减少燃烧标准煤 2397.12 万吨，减少排放二氧化碳 6280.44 万吨，减少排放二氧化硫 20.38 万吨，减少排放氮氧化物 17.74 万吨。

2015 年第一期核电厂同行评估培训班

8 月 19–21 日，协会核电厂同行评估及经验交流委员会在深圳举办了 2015 年第一期核电厂同行评估培训班，评估员及受评方对口人参加了培训。

培训班分别就同行评估流程、评估文件、评估概况、评估方法，以及《核电工程建设业绩目标与准则》内容等进行了培训与练习，有关人员分别就数字化仪控系统，田湾 3、4 号机组工程进展情况作了专题报告。

2015 年核安全设备鉴定技术研讨会

8 月 27–28 日，由中国核能行业协会主办、上海发电设备成套设计研究院承办的 2015 年核安全设备鉴定技术研讨会在上海举行。研讨会上，美国电子电气工程师协会能源委员会核能工程分委员会的多位专家受邀作了专题报告，并与参会代表围绕 IEEE323 标准、IEEE344 标准和设备鉴定的计算、分析和试验等，展开了深入的探讨和交流。

国际原子能机构动力堆信息系统培训研讨班

9 月 8 日，由中国核能行业协会和核动力运行研究所共同举办的国际原子能机构 (IAEA) 动力堆信息系统（PRIS）培训研讨班在武汉举办。培训研讨班为期 4 天，来自 IAEA 的 Jiri Mandula 和法国电力公司的 Alexis JUNIN 分别就 PRIS 数据库概况、数据输入、数据输出等 3 个部分内容作 22 篇报告，并现场配合开展在线实操演练。

IAEA 的 PRIS 系统创建于上世纪 70 年代，是当前世界上最全面完整的核动力堆数据库。受国家原子能机构的委托，中国核能行业协会负责组织中方各相关核电厂，按照 IAEA 要求及时填报相关数据，并通过 PRIS 系统分享 IAEA 成员国核动力堆的信息与数据。本次培训研讨有助于确保数据报送的符合性与完整性，并提升委员会各成员单位对PRIS数据的利用率。

中国国际核电工业展览会入选商务部引导支持展会名单

经商务部组织专家对各省（区、市）、计划单列市商务主管部门及各行业推荐的展会进行评审确定，由中国核能行业协会主办的“中国国际核电工业展览会”入选商务部引导支持展会名单。

为了有效发挥政府引导支持展会的示范效应，促进我国展览业市场化、产业化、国际化、法制化、专业化水平不断提升，逐步提高我国展览业的国际竞争力，商务部于2015年6月组织专家对各省（区、市）和计划单列市商务主管部门及各行业推荐的展会进行了评审，最终确定中国国际核电工业展览会等187个展会项目作为2015年商务部引导支持展会。

核电站材料与可靠性国际研讨会

9月21–23日，由中国核能行业协会和中国科学院金属研究所联合主办的第四届核电站材料与可靠性国际研讨会在沈阳召开。本次会议邀请美、日、韩等国核电站材料领域的国际专家到会并作专题报告。会上，与会代表围绕核岛重要部件的研究、设计与制造中的材料问题，核电站运行中的现场材料损伤，关键部件中材料环境损伤的行为和机制，减缓、防护和监测/检测核电站材料损伤的技术，评估核电站关键部件的寿命、安全性与可靠性等展开了深入的研讨与交流。

核电站材料与可靠性国际研讨会每两年召开一次，对推动核电站材料领域的同行国际交流具有积极的作用。

田湾3/4号机组仪控系统建设项目同行评估活动

9月19日，由中国核能行业协会组织的田湾3/4号机组仪控系统建设项目同行评估圆满结束。

离场会上，评估队介绍了评估过程及受评方需要关注的问题，并就项目整体管理、质量保证、调试管理、设计管理等领域的主要评估结论进行了汇报。

第二届核电厂汽轮机技术研讨会

10月14–16日，由中国核能行业协会主办、中核核电运行管理有限公司承办的第二届核电厂调试启动汽轮机技术研讨会在杭州召开。

会议围绕核电厂汽轮机领域的经验反馈开展深入研讨，内容主要包括核电汽轮机设计制造、运行及检修、安装调试、可靠性及老化管理和WANO/INPO/EPRI汽轮机重大事故研究等。会议议题针对性实用性强，对与会代表的实际工作具有一定的借鉴和指导意义，受到大家的充分肯定。

研讨会期间，核电厂同行评估及经验交流委员会核电厂汽轮机专题工作组召开了工作组组长会议。

第二届核电厂在役检查及无损检验技术交流研讨会

10 月 21–22 日，由中国核能行业协会主办的第二届核电厂在役检查及无损检验技术经验交流研讨会在上海举行。

会议围绕核电厂在役检查相关技术研究、无损检测经验反馈、各类无损检验技术应用等开展了交流与研讨。此外，会议还就各有关单位在相关领域遇到的实际问题展开了讨论。

有关核电营运单位、工程公司、建设单位、设备制造厂、技术支持单位、科研院所等 28 家单位的 50 余名代表参加了研讨会。

研讨会期间，在役检查及无损检验专题工作组还召开了工作组组长会议。

CAP1400 示范工程建设项目同行评估活动

10 月 25 日，由中国核能行业协会核电厂同行评估及经验交流委员会组织的 CAP1400 示范工程建设项目同行评估入场会在山东石岛湾举行，为期一周的同行评估活动正式开始。中国核能行业协会理事长张华祝出席入场会并讲话。

入场会上，评估队介绍了评估准备情况和评估工作安排，国核示范电站介绍了 CAP1400 核电技术和项目施工情况等。

张华祝在讲话中回顾了核电建设项目同行评估的发展过程，强调了核电建设评估在推动行业发展、服务会员单位中的积极作用。他要求评估双方本着坦诚开放、严肃认真的态度，深入沟通，充分发挥专家作用，确保本次评估活动的质量和水平，为 CAP1400 示范工程后续工作顺利推进提供专业的指导意见。

第四届核能行业核级泵技术研讨会

10 月 27–29 日，由中国核能行业协会主办、江苏核电有限公司和中广核核电运营有限公司共同承办的第四届核能行业核级泵技术研讨会在连云港举行。

本次会议共收录论文 32 篇，涉及核级泵设计、理论分析、运行维护、经验反馈、调试等方面。核级泵专题工作组专家组选取了 9 篇论文进行了大会交流。

本次研讨会期间，核级泵专题工作组组长会议同时召开。

2015 年核电厂设备可靠性管理研讨会

11 月 5–6 日，由中国核能行业协会主办、苏州热工研究院有限公司承办的 2015 年核电厂设备可靠性管理研讨会在苏州举行。

本次研讨会邀请了中核集团、中国广核集团、国家电投的 9 名专家分别就核电设备分级、设备可靠性管理、风险指引型设备分级应用等进行了报告与交流。

本次研讨会期间，还召开了中国核能行业协会可靠性维修（RCM）工作组组长会议。

2015 年大型变压器专题工作组会议

11 月 10–11 日，由中国核能行业协会主办、苏州热工研究院有限公司承办的 2015 年大型变压器运行技术分析专题工作组会议在深圳召开。会议总结了工作组的工作，讨论了 2016 年的主要工作安排，增补中核核电运行管理有限公司处长魏国明、特变电工沈阳变压器集团公司副总经理钟俊涛、西安西电变压器公司副总经理谢庆峰为工作组副组长。有 14 名专家就变压器运行技术、经验反馈等作了专题报告，并就各电厂变压器发生的故障等问题进行了解答和交流。

2015 年核电厂事件根本原因分析（RCA）专题工作组会议

11 月 11–12 日，由中国核能行业协会主办、苏州热工研究院有限公司承办的 2015 年核电厂事件根本原因分析（RCA）专题工作组会议在深圳召开。会议总结了工作组自成立以来开展的工作，并确定了 2016 年工作计划和任务分工。经研究同意苏州热工研究院有限公司设备部副主任邹先明接替孙开宝担任工作组组长。

会议审查了软课题培训教材《设备根本原因分析技术与方法》，并形成审查意见；对《核电厂事件根本原因分析调查方法》（征求意见稿）进行了审议，提出了专家修改意见。

核电厂调试启动专题工作组第二次会议

11 月 18–19 日，由中国核能行业协会主办、中广核工程有限公司承办的核电厂调试启动专题工作组 2015 年第二次会议在南京召开。会议总结了工作组 2015 年的工作，并确定了 2016 年工作计划和任务分工。经研究，同意增补江苏核电有限公司姜波为工作组副组长；中广核工程有限公司调试中心副总工程师曹聪敏接替王全和担任工作组执行秘书。

会议审查了软课题《核电厂调试从业人员资格评价标准》进展情况，还对调试启动工作组成员单位提交的 90 篇经验反馈论文进行了审查和评选。

第二届东亚峰会清洁能源论坛核能分论坛

11 月 19 日，由国家能源局和东盟能源中心共同主办、中国核能行业协会承办的第二届东亚峰会清洁能源论坛核能分论坛在海口举办。中国核能行业协会理事长张华祝发表了题为《中国核电及产业发展概况》的主旨报告。

来自中国、印尼、越南、美国、韩国等国的代表，以“创新发展、合作共赢”为主题，介绍了本国核能发展的规划与面临的挑战。此外，中国广核集团有限公司、中核集团中国核电工程公司、国核技上海核工程研究设计院、华能核电开发公司、中核新能源公司以及环保部核与辐射安全中心的代表，介绍了本单位技术创新成果与市场开发展望。论坛共作报告 12 篇，约有近 30 家单位的 70 余名代表参加了会议。

后福岛时代世界及中国核能发展研讨会

11 月 23 日，由中国国家原子能机构、世界经济合作与发展组织核能署共同主办，中国核能行业协会承办的后福岛时代世界及中国核能发展研讨会在京召开。中国核能行业协会理事长张华祝就中国核电发展概况作了报告。

会议分别就福岛核事故对世界核能发展的影响、核安全文化与监管的重要性、核能技术路线图与先进技术研发、中国核能发展观察等作了报告。

近 30 家单位的 50 余人参加了会议。

核电“走出去”知识产权风险座谈会

11 月 24 日，为配合国家知识产权局开展《核电企业“走出去”知识产权风险评估机制》课题调研工作，中国核能行业协会在北京召开了核电产业“走出去”知识产权风险座谈会。

与会代表介绍了各单位核电“走出去”及相关知识产权工作情况，交流了在侵权风险防控、自有知识产权保护等方面的经验，同时也希望国家有关部门，统一协调，形成合力，对我国企业开发海外市场提供商务、法律法规、知识产权制度、专利申请程序等方面的指导与服务，建立知识产权保护的经验反馈与交流机制。

来自中国核工业集团公司、中国核工业建设集团公司、中国广核集团、国家电力投资集团公司、中国华能集团公司、哈尔滨电气股份有限公司、中国东方电气集团有限公司、上海电气核电设备有限公司等单位的近 30 名代表参加了会议。

第二届核电柴油发电机组可靠性分析研讨会

11 月 26–27 日，由中国核能行业协会主办、陕柴重工西安电站工程分公司承办的第二届核电柴油发电机组可靠性分析经验交流研讨会在西安举办。会议邀请了中核集团、中国广核集团、国家电投等单位的 12 名专家分别就核电厂应急柴油机运行、维护、升级改造、调试等进行了报告与交流。研讨会期间，还召开了核电厂柴油发电机组可靠性分析专题工作组组长会议。

中国核能行业协会第二届理事会第五次会议

11 月 27 日，中国核能行业协会第二届理事会第五次会议在京召开。79 名理事及理事单位全权代表参加了会议。会议主题是贯彻国家有关规定，加快推进协会领导班子成员新老交替和理事会换届准备工作。

会议通过了协会秘书处起草的《中国核能行业协会主要领导新老交替与理事会提前换届工作计划》《中国核能行业协会理事长轮值管理办法（试行）》《中国核能行业协会秘书长任职管理办法（试行）》和关于修改《中国核能行业协会章程》的建议。

会议批准南京德邦金属装备工程股份有限公司等24家单位为协会会员单位；批准浙江新航不锈钢有限公司等4家单位为联系会员单位。

会议批准中国核动力研究设计院等9家等单位提出变更协会理事人选的申请；同意中联重科股份有限公司提出退出协会常务理事会、理事会，调整为普通会员单位的申请。

会议同意增补北京金瑞致科技发展有限公司为协会理事单位。经投票选举，增补龙茂雄为协会理事、常务理事，田文柱为协会理事。

会议同意上海三一科技有限公司等12家单位按自动退会处理。

对中核运行设备可靠性管理进行专项评估

11月30日–12月4日，协会对中核秦山核电基地设备可行性管理进行了专项同行评估。

为期一周的评估中，通过现场巡视和观察、查阅文件、人员访谈等方式，评估双方坦诚交流，尤其是围绕设备故障重发等问题的根本原因进行了深入讨论，形成了初步评估报告。

12月4日，协会理事长张华祝等出席了评估离场会。评估队汇报了主要评估结果。受评方表示，中核运行将充分重视评估结论，将评估报告纳入中核运行经验反馈体系，认真组织，加以整改，以期进一步改进中核运行设备管理工作，提高设备运行的可靠性和安全水平。

第二届核电厂蒸汽发生器经验交流技术研讨会

12月2–3日，由中国核能行业协会主办、中核集团核动力运行研究所承办的第二届核电厂蒸汽发生器经验交流技术研讨会在武汉举行。

上海电气、哈尔滨电气、东方电气、北京钢铁研究院、宝银公司、浙江久立、江苏新华、核动力运行研究所的18名专家分别就核电厂蒸汽发生器的材料、部件制造、安装、无损检验、质量保证等专题进行了汇报。

研讨会期间，还召开了蒸汽发生器专题工作组会议，就2015年工作情况、2016年工作计划及软课题申报等进行了讨论。

首期“华龙一号”核电技术培训班

12月7–9日，由中国核能行业协会

主办的首期“华龙一号”核电技术知识培训班在福建福清举办。

培训的主要内容包括：“华龙一号”总体介绍、核岛厂房布置、核岛厂房设计、反应堆冷却剂系统设计、反应堆冷却剂系统主设备设计、严重事故预防与缓解措施、专设安全设施、仪控系统总体技术方案、辐射防护设计和放射性废物管理。

来自核电业主、运营公司、制造厂家、科研院所等 33 家单位的近 100 名学员参加了培训。

成立核电厂腐蚀与防护专题工作组

12 月 8–9 日，由中国核能行业协会主办、苏州热工研究院承办的核电厂腐蚀与防护专题工作组成立大会暨首届核电厂腐蚀与防护技术交流研讨会在苏州举行。

18 名专家作了报告。来自核能行业协会、有关集团公司、核电运营公司、工程公司、研究设计院所、高校等 34 家单位的 82 位代表与会。

核电厂腐蚀与防护专题工作组成立预备会审议了工作组筹备情况，讨论通过了工作组组成、章程、工作规划及 2016 年工作计划等。

2015 年度中国核能行业协会专家研讨会

12 月 15 日，中国核能行业协会在北京召开了 2015 年度专家研讨会。来自国家能源局、国家核安全局、中国国际工程咨询公司、中国核工业集团公司、中国广核集团有限公司、国家电投中央研究院、中国华能集团技术经济研究院、中国核科技信息与经济研究院、中国核能行业协会的 20 余名专家参加了研讨会。与会人员针对新电改政策、经济新常态及其对核电发展带来的影响进行了深入探讨。

协会理事长张华祝表示，目前电力需求增长放缓，而且这种状态将会持续一段时间，对所有的发电企业，特别是对核电企业及整个产业链将产生很大的影响。中国核能行业协会要把这项研究列入 2016 年的一项重点工作，依托各单位的协作与支持作进一步的深入研究。

此次是中国核能行业协会召开的第四次年度专家研讨会。

概率安全风险和严重事故管理同行评估研讨会

12 月 18 日，受国家核安全局委托，中国核能行业协会在北京召开了概率安全风险和严重事故管理同行评估研讨会。会议回顾了概率安全分析（PSA）同行评估工作，介绍了 PSA 同行评估体系建设、实施办法、技术导则，严重事故管理同行评估技术指南等文件及其技术难点，总结交流了已开展的概率安全风险和严重事故管理同行评估工作的经验和体会，梳理和归纳了评估中的共性问题及改进措施，并对提高同行评估工作效率、后续行动提出了建议。

与会专家围绕同行评估的规划，评估范围、内容和深度，评估队人员选派，评估计划和回访等具体事宜展开了讨论。

2015 年中国核能行业协会组织的科技成果鉴定项目

序号	鉴定证书号	成果项目名称	完成单位（人）	鉴定日期
1	核协鉴字[2015]001 号	CAP1000 蒸汽发生器干燥器研制	1. 上海核工程研究设计院 2. 上海东海压力容器制造有限公司	2015 年 1 月 1 日
2	核协鉴字[2015]002 号	双光源转换照明灯	1. 上海核工程研究设计院 2. 鸿联灯饰有限公司	2015 年 1 月 1 日
3	核协鉴字[2015]003 号	压水堆核电厂压紧弹性环设计分析与试验技术	1. 上海核工程研究设计院 2. 浙江工业大学	2015 年 1 月 1 日
4	核协鉴字[2015]004 号	CAP1400 主蒸汽管道贯穿件波纹管膨胀结研制	1. 上海核工程研究设计院 2. 南京晨光东螺波纹管有限公司	2015 年 1 月 1 日
5	核协鉴字[2015]005 号	非能动核电厂全范围严重事故管理导则开发	上海核工程研究设计院	2015 年 1 月 1 日
6	核协鉴字[2015]006 号	CAP1400 安全壳 PIRT 分析及其应用	上海核工程研究设计院	2015 年 1 月 1 日
7	核协鉴字[2015]007 号	基于 PSA 的抗震裕度评价方法在核电厂中的应用	上海核工程研究设计院	2015 年 1 月 1 日
8	核协鉴字[2015]008 号	人员可靠性分析方法研究及在非能动核电厂 PSA 中的应用	上海核工程研究设计院	2015 年 1 月 1 日
9	核协鉴字[2015]009 号	PSA 在 CAP 系列核电厂 D-RAP 和 HFE 设计中的研究及应用	上海核工程研究设计院	2015 年 1 月 1 日
10	核协鉴字[2015]010 号	AP1000 核电压力容器制造技术	上海电气核电设备有限公司	2015 年 1 月 9 日
11	核协鉴字[2015]011 号	AP1000 核电蒸汽发生器制造技术	上海电气核电设备有限公司	2015 年 1 月 9 日

续表

序号	鉴定证书号	成果项目名称	完成单位（人）	鉴定日期
12	核协鉴字[2015]012 号	百万千瓦等级核电汽轮发电机组研制及产业化	上海电气电站设备有限公司	2015 年 1 月 9 日
13	核协鉴字[2015]013 号	核电厂循环水管沟布置与结构创新设计技术研究	中国能源建设集团广东省电力设计研究院有限公司	2015 年 2 月 10 日
14	核协鉴字[2015]014 号	核电厂非均质、非硬质岩地基勘察和抗震适应性研究	中国能源建设集团广东省电力设计研究院有限公司	2015 年 2 月 10 日
15	核协鉴字[2015]015 号	GM-Z 中压树脂浇注绝缘母线	1. 江苏威腾母线有限公司 2. 中广核工程有限公司	2015 年 3 月 9 日
16	核协鉴字[2015]016 号	堆芯温度测量设备	宁波奥崎自动化仪表设备有限公司	2015 年 4 月 25 日
17	核协鉴字[2015]017 号	核电预应力自密实混凝土关键施工技术的研发与应用	1. 中广核工程有限公司 2. 华南理工大学 3. 中国核工业华兴建设有限公司	2015 年 5 月 19 日
18	核协鉴字[2015]018 号	核电厂反应堆压力容器主螺栓孔现场修复方案及工艺的开发应用	1. 中广核工程有限公司 2. 辽宁红沿河核电有限公司 3. 环境保护部核电安全监管司 4. 环境保护部核与辐射安全中心	2015 年 5 月 19 日
19	核协鉴字[2015]019 号	压水堆核电站热态功能试验技术创新与应用	1. 中广核工程有限公司 2. 中科华核电技术研究院有限公司	2015 年 5 月 19 日
20	核协鉴字[2015]020 号	核岛一回路安装专用工具和关键工艺开发与应用	中广核工程有限公司	2015 年 5 月 19 日
21	核协鉴字[2015]021 号	核电厂建筑物隔震技术开发及应用	1. 中广核工程有限公司 2. 广州大学 3. 柳州东方工程橡胶制品有限公司	2015 年 5 月 20 日
22	核协鉴字[2015]022 号	乏燃料水池覆面支撑骨架结构改进及施工工艺优化	中广核工程有限公司	2015 年 5 月 20 日

续表

序号	鉴定证书号	成果项目名称	完成单位（人）	鉴定日期
23	核协鉴字[2015]023 号	百万千瓦级核电机组反应堆和蒸汽发生器动力分析技术的创新和改进	中广核工程有限公司	2015 年 5 月 19 日
24	核协鉴字[2015]024 号	首台西门子百万千瓦核电汽轮发电机组整组启动方案研究与实践	中广核工程有限公司	2015 年 5 月 19 日
25	核协鉴字[2015]025 号	核电主系统自主设计中 LOCA 水力载荷及动力响应分析方法的开发应用	中广核工程有限公司	2015 年 5 月 19 日
26	核协鉴字[2015]026 号	核电厂继电保护信息长距离传输的安全性研究及其解决方案	1. 中广核工程有限公司 2. 华北电力大学 3. 南京南瑞继保电气有限公司	2015 年 5 月 19 日
27	核协鉴字[2015]027 号	CPR1000 项目一次仪表国产化研发与应用	1. 中广核工程有限公司 2. 开封仪表有限公司 3. 上海自动化仪表股份有限公司 4. 上海瑞勃思能源科技有限公司 5. 深圳市行健自动化股份有限公司 6. 合肥精大仪表有限公司	2015 年 5 月 19 日
28	核协鉴字[2015]028 号	CPR1000 核电机组调试阶段状态转换控制研究及运用	中广核工程有限公司	2015 年 5 月 20 日
29	核协鉴字[2015]029 号	CPR1000 机组 T7 温度过高的对策研究	中广核工程有限公司	2015 年 5 月 19 日
30	核协鉴字[2015]030 号	核电厂生物辐射影响评价技术	上海核工程研究设计院	2015 年 5 月 21 日
31	核协鉴字[2015]031 号	内陆核电厂址大气扩散模拟分析技术	上海核工程研究设计院	2015 年 5 月 21 日

续表

序号	鉴定证书号	成果项目名称	完成单位（人）	鉴定日期
32	核协鉴字[2015]032 号	内陆核电厂址液态流出物排放模式优化	上海核工程研究设计院	2015 年 5 月 21 日
33	核协鉴字[2015]033 号	CAP1400 地基适宜性研究技术	上海核工程研究设计院	2015 年 5 月 21 日
34	核协鉴字[2015]034 号	提高核电站抗海啸与海浪能力的若干关键技术及应用	1. 上海核工程研究设计院 2. 上海交通大学	2015 年 5 月 21 日
35	核协鉴字[2015]035 号	核电厂内部结构专用密封材料	1. 上海核工程研究设计院 2. 江苏海龙核科技股份有限公司	2015 年 5 月 21 日
36	核协鉴字[2015]036 号	PCS 空气流道参数化建模及专用分析模块	上海核工程研究设计院	2015 年 5 月 21 日
37	核协鉴字[2015]037 号	安全壳内气溶胶自然去除分析方法及软件开发	1. 上海核工程研究设计院 2. 国核华清（北京）核电技术研发中心有限公司	2015 年 5 月 21 日
38	核协鉴字[2015]038 号	非能动核电厂 PXS 注射管线止回阀对 LOCA 事故影响研究	上海核工程研究设计院	2015 年 5 月 21 日
39	核协鉴字[2015]039 号	概率安全评价计算引擎研发	上海核工程研究设计院	2015 年 5 月 21 日
40	核协鉴字[2015]040 号	人员可靠性分析软件	上海核工程研究设计院	2015 年 5 月 21 日
41	核协鉴字[2015]041 号	CAP1400PCS 水分配设计、分析及试验相关技术	上海核工程研究设计院	2015 年 5 月 21 日
42	核协鉴字[2015]042 号	核电厂定期安全审查（PSR）方法论体系的研发与应用	苏州热工研究院有限公司	2015 年 5 月 25 日
43	核协鉴字[2015]043 号	核电厂堆芯换料设计独立验证技术	苏州热工研究院有限公司	2015 年 5 月 25 日
44	核协鉴字[2015]044 号	风险指引型技术规范优化	1. 苏州热工研究院有限公司 2. 大亚湾核电运营管理有限责任公司	2015 年 5 月 25 日

续表

序号	鉴定证书号	成果项目名称	完成单位（人）	鉴定日期
45	核协鉴字[2015]045 号	RCM 改进型技术（RtCM）在 CPR1000 核电机组的应用实践	苏州热工研究院有限公司	2015 年 5 月 25 日
46	核协鉴字[2015]046 号	核电厂厂址应急条件评价技术	苏州热工研究院有限公司	2015 年 5 月 26 日
47	核协鉴字[2015]047 号	核电厂环境辐射在线监测系统	苏州热工研究院有限公司	2015 年 5 月 25 日
48	核协鉴字[2015]048 号	大亚湾核电站发电机励磁系统 AVR 整体换型改造设计研究及现场优化实施	1. 苏州热工研究院有限公司 2. 大亚湾核电运营管理有限责任公司 3. 中广核核电运营有限公司	2015 年 5 月 25 日
49	核协鉴字[2015]049 号	仪控设备预测与趋势分析系统（PFU）	苏州热工研究院有限公司	2015 年 5 月 25 日
50	核协鉴字[2015]050 号	无损检验数据远程分析与管理平台的研究与应用	中广核检测技术有限公司	2015 年 5 月 25 日
51	核协鉴字[2015]051 号	反应堆压力容器底封头贯穿件检测技术研究与应用	中广核检测技术有限公司	2015 年 5 月 25 日
52	核协鉴字[2015]052 号	小口径管道旋风法除锈涂膜处理技术	1. 苏州热工研究院有限公司 2. 大亚湾核电运营管理有限责任公司	2015 年 5 月 25 日
53	核协鉴字[2015]053 号	CPR1000 机组的事故监控系统及其监控方法	大亚湾核电运营管理有限责任公司	2015 年 6 月 8 日
54	核协鉴字[2015]054 号	大亚湾核电发电机出口密封母线闪络放电研究与处理	1. 中广核核电运营有限公司 2. 大亚湾核电运营管理有限责任公司 3. 苏州热工研究院有限公司	2015 年 6 月 8 日
55	核协鉴字[2015]055 号	国内首台反应堆操纵员运行技能自助式训练平台自主开发及应用	中广核核电运营有限公司	2015 年 6 月 9 日

续表

序号	鉴定证书号	成果项目名称	完成单位（人）	鉴定日期
56	核协鉴字[2015]056 号	核电站仪控设备可靠性及老化检测技术和标准	1. 中广核核电运营有限公司 2. 大亚湾核电运营管理有限责任公司	2015 年 6 月 9 日
57	核协鉴字[2015]057 号	岭澳二期发电机转子绝缘监测误报警治理及综合离线试验平台的研发与实践	1. 中广核核电运营有限公司 2. 中科华核电技术研究院有限公司	2015 年 6 月 9 日
58	核协鉴字[2015]058 号	CPR1000 核电厂全范围严重事故管理导则研发	中科华核电技术研究院有限公司	2015 年 6 月 8 日
59	核协鉴字[2015]059 号	压水堆安全壳地坑滤网堆内下游效应现象研究	中科华核电技术研究院有限公司	2015 年 6 月 8 日
60	核协鉴字[2015]060 号	百万千瓦核电站重要辅机单点保护优化技术研究和实践	中科华核电技术研究院有限公司	2015 年 6 月 9 日
61	核协鉴字[2015]061 号	CPR1000 核电厂全范围严重事故实时仿真系统开发	中广核（北京）仿真技术有限公司	2015 年 6 月 8 日
62	核协鉴字[2015]062 号	大型 K1 类电机带载 LOCA 鉴定试验装置关键技术研究及应用	中科华核电技术研究院有限公司	2015 年 6 月 8 日
63	核协鉴字[2015]063 号	核电厂 LOCA 后长期阶段堆内碎片效应研究	中科华核电技术研究院有限公司	2015 年 6 月 8 日
64	核协鉴字[2015]064 号	自主化核设计软件包 PCM 研发与应用	中科华核电技术研究院有限公司	2015 年 6 月 8 日
65	核协鉴字[2015]065 号	台山 EPR 核岛通风系统设备鉴定技术	中科华核电技术研究院有限公司	2015 年 6 月 8 日
66	核协鉴字[2015]066 号	核电厂新型金属保温层	1. 中科华核电技术研究院有限公司 2. 上海中广核工程科技有限公司 3. 昆山博亿凯精密机械有限公司	2015 年 6 月 9 日

续表

序号	鉴定证书号	成果项目名称	完成单位（人）	鉴定日期
67	核协鉴字[2015]067号	AP1000防人因失误培训实验室开发与建设	山东核电有限公司	2015年6月18日
68	核协鉴字[2015]068号	AP1000核电压合口超声波测长技术	山东核电有限公司	2015年6月18日
69	核协鉴字[2015]069号	核电厂标准PSA监管模型的创建与应用	1. 环境保护部核与辐射安全中心 2. 苏州热工研究院有限公司 3. 中国核电工程有限公司	2015年5月30日
70	核协鉴字[2015]070号	国家核安全局核电厂运行经验反馈体系	环境保护部核与辐射安全中心	2015年5月30日
71	核协鉴字[2015]071号	缺乏受纳水体核电厂液态流出物排放初步研究	1. 环境保护部核与辐射安全中心 2. 中国核电工程有限公司 3. 中核辽宁核电有限公司	2015年6月24日
72	核协鉴字[2015]072号	首台国产AP1000蒸汽发生器研制	哈电集团（秦皇岛）重型装备有限公司	2015年6月28日
73	核协鉴字[2015]073号	独居石放射性废渣治理及资源回收工艺技术研究	1. 江西洁球环保科技有限公司司 2. 东华理工大学	2015年6月30日
74	核协鉴字[2015]074号	我国核电“十三五”及中长期安全高效发展若干重大问题研究	中国广核集团有限公司	2015年7月2日
75	核协鉴字[2015]075号	废树脂屏蔽转运装置	1. 上海核工程研究设计院 2. 航天晨光股份有限公司	2015年7月4日
76	核协鉴字[2015]076号	核电站安全壳内用防护涂料	中海油常州	2015年7月6日
77	核协鉴字[2015]077号	非能动压水堆热工水力试验比例分析	国核华清（北京）核电技术研发中心有限公司	2015年7月8日
78	核协鉴字[2015]078号	CAP1400提高临界热通量关键因素试验台架	国核华清（北京）核电技术研发中心有限公司	2015年7月8日

续表

序号	鉴定证书号	成果项目名称	完成单位（人）	鉴定日期
79	核协鉴字[2015]079 号	非能动安全先进压水堆安全壳及氢气风险分析CFD 程序的开发	国核华清（北京）核电技术研发中心有限公司	2015 年 7 月 8 日
80	核协鉴字[2015]080 号	CAP1400 非能动安全壳冷却系统壳内冷凝试验	1. 国核华清（北京）核电技术研发中心有限公司 2. 上海核工程研究设计院	2015 年 7 月 8 日
81	核协鉴字[2015]081 号	CAP1400 非能动安全壳冷却系统壳壁冷凝水膜耦合试验	1. 国核华清（北京）核电技术研发中心有限公司 2. 上海核工程研究设计院	2015 年 7 月 8 日
82	核协鉴字[2015]082 号	“嫦娥三号”任务发射场阶段辐射安全防护研究	1. 环境保护部核与辐射安全中心 2. 国防科工局探月与航天工程中心	2015 年 7 月 9 日
83	核协鉴字[2015]083 号	核电站厚壁铸钢部件穿透性缺陷焊接修复技术开发与工程应用	1. 西安热工研究院有限公司 2. 中核核电运行管理有限公司	2015 年 7 月 16 日
84	核协鉴字[2015]084 号	辐照监督样品专用切割装置样机	1. 上海核工程研究设计院 2. 江苏海狮泵业制造有限公司 3. 江苏省艾格森数控设备制造有限公司	2015 年 9 月 8 日
85	核协鉴字[2015]085 号	核设施退役和核泄漏安全处理技术及装备的研发	1. 南华大学 2. 湖南长宏锅炉有限公司	2015 年 8 月 17 日
86	核协鉴字[2015]086 号	蒸汽发生器汽水分离装置数值模拟分析技术研究	上海核工程研究设计院	2015 年 9 月 9 日
87	核协鉴字[2015]087 号	风险指引型在役检查方法研究及应用	上海核工程研究设计院	2015 年 9 月 9 日
88	核协鉴字[2015]088 号	核电厂新型高可靠性棒位探测器样机	1. 上海核工程研究设计院 2. 上海昱章电气成套设备有限公司	2015 年 9 月 9 日
89	核协鉴字[2015]089 号	严重事故 IVR 下反应堆压力容器结构完整性分析技术	1. 上海核工程研究设计院 2. 浙江工业大学	2015 年 9 月 9 日

续表

序号	鉴定证书号	成果项目名称	完成单位（人）	鉴定日期
90	核协鉴字[2015]090号	核级无隔板型高效粒子空气过滤器及核级无隔板型预过滤器	1. 上海核工程研究设计院 2. 江苏海纳空调净化设备有限公司	2015年9月8日
91	核协鉴字[2015]091号	国产化内陆核电厂厂用水系统机械通风冷却塔设计研究	1. 上海核工程研究设计院 2. 中国水利水电科学研究院	2015年9月9日
92	核协鉴字[2015]092号	三维复杂几何离散纵标-蒙特卡洛耦合深穿透屏蔽设计方法	1. 上海核工程研究设计院 2. 西安交通大学	2015年9月9日
93	核协鉴字[2015]093号	恰希玛核电厂工程二号机组主给水调节阀国产化研制	1. 上海核工程研究设计院 2. 上海自动化仪表有限公司自动规划仪表七厂	2015年9月9日
94	核协鉴字[2015]094号	秦山核电厂抗震裕度评价	1. 上海核工程研究设计院 2. 中核核电运行管理有限公司	2015年9月9日
95	核协鉴字[2015]095号	核电厂水淹裕度评价方法研究及工程应用	1. 上海核工程研究设计院 2. 中核核电运行管理有限公司	2015年9月9日
96	核协鉴字[2015]096号	国家核电技术公司材料编码体系	1. 上海核工程研究设计院 2. 国核电力规划设计研究院 3. 国核工程有限公司	2015年9月9日
97	核协鉴字[2015]097号	核电站人员闸门传动机构	山东核电设备制造有限公司	2015年11月6日
98	核协鉴字[2015]098号	一体化顶盖组件悬臂吊	山东核电设备制造有限公司	2015年11月6日
99	核协鉴字[2015]099号	核应急人员自动实时清点撤离管理系统	无锡物讯科技有限公司	2015年11月20日
100	核协鉴字[2015]100号	标准版核电厂风险监测器	上海核工程研究设计院	2015年11月20日
101	核协鉴字[2015]101号	三维设计管理系统	上海核工程研究设计院	2015年11月20日

续表

序号	鉴定证书号	成果项目名称	完成单位（人）	鉴定日期
102	核协鉴字[2015]102 号	核电厂抗飞机撞击的燃烧爆炸效应分析技术和抗撞击防护技术	上海核工程研究设计院	2015 年 11 月 20 日
103	核协鉴字[2015]103 号	核电厂抗撞击分析飞射物模型库及局部效应和振动效应分析技术	上海核工程研究设计院	2015 年 11 月 20 日
104	核协鉴字[2015]104 号	CAP 系列核电厂主管道物理场研究	上海核工程研究设计院	2015 年 11 月 20 日
105	核协鉴字[2015]105 号	核电结构大型高承载力高性能基础隔震支座研发	上海核工程研究设计院	2015 年 11 月 20 日
106	核协鉴字[2015]106 号	反应堆整体水力模拟试验和分析关键技术研究	上海核工程研究设计院	2015 年 11 月 20 日
107	核协鉴字[2015]107 号	反应堆上下腔室流场分析技术和可视化试验验证研究	上海核工程研究设计院	2015 年 11 月 20 日
108	核协鉴字[2015]108 号	堆内构件流致振动预测分析技术开发	上海核工程研究设计院	2015 年 11 月 20 日
109	核协鉴字[2015]109 号	CAP 系列 PY50 金属软管研制	上海核工程研究设计院	2015 年 11 月 18 日
110	核协鉴字[2015]110 号	自主化燃料棒镀镍吸氢装置研制及试验验证	上海核工程研究设计院	2015 年 11 月 20 日
111	核协鉴字[2015]111 号	CAP1400 自主化燃料组件上下管座研制及试验验证	上海核工程研究设计院	2015 年 11 月 20 日
112	核协鉴字[2015]112 号	防火金属复合板墙系统试制	上海核工程研究设计院	2015 年 11 月 19 日
113	核协鉴字[2015]113 号	大风量Ⅲ型活性炭碘吸附器及装料机	上海核工程研究设计院	2015 年 11 月 19 日

续表

序号	鉴定证书号	成果项目名称	完成单位（人）	鉴定日期
114	核协鉴字[2015]114 号	CAP1400 核电厂分析器研制	上海核工程研究设计院	2015 年 11 月 20 日
115	核协鉴字[2015]115 号	高温气冷堆燃料元件包覆工艺仪控系统的研究与应用	北京广利核系统工程有限公司	2015 年 11 月 27 日
116	核协鉴字[2015]116 号	核安全级数字化仪控系统设备鉴定技术	北京广利核系统工程有限公司	2015 年 11 月 27 日
117	核协鉴字[2015]117 号	核安全级数字化仪控平台 V&V 技术	北京广利核系统工程有限公司	2015 年 11 月 27 日
118	核协鉴字[2015]118 号	核电站仪控系统热设计、分析及验证技术	北京广利核系统工程有限公司	2015 年 11 月 27 日
119	核协鉴字[2015]119 号	自主化核级 DCS 通用平台（和睦系统）	北京广利核系统工程有限公司	2015 年 11 月 27 日
120	核协鉴字[2015]120 号	非能动余热排出热交换器用 690 合金 C 形管	浙江久立特材科技股份有限公司	2015 年 12 月 23 日
121	核协鉴字[2015]121 号	AP1000 钢制安全壳结构整体性试验测量系统	国核电站运行服务技术有限公司	2015 年 12 月 24 日
122	核协鉴字[2015]122 号	核级部件检测用小型运动控制平台	国核电站运行服务技术有限公司	2015 年 12 月 24 日

中国核能行业协会

组织结构

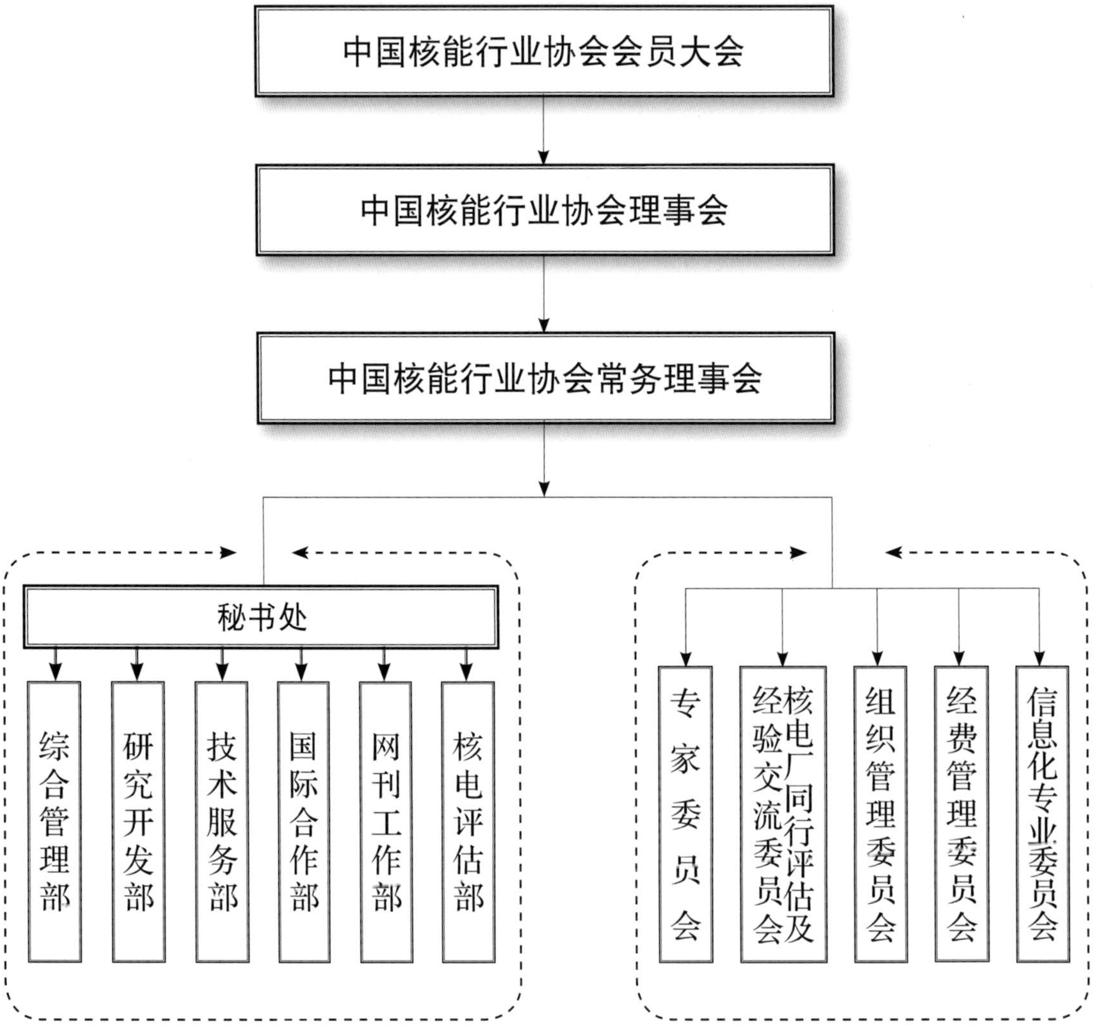

第二届理事会名单（截至 2015 年底）

名誉理事长：张国宝

名誉副理事长：丁中智　李永江　翟若愚　李冠兴　杨　岐

理事长：张华祝

副理事长（20 名，按姓氏笔画为序）：

马文军	马鸿琳	王　森	王毅韧	毕亚雄	朱根福	刘　华
杨兰和	时传清	张廷克	张炜清	陆启洲	罗　琦	高立刚
高　嵩	斯泽夫	韩建伟	程念高	程建平	魏　锁	

常务理事（48 名，按姓氏笔画为序）：

马文军	马鸿琳	王　平	王　森	王毅韧	左岚林	龙茂雄
毕亚雄	朱根福	刘　华	刘志刚	刘　巍	严嘉鹏	杜运斌
李大宽	李明亮	杨兰和	杨　兆	束国刚	时传清	张一心
张华祝	张廷克	张炜清	陆启洲	陆素娟	陈宝智	陈绍雄
陈家昌	罗　琦	金有忠	周振兴	贺云生	秦志军	高立刚
高　嵩	郭剑波	曹水林	崔绍章	斯泽夫	韩乃山	韩建伟
程念高	程建平	谢秋野	雷鸣泽	魏国良	魏　锁	

理事（105 名，按姓氏笔画为序）：

丁建波	万东海	万　钢	马文军	马鸿琳	王凤学	王　平
王　安	王宝忠	王贵洪	王俊峰	王　森	王黎明	王毅韧
左亚军	左岚林	龙茂雄	叶向东	叶朗晴	田文柱	毕亚雄
吕宏伟	朱根福	庄建新	刘伟瑞	刘　华	刘志刚	刘春胜
刘皓洁	刘　嘉	刘　巍	许大庆	孙忠飞	严嘉鹏	杜运斌
李一农	李大宽	李苏甲	李明亮	李宗明	杨兰和	杨　兆
杨朝东	束国刚	时传清	吴美景	邹树梁	邹勇平	张一心
张华祝	张仕兵	张廷克	张作义	张炜清	陆启洲	陆素娟
陈国祥	陈宝智	陈建华	陈绍雄	陈家昌	陈鉴平	罗　琦
金有忠	周振兴	郑明光	郑建能	郑晓军	赵　虎	南　滨
柳和生	贺云生	秦志军	徐凯祥	徐洪海	徐浏华	高立刚
高　嵩	郭忠德	郭剑波	黄江明	黄学清	曹水林	崔绍章
康椰熙	梁光扶	斯泽夫	董宏亮	蒋达进	蒋国元	韩乃山
韩建伟	韩恩厚	程念高	程建平	曾先茂	谢秋野	雷鸣泽
路建美	廖伟明	缪亚民	霍锁善	戴金华	魏国良	魏　锁

会员名录（截至2015年底）

序号	单　　　位
1	中国核工业集团公司
2	中国核工业建设集团公司
3	中国广核集团有限公司
4	国家电力投资集团公司
5	国家核电技术有限公司
6	中国华能集团公司
7	中国大唐集团公司
8	中国华电集团公司
9	中国国电集团公司
10	中国长江三峡集团公司
11	哈尔滨电气集团公司
12	中国东方电气集团公司
13	上海电气（集团）总公司
14	清华大学
15	中国核能电力股份有限公司
16	中国核动力研究设计院
17	大亚湾核电运营管理有限责任公司
18	中核北方核燃料元件有限公司
19	核电秦山联营有限公司
20	广东核电合营有限公司
21	中电投核电有限公司
22	华能山东石岛湾核电有限公司
23	华能核电开发有限公司
24	江苏核电有限公司
25	秦山核电有限公司
26	秦山第三核电有限公司
27	香港核电投资有限公司
28	中国核工业地质局
29	四川省核工业地质局
30	中广核铀业发展有限公司
31	电力规划设计总院

续表

序号	单　　位
32	中国核电工程有限公司
33	中科华核电技术研究院有限公司
34	广东省粤电集团有限公司
35	中广核工程有限公司
36	中国核工业华兴建设有限公司
37	中国核工业二三建设有限公司
38	大全集团有限公司
39	哈尔滨工程大学
40	中国电力科学研究院
41	中国大唐集团核电有限公司
42	上海市核电办公室
43	浙江省海盐县中国核电城建设办公室
44	山东核电有限公司
45	三门核电有限公司
46	辽宁红沿河核电有限公司
47	阳江核电有限公司
48	福建宁德核电有限公司
49	福建福清核电有限公司
50	中核四〇四有限公司
51	中核陕西铀浓缩有限公司
52	中核建中核燃料元件有限公司
53	江西省核工业地质局
54	中国电力工程顾问集团华东电力设计院有限公司
55	中国原子能科学研究院
56	中核新能核工业工程有限责任公司
57	上海核工程研究设计院
58	国防科工局核技术支持中心
59	国家环境保护部核与辐射安全中心
60	核工业北京化工冶金研究院
61	核工业标准化研究所
62	核工业理化工程研究院
63	核动力运行研究所
64	深圳中广核工程设计有限公司

续表

序号	单　　位
65	中国中原对外工程公司
66	中国核工业第二二建设有限公司
67	中国核工业二四建设有限公司
68	中国核工业第五建设有限公司
69	核工业南京建设集团有限公司
70	中国第一重型机械集团公司
71	中国第二重型机械集团公司
72	上海电气核电设备有限公司
73	上海自动化仪表有限公司
74	上海第一机床厂有限公司
75	中核苏阀科技实业股份有限公司
76	东方电气（广州）重型机器有限公司
77	东方电气集团东方锅炉股份有限公司
78	西安核设备有限公司
79	南方风机股份有限公司
80	贵州航天新力铸锻有限责任公司
81	浙江宏伟供应链股份有限公司
82	东华理工大学
83	苏州大学
84	南华大学
85	清华大学核能与新能源技术研究院
86	中国原子能工业公司
87	华电国际电力股份有限公司
88	四川省重大技术装备办
89	上海工业自动化仪表研究院
90	江苏申港锅炉有限公司
91	海南核电有限公司
92	中国科学院金属研究所
93	江苏银环精密钢管股份有限公司
94	台山核电合营有限公司
95	成都神钢工程机械（集团）有限公司
96	苏州热工研究院有限公司
97	江苏海龙核科技股份有限公司

续表

序号	单　　位
98	福建省核电办公室
99	岭东核电有限公司
100	岭澳核电有限公司
101	国核宝钛锆业股份公司
102	广东省核工业地质局
103	宁夏核工业地质勘查院
104	辽宁省核工业地质局
105	吉林省核工业地质局
106	陕西省核工业地质局
107	青海省核工业地质局
108	浙江省核工业二六九大队（核工业金华建设工程公司）
109	浙江省核工业二六二大队
110	湖南省核工业地质局
111	中核北方铀业有限公司
112	中核抚州金安铀业有限公司
113	中核浙江衢州铀业有限责任公司
114	中核二七二铀业有限公司
115	中核赣州金瑞铀业有限公司
116	西安中核蓝天铀业有限公司
117	湖北三〇三库
118	新疆中核天山铀业有限公司
119	中国工程物理研究院
120	中国核科技信息与经济研究院
121	中国辐射防护研究院
122	上海发电设备成套设计研究院
123	中国能源建设集团广东省电力设计研究院有限公司
124	中核能源科技有限公司
125	国核电力规划设计研究院
126	国核电站运行服务技术公司
127	核工业工程技术研究设计有限公司
128	核工业计算机应用研究所
129	核工业北京地质研究院
130	核工业西南勘察设计研究院有限公司

续表

序号	单　　位
131	中核第四研究设计工程有限公司
132	中国能源建设集团湖南省电力设计院有限公司
133	中国能源建设集团广东火电工程总公司
134	中国核工业中原建设有限公司
135	中核投资有限公司
136	中国能源建设集团天津电力建设公司
137	中国能源建设集团安徽电力建设第二工程公司
138	核工业西南建设集团公司
139	浙江省火电建设公司
140	上海一核阀门制造有限公司
141	上海电气电站设备有限公司 - 上海发电机厂
142	上海电气电站设备有限公司 - 上海电站辅机厂
143	上海电气电站设备有限公司 - 上海汽轮机厂
144	上海阿波罗机械制造有限公司
145	上海重型机器厂有限公司
146	上海起重运输机械厂有限公司
147	上海阀门五厂有限公司
148	大连大高阀门股份有限公司
149	大连苏尔寿泵及压缩机有限公司
150	大连宝原核设备有限公司
151	大连深蓝泵业有限公司
152	广东亚仿科技股份有限公司
153	广州秀珀化工股份有限公司
154	南通中兴能源装备股份有限公司
155	中国电能成套设备有限公司
156	中核（北京）核仪器厂
157	中核动力设备有限公司
158	东方电机股份有限公司
159	东方汽轮机有限公司
160	北京广利核系统工程有限公司
161	北京中核控制系统工程有限公司
162	北京和利时系统工程有限公司
163	四川三洲川化机核能设备制造有限公司

续表

序号	单　　位
164	宁波奥崎自动化仪表设备有限公司
165	石家庄工大化工设备有限公司
166	安徽电缆股份有限公司
167	江苏大明金属制品有限公司
168	江苏华光电缆电器有限公司
169	沈阳东管电力科技集团股份有限公司
170	沈阳盛世高中压阀门有限公司
171	国核自仪系统工程有限公司
172	环球阀门集团有限公司
173	陕西中环机械有限责任公司
174	哈尔滨电机厂有限责任公司
175	哈尔滨汽轮机厂有限责任公司
176	哈尔滨锅炉厂有限责任公司
177	浙江三方控制阀股份有限公司
178	浙江中达特钢股份有限公司
179	浙江中控技术有限公司
180	浙江宝纳钢管有限公司
181	浙江金盾风机风冷设备有限公司
182	烟台台海玛努尔核电设备有限公司
183	常州八益电缆有限公司
184	湖南湘投金天新材料有限公司
185	群星集团公司
186	嘉兴多角电线电缆有限公司
187	上海交通大学
188	中国电力投资集团公司高级培训中心
189	西安交通大学
190	西南科技大学
191	核工业管理干部学院（核工业培训中心）
192	北京柯瑞生物科技有限公司
193	苏州大学附属第一医院
194	中国太平洋财产保险股份有限公司
195	中国平安财产保险股份有限公司
196	上海中核浦原总公司

续表

序号	单　　位
197	北京宇航恒基文化传播有限公司
198	兴原认证中心有限公司
199	中国建筑第二工程局有限公司
200	中建电力建设有限公司
201	中国华电工程（集团）有限公司
202	中电投江西核电有限公司
203	山东电力工程咨询院有限公司
204	中电投电力工程有限公司
205	国核工程有限公司
206	中国核保险共同体
207	厦门大学能源研究院
208	沈阳航天新星机电有限责任公司
209	远东电缆有限公司
210	通裕重工股份有限公司
211	江苏天源华威电气集团有限公司
212	江苏神通阀门股份有限公司
213	申科滑动轴承股份有限公司
214	上海阀门厂有限公司
215	浙江国泰密封材料股份有限公司
216	河南力威管道设备有限公司
217	常州电站辅机总厂有限公司
218	哈尔滨天达控制工程有限公司
219	南通昆仑空调有限公司
220	广州华晟实业有限公司
221	北京首宏钢科技开发有限公司
222	湖南圣川控股集团有限公司
223	江苏省核应急办公室
224	浙江博凡动力装备有限公司
225	中国原子能出版传媒有限公司（中国原子能出版社）
226	陕西柴油机重工有限公司
227	中国电力工程顾问集团华北电力设计院有限公司
228	南京新核复合材料有限公司
229	浙江电力建设监理有限公司

续表

序号	单　　位
230	北京金瑞致科技发展有限公司
231	浙江泰索科技有限公司
232	中电华元核电工程技术有限公司
233	台山市清洁能源核电装备产业园有限公司
234	吴江市东吴机械有限责任公司
235	江苏华冠电器集团有限公司
236	苏州宝骅机械技术有限公司
237	天津华油天元石化设备有限公司
238	常熟市辐射技术开发应用研究所
239	上海森林特种钢门有限公司
240	西北工业大学
241	攀钢集团江油长城特殊钢有限公司
242	巨力索具股份有限公司
243	宝银特种钢管有限公司
244	上海申江锻造有限公司
245	上海福克斯波罗有限公司
246	中橡集团沈阳橡胶研究设计院
247	东方电气（武汉）核设备有限公司
248	上海临港经济发展（集团）有限公司
249	中核华兴达丰机械工程有限公司
250	大连华阳光大密封有限公司
251	渤海重工管道有限公司
252	广西金雨伞防水装饰有限公司
253	湖南核电有限公司
254	国家核电技术有限公司北京软件技术中心
255	通标标准技术服务有限公司
256	天津天地伟业数码科技有限公司
257	浙江百基特材科技有限公司
258	浙江科路核工程服务有限公司
259	阿尔斯通（武汉）工程技术有限公司
260	中广核核技术应用有限公司
261	中核河南核电有限公司
262	中核核电运行管理有限公司

续表

序号	单　　位
263	苏州纽威阀门股份有限公司
264	四川科新机电股份有限公司
265	北京益利精细化学品有限公司
266	金泽核创(北京)国际能源技术服务有限公司
267	吉林昊宇电气股份有限公司
268	浙江苍南仪表厂
269	上海森松压力容器有限公司
270	中机生产力促进中心核设备安全与可靠性中心
271	四平市巨元瀚洋板式换热器有限公司
272	深圳航天科技创新研究院
273	中国钢研科技集团有限公司
274	国核示范电站有限责任公司
275	哈电集团(秦皇岛)重型装备有限公司
276	有能集团有限公司
277	西安永华集团有限公司
278	中铁二局集团电务工程有限公司
279	中广核久源（成都）科技有限公司
280	泰安市山口锻压有限公司
281	烟台通用机械设备制造有限公司
282	国之光照明科技有限公司
283	广州南宝建筑材料有限公司
284	浙江阳光时代律师事务所
285	哈尔滨红光锅炉总厂有限责任公司
286	上海核昌实业有限公司
287	山东衡达有限责任公司
288	哈尔滨工业大学
289	广西防城港核电有限公司
290	中电投核电技术中心（北京）有限公司
291	大连海密梯克泵业有限公司
292	广东正超电气有限公司
293	北京市君致律师事务所
294	山东电力建设第三工程公司
295	上海新曼传感技术研究发展有限公司

续表

序号	单　　位
296	宁波天生密封件有限公司
297	浙江久立特材科技股份有限公司
298	浙江创想节能科技有限公司
299	山东双轮股份有限公司
300	中国科学院合肥物质科学研究院
301	山西华钢贸易有限公司
302	上海电气凯士比核电泵阀有限公司
303	上海太比雅电力设备有限公司
304	江苏美特林科特殊合金有限公司
305	杭州新纪元消防科技有限公司
306	南京佑天金属科技有限公司
307	中核新能源有限公司
308	深圳市创捷科技有限公司
309	江苏其兵实业有限公司
310	连云港经济技术开发区管理委员会
311	江苏爵格工业设备有限公司
312	中国仪器进出口(集团)公司
313	四川沱江起重机有限公司
314	全南晶环科技有限责任公司
315	沧州隆泰迪管道科技有限公司北京分公司
316	上海通用风机股份有限公司
317	浙江电渣核材料有限公司
318	中国船舶重工集团公司第七O三研究所无锡分部
319	西陇化工股份有限公司
320	博天环境集团股份有限公司
321	核建清洁能源有限公司
322	上海宝亚安全装备有限公司
323	青岛东卡环保工程技术有限公司
324	甘肃中核嘉华核设备制造有限公司
325	天津市贝斯特防爆电器有限公司
326	沧州惠邦机电产品制造有限责任公司
327	河北卓华环境工程有限公司
328	岳阳筑盛阀门管道有限责任公司

续表

序号	单位
329	北京群菱能源科技有限公司
330	北京市中伦律师事务所
331	上海埃比埃斯技术检验有限公司
332	河北翼凌机械制造总厂
333	山东鲁能软件技术有限公司
334	江苏亨通电力电缆有限公司
335	中核华电河北核电有限公司
336	武汉力地液压设备有限公司
337	深圳市力狐工贸有限公司
338	辽宁伊菲科技股份有限公司
339	嘉兴市美克斯机械制造有限公司
340	北京海泰斯工程设备股份有限公司
341	睿虎品牌管理（北京）有限公司
342	北京市晨光防腐研究所
343	南京德邦金属装备工程股份有限公司
344	宁波天安（集团）股份有限公司
345	丰泽工程橡胶科技开发股份有限公司
346	徐工集团工程机械股份有限公司
347	新乡市佳华机械有限公司
348	江苏景泰石油化工装备有限公司
349	江浦不锈钢制造有限公司
350	紫光（北京）智控科技有限公司
351	杭州邦胜自动化科技有限公司
352	台山平安五金制品有限公司
353	中广核俊尔新材料有限公司
354	舟山市正源标准件有限公司
355	宁波奥崎仪表成套设备有限公司
356	浙江咸亨国际通用设备有限公司
357	中核浙能能源有限公司
358	北京群源电力科技有限公司
359	国核（北京）科学技术研究院有限公司
360	国核华清（北京）核电技术研发中心有限公司
361	滨州双峰石墨密封材料有限公司

续表

序号	单　　位
362	北京优化佳控制技术有限公司
363	中广核达胜加速器技术有限公司
364	东莞市基一核材有限公司
365	上海义邦聚合材料有限公司
366	无锡斐冠工业设备有限公司
367	福建上润精密仪器有限公司
368	EDF(中国)投资有限公司
369	劳氏瑞安咨询（北京）有限公司
370	堡盟电子（上海）有限公司
371	日立(中国)有限公司
372	大连日立机械设备有限公司
373	魏德米勒电联接(上海)有限公司
374	莱茵检测认证服务(中国)有限公司
375	广州司态结构监测技术咨询有限公司
376	希西艾流体控制设备(上海)有限公司
377	阿海珐(北京)咨询公司
378	瓦卢瑞克(北京)企业管理有限公司
379	伯合乐焊接产品贸易(上海)有限公司
380	美国赛瑞丹有限公司北京代表处
381	山特维克国际贸易（上海）公司
382	罗尔斯罗伊斯商业(北京)有限公司
383	西屋电气公司北京代表处
384	颇尔过滤器(北京)有限公司
385	哈蒙冷却系统(天津)有限公司
386	艾默生电气(中国)投资有限公司
387	ABB(中国)有限公司
388	必维质量技术服务(上海)有限公司
389	阿法拉伐（江阴）设备制造有限公司
390	布兰肯（徐州）金属设备制造有限公司
391	康斐尔过滤设备（昆山）有限公司
392	富迪斯工程技术（上海）有限公司
393	北京泰纳通核电安全技术服务有限公司
394	励德爱思唯尔信息技术（北京）有限公司

续表

序号	单　　位
395	浙江新航不锈钢有限公司
396	特雷克斯（中国）投资有限公司
397	鹰普（中国）有限公司
398	青岛太平洋海洋工程有限公司
399	中联重科股份有限公司

网站与出版物

2015年，中国核能行业协会网站共上传新闻近3000条。进行了改版后栏目内容的补充和及时更新；网站运行安全稳定。协会微信及微博的运营取得较大进展。2015年发布微信信息214天、发布新闻800余条，总阅读人数达到112376人次，总浏览次数217953次；至2015年底，微信关注人数比2014年底时增加97%。微博共发新闻788条，比2014年增加127%；粉丝数较2014年增加90%。

2015年，按计划完成6期《中国核能》会刊、12期《核能新闻》电子月刊、《中国核能年鉴》2015年卷的编辑出版工作。

《中国核能》围绕我国核能发展成就、核电“走出去”战略的实施、“华龙一号”自主三代核电技术、核安全文化建设、协会和会员单位的重要活动等重点，策划完成了第十一届核电展、国际核能发展论坛等10个大的专题报道；完成了对中电投集团、核电展、福清核电等的采访。实现了杂志电子版全本网上可阅。

《中国核能年鉴》2015年卷共64万字。

图书在版编目（CIP）数据

中国核能年鉴．2016 年卷 / 中国核能行业协会编．
—北京：中国原子能出版社，2016.12
ISBN 978-7-5022-7681-2

Ⅰ．①中… Ⅱ．①中… Ⅲ．①核能 – 中国 – 2016 – 年鉴
Ⅳ．① F426.23-54

中国版本图书馆 CIP 数据核字 (2016) 第 290806 号

中国核能年鉴·2016 年卷

出版发行　中国原子能出版社（北京市海淀区阜成路 43 号　100048）
责任编辑　谭　俊
责任校对　冯莲凤
责任印制　潘玉玲
印　　刷　北京盛通印刷股份有限公司
经　　销　全国新华书店
开　　本　787 mm × 1092 mm　1/16
印　　张　29.5　　　　　　　　字　　数　736 千字
版　　次　2016 年 12 月第 1 版　2016 年 12 月第 1 次印刷
书　　号　ISBN978-7-5022-7681-2　　定　　价　198.00 元

网址：http://www.china-nea.cn/　

ISBN 978-7-5022-7681-2
9 787502 276812 >